# 京口年鉴

2023

镇江市京口区史志办公室　编

方志出版社
Publishing House of Local Records

**图书在版编目（CIP）数据**

京口年鉴. 2023 / 镇江市京口区史志办公室编. —北京 ：方志出版社，2023.11
ISBN 978-7-5144-5855-8

Ⅰ. ①京… Ⅱ. ①镇… Ⅲ. ①区(城市)—镇江—2023—年鉴 Ⅳ. ①Z525.34

中国国家版本馆CIP数据核字(2023)第211060号

责任编辑：李丝雨
责任校对：张玉霞
责任印制：梅中英
出 版 者：方志出版社
地　　址：北京市朝阳区潘家园东里9号（国家方志馆4层）
邮　　编：100021
网　　址：http://www.zgfzcb.cn
发　　行：方志出版社图书营销中心（010-67110500）
印　　刷：安徽禾美文化产业发展有限公司
开　　本：889毫米×1194毫米 1/16
印　　张：11.5
字　　数：561千字
版　　次：2023年11月第1版
印　　次：2023年11月第1次印刷
定　　价：280.00元

## 《京口年鉴（2023）》审稿人员名单

| | | | | | | | |
|---|---|---|---|---|---|---|---|
| 丁　杨 | 丁方品 | 丁永忠 | 丁咏梅 | 马宇茜 | 王荣兵 | 王　勇 | 王玉萍 |
| 王正辉 | 王　立 | 王　芳 | 王　雪 | 叶　晶 | 冯文明 | 包文波 | 包迎辉 |
| 孙沛晖 | 许文兰 | 许宏亮 | 朱伟广 | 朱　静 | 仲　伟 | 李　军 | 李海洪 |
| 刘明军 | 刘远遥 | 张　竞 | 张玉金 | 张晨阳 | 陈　峰 | 金凡舒 | 陆光金 |
| 陆家新 | 杨　旻 | 周　震 | 郭　健 | 姚　斌 | 顾　胤 | 胡　飞 | 贺国强 |
| 耿　亮 | 夏　雷 | 夏正东 | 陶宝强 | 曹明军 | 黄　洁 | 黄贤宇 | 葛冬军 |
| 谢秀英 | 满子琴 | 谭　捷 | 谭雪峰 | | | | |

# 编 辑 说 明

一、《京口年鉴(2023)》(以下简称本年鉴)以马克思列宁主义、毛泽东思想、邓小平理论、“三个代表”重要思想、科学发展观、习近平新时代中国特色社会主义思想为指导，坚持辩证唯物主义和历史唯物主义的立场、观点和方法，系统记载2022年京口区在政治、经济、文化、社会、生态文明等方面的新进展、新成就、新经验，为认识京口、研究京口、建设京口提供全面实用、信息密集、准确权威的基本资料。

二、本年鉴采用分类编辑法，设类目、分目、条目三个层次，部分分目下设有次分目。条目为记述基本层次，其标题用黑体字加“【 】”表示。文中“▲”表示“同日”。

三、本年鉴为《京口年鉴》总第23卷，记述时限为2022年1月1日至2022年12月31日。基本延续《京口年鉴(2022)》基础框架结构，新设“学习宣传贯彻党的二十大精神”“红色云链 数字赋能 打造数字经济党建高地”专记内容。相对于《京口年鉴(2022)》，本年鉴作如下改动：将“信访工作”分目由“中共京口区委员会”类目调整到“京口区人民政府”类目中，将“区关工委”“区见义勇为基金会”分目由“群众团体”类目调整到“社会民生”类目中，在“京口区人民政府”类目中新增“行政审批和政务服务”分目，在“经济管理”类目中新增“经济发展”分目。

四、本年鉴所用稿件由区各街道(园区)、各部门(单位)专人撰写，经领导审阅后定稿。正文中数据根据统计资料核对，统计资料没有的，以撰稿单位提供的为准。

# 重要会议

2022 年 9 月 26 日，市委书记马明龙（左二）到京口区召开领导干部会议

2022 年 2 月 9 日，京口区产业项目提速增效年动员大会召开

2022 年 4 月 28 日，京口区委人才工作会议召开

2022 年 5 月 12 日，京口区党建工作会议召开

2022 年 7 月 7 日，京口区高质量发展推进会召开

2022 年 10 月 7 日，全区 2022 年度“决战四季度”高质量发展推进会召开

# 调研考察

2022 年 10 月 11 日，副市长黄春林（中）到京口区调研

2022 年 4 月 19 日，区长贾敬远（左四）调研新民洲

2022 年 11 月 1 日，副市长殷敏到京口调研

2022 年 2 月 18 日，市委宣传部到谏壁街道调研 2021—2022 年度基层党员冬训工作

2022 年 10 月 19 日，中国共产主义青年团镇江市委员会书记张冲到京口调研

2022 年 7 月 23 日，拉萨市达孜区代表团到京口区考察

# 重大活动

2022 年 2 月 15 日，区委书记徐申锋（中）带队推进中央环保督察整改工作

2022 年 2 月 18 日，区委书记徐申锋出席亲商惠企活动

2022 年 2 月 21 日，区长贾敬远（左一）到企业检查大气污染专题工作

2022 年 2 月 26 日，京口区经济开发区产业项目集中签约活动举行

2022 年 5 月 9 日，区长贾敬远（中）带队开展暖企大走访活动

2022 年 5 月 18 日，区长贾敬远（中）推进华为项目

2022 年 6 月 1 日，区长贾敬远（中）带队开展“六一”慰问活动

2022 年 7 月 1 日，区委书记徐申锋（左一）带队开展“七一”慰问在党五十年老党员活动

2022 年 8 月 18 日，开展“医”心向党、踔厉奋进 庆祝第五个中国医师节活动

2022 年 9 月 2 日，区委书记徐申锋（右三）看望全国“人民满意的公务员”金怡

2022 年 10 月 13 日，区委书记贾敬远（左二）带队到苏宁观看同心向党“京彩有我”图片展

2022 年 10 月 16 日，京口区四套班子领导集中收看中共二十大开幕会

# 重要媒体报道

2022年，京口区思想文化宣传工作战线紧紧围绕“不忘初心、牢记使命”主题教育及区委、区政府重点工作，贯彻落实全区党建工作会议精神。全年《新华日报》报道京口21篇，其中头版5篇；《镇江日报》头版报道京口124篇。

◆《新闻联播》报道正东路酒海街社区推动二十大精神落地落实的举措和成效

◆ 中国国际电视台（CGTN）频道播出纪录片《地标中国——味暖人间镇江醋》报道“中国好人”、家住四牌楼街道的居民李永生的事迹

◆《新华日报》四版 镇江京口打造过硬纪检监察队伍

◆《新华日报》头版 京口让人才在数字经济主赛道加速奔跑

新华日报

习近平致电祝贺武契奇当选连任塞尔维亚总统

开放的热土，将催生更多“创新空间”

海上“丰”起，唱响“春天的故事”

坚决果断以快制快科学周密做好疫情处置

京口“三区”叠加彰显发展高质量

驰援上海“菜篮子”，江苏保供不断档

◆《新华日报》头版　京口“三区”叠加彰显发展高质量

以新发展理念引领绿色低碳高质量发展

“针头线脑”见政绩

京口区纪委监委：引导年轻干部扣好廉洁从政“第一粒扣子”

◆《新华日报》四版　京口区纪委监委：引导年轻干部扣好廉洁从政“第一粒扣子”

新华日报

竞逐数字新赛道　抢夺数字新高地

建设“平安徐州”守护百姓幸福

吴政隆会见中国融通集团董事长温刚

以“数”为要谋求“新路超越”

◆《新华日报》头版　镇江京口打造数字经济产业新高地 以“数”为要谋求“新路超越”

新华日报

时间刻度里的大国外交

共建亚欧大陆美好家园

水清鱼跃，“江阴外滩”照进现实

江苏：奋力迈上新台阶

“葡萄串”效应助力“二次创业”

◆《新华日报》头版　京口做实做优“家门口”党建，引领基层治理现代化 全员织密“一张网”，兜牢民生大小事

京口 创新活力绘新春 奋楫笃行向未来
昂首阔步迈入现代化建设新征程
镇江 奋进新时代 书写新篇章

◆《新华日报》专版 京口：昂首阔步迈入现代化建设新征程

党的二十大特刊
高水平展现中国式现代化江苏图景

◆《新华日报》三版 "奔跑在希望的田野上"（谏壁 钟文斌）

党的二十大特刊
江苏文艺工作者热议党的二十大报告
坚定文化自信，激发文化新活力
三好村喜迎三重好机遇
讲好奥运夺冠故事，办好"世界冠军摇篮"
细致查隐患 全力保安全
为社区居民办好一件件民生实事

◆《新华日报》七版 为社区居民办好一件件民生实事（大市口 盛晓芳）

京口 创新实干 打造数字经济党建高地
镇江 奋进新时代 书写新篇章

◆《新华日报》专版 京口：创新实干 打造数字经济党建高地

新华日报

习近平同蒙古国总统呼日勒苏赫举行会谈

前进，光荣和梦想的远征

班列飞驰，跑出“一带一路”黄金通道

让党的创新理论彰显真理力量实践伟力

泰州大健康产业由大到强迈新步

百名监督员为营商环境“测温”

认真学习贯彻中共二十大精神

◆《新华日报》头版 京口区纪委监委创新监督方式 百名监督员为营商环境“测温”

JSTV 荔枝网 .com 首页 › 在现场 › 现场

“双减”之下教师如何减负？镇江这所学校打出关爱老师“组合拳”

今天（3月16日）上午7点，镇江市中山路小学蒋瑾老师来到学校“阳光餐厅”，自助选取了几种点心后，和同事沙水花老师一边享用早餐，一边交流着课后延时服务中学生管理的话题。如今，在这所学校里，教师们边吃“阳光早餐”、边聊聊工作已经成为一种新风尚。

◆ 荔枝网“双减”之下 教师如何减负？镇江这所学校打出关爱老师“组合拳”

人民网 people.cn

视频|美丽江苏好画卷



◆ 人民网江苏频道 视频 美丽江苏好画卷（崔世林 宝塔山樱花）

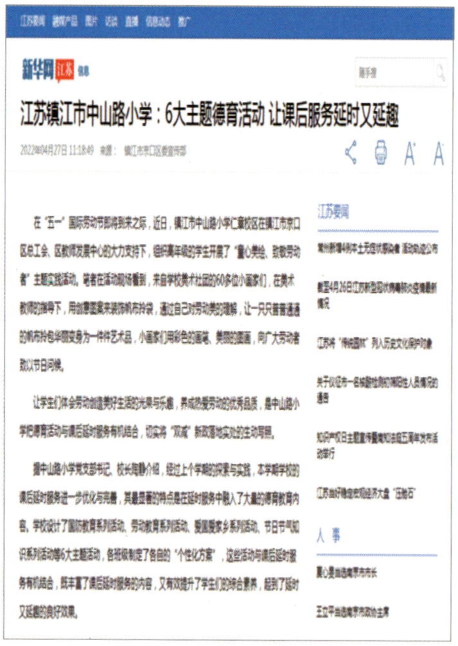

新华网 江苏

江苏镇江市中山路小学：6大主题德育活动 让课后服务延时又延趣

在“五一”国际劳动节即将到来之际，近日，镇江市中山路小学仁章校区在镇江市京口区总工会、区教师发展中心的大力支持下，组织高年级的学生开展了“童心美绘、致敬劳动者”主题实践活动。笔者在活动现场看到，来自学校美术社团的60多位小画家们，在美术教师的指导下，用创意图案来装饰帆布拎袋，通过自己对劳动美的理解，让一只只普普通通的帆布拎包华丽变身为一件件艺术品，小画家们用彩色的画笔、美丽的图画，向广大劳动者致以节日问候。

让学生们体会劳动创造美好生活的光荣与乐趣，养成热爱劳动的优秀品质，是中山路小学把德育活动与课后延时服务有机结合，切实将“双减”新政落地实处的生动写照。

据中山路小学党支部书记、校长陶静介绍，经过上个学期的探索与实践，本学期学校的课后延时服务进一步优化与完善，其最显著的特点是在延时服务中融入了大量的德育教育内容。学校设计了国防教育系列活动、劳动教育系列活动、爱国爱家乡系列活动、节日节气知识系列活动等6大主题活动，各班级制定了各自的“个性化方案”，这些活动与课后延时服务有机结合，既丰富了课后延时服务的内容，又有效提升了学生们的综合素养，起到了延时又延趣的良好效果。

◆ 新华网 江苏镇江市中山路小学：6大主题德育活动 让课后服务延时又延趣

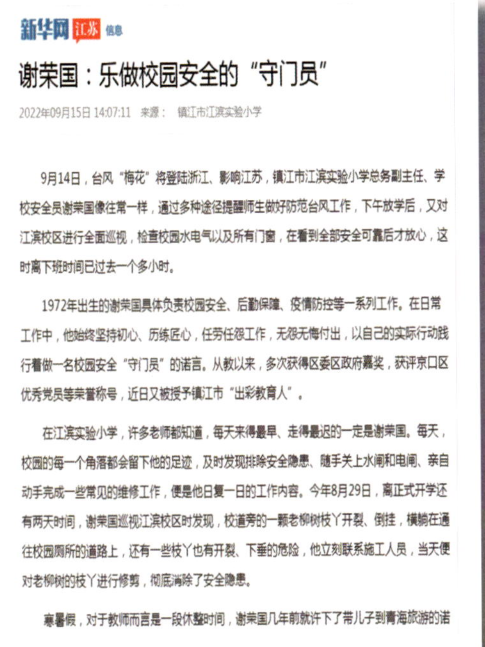

新华网 江苏 信息

谢荣国：乐做校园安全的“守门员”

2022年09月15日 14:07:11 来源： 镇江市江滨实验小学

9月14日，台风“梅花”将登陆浙江、影响江苏，镇江市江滨实验小学总务副主任、学校安全员谢荣国像往常一样，通过多种途径提醒师生做好防范台风工作，下午放学后，又对江滨校区进行全面巡视，检查校园水电气以及所有门窗，在看到全部安全可靠后才放心，这时离下班时间已过去一个多小时。

1972年出生的谢荣国具体负责校园安全、后勤保障、疫情防控等一系列工作。在日常工作中，他始终坚持初心、历练匠心，任劳任怨工作，无怨无悔付出，以自己的实际行动践行着做一名校园安全“守门员”的诺言。从教以来，多次获得区委区政府嘉奖，获评京口区优秀党员等荣誉称号，近日又被授予镇江市“出彩教育人”。

在江滨实验小学，许多老师都知道，每天来得最早、走得最迟的一定是谢荣国。每天，校园的每一个角落都会留下他的足迹，及时发现排除安全隐患、随手关上水闸和电闸、亲自动手完成一些常见的维修工作，便是他日复一日的工作内容。今年8月29日，离正式开学还有两天时间，谢荣国巡视江滨校区时发现，校道旁的一颗老柳树枝丫开裂、倒挂，横躺在通往校园厕所的道路上，还有一些枝丫也有开裂、下垂的危险，他立刻联系施工人员，当天便对老柳树的枝丫进行修剪，彻底消除了安全隐患。

寒暑假，对于教师而言是一段休整时间，谢荣国几年前就许下了带儿子到青海旅游的诺

◆ 新华网 谢荣国：乐做校园安全的“守门员”

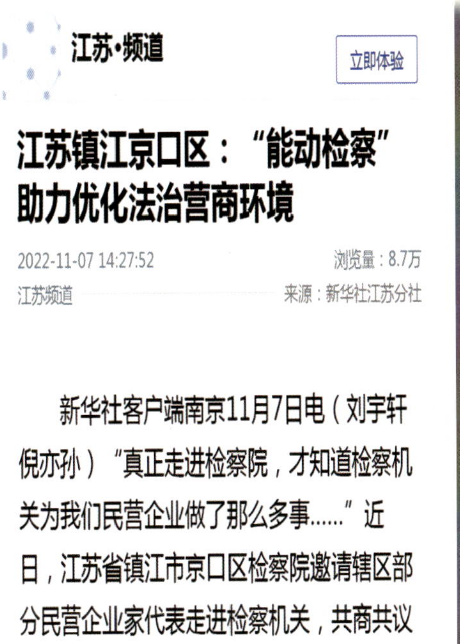

江苏·频道

立即体验

江苏镇江京口区：“能动检察”助力优化法治营商环境

2022-11-07 14:27:52 浏览量：8.7万

江苏频道 来源：新华社江苏分社

新华社客户端南京11月7日电（刘宇轩 倪亦孙）“真正走进检察院，才知道检察机关为我们民营企业做了那么多事……”近日，江苏省镇江市京口区检察院邀请辖区部分民营企业家代表走进检察机关，共商共议

◆ 新华社 江苏镇江京口区：“能动检察”助力优化法治营商环境

镇江日报

全国政协举行新年茶话会

国家主席习近平发表二〇二二年新年贺词

镇江海外工程实现党组织全覆盖

◆《镇江日报》头版 京口区市场监督管理局保障舌尖上的安全

镇江日报

坚定信心再接再厉抓好各项筹备工作 确保北京冬奥会冬残奥会圆满成功

京口教师劳模创新团队“研学课堂”开讲

起步即冲刺，推动高质量发展“加速跑”

◆《镇江日报》头版头条 京口教师劳模创新团队“研学课堂”开讲

镇江日报

2021年我市新建改造公园绿地10个

一个补丁为参保群众送上三重红利

大家之家，更是"大爱之家"

◆《镇江日报》头版 京口区老旧小区改造 元旦假期施工忙

镇江日报

巩固党史学习教育成果接续奋斗
坚持党的领导服务中心大局勇毅前行

马明龙主持召开市委常委会会议

市委部署二十大代表候选人推荐人选酝酿推荐工作

吴如花：好日子正如花绽放

市政府部署春节期间市区禁放烟花爆竹工作

◆《镇江日报》头版 健康"红星闪闪亮"服务队上榜省级优秀退役军人志愿服务

镇江日报

巩固党史学习教育成果接续奋斗
坚持党的领导服务中心大局勇毅前行

马明龙主持召开市委常委会会议

市委部署二十大代表候选人推荐人选酝酿推荐工作

吴如花：好日子正如花绽放

市政府部署春节期间市区禁放烟花爆竹工作

◆《镇江日报》头版 四牌楼街道象山大道疏导点形象提升

镇江日报

丹阳：护航高质量发展破浪前行

句容综合信用排名跑进全国前列

《镇江日报》复刊40周年征文启事

◆《镇江日报》头版 京口"城市·人才"手绘大赛获奖作品展

镇江日报

辩证看待"稳中求进"与"激情奔跑"

弘扬奥运精神扛起新使命奋进新征程
稳步推进"双减"有效发挥巡察"利剑"作用

更好把握和运用党的百年奋斗历史经验
继续把党史学习教育宣传引向深入

推进审计监督体系和监督能力现代化

优质高效政务服务 助力营商环境"镇合意"

京口奋力谱写现代化建设新画卷

◆《镇江日报》头版 京口奋力谱写现代化建设新画卷

镇江日报

辩证看待"稳中求进"与"激情奔跑"

弘扬奥运精神扛起新使命奋进新征程
稳步推进"双减"有效发挥巡察"利剑"作用

更好把握和运用党的百年奋斗历史经验
继续把党史学习教育宣传引向深入

推进审计监督体系和监督能力现代化

优质高效政务服务 助力营商环境"镇合意"

京口奋力谱写现代化建设新画卷

◆《镇江日报》头版 京口区市场监督管理局进口水果排查

镇江日报

既要系统推进，也要重点突破

"134X""535"打造长三角现代服务业特色高地

用情用力保障改善民生
整合优化提升园区质量

创新基层治理，为群众撑起"法治晴空"

"三新齐发"，服务发展便民利民

◆《镇江日报》头版 京口人大以实干实绩助推现代化新京口建设

镇江日报

不断做强做优做大我国数字经济

履行好维护国家安全社会安定人民安宁重大责任
让人民群众切实感受到公平正义就在身边

市区最新基准地价公布

恒顺人上下同心全力保春供

丹阳出台《意见》打造执纪铁军

◆《镇江日报》头版 "最美京口人"江坚 8年情暖保洁员

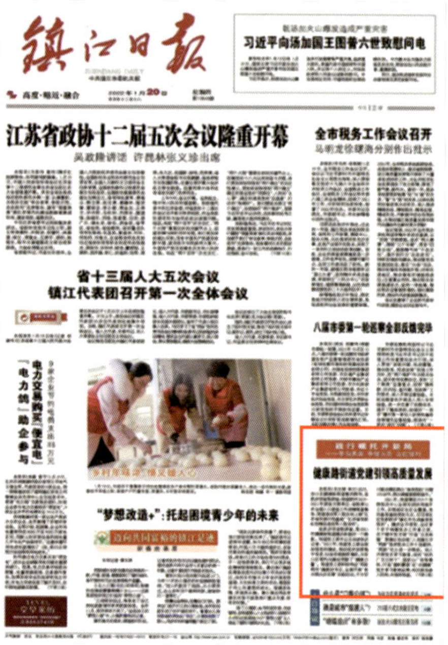
镇江日报

习近平向汤加国王图普六世致慰问电

江苏省政协十二届五次会议隆重开幕

全市税务工作会议召开

省十三届人大五次会议镇江代表团召开第一次全体会议

"梦想改造+"：托起困境青少年的未来

健康路街道党建引领高质量发展

◆《镇江日报》头版　健康路街道党建引领高质量发展

镇江日报

江苏省十三届人大五次会议隆重开幕

2021年镇江固定资产投资增幅全省第一

汇聚起共担使命共谱新篇的磅礴伟力

在现代化新征程中继续稳中求进、激情奔跑

市人大常委会召开市九届人大一次会议第二次筹备会议

京口民革被民革中央评为"助力脱贫攻坚工作先进集体"

◆《镇江日报》头版　京口民革被民革中央评为"助力脱贫攻坚工作先进集体"

镇江日报

中办印发《事业单位领导人员管理规定》

省十三届人大五次会议胜利闭幕

镇江代表团召开第五次全体会议

奋斗伟大时代　共创美好未来

向未来，一起"争"！

有种幸福，叫"在风景区上班"

"三区"建设可圈可点亮出新"京"彩

◆《镇江日报》头版　京口全力推动高质量发展"跑起来"

镇江日报

中央领导同志慰问老同志

习近平同党外人士共迎新春

镇江军分区党委十四届五次全体(扩大)会议暨党管武装工作述职会议召开

致全市离退休老同志的慰问信

牢记"国之大者"当好森林安全卫士　让广大人民群众欢乐平安祥和过年

双向互动释放同心奔跑正能量

市领导深入基层走访慰问

官塘桥村：探寻集体资产增值新路径

◆《镇江日报》头版　青云门社区组织疫情防控、禁燃禁放宣传

镇江日报

激情奔跑向未来 共同开创生龙活虎 龙腾虎跃的崭新局面

推动宣传思想工作更好跑起来不断强起来

全市宣传思想工作会议召开

吹响"争出一片新天地"的号角

环境争优要痛下针砭真下力气

"幸运天使"外轮完成作业安全离泊

◆《镇江日报》头版　镇江江工生物高速增长

镇江日报

逐梦新征程 奋进向未来

优化营商环境只有"升级版"没有"终极版"

句容市5家孵化器企业上榜国家级

让企业家站"C位"

好风景造就好"钱景"

努力打造新时代基层社会治理新样板

◆《镇江日报》头版　四牌楼街道：努力打造新时代基层社会治理新样板

镇江日报

营造奔跑争先更好舆论氛围

2022年全市重点产业项目新春"云签约"活动举行

提升统计服务效能 深化人才"镇兴"行动

京口人社综合服务大厅获评"全国人社系统优质服务窗口"

多维度发力推动产业优势互补共同发展

◆《镇江日报》头版头条　京口人社综合服务大厅获评"全国人社系统优质服务窗口"

镇江日报

坚持"两手抓"以"开门稳"助推"开门红"

省委第七巡视组向镇江市反馈涉粮问题专项巡视情况

标力紧固件销售稳步增长

丹阳举行重大项目集中开工活动

◆《镇江日报》头版　标力紧固件销售稳步增长

镇江日报

索普集团："争"得首季"开门红"

高点定位整合资源 紧锣密鼓挂牌作战 加快推动开发区转型升级

◆《镇江日报》头版　中储粮浅圆仓项目稳步推进

镇江日报

深入学习贯彻习近平法治思想 坚定不移加强党的政治建设

持续巩固疫情防控成果 充分发挥金融赋能作用

镇江"创"字引领产业强市跑起来

用"养老母鸡"理念招引企业

◆《镇江日报》头版　江苏天海特种装备销售额有望突破2亿元

镇江日报

十三届全国人大五次会议在京开幕

全市港口码头环保问题整治工作推进会召开

我市部署违法违规用地整改

◆《镇江日报》头版　宝塔山社区开展"和谐社区　志愿同行"学雷锋志愿服务活动

镇江日报

全国政协十三届五次会议闭幕

中共镇江市委八届三次全会举行

压实责任坚持人民至上生命至上 系统施策提高全市本质安全水平

争优之举让营商环境"镇合意"

◆《镇江日报》头版　新民洲港原木接卸跻身全国同行业单体港口前列

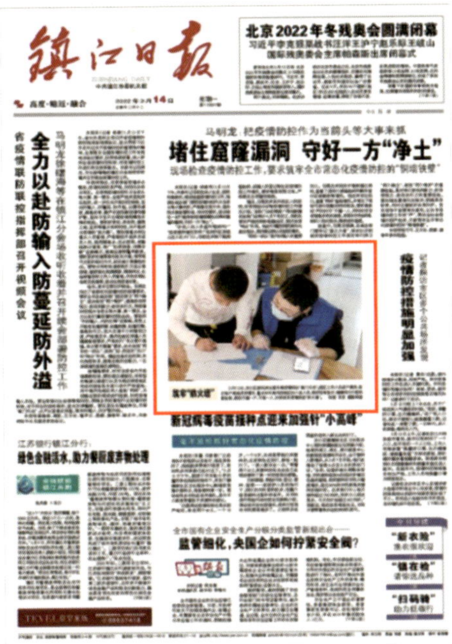
镇江日报

北京2022年冬残奥会圆满闭幕

堵住窟窿漏洞 守好一方"净土"

全力以赴防输入防蔓延防外溢

新冠病毒疫苗接种点迎来加强针"小高峰"

监管细化，央国企如何抒紧安全阀？

◆《镇江日报》头版　京口区新民洲全面开展疫情防控"敲门行动"

镇江日报

坚决筑牢疫情防控钢铁长城

严执行快落实争分夺秒扑灭疫情

以更严更实作风更坚决更果断措施进一步织密扎牢疫情防控网

严防扩散外溢输入 坚决把疫情阻断在当地

全市组织部长会议召开

百万专项党费支持疫情防控

◆《镇江日报》头版　京口区市场监督管理局对药店进行疫情防控检查

镇江日报

欢聚时刻 共享百花

坚定必胜信心 全面压实责任 迅速打赢全省疫情防控歼灭战

更早更快更严落实各项疫情防控措施

以更科学更精准措施织密扎牢疫情防控网

用锦延"警"色筑牢抗疫铜墙铁壁

◆《镇江日报》头版　京口路社区量身定做核酸"日历卡"

镇江日报

习近平同韩国当选总统尹锡悦通电话

习近平同英国首相约翰逊通电话

中央第二生态环境保护督察组在南京召开动员会

抓实抓细疫情防控工作 更好地统筹发展和安全

提高站位对标对表勠力攻坚 高质量推动各项改革任务落实

省疫情联防联控指挥部召开视频会议

市九届人大常委会召开第一次会议

市政协举行读书分享会

◆《镇江日报》头版　京口区举办核酸检测"信息采集员"培训

镇江日报

强化外防输入 切实保障物流畅通

句容"有困难,我来帮"行动暖遍城乡

京口将对9个老旧片区实施改造

精培细育打通网络安全人才"森林"

◆《镇江日报》头版　京口将对9个老旧片区实施改造

镇江日报

坚决筑牢疫情防控铜墙铁壁

丹徒打造"专精特新"企业"深水良港"

"干"字当头,让种田人出头

打通物流"绿色通道"助企生产

农业稳产保供"无缝对接"

大津重工:创新引航,争流逐浪奋楫先

◆《镇江日报》头版　古城生态美

镇江日报

团结一致坚决打赢疫情防控阻击战

立足早快严实 坚决防输入防扩散防外溢

联防联控指挥部召开会议

◆《镇江日报》头版　生态提升市民乐享天然氧吧

镇江日报

习近平致电祝贺武契奇当选连任塞尔维亚总统

坚持目标导向问题导向结果导向 更严更实群策群力加压推进

重点超市批发市场严把"入口关"

京口:让人才在"数字赛道"加速奔跑

◆《镇江日报》头版头条　京口:让人才在"数字赛道"加速奔跑

镇江日报

习近平致电祝贺武契奇当选连任塞尔维亚总统

马明龙主持会议专题研究生态环境突出问题整改工作

坚持目标导向问题导向结果导向 更严更实群策群力加压推进

京口：让人才在"数字赛道"加速奔跑

重点超市批发市场严把"入口关"

润州警方"把脉""听音"助力企业复工达产

工信防输入稳运行奋力夺取"双胜利"

◆《镇江日报》头版　京口区社区工作人员和志愿者搭建核酸检测点

镇江日报

北京冬奥会冬残奥会总结表彰大会8日上午隆重举行

以最坚决态度最硬核措施最严肃问责整改突出问题

以快制快迅速控制疫情 一鼓作气坚决打赢疫情防控战

坚持就是胜利坚决打赢疫情防控歼灭战

加紧加快方舱医院建设 全面提升核酸检测能力

我市规范有序开展全员核酸检测

◆《镇江日报》头版　我市规范有序开展全员核酸检测

镇江日报

区域协同筑牢防线尽快实现社会面清零

全方位筑牢学校疫情防控网

摸清底数 快筛快隔 尽速扑灭疫情

精准落实物流闭环管理 全力保障生活物资供给

句容抗疫全民再动员措施更扎实

告别小散，工艺美术产业曙光初现？

◆《镇江日报》头版　四牌楼街道江一社区工作人员搭建核酸检测点帐篷

镇江日报

守牢"主阵地"打造"新引擎" 推动网信事业高质量发展

"托星计划"让产业工人争当"明星"

我市升级公共服务

高质高效完成建设任务 切实提升核酸检测能力

峰山村：蝴蝶兰香飘直播间

◆《镇江日报》头版　京口区级机关志愿者推广"镇江通行码"

镇江日报
坚决筑牢疫情防控铜墙铁壁
市委农村工作会议召开
突出重点区域领域 防止疫情反弹反复
"智改数转",新路超越的发展风口
"双减"下,仁章教育的"双向奔赴"

◆《镇江日报》头版 志愿者轮番上阵 保障核酸检测有序进行

镇江日报
广西选举产生出席党的二十大代表
扬中超八成规上企业复工复产
坚定不移加快清零 千方百计保通保畅
书香点亮镇江 涵养城市风骨
京口启动"清风悦读、书香润廉"读书活动
城有书香气自华

◆《镇江日报》头版 京口启动"清风悦读、书香润廉"读书活动

镇江日报
稳字当头稳中求进守牢安全稳定底线
以干部辛苦指数换群众平安指数幸福指数
奋力拼抢二季度 坚决夺取"双胜利"
落实落细各项举措守牢安全稳定底线
镇江新区:以"五争一创"激发奋进姿态
京口:青少年法治教育权益保护有力有为

◆《镇江日报》头版 京口:青少年法治教育权益保护有力有为

镇江日报
加快建设科技强国,实现高水平科技自立自强
依法规范和引导我国资本健康发展
发挥资本作为重要生产要素的积极作用
习近平对长沙居民自建房倒塌事故作出重要指示
坚决树牢总体国家安全观 维护好全市安全稳定大局
全力以赴保供扩产 守好节日安全防线
京口打造"家门口"党建措施实成效好
复工复产复业莫忘防疫

◆《镇江日报》头版 京口打造"家门口" 党建措施实成效好

镇江日报

海纳川激发国企发展活力动力

支部一线奔跑建功 问题一线合力解决

白兔"白富美"甜瓜成"甜蜜产业"

打造公安工作高质量发展新引擎

◆《镇江日报》头版头条　支部一线奔跑建功　问题一线合力解决

镇江日报

送好"雪中炭"，群众生活有温度

"党建引领，村企共建"幸福路

40项民生实事项目按序时推进

老专家团队为"农创客"献金点子

◆《镇江日报》头版　谏壁街道雩北村："党建引领，村企共建"幸福路

镇江日报

把思想行动统一到党中央决策部署上来
坚决筑牢疫情防控屏障坚决巩固来之不易防控成果

干部任命，人大增强监督"咬合力"

◆《镇江日报》头版　京口开展第四轮区域全员核酸检测　筑牢疫情防控"防火墙"

镇江日报

庆祝中国共产主义青年团成立100周年大会在京隆重举行

举一反三坚决整改兜牢安全发展底线

以奋斗青春激荡起民族复兴的澎湃春潮

为企业货物"路"上护航保障正常生产

"五争五促"奏响统计奋进曲

打造产才城教融合发展示范区

◆《镇江日报》头版　强凌电子防疫生产两不误

镇江日报

庆祝中国共产主义青年团成立100周年大会在京隆重举行

举一反三坚决整改兜牢安全发展底线

马明龙等市领导集中收听收看庆祝中国共产主义青年团成立100周年大会

以奋斗青春激荡起民族复兴的澎湃春潮

为企业货物"路"上护航保障正常生产

"五争五促"奏响统计奋进曲

他们是最美水上守护人

打造产才城教融合发展示范区

◆《镇江日报》头版　京口深化"金凤凰"品牌建设　打造产才城教融合发展示范区

镇江日报

习近平的文化情怀

用心用情办好民生实事 共享精神文明建设成果

抓早抓小抓基础坚决筑牢疫情防控屏障

让人才"招得来""留得住" 缓解企业用工难

80项务实举措优化提升营商环境

走向共同富裕 一个也不能掉队

铁腕指挥的柔情卫士

◆《镇江日报》头版　米山社区"减轻灾害风险　守护美好家园"

镇江日报

党建"红色引擎"引领复工复产

全速复工复产，稳住经济基本盘

防患未然拧紧发展"安全阀"

民企直播带岗助力高校毕业生就业

2022年省市综合交通运输学会科普在行动启动仪式举行

◆《镇江日报》头版　京口岗位先锋争霸赛喜迎二十大

镇江日报

国务院常务会议决定实施6方面33项措施 推动经济回归正常轨道确保合理区间运行

坚决筑牢疫情防控屏障 奋力夺取疫情防控和经济社会发展"双胜利"

一株"仙草"育出致富传奇

2022镇江市现代农业产业"会招商"推介活动举行

苦干实干，他用奋斗青春实现逆袭

2022年镇江市农业农村重大项目调度推进会召开

◆《镇江日报》头版　京江路旁铺"金毯"

镇江日报
镇江新区提升生态环境现代化治理水平
中草药生"金银"开辟致富新路径
沉静内敛中有一团火在燃烧
镇江普惠小微贷款余额850亿

◆《镇江日报》头版 "镇江市十大杰出青年"冯志达：沉静内敛中有一团火在燃烧

镇江日报
努力建设人与自然和谐共生的现代化
不断发展和完善全过程人民民主
着力加强和改进新时代人大工作
完整准确全面贯彻新发展理念
铁腕治污打好蓝天保卫战
正家风家教 树清风正气
整治提升，化工产业凤凰正涅槃

◆《镇江日报》头版 京口开展校园"5+X"宣传教育活动 正家风家教 树清风正气

镇江日报
以"旗帜鲜明讲政治"引领现代化建设新征程
把官塘片区建设成为全市产城融合新样板
项目"硬支撑"，更多了
做精做好每一件力所能及的事情

◆《镇江日报》头版 千秋桥社区网格长陶婷做精做好每一件力所能及的事情

镇江日报
美丽镇江，让百姓生活更宜居
让智能汽车强国梦照进现实
海拔5000米，"一诺"的诚信高度
京口引导年轻干部扣好廉洁从政"第一粒扣子"
从城市治理解读镇江"幸福密码"

◆《镇江日报》头版 京口引导年轻干部扣好廉洁从政"第一粒扣子"

镇江日报

坚持人民至上 强化重点攻坚 不断提升群众获得感幸福感安全感

一年支教行 两地不了情

能级工资"让技术工人"薪"情向好

谏壁街道：助企纾困"谏"行动

◆《镇江日报》头版　谏壁街道：助企纾困"谏"行动

镇江日报

加快构建数据基础制度 加强和改进行政区划工作

市税务局做好退税减税全周期服务

昔日"啃山"为谋生 今日"护山"佑子孙

树党建品牌 铸师德典范

◆《镇江日报》头版　树党建品牌　铸师德典范——记江滨实小党支部书记李智勇

镇江日报

加快构建数据基础制度 加强和改进行政区划工作

市税务局做好退税减税全周期服务

昔日"啃山"为谋生 今日"护山"佑子孙

树党建品牌 铸师德典范

◆《镇江日报》头版　文昌宫小区旧貌换新颜

镇江日报

金砖国家领导人第十四次会晤举行

市中级法院发布"镇合意 法助力"服务品牌42条意见

"数海扬帆"助力复工满产

我市全面深化医疗保障基金监管体系改革

退税"活水"来 助企增活力

◆《镇江日报》头版　地产葡萄上市早

镇江日报

习近平回信勉励种粮大户
带动广大小农户多种粮种好粮
一起为国家粮食安全贡献力量

省疫情联防联控指挥部召开会议
巩固疫情防控成果保持经济稳定发展

江苏大学深入贯彻落实习近平总书记
“大力推进农业机械化、智能化”重要论述
暨对学校重要批示精神座谈会举行

马明龙徐曙海分别会见
长江生态环保集团总经理来向东一行

双向奔赴，镇江与人才在合肥邂逅

◆《镇江日报》头版　王家新苑安置房项目将启动回迁安置

镇江日报

出席庆祝香港回归祖国25周年大会
暨香港特别行政区第六届政府
就职典礼并对香港进行视察
习近平抵达香港

《求是》杂志发表习近平总书记重要讲话
更好把握和运用党的百年奋斗历史经验

习近平分别会见林郑月娥梁振英贺一诚

习近平考察香港科学园

《中国共产党的一百年》出版发行

大力弘扬伟大建党精神
为现代化新镇江建设注入更强“红色动能”

让读书学习成为镇江发展的永恒动力

有效激发增长动能 推动经济加快回升

刘凯：“民情手记”勾画乡村治理蓝图

◆《镇江日报》头版　刘凯：“民情手记”勾画乡村治理蓝图

镇江日报

买门票送网红冰淇淋

树牢安全发展理念筑牢安全生产防线
实现高质量发展和高水平安全良性互动
马明龙主持并讲话

从26℃到100℃，触摸初心的温度

党员个个加速跑 江岛处处党旗红

迎峰度夏，我市全力做好能源保供

医乡共建助力乡村振兴

◆《镇江日报》头版　从26℃到100℃，触摸初心的温度

镇江日报

习近平向“全球发展：共同使命与行动价值”智库媒体高端论坛致贺信

科技部门惠企纾困护航创新

漫漫田园里的新“利民”之道

丁卯街道“人民吹哨员”声音更响了

◆《镇江日报》头版　江苏天海牵手清华大学助推氢能装备制造发展

镇江日报

省政协主席张义珍来镇调研政协工作

全面提升数字化治理服务能力水平 更加积极主动推进政府数字化转型

加强廉政建设筑牢反腐防线 坚持人民至上增进群众福祉

钟文斌：争当乡村振兴“修路人”

扬中成全国首个“幸福家园”全覆盖县级市

◆《镇江日报》头版　钟文斌：争当乡村振兴“修路人”

镇江日报

练就“看家本领”，镇江制造如何攀高？

三代农人谱写种业助农故事

江苏首个“零碳公园”的傍晚

把“及时雨”下到企业心坎上

◆《镇江日报》头版头条　新民洲三代农人谱写种业助农故事

镇江日报

习近平给参加海峡青年论坛的台湾青年回信

习近平向世界互联网大会国际组织成立致贺信

一着不让做好常态化疫情防控 推动经济社会发展行稳致远

弘扬优秀传统艺术 打造城市文化名片

大禹山数字文创区入选省信息技术应用创新先导区

架好“连心桥” 做好“双面胶” 化身“助推器”

扬中：监督推动政务服务优化升级

◆《镇江日报》头版　大禹山数字文创区入选省信息技术应用创新先导区

镇江日报

习近平给参加海峡青年论坛的台湾青年回信

习近平向世界互联网大会国际组织成立致贺信

一着不让做好常态化疫情防控 推动经济社会发展行稳致远

弘扬优秀传统艺术 打造城市文化名片

高温下保障特种设备安全

扬中：监督推动政务服务优化升级

◆《镇江日报》头版　京口区市场监督管理局高温下保障特种设备安全

镇江日报
拥护"两个确立"做到"两个维护"
织密兜牢安全底线保持社会和谐稳定
以高质量电力供给保障生产生活平稳有序
着眼全生命周期 企业服务"不停档"
"孝廉京口"建设获评"中国廉洁创新奖"特色创新项目


◆《镇江日报》头版 "孝廉京口"建设获评"中国廉洁创新奖"特色创新项目

镇江日报
把中国文明历史研究引向深入
增强历史自觉坚定文化自信
完整准确贯彻新时代党的治疆方略
建设团结和谐繁荣富裕文明进步安居乐业生态良好的美好新疆
围绕"一条主线"坚持"两个统筹"狠抓"四件大事"保持"三个环境"
抓细抓实防汛抗旱各项工作
全力保障人民生命财产安全
横山脚下美丽乡村幸福共享

◆《镇江日报》头版 京口经济开发区上埠村：横山脚下美丽乡村幸福共享

镇江日报
丹徒：用"责任支撑"构筑汛期"安全屏障"
新民洲打通服务群众"最后一公里"
将诚信化为第二张身份证


◆《镇江日报》头版头条 新民洲打通服务群众"最后一公里"

镇江日报
马明龙会见日资企业家
动静相宜，万事达的变与不变
马明龙会见中国银行江苏分行行长
市政府与阿里巴巴集团举行座谈会
全市6月份进出口总值创10年新高

◆《镇江日报》头版 江苏天海新项目9月将试生产

镇江日报
以确定性工作应对不确定性变化
深入学习习近平总书记《论“三农”工作》
把学习成果转化为全面推进乡村振兴实际成效
深入打好污染防治攻坚战
推动生态环境质量持续改善
锚定“产才城教”深融合 服务“数字经济”加速跑

◆《镇江日报》头版头条 锚定“产才城教”深融合 服务“数字经济”加速跑——京口第十四批科技镇长团工作纪实

镇江日报
马明龙徐曙海会见华为高级副总裁熊乐宁
把全国文明城市金字招牌越擦越亮
携手打造数字经济创新发展新高地
华为（镇江）数字联合创新中心启动运营
市青年商会第五次会员大会召开
市区联动聚力助企 服务先锋一线建功

◆《镇江日报》头版 华为（镇江）数字联合创新中心启动运营

镇江日报
买门票 送网红冰淇淋
拧紧“安全阀门” 守护“人间烟火”

◆《镇江日报》头版 省特色小镇“e创小镇”发展势头强劲

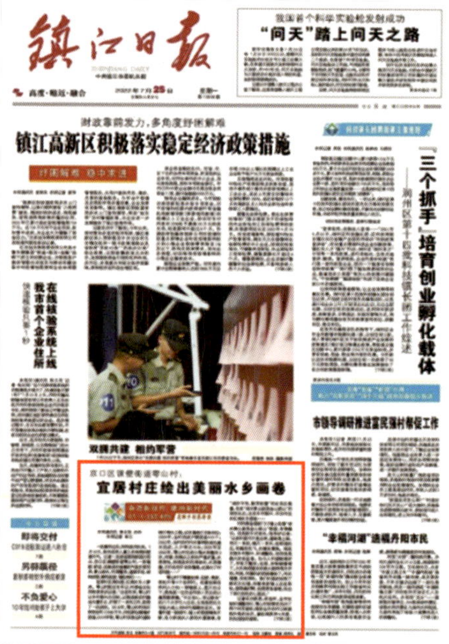
镇江日报
“问天”踏上问天之路
镇江高新区积极落实稳定经济政策措施
三个抓手 培育创业孵化载体
宜居村庄绘出美丽水乡画卷

◆《镇江日报》头版 京口区谏壁街道雩山村：宜居村庄绘出美丽水乡画卷

镇江日报

中央军委举行颁授“八一勋章”和授予荣誉称号仪式

习近平向“八一勋章”获得者颁授勋章和证书 向获得荣誉称号的单位颁授荣誉奖旗

习近平在省部级主要领导干部“学习习近平总书记重要讲话精神，迎接党的二十大”专题研讨班上发表重要讲话强调

高举中国特色社会主义伟大旗帜 奋力谱写全面建设社会主义现代化国家崭新篇章

农工党中央调研组来镇开展长江生态环境保护民主监督

市政府召开全市经济形势分析会

全力奋战三季度攻坚下半年 坚定不移完成全年目标任务

精准攻关核心需求 赋能区域创新发展

“京彩健康”十大服务品牌发布

◆《镇江日报》头版 “京彩健康”十大服务品牌发布

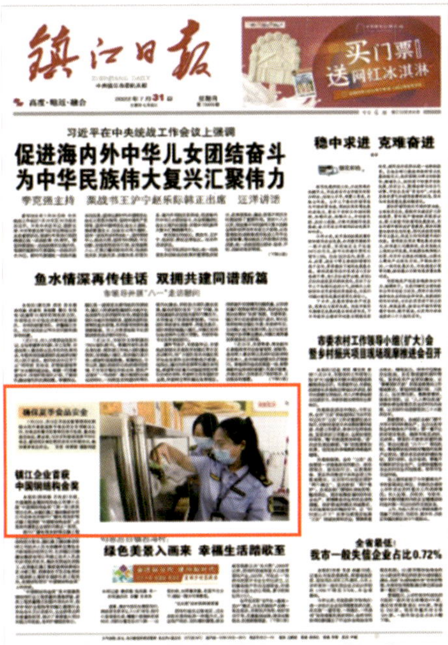
镇江日报

买门票 送网红冰淇淋

习近平在中央统战工作会议上强调

促进海内外中华儿女团结奋斗 为中华民族伟大复兴汇聚伟力

稳中求进 克难奋进

鱼水情深再传佳话 双拥共建同谱新篇

绿色美景入画来 幸福生活踏歌至

◆《镇江日报》头版 京口区市场监督管理局开展高温季节食品安全专项整治

镇江日报

买门票 送网红冰淇淋

江苏省第十二届双拥模范城（县、区）命名表彰大会在宁举行

我市荣膺新一届江苏省双拥模范城

临危受命，使命必达

着力培育壮大数字经济 全面提升统计监督效能

小区环境变美了，群众心情也美了

◆《镇江日报》头版 象山街道桓王亭社区：小区环境变美了，群众心情也美了

镇江日报

和院美墅·贵胞而许

马明龙现场推进G312、G346改扩建项目建设时强调

着力打造质量工程平安工程廉洁工程

井调研老科协工作 李学勇来镇看望赵亚夫

以绿为媒，绘就乡村振兴最美底色

◆《镇江日报》头版 京口区用求职小程序做好就业服务

◆《镇江日报》头版 古城社区"红色记忆润童心"

◆《镇江日报》头版 京口锁定"五个重点"奋力夺取"双胜利"

◆《镇江日报》头版 京口法院跑出破产审判"加速度"

◆《镇江日报》头版 王家新苑安置房项目回迁工作正式启动

镇江日报

丹阳：依托精细化管理 打造纪检监察铁军

坚决扛起"勇挑大梁"的政治责任 加压奋进攻坚冲刺全年目标任务

新区公安分局"大部制"警务改革再上新台阶

奏响基层治理"大合唱" 绣出百姓生活"幸福卷"

◆《镇江日报》头版 健康路街道中营小区"红色物业"：奏响基层治理"大合唱" 绣出百姓生活"幸福卷"

镇江日报

习近平致电慰问日本首相岸田文雄

镇江三维股份在北交所成功上市

持续深化对口支援协作合作 全面提升法律援助质量水平

我市与东吴证券举行新时代深化全面合作签约仪式

句容"非遗"为魂打造特色田园乡村

◆《镇江日报》头版 京口老小区改造有序推进

镇江日报

复兴之路 真理之光

咬定总目标争得新的荣光 为全市发展提供重要支撑

全市统计基层基础工作推进会召开

镇江老工业城市制造业智能化典型经验做法获推广

邱龙涛：攻坚"卡脖子"技术 争当创新领跑者

◆《镇江日报》头版 京口卫监随机抽检进校园 用眼饮水更安全

镇江日报

主动发现，变"人找政策"为"政策找人"

扬中平安成色更加亮丽

我市举行纪念抗战胜利77周年主题活动

腾讯"99公益日"江苏专场活动来了

◆《镇江日报》头版 孟家湾湖河长制主题公园建设完成

镇江日报

新时代进一步加强科学技术普及工作

确保党始终成为坚强领导核心

京口区做强做优做大数字经济

“金融超市”力破融资难题

赋能产业工人发力跑 思政5W课程进班组

研发投入激增下的“向新求新”

“99公益日”江苏专场首日“书香学子”项目收获爱心款4.8万

◆《镇江日报》头版头条　京口区做强做优做大数字经济

镇江日报

全力救援受灾群众最大限度减少人员伤亡

稳增长保稳定坚持转型发展不动摇 努力为全市发展大局贡献句容力量

“放”出活力 “管”出公平 “服”出效率

党建领航让丹阳市场劲吹文明之风

江苏集团瑞祥科技成功上榜

京口王家新苑1092套安置房安置到位

◆《镇江日报》头版　京口王家新苑1092套安置房安置到位

镇江日报

满眼所见 皆是热爱

忠诚拥护“两个确立” 持续深化自我革命 全力以赴为全省“勇挑大梁”多作镇江贡献

徐曙海率队拜访考察中国航发北京航空材料研究院

京口今年已签约数字经济项目20个

◆《镇江日报》头版　京口2022年已签约数字经济项目20个

镇江日报

夜市专场招聘会让中秋月圆情更浓

米山社区：党建引领让幸福“一路飘红”

中秋节，品一品镇江“特色月饼”

◆《镇江日报》头版　米山社区：党建引领让幸福“一路飘红”

镇江日报

夜市专场招聘会让中秋月圆情更浓

中秋节，品一品镇江"特色月饼"

玫瑰葡萄园里孕育致富密码

◆《镇江日报》头版　京口经济开发区左湖村：玫瑰葡萄园里孕育致富密码

镇江日报

习近平致电祝贺英国国王查尔斯三世登基

迈向更加光明的发展前景

句容工商联：为民营经济注入"源头活水"

京口人社：让援企惠民政策"直达基层"

◆《镇江日报》头版　京口人社：让援企惠民政策"直达基层"

镇江日报

慎终如始守初心的快乐"金子"

"京口样本"入选优秀案例集《旗帜》

"党建+三增效"特色做法被全国推介

我市已有14个首台(套)装备享国家保险补偿6400余万元

纾困"及时雨"，汇成"金融活水"来

◆《镇江日报》头版　"京口样本"入选优秀案例集《旗帜》

镇江日报

慎终如始守初心的快乐"金子"

"京口样本"入选优秀案例集《旗帜》

"党建+三增效"特色做法被全国推介

我市已有14个首台(套)装备享国家保险补偿6400余万元

纾困"及时雨"，汇成"金融活水"来

◆《镇江日报》头版头条　慎终如始守初心的快乐"金子"——记全国"人民满意的公务员"金怡

镇江日报

慎终如始守初心的快乐“金子”

“京口样本”入选优秀案例集《旗帜》

“党建+三增效”特色做法被全国推介

节日坚守

我市已有14个首台(套)装备享国家保险补偿6400余万元

◆《镇江日报》头版　节日坚守江滨新村一期老小区改造现场

镇江日报

习近平会见俄罗斯总统普京

坚持和发展中国特色社会主义要一以贯之

扛牢责任敢为善为勇挑大梁 用决战决胜的姿态打赢收官战

构建共建共治共享良好局面 全力以赴守护“舌尖上的安全”

强化作风建设 勇于担当作为 努力成为可堪大用的栋梁之才

让全体中国人都过上更好的日子

◆《镇江日报》头版　为老党员、首批全国三八红旗手陈彩娣老人庆祝百岁生日

镇江日报

欢聚时刻 共享百花

努力为全省“勇挑大梁”多作贡献 为党的二十大胜利召开营造良好氛围

用“党建红”带动“发展绿”

五级人大代表“法庭行”

今年京口老旧小区改造预计春节前主体完工

我市多件文创设计作品荣获“紫金奖”

◆《镇江日报》头版　2022年京口老旧小区改造预计春节前主体完工

镇江日报

共建亚欧大陆美好家园

时间刻度里的大国外交

推动“中国之治”进入新境界

决战决胜 勇担当

融入“朋友圈”，收获越来越多

◆《镇江日报》头版　京口实小师生寻访百岁抗战老兵

◆《镇江日报》头版　江东社区"智慧云喇叭"唱出社会治理"好声音"

◆《镇江日报》头版　便民服务送到居民家门口

◆《镇江日报》头版　秋日古城添"彩带"

◆《镇江日报》头版　大市口街道宋官营社区："高龄"小区喜获新生 百姓乐居"爱心家园"

镇江日报
习近平致信祝贺中国新闻社建社70周年强调
创新国际传播话语体系提高国际传播能力 增强报道亲和力和实效性
线下消费退货有“规”可依
全市工业“散乱污”企业整治现场观摩推进会召开
睦邻援法议事，做优基层治理文章

◆《镇江日报》头版 “华为杯”2022年京口创新创业大赛落幕

镇江日报
出席中国共产党第二十次全国代表大会代表全部选出
服务民族复兴 促进人类进步
丹阳：特检“专时专窗”便企惠民
扬中：多证联发“一件事一次办”
全市金融生态环境建设推进会召开

◆《镇江日报》头版 核酸检测亭亮相街头

镇江日报
习近平为《复兴文库》作序言强调
以史为鉴察往知来 在复兴之路上坚定前行
聚力创新 赋能发展
将“散落的星火”汇聚成“闪耀的火炬”
始终坚持人民至上 不断增进民生福祉
加快转型升级提升发展质效 锚定全年目标实现最好结果
多业并举，走出“监理+”新路

◆《镇江日报》头版 京口区纪委监委锻造全面过硬“铁军”——激活争先氛围，跑出“三力”齐升态势

镇江日报
《习近平关于依规治党论述摘编》出版发行
省政府召开工作调度会议
假日不停工 竞赛赶序时
小网格擘画社区治理大文章
科技赋能激发电气行业智慧蝶变

◆《镇江日报》头版 小网格擘画社区治理大文章

镇江日报

始终同人民同呼吸、共命运、心连心

党的二十大各代表团继续举行分组会议

严格落实安全生产责任措施 牢牢守住安全发展底线红线

共绘美好"乡居图" 党建引领村民自治

办好民生事 温暖百姓心 托起幸福感

市政协组织开展2022年度民生实事视察活动

◆《镇江日报》头版　谏壁街道东京村：党建引领村民自治 共绘美好"乡居图"

镇江日报

习近平向美中关系全国委员会年度晚宴致贺信

习近平在瞻仰延安革命纪念地时强调

弘扬伟大建党精神和延安精神 为实现党的二十大提出的目标任务而团结奋斗

马明龙赴京口区调研时强调

全面学习把握落实党的二十大精神 奋力推动高质量发展确保完成全年目标任务

以学习贯彻党的二十大精神为强大动力 牢记责任认清形势奋力攻坚全年目标任务

十九届中央纪律检查委员会向中国共产党第二十次全国代表大会的工作报告

◆《镇江日报》头版头条　马明龙赴京口区调研时强调：全面学习把握落实党的二十大精神　奋力推动高质量发展确保完成全年目标任务

镇江日报

习近平在瞻仰延安革命纪念地时强调

弘扬伟大建党精神和延安精神 为实现党的二十大提出的目标任务而团结奋斗

全面学习把握落实党的二十大精神 奋力推动高质量发展确保完成全年目标任务

市人大京口代表团小组联组专题调研"双减"工作

◆《镇江日报》头版　市人大京口代表团小组联组专题调研"双减"工作

镇江日报

习近平就韩国首尔踩踏事故向韩国总统尹锡悦致慰问电

中共中央关于认真学习宣传贯彻党的二十大精神的决定

京口：创新实干打造数字经济党建高地

恒宝股份："智造"中国人的"新钱包"

在强村富民路上当好"领头雁"

◆《镇江日报》头版头条　京口：创新实干打造数字经济党建高地

镇江日报

习近平将在第五届中国国际进口博览会开幕式上发表视频致辞

学习贯彻党的二十大精神

牢牢把握高质量发展这个首要任务 开辟发展新领域新赛道塑造发展新动能新优势

一场主题鲜明的联学会 一张路径清晰的共建图

"团"聚全市青少年唱响时代进行曲

中国镇江金山文化艺术·国际旅游节7日开幕

◆《镇江日报》头版头条 一场主题鲜明的联学会 一张路径清晰的共建图

镇江日报

第五届中国国际进口博览会江苏团活动举行

镇江交易分团积极参会

丹徒，给传统产业插上"突围"翅膀

学习贯彻党的二十大精神

"全流程"监管 筑牢食品安全每一道防线

多举措锻造过硬铁军 全方位提升工作效能

◆《镇江日报》头版 京口区纪委监委：多举措锻造过硬铁军 全方位提升工作效能

镇江日报

欢聚时刻 共享百花

努力在推进农业农村现代化上走在前列

全面学习贯彻党的二十大精神

交通安全生产"百日攻坚"行动结硕果

"聚米成山"显合力 筑牢百姓"幸福梦"

◆《镇江日报》头版 大市口街道米山社区："聚米成山"显合力 筑牢百姓"幸福梦"

镇江日报

召开视频调度会 省疫情联防联控指挥部会议

丹阳千亿金融活水滋润实体经济

第十四届中国航展闭幕

中国儒学与法律文化研究会2022年年会在镇举行

三个"6"深化治理新路径 打造幸福美好"梦想家园"

◆《镇江日报》头版 京口路社区：三个"6"深化治理新路径 打造幸福美好"梦想家园"

镇江日报

《求是》杂志发表习近平总书记重要文章

习近平出席二十国集团领导人第十七次峰会并发表重要讲话

共迎时代挑战 共建美好未来

学习贯彻党的二十大精神

学习贯彻党的二十大精神省委宣讲团报告会举行

全面学习把握落实党的二十大精神 奋力推动中国式现代化镇江新实践

镇江高新区集成管理初见成效

省人大常委会副主任曲福田来镇开展立法调研

以党的二十大精神为指引 奋力谱写京口现代化建设崭新篇章

省政协调研镇江适老化改造工作

◆《镇江日报》头版 以党的二十大精神为指引 奋力谱写京口现代化建设崭新篇章

镇江日报

阅读方式知多少

召开省疫情联防联控指挥部视频调度会议

五洲山村办实事惠民利民

乡村振兴敲点敲开幸福生活大门

以快制快迅速扑灭疫情 坚决筑牢疫情防控屏障

聚力创新，塑造新动能新优势

◆《镇江日报》头版 谏壁西街社区庭院党课传党音

镇江日报

深入学习贯彻中共二十大精神 汇聚推动镇江现代化建设磅礴力量

前10个月我市外贸进出口总值超去年全年

人大代表“乡村行”助力乡村振兴

学习贯彻党的二十大精神

市委宣讲团赴城建集团宣讲党的二十大精神

◆《镇江日报》头版 人大代表“乡村行”助力乡村振兴

镇江日报

统一思想统一行动 迅速扑灭当前疫情 最大程度保护人民生命安全和身体健康

夯基固本，打通统计“最后一公里”

左湖村：建好“致富路”让产业更兴旺

这十年，文明城市靓名片

文出办好人民满意教育的“镇江答卷”

◆《镇江日报》头版 左湖村：建好“致富路”让产业更兴旺

镇江日报

认真学习习近平总书记重要讲话重要指示精神
以实际行动把党的二十大精神落到实处

镇江市工会第十五次代表大会开幕

坚决筑牢疫情防控屏障
规范重大行政决策程序

健康路街道持续提升居民幸福感

◆《镇江日报》头版　健康路街道持续提升居民幸福感

镇江日报

让"新引擎"释放"新动能"

"数字+"赋能路网监测动力足

以有力监督守护绿水青山

奋斗，为了人民的美好生活

◆《镇江日报》头版　奋斗，为了人民的美好生活——全市学习贯彻党的二十大精神进城乡社区工作综述

镇江日报

不增不减不折不扣落实防控措施
坚决打赢常态化疫情防控攻坚战

安居宜居，镇江渐成移居"网红"城

"车轮上的党建"：为司机打造"温馨港湾"

家门口的艺术殿堂
百姓心中的真幸福

◆《镇江日报》头版　古运河畔秋日画卷

镇江日报

前进，光荣和梦想的远征

智慧赋能，助力基层减负增效

全市4万余名中小学生报名共赴写作之约

蝶变嬗变，九大片区起宏图

财政助力，跑出乡村振兴"加速度"

下足"绣花功夫"，共建美丽镇江

◆《镇江日报》头版　京口区全面启动党报党刊发行工作

镇江日报

习近平向第四届中俄能源商务论坛致贺信

从重建设到重运营，新能源汽车的"输血"之道

"先锋行动"，润州机关赋能"一线建功"

以"铁一般的担当"推动营商环境不断优化

南山北水，我家住在公园里

市九届人大常委会召开第九次主任会议暨主任办公会

市政协举办同心读书分享会

◆《镇江日报》头版 京口区纪委监委打造"123"监督品牌——以"铁一般的担当"推动营商环境不断优化

镇江日报

习近平出席首届中阿峰会并发表主旨讲话

推动高质量发展，全市企业单位履职担当见作为

点燃创新引擎，海工装备产业动力澎湃

◆《镇江日报》头版 "健康防疫"讲座受欢迎

镇江日报

中央经济工作会议在北京举行

以"时时放心不下"的责任感守好一方碧水建设幸福河湖

坚持教育优先发展，打造高质量教育体系

市政协视察全市检察工作

◆《镇江日报》头版 中林新民洲港全力冲刺四季度

镇江日报

习近平会见来京述职的李家超

习近平会见来京述职的贺一诚

科学研判形势 合理调配资源 全力守护人民群众生命健康

镇江市第一人民医院高质量发展大会暨百年康复助力健康镇江行

发挥社会组织优势 服务高质量发展大局

市政协召开九届九次主席会议

◆《镇江日报》头版 江滨新村一期老旧小区改造正在进行

镇江日报

克难奋进，推动经济行稳致远

坚持团结奋斗 贯彻落实好党的二十大决策部署

以"跑起来"的姿态加快镇江高质量发展

将全过程人民民主融入司法实践

袋袋垃圾上磅秤 滴滴污水不入江

◆《镇江日报》头版 京口区市场监管局元旦节前市场专项检查

镇江日报

逐梦前行，推进绿色低碳发展

这个"战斗堡垒"，名副其实！

锤炼狠抓落实的过硬作风

新民洲抢占先机助力经济复苏

以人民为中心，矢志奉献精品力作

五峰山大桥摘取中国建设工程鲁班奖

◆《镇江日报》头版 新民洲抢占先机助力经济复苏

# 镇江市京口区

2022年11月2日，区委主要领导到象山街道孟诚社区专题调研

2022年8月22日，大禹山省级信创先导区建设启动仪式

2022年4月24日，智汇科技中心互联网党建展厅

2022年11月23日，象山街道开展“四季心向党 节气显传承”文艺演出

2022年，象山街道在区委、区政府的正确领导下，象山、大禹山列入区重点项目19个，其中市重点产业在建项目3个，总投资32.47亿元；全年新签约项目21个，其中重大类项目1个，重点类项目11个，新增规上企业20家；全年培育（入库）高企3家，入选镇江市“金山英才计划”4人；大禹山数字文创区成功入选省级信息技术应用创新先导区（全市唯一），并获评省级文化产业示范园区。开展五大专项整治行动，强力推动长江岸线整治，长江入河排口整治34个，盘龙建宇、金阳色材等一批沿江企业顺利拆除；强化大气区域协同治理，$PM_{2.5}$年均浓度32.8微克/立方米，优良天数比率71.3%；对玉带河、一夜河等河道约3600米开展水质提升工程；丹徒桥改造完成，东风菜场迁建工程顺利进行；开展毁林种菜综合整治行动27次，铲除面积约6000平方米；顺利完成索普周边回迁安置940户、1167套房屋；建成象山社区“三邻空间”党建文化广场，擦亮桓王亭社区“‘亭’院声声”党建品牌；持续探索新业态新就业群体党建，打造宝华物流“司机之家”党群服务中心。

# 象 山 街 道

2022年10月25日，象山街道象山社区“三邻”广场建成使用

2022年6月8日，象山街道桓王亭社区慈善关爱之家投入运营

2022年12月13日，丹徒桥建设工程竣工

2022年12月13日，王龙健身文化广场建成启用，配备智能健身器材

2022年12月30日，王龙菜场建成并投入使用

# 镇江市京口区

2022年2月28日，市委、区委宣传部领导到谏壁街道调研指导

2022年10月19日，京口区委主要领导率队实地考察天海高端装备制造项目

2022年，谏壁街道聚焦“三高三区”建设，以“勇挑大梁、再创辉煌”为目标，有力推进各项事业全面发展。经济发展平稳向好。工业总产值完成246亿元，其中谏壁发电厂工业总产值52.9亿元，为近三年最高；中储粮镇江基地实现税收2.2亿元，创历史之最。城市生活品质更优。完成省退役军人优待证办理试点工作；顺利完成王家新苑安置房回迁工作，1092户群众喜圆安居梦。社会治理成效更好。科学精准落实常态化疫情防控措施，指导企业通过“四大流程、八大环节”严管外来货车；“数字谏壁”建设取得阶段性进展。党建引领更加有力。建强“家门口”党建，创新“党建庭院”“社区工厂”模式，扩大党群服务中心服务内涵。

2022年11月25日，谏壁街道举办“谏行动”服务品牌新闻发布会

# 谏壁街道

2022年5月22日，探索“智能化”治理，实现数据共享，完善服务精准性

2022年3月21日，完成省退役军人优待证办理试点工作，为老兵办理退役军人优待证申领登记

2022年8月23日，打造“社区工厂”，通过社企共建，实现劳养结合、安居乐业

2022年6月30日，“喜迎二十大、永远跟党走、奋进新征程”庆“七一”文艺会演

2022年8月15日，王家新苑1092套安置房安置到位

2022年12月15日，中储粮11万吨浅圆仓项目竣工

2022年4月15日，指导企业通过“四大流程、八大环节”严管外来货车

# 镇江市京口区

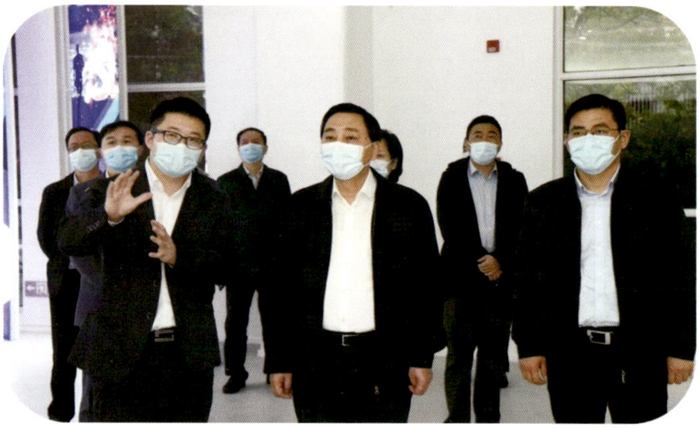

2022年10月27日，镇江市委主要领导参观调研华为（镇江）数字联合创新中心

2022年4月19日，镇江市人大常委会主要领导调研正东路街道人大代表联络工作站

正东路街道辖区总面积5.6平方千米，下辖7个社区，户籍人口34786人。2022年获评江苏省生态文明建设示范街道、镇江市社会治理现代化先进街道和镇江市文明单位。

经济发展稳中有进。2022年完成一般公共预算收入1.41亿元，固定资产投资5.26亿元；建筑业总产值12亿元；限上批发业销售额同比增长91.4%；新增规模以上企业15家。全年重点产业项目7个，完成产业投资1.37亿元，其中华为（镇江）数字联合创新中心于2022年7月开园运营，云时代中心获得抖音直播基地官方授牌。

城市面貌持续更新。有序实施贺家弄、酒海街2个片区近8万平方米老旧小区改造，稳步推进学府路71号、京口路100号等13个小区物业管理提升。精准实施京岘山等3个片区的污水提质增效“333”工程，完成京岘山（老山）森林质量提升，庙巷片区入选省级宜居示范居住区。

社会事业全面进步。深入实施“精网微格”工程，建成正东法律援助工作站，扎实推进信访突出问题攻坚化解，全面开展安全生产隐患排查整治行动。成立全市首家人大代表小组功能型党支部，成功打造廉洁文化建设精品展示地——酒海街家风家训馆，贺家弄社区创成省级“红石榴家园”，酒海街创成全区首家省级精神障碍社区康复服务示范点。

基层党建百花齐放。成立红色先锋党员志愿服务队，提供各类专业化服务200余次。打造7家暖“新”加油吧服务驿站和1个外卖员群体党群服务阵地。成立正东数字经济产业链党支部，打造华为数创中心、云时代中心2个数字经济聚集区党建品牌和怡通公司等数字经济“三强”党组织。成立9个“奔跑支部”，为数字企业解难纾困20余次。

2022年7月22日，华为（镇江）数字联合创新中心启动运营

# 正东路街道

2022年5月12日，市政协领导到京口区正东协商议事中心调研“有事好商量”协商议事工作

2022年6月16日，正东法律援助工作站正式揭牌

2022年3月28日，成立全市首家人大代表小组功能型党支部

2022年12月8日，与江科大深蓝学院开展“校地共学二十大 双向赋能向未来”联学共建活动

2022年10月16日，组织全体党员干部集中收看党的二十大开幕盛况

2022年10月25日，庙巷片区入选省级宜居示范居住区

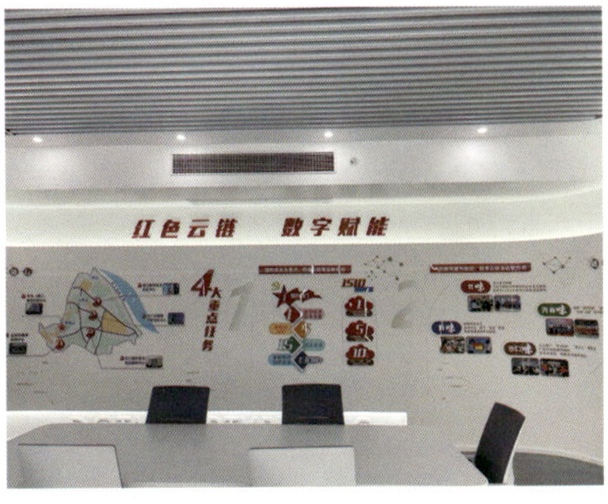

2022年7月22日，华为数字人才党群服务中心

# 镇江市京口区

2022年6月23日，全市镇（街道）社工站与慈善服务中心一体化建设运行推进会在镇江市京口区四牌楼街道召开

2022年10月11日，滨江风光带体育公园共建单位签约仪式

2022年，京口区四牌楼街道牢固树立“以人民为中心”的发展理念，对外聚焦疫情防控、基层党建、经济发展；对内人员优化调整、福利待遇保障。团结一心，奋勇争先，经济发展稳中有进，社会安定祥和有序，各项事业取得一定的进步。建成全市首个基层现代化治理示范点——“幸福江滨汇”，获评全市首批社会治理现代化先进街道；创成“全国示范型退役军人服务站”；被评为全省党建引领社会工作服务示范点，建成全市首家街道级党群服务中心，建成全区首家“同心湾”统战之家；全市首家慈善社工站建成运行，全区首家“15分钟医保服务圈”满分通过省检查组评估。经济发展稳中有进，城市品质持续提升，社会治理精准高效，党的建设更具特色。

2022年12月6日，全国脱贫攻坚楷模、时代楷模赵亚夫走进街道党群服务中心“亚夫课堂”，为辖区居民、律师、师生代表宣讲党的二十大精神

2022年10月31日，“同心湾”统战之家正式揭牌

# 四牌楼街道

2022年7月12日，京口区“家门口”党建引领城市基层治理现代化新闻发布会暨四牌楼街道党群服务中心揭牌

2022年9月7日，街道人大工委在街道党群服务中心召开2022年度第二次议政代表会

2022年10月31日，“一起想　一起干”京口区同心善治合伙人接力跑开跑仪式在四牌楼街道“同心湾”统战之家举行

2022年9月15日，为首批全国三八红旗手陈彩娣老人庆祝100岁生日

2022年9月17日，开展“您用网 我用心 让您安全更放心”网络安全志愿服务活动

2022年9月21日，“2022年京口区志愿服务展示交流活动”在四牌楼街道举行

# 镇江市京口区

2022年2月18日，召开2022年工作会议暨产业项目提速增效年动员大会

2022年9月15日，市城管局党委与街道党工委党建共建 助力城市精细化管理

2022年，健康路街道牢牢把握高质量发展首要任务，紧扣区委区政府“三高三区”工作部署，深入推进“四大提升行动”，攻坚克难、敢为善为，高质量发展取得积极成效。街道先后创成省级“15分钟医保服务圈”示范点，荣获省级爱国卫生运动70周年“表现突出集体”、省级“人民满意窗口”建设质量提升工程先进单位等荣誉。

紧扣“高质量发展”这一首要任务，“实力健康”动能进一步释放。新签约落户项目15个，其中5000万元以上项目4个。新签约项目入库列统投资额2.5亿元，新增“四上”单位19家。线性麦克风阵列生产线、星诺5G创新中心等12个区重大产业项目全面竣工。打造苏宁潮吃超in大本营，引进绿茶餐厅、朱光玉火锅馆等“镇江首店”“网红店”11家。

秉持“人民城市”这一重要理念，“魅力健康”特色进一步彰显。桃花坞路大修项目竣工，道路实现通车。精心打造永安路美食街，点燃“城市烟火气”。大力实施老旧小区改造,创新“党建+物业管理”治理模式。打造垃圾分类示范点，新建智能垃圾分类亭。

围绕“为民造福”这一本质要求，“幸福健康”指数进一步提升。举办“春风行动”专场招聘会，承办2022年镇江市老年人体育节开幕式，获评“市老年人特色健身团队建设优秀组织单位”。健康路街道退役军人服务站获评省级“权益维护工作先进集体”，“党徽、军徽，相映成辉”氛围进一步浓厚。关心下一代工作有声有色，入选“区关心下一代工作优秀集体”。

彰显“自我革命”这一最大优势，“硬核健康”根基进一步夯实。创新“党员有约”志愿服务新模式，“京彩健康”服务品牌正式发布，相关品牌成效先后被“学习强国”学习平台及《党建之窗》《创新》杂志报道。打造“星动桃邻里”党建服务品牌、搭建“星光义工”“三暖色”服务载体的做法受到市委主要领导的充分肯定。

2022年3月14日，成立助企纾困解难工作小组，支持企业复工复产

2022年5月26日，开展“春风暖企进行时 红会‘救’在你身边”活动

# 健康路街道

2022年5月30日，街道综合行政执法局开展市容环境专项集中整治

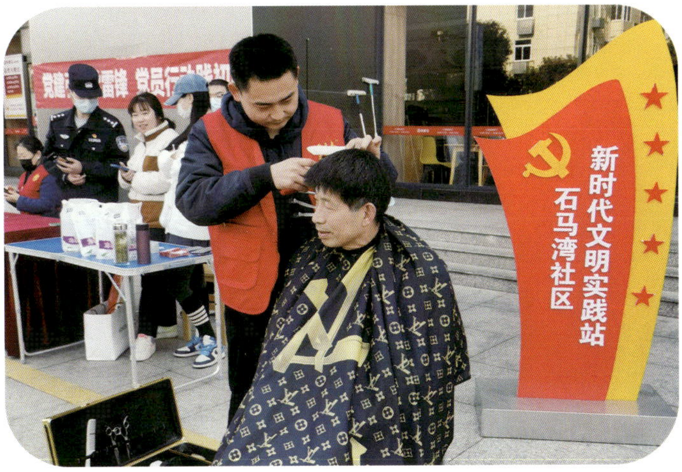


2022年3月4日，用情为民 “爱心义剪”解难题

2022年6月7日，开展“礼赞新时代 追梦复兴路”主题宣讲活动

2022年6月10日，承办2022年镇江市老年人体育节开幕式

2022年4月24日，“同享阅读 共沐书香”健康路街道开展读书分享活动

2022年8月1日，桃花坞社区校外辅导站获省级主题征文、书画、视频竞赛多项奖

# 镇江市京口区

2022年3月10日，市委主要领导督查老北门社区老旧小区改造工作

2022年10月19日，活力大市口党建联盟揭牌仪式

2022年，大市口街道攻坚突破、创新发展，在经济社会各项事业上，取得一定进展。先后获评“江苏省生态文明建设示范街道”“镇江市社会治理现代化先进街道”等荣誉。

经济发展稳中有进。指标建设克难奋进，固定资产投资额实现限上零售业商品销售额以及规上服务业（核算）营业收入增幅指标超额完成任务，项目招引成效初显，在全区项目招引“百日竞赛”中位列第一。

街区面貌持续改善。完成大八叉巷、医政路等老旧小区改造；稳步推进存量违建拆除工作；圆满完成东吴路64号危房解危工作；第一楼街无广告示范街创建工作顺利完成，树立市容标杆，打造城区特色名片，成功入选省级夜间文旅消费集聚区建设单位。

民生实事扎实推进。2022年完成城镇新增就业人数1202人，就业困难人员再就业286人；兜好弱势群体民生保障底线，助力16名残疾人在残疾人之家参加辅助性就业，开展特殊困难人群摸排保障，实现应保尽保、应退尽退。

党的建设全面加强。强化基层党组织建设，组建红色楼栋长队伍，打造“一廊、二园、三课、七室”党史学习教育模式，学习强国进行刊发推送；丰富党员学习教育载体，创办“指尖云课堂”“实境课堂”“耄耋课堂”，提升党员学习教育质量；做实“家门口”党建，打造“京口红韵”网格阵地5处，完成文昌宫片区“红色旧改”。

2022年10月13日，织密“精网微格”、汇聚治理能量暨“三官一律”进网格志愿服务活动启动仪式在京口区大市口街道米山社区举行

2022年9月8日，举行京口区首家新业态新就业群体联合工会揭牌仪式

# 大市口街道

2022年4月3日，开展“文明祭扫，缅怀先烈”活动

2022年7月3日，开展“铭嘱托 铸忠诚 强动力”主题党日活动

2022年6月15日，老北门社区获居民赠送锦旗

2022年7月20日，慰问新业态工作者

2022年9月1日，第一楼街夜市

2022年3月15日，开展反诈宣传活动

# 京口区人民检察院

2022年7月6日，省人民检察院领导调研指导京口未成年人检察工作

2022年3月8日，市人民检察院领导调研指导京口刑事检察工作

2022年，京口区人民检察院始终坚持党的绝对领导。把“两个确立”“两个维护”落实到检察工作全过程各环节，全面贯彻现代化司法理念，凝聚共识、统一思想，以检察履职捍卫党的全面领导，厚植党的执政根基；始终聚力为大局服务。全面推进刑事、民事、行政、公益诉讼“四大检察”高质量发展，努力实现“法理情”兼顾融合、“三个效果”有机统一；始终践行为人民司法。聚焦衣食住行监督好群众身边的“小事”，守护司法公正办理好群众身边的“小案”，关注弱势群体守护好群众期盼的“小康”。在维护国家安全、社会稳定、经济发展等方面开展更精准的监督；始终聚焦基层守正创新。持续强化党建与业务融合发展，倾力打造“江河益+”工作品牌，做深做实“护蕾联盟”六大保护，利用好全市首个水陆立体生态司法修复基地，发挥好京口检察社区宣传驿站作用，讲好检察故事，走好特色精品之路；始终锚定检察队伍建设。调优配强班子，提升凝聚力，细化举措促进青年干警成长，夯实后备力量。通过压担子、轮岗位、强培训加强队伍能力建设，持续打造一支忠诚干净担当的检察铁军。

2022年度镇江市暨京口区检察工作通报会在京口区检察院召开

2022年6月2日，举行全市首个水陆立体生态环境司法修复基地揭牌仪式

2022年11月8日，全省首个设立在居民社区的“江河益+”检察宣传驿站揭牌

2022年3月1日，举行“护蕾联盟”涉未成年人公益诉讼观察员聘任仪式

2022年8月4日，举办首批特邀检察官助理聘任仪式

# 《京口年鉴（2023）》主要机构（单位）简称全称对照表

| 简　称 | 全　称 |
| --- | --- |
| 区　委 | 中国共产党镇江市京口区委员会 |
| 区人大常委会 | 镇江市京口区人民代表大会常务委员会 |
| 区政府 | 镇江市京口区人民政府 |
| 区政协 | 中国人民政治协商会议江苏省镇江市京口区委员会 |
| 纪　委 | 中国共产党镇江市京口区纪律检查委员会 |
| 监　委 | 镇江市京口区监察委员会 |
| 区委办 | 中国共产党镇江市京口区委员会办公室 |
| 组织部 | 中国共产党镇江市京口区委员会组织部 |
| 宣传部 | 中国共产党镇江市京口区委员会宣传部 |
| 统战部 | 中国共产党镇江市京口区委员会统一战线工作部 |
| 政法委 | 中国共产党镇江市京口区委员会政法委员会 |
| 台　办 | 中国共产党镇江市京口区委台湾工作办公室 |
| 编　办 | 中国共产党镇江市京口区委员会机构编制委员会办公室 |
| 机关工委 | 中国共产党镇江市京口区委区级机关工作委员会 |
| 党　校 | 中国共产党镇江市京口区委员会党校 |
| 史志办 | 镇江市京口区史志办公室 |
| 老干部局 | 中国共产党镇江市京口区委员会老干部局 |
| 研究室 | 中国共产党镇江市京口区委员会研究室 |
| 区政府办 | 镇江市京口区人民政府办公室 |
| 区经济发展局 | 镇江市京口区经济发展局 |
| 区教育局 | 镇江市京口区教育局 |
| 区科技局 | 镇江市京口区科学技术局 |
| 区民政局 | 镇江市京口区民政局 |
| 区司法局 | 镇江市京口区司法局 |
| 区财政局 | 镇江市京口区财政局 |
| 区人社局 | 镇江市京口区人力资源和社会保障局 |
| 京口生态环境局 | 镇江市京口生态环境局 |
| 区住建局 | 镇江市京口区住房和城乡建设局 |
| 区城管局 | 镇江市京口区城市管理局 |
| 区交通运输局 | 镇江市京口区交通运输局 |
| 区农业农村局 | 镇江市京口区农业农村局 |
| 区商务局 | 镇江市京口区商务局 |
| 区行政审批局 | 镇江市京口区行政审批局 |
| 区信访局 | 镇江市京口区信访局 |

| 简　称 | 全　称 |
| --- | --- |
| 区文体旅局 | 镇江市京口区文化体育和旅游局 |
| 区卫健委 | 镇江市京口区卫生健康委员会 |
| 区市场监管局 | 镇江市京口区市场监督管理局 |
| 区审计局 | 镇江市京口区审计局 |
| 区应急管理局 | 镇江市京口区应急管理局 |
| 区统计局 | 镇江市京口区统计局 |
| 区退役军人事务局 | 镇江市京口区退役军人事务局 |
| 区人大委办 | 镇江市京口区人民代表大会常务委员会办公室 |
| 区政协委办 | 中国人民政治协商会议江苏省镇江市京口区委员会办公室 |
| 区法院 | 镇江市京口区人民法院 |
| 区检察院 | 镇江市京口区人民检察院 |
| 区总工会 | 镇江市京口区总工会 |
| 团区委 | 中国共产主义青年团镇江市京口区委员会 |
| 区妇联 | 镇江市京口区妇女联合会 |
| 区文联 | 镇江市京口文学艺术界联合会 |
| 区科协 | 镇江市京口区科学技术协会 |
| 区侨联 | 镇江市京口区归侨侨眷联合会 |
| 区残联 | 镇江市京口区残疾人联合会 |
| 区红十字会 | 镇江市京口区红十字会 |
| 区工商联 | 镇江市京口区工商业联合会 |
| 象山街道 | 镇江市京口区象山街道办事处 |
| 谏壁街道 | 镇江市京口区谏壁街道办事处 |
| 健康路街道 | 镇江市京口区健康路街道办事处 |
| 大市口街道 | 镇江市京口区大市口街道办事处 |
| 正东路街道 | 镇江市京口区正东路街道办事处 |
| 四牌楼街道 | 镇江市京口区四牌楼街道办事处 |
| 京口经济开发区管委会 | 江苏镇江京口经济开发区管理委员会 |
| 新民洲临港产业园管委会 | 镇江新民洲临港产业园管理委员会 |
| 大禹山创意新社区管委会 | 镇江市京口区大禹山创意新社区管理委员会 |
| 机关事务中心 | 镇江市京口区机关事务服务中心 |
| 新闻中心 | 镇江市京口区新闻中心 |
| 招商中心 | 镇江市京口区招商服务中心 |
| 北固公司 | 江苏北固产业投资有限公司 |
| 区企改中心 | 镇江市京口区企业改革管理服务中心 |
| 供销合作总社 | 镇江市京口区供销合作总社 |
| 公安京口分局 | 镇江市公安局京口分局 |
| 自然资源和规划京口分局 | 镇江市自然资源和规划局京口分局 |
| 京口区税务局 | 国家税务总局镇江市京口区税务局 |

# 目　录

## 特　载



## 专　记



## 大 事 记

## 区情概览



## 中共京口区委员会

## 京口区人民代表大会

## 京口区人民政府



## 政协京口区委员会



## 中共京口区纪律检查委员会 京口区监察委员会



## 民主党派

## 群众团体

# 法 治



# 军 事

## 商贸・交通



## 开放型经济



## 农业・水利

## 财政·税务



## 教 育



## 科 技

## 文化·旅游·体育



## 人力资源和社会保障



## 社会民生

## 街道·园区

## 附 录



## 索 引

# 踔厉奋发　勇毅前行
# 为全面推进中国式现代化京口新实践而团结奋斗

## ——中共镇江市京口区委九届四次全会报告

（2022 年 12 月 27 日）

区委书记　贾敬远

这次全会的主要任务是：高举习近平新时代中国特色社会主义思想伟大旗帜，深入学习宣传贯彻党的二十大精神，全面贯彻中央经济工作会议精神，认真落实省委十四届三次全会、省委经济工作会议、市委八届四次全会部署，动员全区上下深刻领悟“两个确立”的决定性意义，坚定拥护“两个确立”、坚决做到“两个维护”，牢记“三个务必”，弘扬伟大建党精神，在新征程上踔厉奋发、勇毅前行，为全面推进中国式现代化京口新实践而团结奋斗。

下面，我代表区委常委会，向全会作报告。

**一、深刻领悟“两个确立”的决定性意义，自觉把思想和行动统一到党的二十大精神上来**

党的二十大是在全党全国各族人民迈上全面建设社会主义现代化国家新征程、向第二个百年奋斗目标进军的关键时刻召开的一次十分重要的大会，是一次高举旗帜、凝聚力量、团结奋进的大会。学习宣传贯彻党的二十大精神，是当前和今后一个时期的首要政治任务。全区上下要坚决贯彻习近平总书记“五个牢牢把握”和“全面学习、全面把握、全面落实”的重要指示，按照中央、省委、市委部署要求，在已经兴起学习宣传贯彻热潮的基础上，持续深入学、反复学、系统学，更加深刻领会党的二十大的主题和主要成果，深刻领会新时代 10 年伟大变革的深远历史意义，深刻领会习近平新时代中国特色社会主义思想的世界观方法论和贯穿其中的立场观点方法，深刻领会中国式现代化的中国特色和本质要求，深刻领会党的中心任务和未来五年的重大部署，深刻领会以党的自我革命引领社会革命的重要要求，深刻领会江山就是人民，人民就是江山的根本政治立场，深刻领会统筹发展和安全的重大原则，深刻领会“三个务必”的谆谆教导和团结奋斗的时代要求，真正学懂弄通、学深悟透党的二十大确定的重要思想、重要观点、重大战略、重大举措，切实把党的二十大精神转化为指导实践、推动工作的强大力量，在新征程上全面推进中国式现代化京口新实践。

（一）学习贯彻党的二十大精神，最重要最根本的是深刻领悟“两个确立”的决定性意义。党的十八大以来，党和国家面临的形势之复杂、斗争之严峻、改革发展稳定任务之艰巨世所罕见、史所罕见。习近平总书记作为党中央的核心、全党的核心，在风云变幻中举旗定向、掌舵领航，在大战大考中指挥若定、运筹帷幄，在惊涛骇浪中力挽狂澜、砥柱中流，充分彰显了作为马克思主义政治家、思想家、战略家的恢宏气魄、远见卓识、雄韬伟略，不愧为“中华号”巨轮的掌舵者、中华民族伟大复兴的领航人。我们要深刻领悟，“两个确立”是新时代 10 年发生伟大变革、取得历史性成就的决定性因素。新时代的 10 年有涉滩之险，有爬坡之艰，有闯关之难，正是因为确立了习近平同志党中央的核心、全党的核心地位，确立习近平新时代中国特色社会主义思想的指导地位，党才有力解决了影响党长期执政、国家长治久安、人民幸福安康的突出矛盾和问题，从根本上确保实现中华民族伟大复兴进入了不可逆转的历史进程。我们要深刻领悟，“两个确立”对全面建设社会主义现代化国家、全面推进中华民族伟大复兴、实现党的第二个百年奋斗目标具有决定性意义。党的百年奋斗史告诉我们，目标越是远大，风险挑战越是严峻，使命任务越是艰巨，就越需要坚强领导核心的掌舵领航。新征程上，我们面临的机遇和风险前所未有，需要防范化解的矛盾隐患更加错综复杂。有习近平总书记继续掌舵领航，是我们实现第一个百年奋斗目标的最大底气和资本，是战胜一切艰难险阻、应对一切不确定性的最大确定性、最大底气、最大保证。我们要深刻领悟，“两个确立”是走好新的赶考之路必须始终坚持的重大政治原则，也是必须全面贯彻的重大实践要求。现在，“两个确立”已经成为全党全军全国各族人民的高度共识和共同意志，写在了新时代的伟大征程上、写在了全党全军全国各族人民心坎上。全区上下要深刻领悟“两个确立”的决定性意义，增强“四个意识”、坚定“四个自信”、做到“两个维护”，始终在政治上绝对忠诚、思想上高度统一、意志上更加坚韧、行动上坚决有力，在以习近平同志为核心的党中央周围团结成“一块坚硬的钢铁”，步调一致向前进，不断夺取新的伟大胜利。

（二）学习贯彻党的二十大精神，必须坚持不懈以习近平新时代中国特色社会主义思想定向领航。党的二十大深刻指出，中国共产党为什么能，中国特色社会主义为什么好，归根到底是马克思主义行，是中国化时代化的马克思主义行。习近平新时代中国特色社会主义思想是当代中国马克思主义、二十一世纪马克思主义，是中华文化和中国精神的时代精华，是我们不断夺取新时代新征程各项事业伟大胜利的思想灯塔和行动指南。习近平新时代中国特色社会主义思想是系统全面、逻辑严密、内涵丰富、内在统一、不断发展的科学理论体系，其主要内容体现在党的十九大报告提出的“十四个坚持”和十九届六中全会第三个历史决议提出的“十个明确”“十三个方面成就”之中。党的二十大深入总结我们党坚持和发展马克思主义的历史经验，系统阐述、精辟概括了习近平新时代中国特色社会主义思想的世界观、方法论和贯穿其中的立场观点方法，集中体现为“两个结合”和“六个必须坚持”。我们要把“两个结合”“六个必须坚持”作为学深悟透习近平新时代中国特色社会主义思想的“金钥匙”，深刻领会党的创新理论的道理学理哲理，真正成为党的创新理论的坚定信仰者、忠实践行者。要原原本本学。习近平新时代中国特色社会主义思想博大精深，必须在读原著、学原文、悟原理上下功夫，要原原本本、逐字逐句反复研读党的二十大报告和党章，要全面系统、及时跟进学习习近平总书记重要讲话、重要文章、重要指示，真正做到深学细研、常学常新。要认认真真悟。党的理论创新和实践创新是十分生动的，我们的学习也应该是生动的，不能停留于记住一些概念和提法，也不能停留于表面笼统性的认识、一般原则性的理解。要紧密结合新时代10年党和国家事业取得的历史性成就，发生的历史性变革，紧密联系我们统筹发展和安全，推动“三高”“三区”建设的具体实践，真正理解和把握习近平新时代中国特色社会主义思想的核心要义、精神实质、丰富内涵和实践要求。要实实在在用。习近平新时代中国特色社会主义思想既是世界观、历史观，也是认识论、方法论。我们要大力弘扬理论联系实际的马克思主义学风，时时对表、事事对标，及时纠正理念偏差、思维偏差、方法偏差，正确处理好速度和质量、发展和安全、发展和环保、发展和防疫等重大关系，着力解决实践遇到的新问题、改革发展稳定存在的深层次问题、人民群众急难愁盼问题、党的建设面临的突出问题，不断提高工作的科学性、预见性、主动性，开创事业发展的新局面。

（三）学习贯彻党的二十大精神，必须明确目标、明晰路径，在新征程上全面推进中国式现代化京口新实践。习近平总书记在党的二十大报告中庄严宣告：从现在起，中国共产党的中心任务就是团结带领全国各族人民全面建成社会主义现代化强国、实现第二个百年奋斗目标，以中国式现代化全面推进中华民族伟大复兴。党的二十大深刻阐述了中国式现代化的中国特色和本质要求，作出了“两步走”的战略安排，系统部署了未来5年的战略任务和重大举措。我们要全面对照党的二十大精神，不断丰富完善推进京口现代化建设的战略体系和实施路径，在新征程上全面推进中国式现代化京口新实践。即“六个更加”。物质基础更加坚实。全面融入新发展格局，深入推进产业强区“一号战略”，科技创新对经济发展的支撑作用显著增强，主导产业不断壮大、战略性新兴产业蓬勃发展，规模、质量、效益相统一的现代产业体系初步建立。优化提升区域发展总体布局，重点片区、开发园区成为产业强区的主阵地和展示京口现代化建设成效的重要窗口，全面夯实京口现代化建设的物质基础。民主法治更加健全。坚持党的领导、人民当家作主、依法治国有机统一，深化以政治建设统领人大工作实践，发挥好人民政协专门协商机构作用，用好统一战线这个凝心聚力的重要法宝，让全过程人民民主在京口落地生根。坚持法治政府、法治社会一体建设，让法治成为京口现代化建设的核心竞争力和坚强保障。精神文化更加丰富。坚持物质文明和精神文明相协调，持续用党的创新理论铸魂育人，不断发挥社会主义核心价值观引领作用，全面提升社会主义意识形态凝聚力引领力。优化公共文化服务供给，繁荣发展文化事业和文化产业，居民精神文化生活日益丰富，城市文化软实力显著提升。人民生活更加美好。坚持以人民为中心的发展思想，实施就业优先战略，健全就业公共服务体系，推动创业带动就业，实现居民收入稳步增长，中等收入群体比重显著提高。健全社会保障体系，兜牢民生“七有”，促进教育、医疗、养老等公共服务资源扩容、均衡布局，共同富裕取得更为明显的实质性进展。人与自然更加和谐。深入贯彻习近平生态文明思想，牢固树立绿水青山就是金山银山的理念，协同推进降碳、减污、扩绿、增长，持续深入打好蓝天、碧水、净土保卫战，加快补齐生态基础设施短板，实现生态环境质量根本好转。坚持生态优先、节约集约、绿色低碳发展，倡导绿色消费，推动形成绿色低碳的生产生活方式。安全屏障更加牢固。全面落实总体国家安全观，健全完善防范化解重大风险体制机制，驾驭风险、迎接挑战、钝化危机的能力本领不断提升。全面加强社会治理创新，加快实现社会治理方式转变，平安京口建设水平持续提升，共建共治共享的社会治理新格局有力显现。我们"六个更加"的目标是贯彻落实党的二十大精神，省委、市委全会部署，结合京口实际作出的安排，全面对应了社会主义现代化强国"富强、民主、文明、和谐、美丽"的目标，最后加了"安全"。蓝图已经绘就，梦想就在前方，需要我们锚定目标、真抓实干，久久为功、善作善成，加快把中国式现代化京口新实践的美好蓝图变为现实模样。

**二、迎难而上、笃定前行，高质量发展取得来之不易的成绩**

2022年以来，全区上下坚持以习近平新时代中国特色社会主义思想为指导，以迎接党的二十大、学习宣传贯彻党的二十大精神为主线，全面落实党中央"疫情要防住、经济要稳住、发展要安全"重大要求和市委"生态要提升"紧迫任务，始终以确定性工作应对不确定性挑战，实现各项工作的平稳有序推进。全年预计实现地区生产总值535亿元，同比增长4%；规模以上工业总产值530亿元，同比增长6%；城镇居民人均可支配收入62486元，同比增长5%，增速跑赢经济增长。

*一年来，面对延宕反复的新冠疫情，我们众志成城、勠力同心，取得疫情防控积极成果。*始终坚持人民至上、生命至上，及时研判形势，加密工作调度，落实"四早"要求，压实"四方"责任，牢牢把握疫情防控主动权。严格执行第九版、二十条、新十条，集中力量打赢多轮疫情防控阻击战，平滑有序完成防控措施调整转段，以全体党员干部的最大努力，最大程度保护京口人民的生命安全和身体健康，最大限度减少疫情对经济社会发展的影响。积极响应上级号召，选派5批150人次医务人员支援无锡、句容等周边城市疫情处置，稳妥有序接收外地来镇江市隔离人员5批1628人，为抗疫大局贡献京口力量。

*一年来，面对经济运行的"三重压力"，我们承压前行、稳中求进，扛起"勇挑大梁"责任担当。*产业强区加速推进。实施"产业项目提速增效年"行动，新签约项目数量和投资体量分别增长20.5%和37.9%，项目列统率、列统投资额完成进度均列全市第一。强力攻坚项目建设，总投资10.5亿元的天海特种装备制造项目竣工验收，总投资30亿元的诺贝丽斯项目实现能评、环评及土地上市重大突破。编制完成开发园区整合优化提升方案，"一区一园一片区"的发展模式初步成形。惠企纾困提振信心。深入开展"春风暖企"大走访，全力做好物流保通保畅、企业复工满产等工作，千方百计助力市场主体稳预期、强信心，全年新增"四上"单位100家。有力抢抓政策叠加"窗口期"，坚决兑现惠企纾困政策，全年预计为各类市场主体落实减税降费、缓税、留抵退税10.24亿元。积极打响"京夜无眠""京喜大市口"两大促消费品牌，实现社会消费品零售总额297亿元，连续6个月增速全市第一。创新活力竞相迸发。坚持创新第一动力、人才第一资源，发挥企业主体作用，加强产品技术研发，泊菲莱、海龙核材相关科技成果入选"中国好技术"，鼎胜新材获评2022年度"国家知识产权优势企业"。扎实开展人才强区"赋能增智"行动，优化提升"金凤凰"计划，国家级人才申报实现新突破，全年引进基础型人才3433人。数字经济蓬勃发展，华为（镇江）数字联合创新中心开园运营，大禹山数字文创区成功入选省级信息技术应用创新先导区。

*一年来，面对严峻复杂的安全形势，我们防范风险、守牢底线，保持社会大局和谐稳定。*安全底板持续加固。深化提升安全生产专项整治"三年大灶"，聚焦危化品、燃气、自建房等领域，开展安全生产大起底大排查大整治"百日攻坚"，全年安全事故起数、死亡人数"零发生"。坚决守牢耕地红线，粮食产量、种植面积"双提升"。成功创成省级食品安全示范区。矛盾风险化解有方。依法依规、稳妥推进问题楼盘矛盾处置，停工楼盘有序复工，切实维护群众合法权益。深入落实"削峰、脱红、破冰、强基"计划，强化政府融资平台公司清理和经营性债务管理，融资综合成本、经营性债务成本保持全市最低水平，超额完成年度化债任务，债务化解"贡献度"位居全市前列。平安建设不断深化。扎实推进"信访突出问题攻坚化解年"行动，中央和省信访联席办交办事项全部化解，圆满完成党的二十大安保维稳任务。深入开展特殊困难群体救助帮扶和妇女儿童权益保障问题专项排查整治、打击整治养老诈骗等专项行动，常态化推进扫黑除恶斗争，群众安全感达99%，保持全市领先。

*一年来，面对"生态要提升"的紧迫任务，我们铁腕治污、建管并重，推动环境质量持续改善。*污染防治成效明显。强力推进中央生态环保督察反馈问题整改，鼎盛重工初步整改成效得到生态环境部主要领导现场肯定。举一反三、标本兼治，扎实开展五大专项行动，实施农村生活污水专项治理，空气质量不断好转，国考、省考断面水质全面达标。谏壁、大市口、正东路3个街道获评省生态文明建设示范街道。城乡面貌有效改善。有序实施大八叉巷、尚友新村等9个片区37.52万平方米老旧小区改造，稳步推动东吴新村等55个小区物业管理提升工程，庙巷片区入选省级宜居示范居住区。顺利完成象山花园四期、王家新苑回迁安置，3000余户群众安居圆梦。城市管理常态长效。扎实开展"五争五建"常态长效提升行动，加大对流动摊点、店面外溢等问题执法整治力度，拆除违法建设1962处6.44万平方米，学府路等6条城市主干道市容秩序持续向好，顺利通过全国文明城市"国检"。全面推进垃圾分类，居

民小区垃圾分类设施投放覆盖率达100%，35个小区创成省级垃圾分类达标小区。

一年来，面对人民群众的美好向往，我们用心用情、为民惠民，促进民生福祉不断提升。共同富裕稳步推进。全面落实就业优先战略，创新开展“四项八进”活动，预计全年新增城镇就业6200人，支持成功自主创业2601人，“零就业家庭”“零转移家庭”连续4年保持动态清零。大力实施“富民强村”工程，推广金银花、多肉等特色农产品种植，左湖、上埠等经济相对薄弱村年度集体经济收入首次突破120万元。服务保障提质增效。教育“双减”入选全国典型案例，贺家弄幼儿园北固湾分园建成投用，省、市优质幼儿园占比达95%。建成区疾控应急指挥中心，新增1家省级社区医院、“五星中医馆”，完成3家社区卫生服务中心提档升级，基层医疗服务保障更加健全。启动省级文保单位王家花园修缮工程，建成滨江风光带体育公园。统筹做好退役军人、残疾人服务保障和慈善公益等工作，社会保障网更密更牢。社会治理健全完善。实施“精网微格”工程，四牌楼街道创成市社会治理现代化先进街道。深入开展社会矛盾风险隐患拉网式大排查、大起底、大化解专项行动，创新“京心调”模拟调解模式，基层矛盾纠纷化解率达99.1%。

一年来，面对自我革命的重要要求，我们一以贯之、坚定不移，实现管党治党全面从严。政治引领切实加强。建立“第一议题”制度，深入学习习近平新时代中国特色社会主义思想，系统学习《习近平谈治国理政》第四卷等重要文献，引导全区党员干部加强理论武装，坚定拥护“两个确立”、坚决做到“两个维护”。思想宣传入脑入心。发挥新时代文明实践中心作用，举办“喜迎二十大”“奋进新征程·建功新时代”等重大主题宣传活动，迅速掀起学习宣传贯彻党的二十大精神的热潮，意识形态主阵地持续巩固，获评全省基层党员冬训工作示范区。基层基础筑牢夯实。实施“头雁工程”，选树一批社区（村）“京口名书记”“年度好书记”。出台暖“新”10条，推动“家门口”党建走深走实。探索推进数字经济党建工作，建成启用全市首个数字经济党群服务中心，“红色云链·数字赋能”党建走在全省前列。干部队伍更加过硬。立好选人用人政治标尺，完善“选育管用”全链条机制，开展区管领导班子和领导干部“三敢三争”综合分析研判，选派优秀年轻干部到疫情防控、污染防治一线“墩苗”锻炼，“淬火成钢”。深化“三聚三美促‘京’彩”主题活动，持续激发干事创业精气神，涌现出全国“人民满意的公务员”金怡等先进典型。清风正气不断充盈。深入开展两轮常规巡察和一轮巡察整改专项督查，推进“群众密切关注十件事”专项整治，实施营商环境“码”上监督等“八大行动”，更好发挥监督保障执行作用，全面从严治党群众满意度测评全市第一，纪检监察信访举报率全市最低。扎实推进孝廉文化建设，“孝廉京口”获评“中国廉洁创新奖”特色创新项目和“新时代廉洁文化建设在江苏”十佳项目。干事合力广泛凝聚。开展“聚力争跑、京彩有我”系列行动，成立京口区留学人员亲属协会，贺家弄社区创成省级“红石榴家园”。深化宗教领域专项排查整治，有力巩固民族团结、宗教和顺的良好局面。区人大围绕正确监督、有效监督、依法监督，创建“支部建在代表小组上”工作新模式，得到市委主要领导充分肯定、全市推广。区政协深化“五好党建”，擦亮“京音荟萃·有事好商量”协商议事和“三好”委员工作室等特色品牌，更好推动人民政协制度优势转化为治理效能。人武、群团、双拥等各条战线发挥优势、争作贡献，形成团结一心、共谋发展的浓厚氛围。

成绩来之不易，奋斗充满艰辛。成绩的取得，根本在于习近平新时代中国特色社会主义思想的科学指引，在于中央和省委、市委的坚强领导，在于全区上下齐心协力、实干拼搏。在此，我代表区委常委会，向在座的同志们和全区广大党员、干部和群众表示衷心的感谢！

在肯定成绩的同时，也要清醒看到发展中存在的困难和问题，主要是：优质项目储备不足，高端制造业项目、新兴产业龙头项目还不多；安全生产、生态环保、信访、民生事业等领域还有不少短板亟须补足；党员干部的作风本领还需进一步加强。这些问题需要我们高度重视、久久为功，以更严的作风、更实的举措切实加以解决。

**三、锚定目标、鼓足干劲，推动中国式现代化京口新实践迈出坚实步伐**

明年是全面贯彻落实党的二十大精神的开局之年，做好明年工作责任重大、意义重大。我们必须主动作为，抢抓政策机遇。财政、货币、产业、科技、社会等一揽子政策持续发力、效果显现，区域协调发展、扩大内需等一系列重大战略高效协同、加快落地，新材料、数字经济等一批新兴产业起势成势、蓬勃发展，必须以“机不可失、时不再来”的敏锐果敢，主动出击、乘势而上，找准突破口、赢在关键点。必须奋发有为，发扬特色优势。省委十四届三次全会描绘了中国式现代化江苏新实践的目标路径、市委八届四次全会勾勒了中国式现代化镇江图景，我们要坚决贯彻上级部署要求，立足京口实际，扛起主城担当、展现主城作为，放大数字经济等方面优势，加快塑造特色产业，在城市更新中提升功能、彰显气质，不断丰富中国式现代化京口新实践的内涵。必须积极善为，抵御风险挑战。当前我国经济恢复的基础尚不牢固，需求收缩、供给冲击、预期转弱三重压力仍然较大，外部环境动荡不安，给经济带来的影响加大。我们要切实加强和改善党对经济工作的领导，踔厉奋发、勇毅前行，统筹疫情防控和经济社会发展，统筹发展和安全，以经济、社会、政治各方面的“稳”，支撑质量、结构、效益各方面的“进”，全力推动各项工作争先领先。

明年工作的总体要求是：以习近平新时代中国特色社会主义思想为指导，全面贯彻落实党的二十大精神，坚持稳中求进工作总基调，完整、准确、全面贯彻新发展理念，加快构建新发展格局，着力推动高质量发展，更好统筹疫情防控和经济社会发展，更好统筹发展和安全，大力提振市场信心，突出做好稳增长、稳就业、稳物价工作，推动经济运行整体好转，推进中国式现代化京口新实践迈出坚实步伐。

预期目标是：地区生产总值增长5%以上；一般公共预算收入增长5%；城镇居民人均可支配收入与经济增长同步，全面完成生态环保、节能减排等目标任务，安全生产形势持续向好。聚焦“六个突出”，抓好各项工作：

（一）突出项目为王，更大力度推进产业强区。坚持“大抓项目”导向不动摇，量质并举狠抓项目建设，推动经济实现质的有效提升和量的合理增长。以项目攻坚推动产业强链。深入开展“产业项目攻坚年”行动，紧盯上海、南京、苏州等产业转移重点地区，坚持“一把手”抓招商、围绕产业链抓招商，压茬推进系列招商活动，形成全年全力抓招商的浓厚氛围。围绕高性能铝材料、新一代信息技术、高端装备制造等主导产业，加强产业链全景图和招商线路图研究，既聚力招引带动性强的大项目，也注重引进科技含量高、成长性好的中小项目，确保全年新签约项目数量和投资体量增长15%以上。深化项目研判、强化协议对赌、把握投资节奏，定期开展“回头看”，全面提升项目履约率。健全完善项目全生命周期跟踪服务体系，持续落实月度过堂、季度拉练机制，推动诺贝丽斯、芯航同方、中储粮浅圆仓等93个省、市、区重大项目加快建设，确保全年完成产业项目投资56亿元以上。以园区整合优化产业布局。深入推进园区整合，按照“一区一园一片区”模式，着力优化管理体制，打通“中梗阻”，畅通“内循环”，推动园区从“物理整合”向“化学融合”转变。经开区、谏壁街道要勇挑大梁，做强主战场、做实主阵地，积极打造东部先进制造业基地。加快完善基础设施配套，不断提高承载能力，为高性能铝材料、高端装备制造等主导产业向价值链攀升提供更充足的资源保障。要有效盘活闲置地块，以万马高端装备智能制造基地项目为抓手，推动原宏鑫绿洲地块等“沉睡”的土地资源焕发新活力。新民洲要进一步强化使命担当，以钉钉子精神，推动解决历史遗留矛盾、发展现实问题。深化与中林集团的对接合作，加快木业先进制造区项目招引建设，拓展延伸木业精深加工产业链。大禹山数字文创区要瞄准新赛道、锻造新优势，围绕数字互娱、数据标注等细分领域，把握产业属性和发展规律，进一步招大引强、招新培优，发展壮大数字产业规模。中心城区要多管齐下，推动服务业提档升级。要顺应居民消费需求，依托苏宁、八佰伴、凤凰文化广场等商业综合体，大力培育“首店经济”“夜间经济”等新业态，进一步打响“京喜大市口”消费品牌，加快促进消费回补和潜力释放。要积极推动楼宇更新，着力引进银行、证券、保险、律所等行业企业入驻，提升税源贡献度。以数字赋能促进产业转型。把数字经济作为转型发展的关键增量，推动数字经济与实体经济深度融合。扎实推进“智能化改造、数字化转型”十项行动，新增省级智能制造示范工厂1家、星级上云企业3家。综合运用贷款贴息、投入补助、免费诊断服务等方式，支持中小企业开展数字化转型，让广大企业“敢转”“愿转”“会转”。以大禹山省级信创先导区建设为契机，加快推进大禹智谷科技产业园建设，扩大数字经济项目承载空间。充分发挥微软、华为等行业龙头引领带动作用，招引落户优质数字经济项目35个以上，确保数字核心产业营业收入增速达25%以上。以优质服务保障产业发展。全面落实中央、省、市减税降费、金融支持等各项惠企政策，降低各类要素成本，增强企业发展信心。深化“放管服”改革，建立“政企面对面、服务‘京’心办”服务机制，持续减环节、缩流程、降负担，实现政企沟通“零距离”、解决问题“零停滞”、政策落实“零障碍”、损害企业利益行为“零容忍”。以终端思维、客户思维、用户导向为企业提供全流程服务，持续深化“马上办”“全程代办制”服务内涵，健全完善领导干部挂钩联系重点企业、重大项目制度，真正用干部的“辛苦指数”换来企业的“发展指数”。

（二）突出创新驱动，更深层次激发发展活力。坚持把创新作为京口发展的第一动力，把人才作为京口发展的第一资源，全力推动科技创新“关键变量”加快转化为高质量发展的“最大增量”。积极培育创新主体。突出企业创新主体地位，建立“专人跟踪、机构服务、专家辅导、协调推进”的帮办辅导服务支撑体系，促进企业普遍持续、富有效率地加大创新投入和技改投资。鼓励引导鼎胜新材、海龙核材等有条件的企业，深度开展产学研合作，积极参与省市“揭榜挂帅”、科技攻关和行业标准制定，不断提高行业话语权、综合竞争力。加速构建“微成长、小升高、高变强”全链条阶梯成长培育体系，力争高新技术企业保有量达56家，新增专精特新企业5家以上，推动高新技术产业产值占比稳步提升。加快集聚创新人才。深入落实大学生“聚镇”计划和青年人才“归雁”计划，优化升级“金凤凰”计划，重点瞄准科学家、企业家、技能人才、青年人才“四支队伍”，开展柔性引才、曲线引才，全年引进高层次领军人才（团队）15个以上，基础性人才3500人以上。围绕数字经济重点领域、科技成果转化关键环节，在驻区高校开设“定制班”“冠名班”，推动产才城教融合发展，以人才链的“强”、激发创新链的“活”、托举产业链的“优”。持续优化创新生态。打好“引育留用”组合拳，优化创新创业、教育医疗等配套服务，让各路英才在京口生活无忧、放手去搏。积极发挥产业引导基金作用，着力构建覆盖科创企业全周期、成果转化全过程、产业发展全链条的科技金融体系，推动科技、产业和金融良性循环，让“开放、包容、协同、有序、可持续”成为京口创新生态的生动诠释。大力弘扬企业家精神、工匠精神，营造热爱科学、崇尚创新、宽容失败的浓厚氛围，让创新智慧充分释放、创新活力充分涌流。

（三）突出建管并重，更高水平建设宜居城区。立足京口城区发展实际，不断塑造品质、创造特色，擦亮城市客厅的靓丽名片。认真谋划片区开发。树立城市经营理念，坚持规划先行，突出全域统筹、文脉传承和产城一体，高起点、高标准、高水平做好学府路以南片区整体开发方案编制。加强城市空间立体性、平面协调性、风貌整体性、文脉延续性等方面的规划管控，建立空间留白机制和动态调整机制，提高规划适应性。科学布局道路管网、商业设施、教育医疗等配套，将自然山水更好融入城市肌理，把最美空间留给广大群众，努力让布局更合理、设施更便民、生活更舒适。坚持政府主导、市场运作，加强与实力央企、国企的对接合作，实现片区开发早日开局破题。稳步推进城市更新。从头抓紧、保质保量，完成演军巷、弥陀寺巷等8个片区37.71万平方米老旧小区改造。更加注重延续历史文脉、提升生活品质，高标准做好背街小巷、道路街景等提升改造，匠心布局小微绿地、口袋公园，让城市拥有可聆听的故事、可感知的温度、可安放的生活。深入推进市政基础设施提标建设，有序实施桓王亭路等道路建设，进一步畅通城市"微循环"。积极打造文明街巷。高效落实文明城市长效管理机制，紧盯"五个周边"，开展"五乱"专项治理，全面提升城市管理水平和整体形象。深化江滨新村创业一条街长效管理，进一步放大全国文明社区示范引领作用。坚持"文明共建"理念，以"绣花功夫"打造一批"干净、整洁、有序"的文明街巷。大力开展"物业管理强化年"行动，积极争创省级宜居示范居住区，用涉及群众生活的点滴"小投入"换来群众对城市管理的"大满意"。扎实推进乡村产业、公共设施、村容村貌、乡风文明"四大提升行动"，推动左湖、上埠创建城乡融合发展示范村，彰显"城市让生活更美好、乡村让人们更向往"的内在价值。

（四）突出绿色低碳，更严标准守牢生态屏障。深入贯彻习近平生态文明思想，以铁的决心、铁的意志、铁的措施、铁的纪律，抓好"生态要提升"紧迫任务，实现高水平保护与高质量发展良性互动。持续提升生态环境质量。坚持科学、依法、精准治污，保持攻坚势头不减、力度不松、标准不降，深入打好污染防治攻坚战，系统推进长江岸线保护、黑臭水体治理、蓝天保卫战、打击固体废弃物非法倾倒、工业"散乱污"企业整治五大专项行动，确保$PM_{2.5}$平均浓度、空气优良天数比率、断面水质等生态环境指标不断向好。完善土壤污染调查评估制度，加强危废和一般固废全流程监管，保障土壤环境安全。加快补齐基础设施短板。持续推进城镇污水处理提质增效精准攻坚"333"行动，完成谏壁西南片区等2个达标区建设，补齐城镇污水收集和处理设施短板。全面启动经开区工业污水处理厂项目，配合推进谏壁污水处理厂二期建设，不断提升园区环境治理能力。引导支持谏壁电厂、鼎胜新材、鸿泰钢铁等加大环保投入，加强治理设施运行管理，实现经济效益、社会效益和生态效益的有机统一。健全完善环境治理体系。实体化运作区污染防治攻坚办，聚指成拳、同向发力，逐步构建行政监管、市场调节、公众参与、司法保障的多元治理机制。加强部门联合执法、行政执法和刑事司法无缝衔接，严肃惩处环境违法行为，提高环境执法的精准度和震慑力。健全完善突发环境事件应急处置机制，科学有序、高效应对突发环境事件，最大限度地保障环境安全。

（五）突出共同富裕，更富成效增进民生福祉。始终坚持人民至上，把为民造福作为最大政绩，在高质量发展中创造高品质生活、在共同奋斗中促进共同富裕。夯实共同富裕物质基础。把就业作为最大的民生，完善全方位就业创业服务体系，突出抓好高校毕业生、城镇困难人员和退役军人就业帮扶，全年新增就业6000人以上，引导自主创业1200人以上。深入推进中等收入群体壮大行动，拓展产业工人职业发展机会、提升技能本领，推动更多劳动者通过辛勤劳动迈入中等收入群体，加快形成"橄榄型"收入结构。优化共同富裕服务供给。坚持尽力而为、量力而行，扎实推进为民办实事项目，努力把"民生工程"办成"民心工程"。深入落实义务教育"双减"政策，深化集团化办学等领域改革，启动江苏大学附属学校建设、老解放路小学校安改扩建等工程，确保义务教育水平保持在全市前列。全面提升基层公共卫生服务能力，建设大市口社区卫生服务中心康复医学中心。持续开展优质医疗服务基层行，建立"专科＋全科"结合型家庭医生服务团队，当好群众健康"守门人"。加快建设"15分钟养老服务圈"，新增养老护理型床位800张，提升养老服务水平。放大"魅力京口""健康京口"品牌效应，广泛开展全民艺术普及和群众性体育健身活动，持续提升文体惠民实效。健全共同富裕保障体系。完善多层次保障机制，实施社保扩面征缴行动，新增参保3000人以上，不断扩大保障范围。统筹推进特殊困难群体救助帮扶和妇女儿童权益保障，健全退役军人服务保障体系，稳步提高城乡低保、社会救助、抚恤优待等标准，构建分层分类社会救助体系，确保共同富裕路上一个不掉队。

（六）突出安全发展，更实举措保障和谐稳定。坚定不移贯彻总体国家安全观，更好统筹发展和安全，以新安全格局保障新发展格局。捍卫国家政治安全。压紧压实党委（党组）国家安全责任制，把维护政治安全放在首位，深入推进维护国家安全体系和能力建设，坚定维护国家政权安全、制度安全、意识形态安全、网络空间安全，加强全民国家安全意识教育，推动总体国家安全观深入人心。防范重点领域风险。认真落实新阶段疫情防控各项举措，切实保障好群众就医用药需求，重点抓好老年人和患基础性疾病群体的防控，着力保健康、防重症。加强防疫科普宣传，尽力压平感染曲线，顺利度过流行期。深化安全生产风险专项整治，加大危化品、城镇燃气、建筑施工、消防等重点领域安全隐患排查整治力度，加快推进"智慧消防"全覆盖，强化应急救援能力建设，不断提升本质安全水平。扎实推进问题楼盘处置，做好保交楼、保民生、保稳定各项工作。从严抓好食品药品安全监管，守护好群众"舌尖上的安全"。落细落实"削峰、脱红、破冰、强基"计划，坚决完成年度化债目标任务。深化社会治理创新。坚持和发展新时代"枫桥经验”，聚焦矛盾纠纷源头化解，全力攻坚信访积案和群体性矛盾问题。深化平安京口建设，常态化开展扫黑除恶，加大防非处非和打击电信网络诈骗力度，让群众更有安全感。全面推进严格执法、公正司法、全民守法，让尊法学法守法用法蔚然成风。深入推进“精网微格”工程，实体化运行区域社会治理现代化指挥中心，进一步完善网格化管理、精细化服务、信息化支撑的基层治理平台，持续激发基层社会治理活力。

**四、全面从严、砥砺奋进，充分汇聚推动中国式现代化京口新实践的强大合力**

全面落实新时代党的建设总要求，坚持不懈把全面从严治党引向深入，为京口现代化建设提供坚强保障。

（一）*把稳思想之舵，以坚如磐石的理想信念引领现代化建设*。把理论武装同党史学习教育常态化长效化结合起来，同党中央即将在全党开展的主题教育结合起来，用活用好理论学习中心组、“京口讲坛”等载体，深入学习宣传贯彻党的二十大精神，用党的创新理论立根铸魂、定向领航，引导广大党员干部多吸理论之“氧”，勤补理论之“钙”。坚持党管宣传、党管意识形态，充分发挥新时代文明实践中心阵地作用，讲好“道德模范”“时代楷模”等身边先进典型的感人故事，推动社会主义核心价值观融入群众生活。加强网络空间管控，强化对舆论热点的引导，突出学校、宗教场所、新媒体等阵地管理，牢牢掌握意识形态工作领导权、管理权、话语权。

（二）*激发担当之能，以素质过硬的干部队伍服务现代化建设*。聚焦政治建设，出台加强领导班子和干部队伍建设的相关文件，着力强化干部思想淬炼、政治历练、实践锻炼、专业训练，加快打造一支堪当京口现代化建设重任的高素质干部队伍。牢固树立重实干、重实绩、重担当的选人用人导向，严格落实新时代好干部标准，大力选拔实绩突出、群众认可的干部，重用实实在在、埋头苦干的干部，让更多想干事、善做事、能成事的优秀干部脱颖而出。抓好后继有人这个根本大计，加强优秀年轻干部选拔培养。在严管理、重考核、强业务三个方面持续发力，加强和改进公务员工作。坚持严管和厚爱相结合，严格落实“三个区分开来”，推动能上能下、能进能出，让“干部敢为”的良好氛围更加浓厚。

（三）*夯实执政之基，以坚强有力的战斗堡垒支撑现代化建设*。牢固树立大抓基层的鲜明导向，牢牢把握大办实事的价值取向，以增强基层党组织政治功能和组织功能为重点，全面实施“党旗‘镇’红、一线建功”工程，持续提升“家门口”党建质效，统筹推进社区、农村、学校、机关等各领域党建工作，高质量推动“有形覆盖”和“有效覆盖”。深化“头雁工程”，加大社区（村）名书记、好书记培育选树力度，启动年轻书记“薪火培优”计划，探索打破优秀书记晋升“天花板”的有效路径，推动“头雁”领航更加有力。深化新经济组织、新社会组织和新业态新就业群体党建，总结推广基层党建“首创经验”，接力打造更多全国有影响的党建品牌。

（四）*恪守清廉之本，以风清气正的政治生态护航现代化建设*。把严的主基调长期坚持下去，坚定不移推进党风廉政建设和反腐败斗争。紧盯“一把手”和领导班子等“关键少数”，推进政治监督具体化、常态化。持之以恒落实中央八项规定及其实施细则精神，深入整治形式主义、官僚主义，持续为基层减负，大力整治群众身边腐败问题和不正之风。开展“‘京’纪宜商‘123’”行动，以“铁一般的担当”推动营商环境不断优化。坚持无禁区、全覆盖、零容忍，精准运用“四种形态”，健全“不敢腐、不能腐、不想腐”一体推进机制。进一步发挥“孝廉京口”以文化人、以廉育人作用，推动广大党员干部带头弘扬党的光荣传统和优良作风，努力建设人民满意的“廉洁京口”，让风清气正的政治生态成为现代化新京口的鲜明特质。

（五）*高举团结之旗，以同心同向的强大合力推进现代化建设*。完善大统战工作格局，支持民主党派加强自身建设、更好履行职能，与时俱进做好民族、宗教、党外知识分子、新的社会阶层人士、非公有制经济人士、侨务等各领域工作。以“同心善治”合伙人工作模式为抓手，探索“统战＋网格”“共治＋共享”工作新路径，广泛汇聚“一起来想、一起来干”的统战智慧和力量。加强和改进新时代人大工作，支持和保证区人大及其常委会依法行使职权，打造全过程人民民主基层样板。支持区政协加强专门协商机构建设，全面提升政治协商、民主监督、参政议政水平，广泛凝聚共识。巩固和发展军政军民团结良好局面，充分发挥工会、共青团、妇联、红会等群团组织桥梁纽带作用，切实凝聚起同心同德干事业、群策群力谋发展的强大合力。

同志们，使命催人奋进、实干方显担当。让我们更加紧密地团结在以习近平同志为核心的党中央周围，深入学习贯彻党的二十大精神，不忘初心、牢记使命，踔厉奋发、勇毅前行，为全面推进中国式现代化京口新实践而团结奋斗！

# 政府工作报告

## ——2023年1月2日在镇江市京口区第十届人民代表大会第二次会议上

代区长 段永齐

## 2022年工作回顾

2022年，区政府坚持以习近平新时代中国特色社会主义思想为指导，认真学习宣传贯彻党的二十大精神，全面贯彻落实习近平总书记重要指示批示和党中央决策部署，在市委、市政府和区委的坚强领导下，在区人大、区政协的有力监督下，高效统筹疫情防控和经济社会发展，统筹发展和安全，扎实做好改革发展稳定各项工作，有力保障了经济社会平稳健康发展。

（一）疫情防控有力有效，经济运行回稳向好。我们坚决贯彻“疫情要防住、经济要稳住、发展要安全”的重大要求，在两难多难局面中审时度势、统筹平衡。面对延宕反复的疫情形势，我们坚持人民至上、生命至上，发扬连续作战精神，坚决果断处置局部疫情，因时因势优化防疫策略，平稳有序推进防控措施调整转段，最大程度保护人民生命安全和身体健康，最大限度减少疫情对经济社会发展的影响。面对经济运行的“三重压力”，我们坚决担起“勇挑大梁”重大责任，高效推动稳经济一揽子政策和接续措施落地见效，全力以赴保产业链供应链稳定，累计为各类市场主体办理减税降费、缓税、留抵退税10.24亿元。预计全年地区生产总值增长4%；一般公共预算收入20亿元；规上工业总产值增长6%；社会消费品零售总额增长4%，增速全市领先；进出口总额增长20%，创历史新高；新增“四上”企业[(1)]100家；城镇居民人均可支配收入62486元，增速快于经济增长。

（二）产业强区走深走实，发展后劲持续增强。我们始终把产业强区作为“一号战略”，大力实施“产业项目提速增效年”行动，跑出高质量发展“加速度”。数字经济全面提速。高水平编制《大禹山数字文创区发展战略研究及核心区概念规划》。华为（镇江）数字联合创新中心启动运营，微软镇江数字经济创新中心新增入孵和赋能企业25家。新引进重点类数字经济项目29个，互联网服务、信息技术、软件开发等行业营收实现成倍增长，数字互娱、数字服务产业发展驶入“快车道”。大禹山数字文创区成功入选省级信创先导区。产业支撑坚强有力。11个市重大、111个区重点产业项目紧跟序时，年度产业投资38亿元。大禹智谷科技产业园等74个项目开工建设，高强度铝合金航空板、高端医疗设备及压力装备制造等70个项目顺利竣工。高性能材料等五条重点产业链工业应税销售增长6.5%。成功举办“云招商”“云会谈”等专题活动18场，新签约产业项目106个，项目列统率、列统投资额分别增长17.7和56.8个百分点，重点项目与主导产业契合度达80%以上。完成开发园区整合优化提升实施方案，科学划定核心区、辐射区，“一区一园一片区”[(2)]模式逐步成型。创新动能持续增强。创成省级孵化器1个，新申报“专精特新”企业[(3)]6家，省市科技项目立项12个，新认定高新技术企业20家，2个企业创新项目成功入选“中国好技术”项目库，产学研用一体化水平持续攀升。科技镇长团桥梁纽带作用不断彰显，全年有效申报国家级人才计划17人，入选市“金山英才”计划8人，各级人才项目申报数量创近年来新高。拨付各类基础人才引培资金710万元，新引进基础性人才3433人，“才聚京口”掀起新高潮。成功入选首批国家知识产权强县建设试点县。

（三）环境治理见行见效，生态环境日益改善。我们切实抓牢“生态要提升”的紧迫任务，真刀真枪开展环境治理，促进人与自然和谐共生。专项整治成效明显。第二轮中央生态环境保护督察反馈问题年度整改任务全面完成、信访交办件按期办结，22个省级交办环境问题完成整改销号，鼎盛重工整改成效得到生态环境部和省政府主要领导现场肯定。大力开展“五大专项整治行动”[(4)]，有力推进43项大气污染防治工程，清理整治长江干流岸线利用项目14个，整治工业“散乱污”企业17家。谏壁、大市口、正东路3个街道获评省生态文明建设示范街道。源头管控精准有效。强化微环境整治，建成11个环境空气监测微站，$PM_{2.5}$年均浓度34微克/立方米。深入落实河（湖）长制、林长制，完成一夜河水系、玉带河小流域水质提升工程，国考、省考断面水质均达Ⅱ类标准。实施农村生活污水专项治理，铺设污水管线3万余米，新增6座提升泵站、4座污水处理设施。绿色发展纵深推进。编制京口区国土空间分区规划方案，进一步优化空间布局、能源结构，盘活闲置土地及城镇低效用地460亩。焦山—丹徒镇段长江岸线修复工程顺利竣工，新增长江两岸成片造林62.2亩，修复生态湿地50.5亩。林相改造200亩，森林抚育300亩。强化柴油货车污染治理，淘汰国三及以下排放标准柴油货车324辆。严控“两高”项目[(5)]，实施节能改造、循环经济项目5个，全年单位GDP能耗同比下降5.7%，经济高质量发展“含绿量”不断提高。

（四）城乡建设互融互促，城市品质不断彰显。我们围绕做精做美城市，统筹全域要素资源，用“绣花功夫”提升城市颜值和气质。城市更新加快推进。实施城建重点项目17个，完成年度投资18.7亿元。精心打造永安路特色街区，新民洲大道延伸、丹徒桥重建等路网工程顺利完工。高标准完成9个片区37.52万平方米老旧小区改造和文化提升工程，庙巷片区入选省级宜居示范小区。重拳整治违法建设，全年拆除违建6.44万平方米，整治违法建设用地12宗118亩。城市功能更加完善。扎实推进城镇污水处理提质增效精准攻坚“333”行动(6)，高标准实施3个达标区建设。顺利完成象山花园四期、王家新苑3000余户安置房回迁工作。有序推进燃气管网更新，完成17处便民疏导点优化设置和提档升级，新增停车泊位537个，城市基础配套日益完善。人居环境明显提升。深入实施城市精细化管理，有力提升学府路等片区市容环境。全面开展既有建筑安全隐患排查整治。高效实施55个小区物业管理提升工程，如期创建35个省级垃圾分类达标小区。第一楼街步行街入选省级夜间文旅消费集聚区、省级旅游休闲街区。

（五）服务保障用心用情，民生福祉持续增进。我们坚持以人民为中心的发展思想，76%的公共财政支出用于民生领域，基本完成十项民生实事既定任务，民生“答卷”有厚度更有温度。保障力度持续加大。全面落实就业优先战略，预计全年新增城镇就业6000人以上，城乡“零就业家庭”“零转移家庭”连续4年保持动态清零。持续擦亮“创响京口”品牌，支持成功自主创业2601人。圆满完成全省退役军人优待证办理试点工作，发放全市首张优待证。公共服务提质提效。贺家弄幼儿园北固湾分园建成投用，市实验小学综合楼改造顺利竣工，“智慧化校园”建设圆满完成。省、市优质幼儿园占比达95%，教育“双减”(7)工作入选国家、省典型案例，1项基础教育内涵项目获推国家级教学成果奖。建成区疾控应急指挥中心，升级改造社区卫生服务中心3家，新增省级社区医院、“五星中医馆”各1家，基层医疗服务保障体系更加健全。启动省级文保单位王家花园修缮工程。建成滨江风光带体育公园，“十分钟体育健身圈”提档升级。治理模式不断创新。持续丰富社工服务内涵，一体化推进社工站与慈善服务中心建设，在全市率先实现慈善社工站全覆盖。新增标准化社区居家养老服务中心4家，完成100户失能、半失能老年人家庭适老化改造。新增3个法律援助工作站，开展各类普法宣传活动350场以上。全区民主协商议事会建成率100%。

（六）责任措施落细落实，安全基础更加坚实。我们把安全稳定作为重大政治任务，深入贯彻总体国家安全观，本质安全水平不断提升。安全生产平稳有序。持续深化安全生产专项整治三年行动，扎实开展重点行业领域“百日攻坚”行动，顺利实施应急管理综合行政执法改革，高质量完成象山街道全市基层末端治理试点任务，全年实现安全生产“零死亡”。安全防线更加牢固。成功创建省级“食品安全示范区”。新民洲现代种业研发加工基地项目开工建设，全面完成粮食稳产目标，牢牢守住保障粮食安全底线。有力应对高温、干旱、台风等极端天气，人民群众生产生活安定有序。社会大局和谐稳定。圆满完成党的二十大安保维稳任务。深入推进“信访突出问题攻坚化解年”行动，办结中央和省交办攻坚案件98件，实现“三个百分之百”(8)。深化“府院联动”，稳妥推进问题楼盘处置，停工楼盘基本恢复建设。积极防范化解重大金融风险，超额完成年度化债任务。常态化推进扫黑除恶斗争，群众安全感满意度达99%。

（七）自身建设从严从紧，行政效能显著提升。我们一以贯之转作风、树形象，政务服务能力水平显著提高。营商环境不断优化。积极开展“春风暖企”大走访，兑现区产业政策“30条”扶持资金1862万元，倾力帮助企业纾困解难。持续深化“放管服”(9)改革，大力推进个体工商户设立登记下沉街道（园区）。优化行政审批服务，全年受理办结审批事项4.3万余件，全面实现企业开办“一表申请、半日办结”。深化推广“互联网＋监管”，行政审批事项认领维护率100%。权力运行依法依规。修订完善《京口区重大行政决策程序规定》。依法接受人大监督，自觉接受政协民主监督，累计办理人大代表议案、建议121件，政协委员提案149件，满意和基本满意率100%。公安、资规、税务、人民武装等相关单位倾心服务经济社会发展，工青妇、民族宗教、外事侨台、史志档案等各方面工作取得积极成效。金怡荣获全国“人民满意的公务员”称号。

事非经过不知难，成如容易却艰辛。回顾过去的一年，我们迎难而上、砥砺前行，坚持把大事办好、好事办实、难事办成，用坚实的步伐走过了不平坦的道路，创造了不平凡的业绩。这些成绩的取得，离不开市委、市政府和区委的坚强领导，离不开全体人大代表、政协委员和社会各界人士的智慧与汗水。在此，我代表京口区人民政府，向全区人民，向全体区人大代表、政协委员，向离退休老同志，向各民主党派、工商联、无党派人士、人民团体以及所有关心支持京口发展的各界人士，表示衷心的感谢和崇高的敬意！

迈上新征程，我们清醒认识到发展环境发生深刻复杂变化，自身抵御风险能力仍需加强，一些矛盾问题亟待解决，主要体现在：产业转型任务依然艰巨，科技创新支撑仍显不足，做大做强数字经济、税源经济还任重道远；城市功能布局还需进一步完善提升；生态环境突出问题还需进一步攻坚突破；优质民生供给与人民期望还有一定差距；基层治理体系和治理能力现代化建设仍有待加强；政府系统干部的工作作风、工作能力还需持续提升。针对这些问题，我们将高度重视、系统谋划、积极应对，采取有效措施逐步加以解决。

## 2023年工作安排

2023年是全面贯彻落实党的二十大精神的开局之年，开局当有争雄势。我们既要看到改革发展稳定面临的风险挑战明显增多，更要看到经济长期向好态势不变、政策叠加效应渐次显现、各方面积极因素不断积累。我们要坚定信心、勇毅前行，以“人一之我十之，人十之我百之”的拼劲，在新时代新征程中奋勇争先，奋力推动中国式现代化在京口展现出美好图景。

今年政府工作的总体要求是：坚持以习近平新时代中国特色社会主义思想为指导，全面贯彻落实党的二十大精神，深入落实中央、省、市和区委决策部署，坚持稳中求进工作总基调，完整、准确、全面贯彻新发展理念，服务和融入新发展格局，着力推动高质量发展，更好统筹疫情防控和经济社会发展，更好统筹发展和安全，突出做好稳增长、稳就业、稳物价工作，有效防范化解重大风险，推动经济全面快速恢复和发展，确保推进中国式现代化京口新实践开好局、起好步。

全区经济社会发展的主要预期目标是：地区生产总值增长5%以上；一般公共预算收入增长5%；固定资产投资增长7%；制造业投资增长8%；规模以上工业增加值增长7%；社会消费品零售总额增长5%；外贸进出口、全口径实到外资稳中提质；居民人均可支配收入增速与经济增长保持基本同步；单位地区生产总值能耗和二氧化碳排放下降率、主要污染物减排、空气质量优良天数比例、$PM_{2.5}$年均浓度、地表水优良比例等指标完成市定目标；杜绝重特大生产安全事故，严控较大生产安全事故，严防安全生产亡人事故。在实际工作中，我们将努力做得更好。

为实现上述目标，我们将抓好七个方面工作：

**一、坚定不移深挖发展潜能，进一步巩固经济增长态势**

坚持把稳增长、促发展作为首要任务，精准施策激发市场活力、扩大有效需求、畅通经济循环，推动经济实现质的有效提升和量的合理增长。

千方百计稳市场、增信心。优化完善区产业政策“30条”，持续推动各类政策措施协调配合、落地见效，更加精准助力各类市场主体降本增效、发展壮大。加强重点行业、重点企业运行监测，不断强化用工、融资、物流、原材料等关键生产要素保障，确保产业链、供应链畅通稳定。大力弘扬企业家精神，支持民营经济发展壮大，新增“四上”企业100家以上。深入落实资本市场“扬帆计划”，加强企业上市梯队建设，充实上市后备企业资源库，加快推动重点企业上市。

全力以赴稳投资、扩增量。健全领导挂钩、定期观摩、督查考核等调度机制，集中力量推进诺贝丽斯、芯航同方等93个省、市、区三级重大产业项目，确保年度投资56亿元以上。强化重大项目全生命周期管理，统筹做好用地、用能、环评等要素保障和前期工作，确保京口智能装备产业园一期、汇鸿科智孵化基地等项目6月底前开工建设，所有新建项目力争9月底前全部开工。深化招商体制机制改革，全力打造专业化招商队伍，提升精细化招商水平。紧盯上海、南京、苏州等地广泛开展上门招商、驻点招商，新签约项目数量和投资体量增长15%以上。规范招商合同管理，强化协议对赌和履约监管。发挥重大项目牵引和政府投资撬动作用，进一步调动民间投资积极性。

多措并举稳外贸、促消费。深入推动外资扩量提质、外贸培优扶强行动，加大对中储粮、鼎胜新材等重点外贸企业服务力度，帮助企业稳订单、拓市场。大力推进跨境电商品牌出海赋能中心建设，新引进跨境电商企业20家以上。坚持把恢复和扩大消费摆在优先位置，深化“京喜大市口”消费品牌，实施促消费稳增长专项行动，开展“一季一主题”系列活动，切实提升传统消费、培育新型消费、扩大服务消费。大力支持八佰伴、苏宁广场、凤凰广场等大型综合体引入区域首店、高端商贸等优质资源，倾力打造一批拥有“老字号”“网红店”“打卡点”的特色街巷和夜经济圈。

**二、坚定不移推进产业强区，进一步夯实高质量发展支撑**

坚持把发展经济的着力点放在实体经济上，围绕做大做强主导产业，提升战略载体能级，加快转型升级步伐，着力构建更具韧性和竞争力的现代产业体系。

持续壮大产业集群。紧扣“1+4”主导产业[10]延链补链强链，力争重点产业链应税销售收入增长8%以上。聚焦东部片区先进制造业产业集群，做精做强航空航天中小企业基地二期等特色载体，进一步优化产业布局，促进产业协同发展。积极推进中储粮百万吨级仓储基地建设，打造华东最大粮油综合产业基地。持续推动木业精深加工产业升级增效，全年引进高附加值木业企业8家以上。深耕城市经济发展，深度挖掘楼宇资源，大力发展“五型经济”[11]，打造更多单位税收贡献大、资源集聚能力强、产业辐射效应高的特色楼宇。

做强做优数字经济。加快大禹山数字文创区发展步伐，一体推进数字产业化、产业数字化，新引培数字经济项目35个以上，数字经济核心产业营收增长25%以上。紧抓省级信创先导区建设契机，奋力打造江苏省船舶工业、农机装备信创产业发展前沿阵地。扎实推进“智能化改造和数字化转型”十项行动，完成“智改数转”项目5个，新增省市标杆工厂1个、星级上云企业3家、5G+工业互联网应用场景1个。充分发挥龙头企业引领作用，促进微软赋能全市跨境电商产业创新发展，确保华为（镇江）数字联合创新中心入驻率超80%。全速推进大禹智谷科技产业园建设，积极打造柔性化生产智能制造示范工厂。加快生产性服务业数字化转型，推动江苏港口数字物流产业园取得实质性进展。

深入推进园区整合。推行“一区多园”管理体制，健全优化职能配置，让开发园区回归经济发展主属性，集中精力发展首位产业和主导产业。强化“四个论英雄”[12]导向，优化完善考核体系，推行市场化选人用人机制，进一步焕发园区发展活力。大力推进万马高端装备智能制造基地建设，有效盘活一批低效闲置资源，加快完善基础设施、公共服务配套，不断提升园区综合承载力。强化资源要素保障，推动政策、土地、资金等资源向园区倾斜，确保园区产业项目投资增速高于全区平均水平。

全面优化营商环境。扎实开展“政企面对面，服务‘京’心办”系列活动，建立健全政企常态化沟通机制，用心用情用力帮助企业解决急难愁盼问题。深化“放管服”改革，持续推进“跨省通办”“一件事一次办”等重点改革事项。全面打造“15分钟便民服务圈”，推动政务服务事项就近能办、多点可办，实现“7×24”小时全天候自助办理。大力推进“双随机、一公开”监管、“互联网+监管”，最大程度减少对企业正常生产经营活动的影响。

**三、坚定不移强化创新驱动，进一步激发区域发展活力**

坚持把创新作为赢得优势、制胜未来的关键变量，不断培育创新发展新动能、打造创新发展新引擎。

*打造人才集聚高地。*深入落实大学生“聚镇”计划和青年人才“归雁”计划，升级完善“金凤凰”计划4.0版，力争新引进高层次人才（团队）15个以上、基础性人才3500人以上。充分发挥科技镇长团优势，积极搭建企业、高校人才供需平台，鼓励实施订单式人才培育，新增专业技能人才960人以上。完善柔性用才、项目引才、服务留才政策机制，推动人才链与创新链、产业链深度融合。

*激发企业创新活力。*强化企业创新主体地位，确保全社会研发经费支出占GDP比重稳步提升。大力培育创新型企业，力争高新技术企业保有量达56家，新增“专精特新”企业5家以上。支持索普赛瑞等企业创建省级工程技术研究中心，积极建设江苏天海—北京化工大学氢能联合实验室。推动云时代中心等一批孵化载体提质增效，新增市级以上科技孵化载体2家。

*加强区域协同创新。*强化政产学研多元融合，推动江苏大学镇江智能柔性机械电子产业技术研究院实体化运作，开展产学研合作30项以上，技术合同成交额稳步增长。大力推进国家知识产权强县试点县建设，深入实施专利培育升级工程，完善知识产权综合保护体系，进一步提升知识产权质量效益。

**四、坚定不移加快绿色发展，进一步彰显美丽京口底色**

深入践行习近平生态文明思想，坚持标本兼治、常态长效，协同推进降碳、减污、扩绿、增长。

*深入推进污染防治。*坚持长效管理提升工程，持续开展“五大专项整治行动”，严厉打击生态环境违法犯罪行为。全面排查管控污染源，确保$PM_{2.5}$和臭氧浓度“双控双减”。启动建设京口经开区工业污水处理厂，配合推进谏壁污水处理厂二期项目。按时完成90个长江、太湖入河（湖）排污口整治任务，确保国考、省考断面水质持续稳定达标。完善土壤污染调查评估制度，加强危险废物和一般固废全流程监管，保障土壤环境安全。

*持续提升生态质量。*扛牢长江大保护政治责任，深入打好长江“十年禁渔”持久战，坚决完成长江干流岸线利用项目清理整治任务。落实河（湖）长制、林长制工作要求，深层次推进山水林田湖草系统保护修复，实施小微水体、骨干河道整治。持续推进城镇污水处理提质增效精准攻坚“333”行动，完成2个达标区建设，加快补齐环境基础设施短板。

*加快推动绿色转型。*全力打造沿江生态保护和高质量转型发展带，推动现有产业转型升级，提升岸线资源利用效率。有序开展谏壁电厂深度脱硝改造等企业技改工程，实施减排项目12个。积极倡导简约适度、绿色低碳生活方式，持续推进“无废城市”(13)建设，着力营造生态文明共建共享良好局面。

**五、坚定不移推动融合发展，进一步展现主城品质内涵**

以建设宜居宜业精美城区为主攻方向，因地制宜推进城市更新，精耕细作优化城市管理，着力提升城市价值、彰显城市风貌。

*统筹谋划片区开发。*坚持把片区开发作为一项长期性、战略性工作来抓，重点聚焦学府路以南片区，加快制定片区开发单元规划，科学统筹文化教育、医疗卫生等资源布局，精准谋划道路管网、城市绿化、体育公园等基础设施和公共服务配套，真正让有限资源发挥最大价值。坚持“政府主导、市场化运作、规范化操作”，推动多元主体共同参与，力争尽早破题见效。

*持续提升城市品质。*实施桓王亭路等道路建设工程，不断提升群众出行便利度。充分发掘城市文化底蕴，高标准实施8个片区37.71万平方米老旧小区改造和文化提升工程，同步落实长效管理机制。完成解放桥巷等2处口袋公园建设，进一步丰富城市景观。全面推进乡村振兴，加强上埠村、左湖村农业基础设施建设，大力发展现代化农业，打造城乡融合示范村。

*做精做细城市治理。*紧盯“五个周边”(14)，不断加大道路环境整治力度，持续改善市容环境。强化常态长效动态监管，巩固提升文明城市创建成果，积极打造文明街巷。开展“物业管理强化年”行动，进一步提高老旧小区物业服务覆盖率。有序开展垃圾分类工作，高标准推进59个生活垃圾“四分类”(15)小区建设，创成35个省级达标小区。始终保持高压态势，坚决遏制新增违建，有效治理存量违建。加强环卫精细化管理，实现机械作业全覆盖、地面清洁无空档。

**六、坚定不移增进民生福祉，进一步提升人民生活品质**

坚持在发展中保障和改善民生，不断实现人民对美好生活的向往，切实办好群众身边小事，努力交出更加厚实的民生“答卷”。

*强化就业优先导向。*把稳就业摆在更加重要的位置，聚焦高校毕业生、农民工、退役军人等重点群体，实施多渠道灵活就业，全年新增就业5500人以上，保持城镇“零就业家庭”动态清零。积极落实就业见习基地等政策，开发就业见习岗位350个，实现才企精准对接。加大创业扶持力度，用足用好各项补贴政策，引导自主创业1000人以上。

*兜牢民生保障底线。*实施参保扩面专项行动，确保职工养老保险参保缴费人数净增3000人以上。加大“一老一小”保障力度，提升居家养老上门服务质量，增加护理型养老床位800张，建设全区第三家省级儿童“关爱之家”。深化“一户一档一策”帮扶机制，建立困难群众和特殊对象需求清单，提供健康监测、心理疏导等多样式救助服务，努力让社会救助更加精准、更有温度。

*优化公共服务供给。*持续优化教育资源配置，积极推动江苏大学附属学校开工建设，完成老解放路小学校安改扩建工程并投入使用。深化义务教育、学前教育集团化办学，积极争创省级内涵建设项目，进一步提升教育均衡发展水平。更加有针对性地开展爱国卫生运动，全面提升基层公共卫生服务能力，积极探索家庭医生签约服务高质量发展新路径，建成全区妇科肿瘤早筛

中心。持续打造“京彩”文化惠民服务品牌群，深入推进全民艺术普及“六进”[16]活动，广泛开展全民健身运动，进一步提升文体服务质量。

夯实基层治理基础。加快推进基层治理体系和治理能力现代化建设，完善“大数据＋网格化＋铁脚板”治理机制，建成10个“社会治理现代化先进社区（村）”。深化社会组织参与社区治理模式，新建一批便民服务点和专职慈善社工室。持续开展“三官一律”[17]进网格活动，不断推动公共法律服务与基层治理深度融合。深入推进“精网微格”工程，大力建设“网格微家”，促进网格治理更加精细高效。

**七、坚定不移筑牢安全底线，进一步巩固安全发展环境**

坚决贯彻总体国家安全观，更大力度统筹发展和安全，全力维护社会大局稳定，努力建设更高水平的“平安京口”。

优化疫情防控措施。认真落实新阶段疫情防控各项举措，平稳有序实施新冠病毒感染“乙类乙管”。突出重点人群保护，切实保障好群众就医用药需求，重点抓好老年人和患基础性疾病群体的防控，着力保健康、防重症。加强防疫科普宣传引导，进一步增强群众个人防护意识，共同筑牢防疫屏障。

提升全域安全水平。坚决守牢守好安全发展底线，严格落实“三管三必须”[18]要求，压紧压实属地责任、部门监管责任、企业主体责任。深化应急管理综合行政执法改革，推广运行基层末端治理模式，积极推进“智慧消防”建设，切实打通安全监管“最后一公里”。持续排查整治重点行业领域安全风险隐患，坚决防范和遏制重特大事故发生。完成可视化应急调度指挥系统建设，全面提升应急管理水平。坚持“四个最严”[19]，筑牢食品药品安全防线。

巩固社会稳定大局。坚持和发展新时代“枫桥经验”，完善社会矛盾纠纷多元预防化解机制，有效提升矛盾纠纷调解率。纵深推进“法治京口”建设，常态化开展扫黑除恶斗争，加大防非处非和打击电信网络诈骗力度，全面完成“雪亮工程”[20]项目。持续抓好政府性债务化解，坚决守住不发生区域性系统性风险底线。深入推进信访积案和重复信访问题化解，稳妥推进问题楼盘处置，切实维护群众合法权益，努力营造更加和谐稳定的社会环境。

## 全面加强政府自身建设

奋进新征程，建功新时代。我们将切实扛起“争当表率、争做示范、走在前列”的光荣使命，牢记“镇江很有前途”的谆谆嘱托，以永不懈怠的精神状态和一往无前的奋斗姿态，锐意进取、攻坚克难，全面推进中国式现代化京口新实践。

站稳政治立场，筑牢政治忠诚压舱石。毫不动摇坚持和加强党的全面领导，从新时代十年伟大变革深刻领悟“两个确立”的决定性意义，进一步增强“四个意识”、坚定“四个自信”，以实际行动捍卫“两个确立”、践行“两个维护”。坚决做到在思想上拥戴核心，在政治上忠诚核心，在行动上紧跟核心。时刻锚定新的时代方位和奋斗坐标，牢记“三个务必”，做到五个“牢牢把握”，确保各项事业始终沿着正确政治方向前进，在把握历史主动中更好走向未来。

聚焦中心任务，争当敢为善为实干家。坚持以新时代新征程党的中心任务为主线，牢牢把握“两个结合”和“六个必须坚持”，秉持“功成不必在我”的精神境界和“功成必定有我”的历史担当，在实干苦干巧干中推动事业发展。坚持发扬斗争精神，敢于直面历史遗留问题、勇于冲破发展瓶颈制约、善于应对两难多难局面，依靠顽强斗争打开事业发展新天地。坚持以思想“破冰”推动发展“破局”，主动识变求变应变，更加创造性地开展工作，让中国式现代化在京口充分展现可观可感的现实图景。

站稳人民立场，当好人民群众贴心人。坚持以人民为中心的发展思想，不断实现好、维护好、发展好最广大人民的根本利益。坚持身入基层、心系基层，在老旧小区改造、物业管理提升等各项工作中，做到听民声、察民意、知民情、聚民智，切实把“以人为本、执政为民”理念贯彻到工作全过程。坚持尽力而为、量力而行，在“民生七有”[21]上持续用力，不断增强人民群众获得感、幸福感、安全感。

永葆敬畏之心，筑牢清廉行政防火墙。深入贯彻习近平法治思想，全面推进法治政府建设，坚决做到法定职责必须为、法无授权不可为。认真执行区人大及其常委会决议决定，高质量办理人大代表建议和政协委员提案，自觉接受人大法律监督、政协民主监督以及司法、监察、社会、舆论等各方面监督。持之以恒推进政府系统党风廉政建设和反腐败斗争，锲而不舍落实中央八项规定实施细则精神，驰而不息纠“四风”树新风，着力构建亲清统一的新型政商关系，永葆为民、务实、清廉的政府形象。

各位代表，时代洪流、奋楫者先，千帆竞发、勇进者胜。让我们紧密团结在以习近平同志为核心的党中央周围，以党的二十大精神为指引，在市委、市政府和区委的坚强领导下，踔厉奋发、团结奋斗，把京口现代化建设事业不断推向前进！

**【注释】**

（1）“四上”企业：规模以上工业企业、资质等级建筑业企业、限额以上批零住餐企业、规模以上服务业企业。

（2）“一区一园一片区”：一区为京口经济开发区，一园为新民洲临港产业园，一片区为大禹山数字文创产业核心区。

（3）“专精特新”企业：具有“专业化、精细化、特色化、新颖化”特征的工业中小企业。

（4）“五大专项整治行动”：长江岸线保护、黑臭水体治理、蓝天保卫战、打击固体废物非法倾倒、工业“散乱污”企业整治。

（5）“两高”项目：高耗能、高排放项目。

（6）城镇污水处理提质增效精准攻坚“333”行动：即三消除三整治三提升。消除城市黑臭水体、污水直排口、污水管网空白区；整治工业企业排水、“小散乱”排水、阳台和单位庭院排水；提升城镇污水处理综合能力、新建污水管网质量管控水平、污水管网检测修复和养护水平。

（7）教育“双减”：有效减轻义务教育阶段学生过重作业负担和校外培训负担。

（8）“三个百分之百”：中央信访工作联席办交办第一批重复信访案件化解稳定率100%、第二批重复信访案件化解稳定率100%、江苏省信访联席办交办攻坚案件结案率100%。

（9）“放管服”：简政放权、放管结合、优化服务。

（10）“1+4”主导产业：“1”即楼宇经济（现代服务业）；“4”即新材料及加工制造、木业精深加工、装备制造、新一代信息技术四大方向。

（11）“五型经济”：创新型经济、服务型经济、总部型经济、开放型经济、流量型经济。

（12）“四个论英雄”：以亩产论英雄、以效益论英雄、以能耗论英雄、以环境论英雄。

（13）“无废城市”：以创新、协调、绿色、开放、共享的新发展理念为引领，通过推动形成绿色发展方式和生活方式，持续推进固体废物源头减量和资源化利用，最大限度减少填埋量，将固体废物环境影响降至最低的城市发展模式。

（14）“五个周边”：老旧小区、集市菜场、城中村、学校、医院周边。

（15）生活垃圾“四分类”：按可回收物、有害垃圾、其他垃圾和厨余垃圾进行分类投放、分类收集、分类运输、分类处置。

（16）“六进”：进农村、进社区、进学校、进企业、进机关、进军营。

（17）“三官一律”：法官、检察官、警官、律师。

（18）“三管三必须”：管业务必须管安全、管行业必须管安全、管生产经营必须管安全。

（19）“四个最严”：最严谨的标准、最严格的监管、最严厉的处罚、最严肃的问责。

（20）“雪亮工程”：公共安全视频监控建设联网应用，以农村、社区为重点，对重要部位、复杂场所、农村薄弱地区进行视频监控建设，实现城乡治安防控建设一体化、立体化、信息化的社会治安防控体系工程。

（21）“民生七有”：幼有所育、学有所教、劳有所得、病有所医、老有所养、住有所居、弱有所扶。

2023年1月2日，镇江市京口区第十届人民代表大会第二次会议第一次全体会议召开（崔世林 摄）

## 学习宣传贯彻党的二十大精神

党的二十大召开以来，京口区把学习宣传贯彻党的二十大精神作为首要政治任务，坚持“学思用”贯通，“知信行”统一，努力把学习成果转化为“勇挑大梁、敢为善为”的过硬成效，以奋发有为的精神状态开创京口现代化建设新局面。

*以更高的政治站位掀起学习热潮*。以“关键少数”带头学、深入学，示范带动“绝大多数”主动学、全面学，不断推动党的二十大精神在京口落地生根。区委主要领导第一时间召开区委常委会、全面系统学习党的二十大精神，召开区委理论学习中心组学习会、原原本本学习党的二十大报告，并赴象山街道开展党的二十大精神宣讲。其他区领导和区二十大精神宣讲团成员深入挂钩街道园区、分管行业部门以及人口规模较大的村社，开展面对面宣讲。截至2022年底，京口区基层党组织开展“原原本本学报告”活动800余场次。在“京口发布”“京口先锋”等新媒体平台开设《学习二十大·勤学/善思/笃行》主题栏目，展播基层党组织学习宣传贯彻党的二十大精神典型做法，展现广大党员干部团结奋进的精神风貌。

*以更强的责任担当推进组织实施*。京口区迅速掀起学习宣传贯彻党的二十大精神热潮，通过“五学五促”推动学习走深走实。专家送学，促学深悟透。江苏大学马克思主义学院院长李丽主动“送学”进机关，为区宣传系统作首场党的二十大报告专题学习辅导。宣讲领学，促思想凝聚。遴选100名优秀宣讲人才组建基层理论宣讲团，由宣讲团集中备课辅导，构建全方位、多层次宣讲矩阵。突出“对象化、分众化、互动化”，综合运用多种宣传方式，把党的二十大精神“送”进机关单位、“送”至社区网格、“送”到校园课堂，关键是要用老百姓听得懂的话，说老百姓关心的事，讲老百姓愿意听的理，让大会精神以更接地气、更有活力、更有温度的方式，传递到“基层末梢”，做到家喻户晓、深入人心。中央电视《新闻联播》“走进基层宣讲. 推动二十大精神落地落实”综合新闻里，对京口区正东路街道酒海街社区与江科大联合举办的“党的二十大精神”宣讲活动作较大篇幅的报道。开展“礼赞新时代　追梦复兴路”主题宣讲活动130余场，在镇江市主题宣讲决赛中，由京口区选拔推荐的中山路小学周圆老师以全镇江市第一名的优异成绩摘得桂冠。名嘴讲学，促真信真悟。谏壁街道月湖社区吕二妹等百姓名嘴深入街巷、来到小区、走进楼道，《小胡的vlog》等2个中共二十大主题微视频在江苏先锋平台播出，让党的二十大精神通俗易懂。校地联学，促交流融合。累计开展“校地共学二十大·携手奋进现代化”系列主题活动30余场，举办学习贯彻党的二十大精神研讨会9场，开展各类联学82场次，获评2022年度镇江市宣传思想文化工作创新成果。培训考学，促氛围提升。基层党组织自下而上陆续开展党的二十大精神“应知应会”竞赛问答，通过初选组队、优选重组、复赛选拔等方式，促进学习氛围整体提升。区纪委监委与江苏大学纪检监察学院联办“铁军训练营”，进一步铸忠魂、强意志、健体魄。

*以更实的工作举措做好结合文章*。把贯彻好、落实好党的二十大精神作为一项长期课题，按照“五个牢牢把握”“三个全面”的重要指示要求，弘扬理论联系实际的马克思主义学风，立足理论学习中“以学促做、知行合一”这一重要的着力点和落脚点，重点围绕区委、区政府的中心工作，聚焦疫情防控、项目推进、民生改善、城市建设、社会治理、全面从严治党等重大任务，干出令人振奋的“京口气象”，在提升“首位度”、用好“首创地”、争当“首善区”中始终保持奋进姿态，自觉把学习成果转化到各项工作的实践当中，用“信念之火”点燃京口经济社会的“发展热度”，让中国式现代化在京口大地展现可观可感的现实图景！（郭良玉）

## 红色云链　数字赋能　打造数字经济党建高地

2022年，京口区委在镇江市率先探路数字经济党建工作，实践成果入选全国“数字党建创新案例”，相关做法获《省委快报》《组织人事报》《江苏组工信息》《新华日报》和江苏卫视等宣传推介，其中《新华日报》头版2次、专版1次。

构建云链“红”覆盖。出台江苏省首个数字经济党建实施意见，探索“党建强、发展强、赋能强”路径、构建“云链红、产业红、全局红”格局。吸纳9个部门成立数字经济综合党委，全面覆盖1300余家数字经济企业。围绕总品牌，提炼“数聚禹山”等5个集聚区工作法，培育金海星等10个“三强”（党建强、发展强、赋能强）标杆党组织，构筑“1510”（以1个数字经济党建品牌统揽5大集聚区楼宇品牌建设，培育10个“三强”党组织工作法）数字经济党群矩阵。

激发云链“红”动力。建立50个“奔跑支部”，组织148名机关干部担任企业“禹小二”，助力数字经济产业全线创优。成功举办“数动京口”产业发展论坛，推进“智改数转”和企业上云56家。出资参与设立总规模6亿元组合基金，创建“大禹山数字文创产业学院”，探索校地银企深度融合，培育第一批近50人的技能人才团队。2022年6月，大禹山数字文创区成功入选省级信息技术应用创新先导区，助力镇江继南京、苏州、无锡之后，成为江苏省第四个建设培育省级信创先导区城市。

释放云链“红”效益。华为（镇江）数字联合创新中心启动运营，带动10余家华为生态圈企业落户，年赋能企业30家以上。2022年，京口区新签约数字经济项目38个，总投资24.5亿元。重点类签约中，数字经济项目占73.7%，总投资10.7亿元。截至2022年，京口区规模以上数字经济企业达52家，形成近20万平方米的数字经济载体。（袁正阳）

## 以党的二十大精神为指引，奋力实现中国式现代化京口新实践良好开局

中共京口区委书记　贾敬远

（2022年12月30日）

党的二十大发出全面建设社会主义现代化国家、向第二个百年奋斗目标进军的号召。以中国式现代化全面推进中华民族伟大复兴，是新时代新征程我们党的中心任务和重要使命。省委十四届三次全会吹响全面推进中国式现代化江苏新实践的号角，鼓舞激励着我们扛起“勇挑大梁”的政治责任，书写好中国式现代化的京口答卷。2023年是贯彻落实党的二十大精神的开局之年，我们将在全面学习、全面把握、全面落实上狠下功夫，认真落实省委全会部署要求，坚持稳中求进工作总基调，更好统筹疫情防控和经济社会发展，更好统筹发展和安全，大力提振市场信心，推动经济运行整体好转，推进中国式现代化京口新实践迈出坚实步伐。

突出项目为王，更高质量建设产业强区。坚持“大抓项目”导向不动摇，量质并举狠抓项目建设，推动经济实现质的有效提升和量的合理增长。以项目攻坚推动产业强链。深入开展“产业项目攻坚年”行动，确保全年新签约项目数量和投资体量同比增长15%以上。健全完善项目全生命周期跟踪服务体系，持续落实月度过堂、季度拉练机制，推动诺贝丽斯、芯航同方、中储粮浅圆仓等93个省、市、区重大项目加快建设。以数字赋能促进产业转型。把数字经济作为转型发展的关键增量，推动数字经济与实体经济深度融合。充分发挥微软、华为等行业龙头引领带动作用，大力招引落户优质数字经济项目，推动数字核心产业营业收入增速达25%以上。以优质服务保障产业发展。深化“放管服”改革，建立“政企面对面、服务‘京’心办”服务机制，持续减环节、缩流程、降负担，实现政企沟通“零距离”、解决问题“零停滞”、政策落实“零障碍”、损害企业利益行为“零容忍”。

突出创新驱动，更深层次激发发展活力。坚持把创新作为京口发展的第一动力，把人才作为京口发展的第一资源，全力推动科技创新“关键变量”加快转化为高质量发展的“最大增量”。积极培育创新主体。加速构建“微成长、小升高、高变强”全链条阶梯成长培育体系，推动高新技术企业、专精特新企业实现更高增长，促进高新技术产业产值占比稳步提升。加快集聚创新人才。深入落实大学生“聚镇”计划和青年人才“归雁”计划，优化升级“金凤凰”计划，重点瞄准科学家、企业家、技能人才、青年人才“四支队伍”，开展柔性引才、曲线引才。持续优化创新生态。打好“引育留用”组合拳，优化创新创业、教育医疗等配套服务，让各路英才在京口生活无忧、放手去搏。

突出建管并重，更高水平建设宜居城区。立足京口城区发展实际，不断塑造品质、创造特色，擦亮城市客厅的靓丽名片。认真谋划片区开发。树立城市经营理念，坚持规划先行，突出全域统筹、文脉传承和产城一体，高起点、高标准、高水平做好学府路以南片区整体开发方案编制。稳步推进城市更新。保质保量完成演军巷、弥陀寺巷等8个片区37.71万平方米老旧小区改造。高标准做好背街小巷、道路街景等提升改造，匠心布局小微绿地、口袋公

园，让城市拥有可聆听的故事、可感知的温度、可安放的生活。积极打造文明街巷。深化江滨新村创业一条街长效管理，进一步放大全国文明社区示范引领作用。大力开展“物业管理强化年”行动，积极争创省级宜居示范居住区，用涉及群众生活的点滴“小投入”换来群众对城市管理的“大满意”。

突出绿色低碳，更严标准守牢生态屏障。深入贯彻习近平生态文明思想，以铁的决心、铁的意志、铁的措施、铁的纪律，抓好“生态要提升”紧迫任务，实现高水平保护与高质量发展良性互动。持续提升生态环境质量。深入打好污染防治攻坚战，系统推进“五大专项行动”，确保 $PM_{2.5}$ 平均浓度、空气优良天数比率、断面水质等生态环境指标不断向好。加快补齐基础设施短板。持续推进城镇污水处理提质增效精准攻坚“333”行动，完成谏壁西南片区等 2 个达标区建设，补齐城镇污水收集和处理设施短板。全面启动经开区工业污水处理厂项目，配合推进谏壁污水处理厂二期建设，不断提升园区环境治理能力。健全完善环境治理体系。加强部门联合执法、行政执法和刑事司法无缝衔接，严肃惩处环境违法行为，提高环境执法的精准度和震慑力。健全完善突发环境事件应急处置机制，科学有序、高效应对突发环境事件，最大限度地保障环境安全。

突出共同富裕，更富成效增进民生福祉。始终坚持人民至上，把为民造福作为最大政绩，在高质量发展中创造高品质生活、在共同奋斗中促进共同富裕。夯实共同富裕物质基础。完善全方位就业创业服务体系，突出抓好高校毕业生、城镇困难人员和退役军人就业帮扶，全年新增就业 6000 人以上，引导自主创业 1200 人以上。优化共同富裕服务供给。深入落实义务教育“双减”政策，深化集团化办学等领域改革，确保义务教育水平保持全市第一方阵。持续开展优质医疗服务基层行动，建立“专科 + 全科”结合型家庭医生服务团队，当好群众健康“守门人”。放大“魅力京口”“健康京口”品牌效应，广泛开展全民艺术普及和群众性体育健身活动，持续提升文体惠民实效。健全共同富裕保障体系。统筹推进特殊困难群体救助帮扶和妇女儿童权益保障，健全退役军人服务保障体系，稳步提高城乡低保、社会救助、抚恤优待等标准，构建分层分类社会救助体系，确保共同富裕路上一个不掉队。

突出安全发展，更实举措保障和谐稳定。坚定不移贯彻总体国家安全观，更好统筹发展和安全，以新安全格局保障新发展格局。防范重点领域风险。深化安全生产风险专项整治，加大危化品、城镇燃气、建筑施工、消防等重点领域安全隐患排查整治力度，加快推进“智慧消防”全覆盖，强化应急救援能力建设，不断提升本质安全水平。从严抓好食品药品安全监管，守护好群众“舌尖上的安全”。深化社会治理创新。深化平安京口建设，常态化开展扫黑除恶斗争，加大防非处非和打击电信网络诈骗力度，让群众更有安全感。全面推进严格执法、公正司法、全民守法，让尊法学法守法用法蔚然成风。深入推进“精网微格”工程，实体化运行区域社会治理现代化指挥中心，进一步完善网格化管理、精细化服务、信息化支撑的基层治理平台，持续激发基层社会治理活力。

## 坚定文化自信　坚守文化阵地
## 切实扛起维护文化安全政治责任

中共京口区委副书记、京口区委国安委副主任　徐玉军

（2022 年 5 月 10 日）

古往今来，中华民族之所以在世界有地位、有影响，不是靠穷兵黩武、对外扩张，而是靠中华文化的强大感召力和吸引力。所谓“故远人不服，则修文德以来之”。文化是国家和民族生存与发展的重要力量，文化安全关乎国家稳固、民族团结、精神传承，是国家安全不可或缺的重要内容。近期，我们认真研读了《总体国家安全观学习纲要》，深刻领悟到必须从统筹发展和安全的战略高度，充分认识国家文化安全的战略地位，以强烈的责任感做好新时代维护文化安全工作。

维护文化安全，在夯实基层基础上筑牢安全防线。当前，百年未有之大变局加速演进，各种思潮多样陈杂，社会主流价值遭遇严峻挑战。为此，维护文化安全，必须牢固确立底线思维，坚持贯穿问题导向，高度警惕和防范可能出现的各种文化安全风险。一是坚持“举旗帜、固根本”，筑牢思想阵地。管好用好舆论宣传、文化传播等意识形态阵地，充分发挥新时代文明实践中心作用，不断加强基层文化载体建设，坚持用习近平新时代中国特色社会主义思想武装全党、教育人民、推动工作，让党的创新理论“飞入寻常百姓家”。打造“‘京’彩‘理’赞”工作品牌，让捍卫“两个确立”成为全区上下思想共识。二是围绕“聚民心、强引领”，做强正面宣传。举办“长三角主流媒体看京口”大型采风活动、“网眼看镇江·聚焦加速跑”走进京口活动等，专题举办全区落实意识形态工作责任制培训班，对 23 家单位开展意识形态专项督查，有力巩固和发展了主流意识形态。三是着力“育新人、扬新风”，建设更高水平文明城市。深化拓展市民文明素养提升工程，

招募志愿者2670余人奔赴各社区，加强小区安全宣传、排查，织密疫情安全网；强化典型选树，积极选树“江苏好人”“镇江好人”“微美人物”“最美京口人”。持续开展“文明交通‘京’彩同行”活动，深入开展“我为群众清洁楼道”竞赛活动，推动全区新时代文明实践中心、所、站建设全覆盖。

维护文化安全，在传承历史精神中坚定文化自信。“求木之长者，必固其根本；欲流之远者，必浚其泉源。”习近平总书记强调，中华优秀传统文化是中华民族的精神命脉，是涵养社会主义核心价值观的重要源泉，也是我们在世界文化激荡中站稳脚跟的坚实根基。京口拥有宝贵的历史文化资源，这些都凝结了数千年的民族智慧和精神底蕴。我们着力在挖掘、传承京口历史文化中坚定文化自信。一是在“写”字上下功夫。通过《京口群贤》《京口烽烟》《京口风物》《京口诗画》等“京口文化丛书”的编撰出版，记录文化京口，展现京口文化魅力，从而进一步加深人民群众对京口文化深厚积淀和精彩内容的认知。二是在“评”字上下功夫。加强非遗传承保护，出台《京口区非物质文化遗产项目代表性传承人认定与管理办法（试行）》，评选出京口区第二批区级非遗代表性项目5个、第三批区级非遗代表性项目11个，第二批区级非遗代表性传承人11人，组织开展非物质文化遗产日、非遗展览展示进夜市进商场、非遗传承基地现场教学等一系列活动，让群众对非物质文化遗产有更多了解。三是在“显”字上下功夫。通过挖掘文物背后故事，推进文物活化工程，对王家花园、焦山定慧寺等优秀文物保护单位修缮保护，讲好“城市故事”，唤醒“城市记忆”；组织开展京口区街巷短视频大赛、“探索巷陌文化·走读一条老街”文化地标打卡等活动，引导家长带领孩子沿着“寻常巷陌”掀开尘封的历史、寻找故事的痕迹，在丰富孩子们业余生活的同时，让孩子们在“研学”“走读”中感悟京口之美、京口之韵。

维护文化安全，在立足兴文化激动能上开创新局。习近平总书记深刻指出，提高国家文化软实力，要努力夯实国家文化软实力的根基，切实把我们自身的文化建设好。为此，我们在继承和发展历史文化同时，促进城市文化推陈出新，不断提升城市文化内涵，增强城市文化竞争力。一是擦亮文化标识。深入实施全民艺术普及“六进”系列活动，实施舞蹈、声乐、器乐、戏曲等文艺播种计划。举办京口首届吴文化旅游节，通过传统文化的“现代化表达”让吴文化焕发光彩。深挖国家历史文化名城底蕴，加快打造中国休闲旅游城市，为全市争创“东亚文化之都”、争创省级文化和旅游产业融合发展示范区，推进长江、大运河国家文化公园镇江段建设作出京口贡献。二是提升公共文化服务水平。巩固国家公共文化体系示范区创建成果，推动基层综合文化服务中心、农家书屋等阵地提质增效。构建常态化阅读服务与特色化文化活动相结合的模式，推动全区全民阅读与文化高质量发展的有机结合，建成“京口24小时城市书房”，开展“书香传家”红色经典朗读大赛、“文化荣光·书香传家”家庭“四史”知识竞赛等主题阅读活动，全民阅读指数高居全市第一。紧扣重大时间节点，规划谋划一批重点创作项目，及时挖掘优秀作品苗子，繁荣文艺精品创作。三是推动文化产业稳中提质。健全现代文化产业体系和市场体系，做大文化产业体量，大力实施文化数字化战略，精心打造大禹山数字文创区，用好云时代中心、微软·云——镇江数字经济创新中心等平台，促进文化产业集聚发展、融合发展、特色发展。规模以上文化企业实现营收34.5亿元，同比增长54%，位列全市第一。

## 紧扣目标补短板　精准发力促提升<br>奋力打造具有高水平精神文明的城市

中共京口区委常委、宣传部部长　孙国林

（2022年12月16日）

以中国式现代化全面推进中华民族伟大复兴，是新时代新征程我们党的中心任务和重要使命。“我国现代化是物质文明和精神文明相协调的现代化”，这一重要论断思接千载、鉴往知来，给出了中国式现代化的清晰取向。一座充满活力的城市应当是具有高水平精神文明的城市。京口区作为中心城区、“城市客厅”，聚焦文明创建龙头工程，以文明之风塑造文明之城，与实现“经济发展高质量、城市生活高品质、区域治理高水平”的现代化城市目标导向高度契合，是奋力谱写中国式现代化京口新篇章的重要内容。

立足民生之本，高品质增进民生福祉。坚持人民至上、以人为本是文明城市创建的本质属性和根本要求。一是要用心用情用力解决好群众关心的实际问题。更加关注老旧小区、背街小巷、农贸市场等离人民群众的生活最近的地方，关系人民群众的幸福感的地方，打造高品质生活空间，让群众的获得感成色更足，幸福感更可持续。二是要以人的全面发展来促进城市治理水平提升。最好的环境保洁是市民不扔垃圾，最好的城市管理是市民自觉守规，最好的创建状态是市民的素质提升。近年城镇化推进很快，大量新市民进城既为城市发展注入新鲜血液和发展活力，也对城市管理公共服务提出新的挑战，带来新的问题，加强对新市民的教育、服务和管理，是当前和今后一个时期现代城市治理和文明城市创建必须做好的一项工作。三是要正确把握发展经济和改善民生的关系。在谋划创建工作的时候坚持“三个优先”：优先保证事关民生的财政投入、优先解决事关民生的利益问题、优先构建事关民生的保障机制。

*把准问题之脉，高强度治理问题短板。*坚持问题导向，在发现问题中剖析根源、解决问题中探索路径、补齐短板中创新方法、巩固成果中提升水平，是文明城市创建的基本工作方法。首先，要有发现问题的能力。在文明城市创建中，不能发现问题是最大的问题。回顾往年的创建过程，一些同志虽然很辛苦，但因为在测评标准上还是研究不透、把握不准，所以不会看、看不出问题。其次，要有解决问题的办法。对问题是长期存在的，还是容易反复的，还是亟待解决的，做出正确的分析。善用系统思维、注重综合施策，运用好思想引领、道德建设、文明培育等方面的软性教育方法，规范制度、政策保障、法治约束等方面硬性管理手段，以及公共服务供给的人性化制度，持续抓好城市软硬环境打造，强化城市依法管理依规治理，解决城市治理顽症难题。第三，要有根治问题的策略。把改工作和改思想结合起来，改局部和改整体统一起来，改当下和改长远兼顾起来，真正做到通过一个问题的整治促进同类问题的全面整改，通过一类问题的源头治理避免类似问题的重复发生，坚决防止老问题老出问题，坚决防止大问题大范围的问题。

*掌握测评之尺，高精度落实测评指标。*《文明城市测评体系》，既是测评考核城市文明程度的评价依据，也是指导各地把握创建规律、掌握创建方法、提高创建水平的工作大纲。一方面要紧盯“老大难”问题不放。针对苏宁、八佰伴、江滨医院等周边非机动车停放，江滨新村、花山湾等环境品质不高的存量片区综合整治等“老大难”问题，继续组织实施专项整治攻坚行动，有序推进城市更新；针对城区八条重点主次干道（中山东路、解放路、长江路、梦溪路、正东路、南门大街、双井路、东吴路）路面、人行道、绿化带各类杂物，小广告、占道经营等“反复回潮”问题，通过政府购买公共服务的方式，组织专业市场化力量每月常态化开展保洁及巡查工作。针对电动自行车驾乘人员戴头盔、整治空中缆线等全国文明城市创建新要求，持续开展“文明交通‘京’彩同行”主题行动和空中“蜘蛛网”专项整治等。另一方面要体现合理的人性化。文明城市创建要把管理的规范化和合理的人性化有机结合，把标准一致性和实际的操作性有机结合。比如关于农贸市场管理，要求不能有占道经营的现象，但同时也允许在农贸市场周边采取划线管理的方式来设置自产自销区，让当地的或者附近的农民有一个自己卖菜的地方。疫情这三年，这条要求不仅仅是允许，而且是倡导。只要有管理，不扰民、保安全、重秩序，提供这样的服务是应该的，包括早市和晚市，这也体现城市的烟火气，体现为民服务的真心。

*保持常态之势，高规格健全长效机制。*文明城市创建是一项综合性很强的系统工程，必须要善于汇聚各方面力量，系统谋划，统筹调度，形成合力，久久为功。一是坚持融入化发展。进一步健全创建工作制度，完善党委统一领导、党政齐抓共管、文明委文明办组织协调、有关部门各负其责、全社会积极参与的领导体制和工作机制。宣传部和文明办作为文明创建的牵头单位，要增强结合融入、主动服务的思维，把文明创建工作和城市中心工作有机结合起来，通过文明创建调动各街道、各部门、各文明单位的积极性主动性，以文明创建推动城市各方面工作水平不断提升。二是坚持适度化把握。文明城市创建不能过冷也不能过热，不管是浮在表面，应付上面，敷衍了事的不担当不作为，还是急功近利，急于求成，用力过猛的乱担当乱作为，都会给人民带来负面影响，损害群众对文明创建的信任和感情。要坚决杜绝为迎接测评，临时关停市场、关闭早点摊等损害群众利益的行为。四是坚持全员发动。充分激发和调动群众参与文明创建的积极性和创造性，围绕“文明进万家”“‘京’心护学”等主题活动，发挥“江东大妈”“星光义工”等各类队伍的作用，让文明创建成为群众的思想共识和行为自觉，夯实文明创建最广泛的群众基础和社会基础。用好“12345”政务热线、社会治理网格化平台等，畅通问题反映渠道，引导广大市民参与创建、监督创建、推动创建。

## 在“锻钢淬火铸魂”中打造纪检监察铁军

中共京口区委常委、区纪委书记、区监委主任　张旭彬

（2022 年 9 月 27 日）

习近平总书记在十九届中央纪委六次全会上强调，纪检监察队伍必须以更高的标准、更严的纪律要求自己，锤炼过硬的思想作风、能力素质。这既是对纪检监察队伍建设的明确要求，同时也饱含着鼓励与鞭策、信任与期待。新时代、新使命、新征程，纪检监察机关履行监督专责，肩负党和人民的嘱托，责任重大、使命光荣，要以一以贯之的高标准、严要求开展干部队伍建设，持续锻造新时代纪检监察铁军。

*以政治建设“锻钢”，打造政治过硬铁军。*纪检监察机关是政治机关，所处的特殊位置和承担的重要职责，决定必须要旗帜鲜明讲政治。要提高政治判断力。政治判断力是辨别政治是非、把握政治主动的重

要前提。纪检监察干部要不断锤炼辨别政治是非、保持政治定力、驾驭政治局面、防范政治风险的本领，练就政治慧眼，保持清醒头脑，做政治上的明白人。要提高政治领悟力。政治领悟力是深入理解和把握党的理论和路线方针政策的能力。纪检监察干部要深入学习贯彻习近平新时代中国特色社会主义思想，在学思践悟中汲取精神力量，更好地运用党的创新理论成果去指导实践、推动工作。要提高政治执行力。政治执行力是党的领导力、战斗力、生命力之所在。纪检监察干部作为党的“纪律部队”和“忠诚卫士”，不仅是“斩妖除魔”的利剑，更是劈山开路的巨斧，要及时清除贯彻落实党的理论和路线方针政策的“拦路虎”“中梗阻”，确保党中央政令畅通、令行禁止。

以能力建设“淬火”，打造本领高强铁军。随着纪检监察体制改革的逐步深化以及监督体系的不断完善，对基层一线纪检监察干部的政治素养、理论水平、专业能力和实践本领都提出了新的更高要求。要培养战略思维。纪检监察干部必须要具备把握全局、谋划发展的战略思维，全面掌握辩证唯物主义和历史唯物主义的世界观和方法论，做看懂“桅杆”现象的战士。要提高专业化水平。既要执着深耕业务知识，学懂弄通监督执纪执法的权限、标准、措施和要求，也要跳出“一亩三分地”，广泛涉猎其他知识领域，特别是重视互联网技术和信息化手段的学习，并将其充分运用到实践中去。要改进调查研究。纪检监察工作的本质就是调查研究，纪检监察干部特别是领导干部要带头调查研究，深入思考实践中遇到的问题，找到破题的办法和路径。要坚持一切从实际出发，扑下身子，沉到一线，深入基层、深入群众，听真话、摸实情，找准并解决人民群众反映强烈的突出问题。

以作风建设“铸魂”，打造干净纯洁铁军。习近平总书记强调，“纪检监察机关要接受最严格的约束和监督”。一个“最”字，把对纪检监察机关的标准和要求提高到最高级别。要强化自我监督。纪检监察权是“治权之权”，纪检监察干部是“治吏之吏”，要带头强化自我监督，自觉接受党内监督、社会监督和群众监督，做到自律与他律相结合，严防执纪执法权力滥用。要勇于自我革命。纪检监察机关不是天然“保险箱”，纪检监察干部也不具备天生免疫力。必须把严的主基调坚持下去，深化系统内正风肃纪反腐，坚决防止家人、亲友利用影响力非法牟利，严防“灯下黑”，着力塑造低调务实不张扬的干部队伍形象。要厚植为民情怀。纪检监察工作的目的就是要巩固党的执政根基，关键就是要坚守人民立场，践行群众路线。实践证明，纪检监察工作只有时刻把群众利益放在心上，才能取得群众的信任与信心，才能获得最广泛、最坚固、最可靠的民心支持和力量源泉。

# 夯实网格化治理基础<br>加快推进基层社会治理现代化

中共京口区委常委、政法委书记 郑兆巍

（2022 年 11 月 10 日）

基层社会治理是国家治理的基石，党的二十大报告中提出“完善社会治理体系，健全共建共治共享的社会治理制度，提升社会治理效能，畅通和规范群众诉求表达、利益协调、权益保障通道，建设人人有责、人人尽责、人人享有的社会治理共同体”，体现了我们党对社会治理规律认识的深化，为加强和创新基层社会治理提供了科学指引。网格化作为新时代突破基层社会治理的关键举措，是落实党中央关于强化和创新社会治理的有效途径，是实现社会管理向社会治理转变的重要举措。本文通过分析京口区网格化管理实施情况，试探网格化管理进一步服务基层、助推社会治理的有效途径。

## 一、工作开展情况

2022 年，京口区委政法委以高质量平安京口建设为目标，坚持把网格化管理作为推进基层社会治理的着力点和突破口，加强党建引领，搭建平台载体，优化人员配置，提升服务水平，不断推进基层社会治理再上新台阶。

（一）聚焦党建引领，构建网格服务“连心矩阵”。一是优化组织设置。强化“一盘棋”思维，坚持整体布局，在网格上建立党支部，切实把党组织覆盖到基层网格的各个“神经末梢”，全区 295 个基础网格共建立网格党支部 289 个，形成了以网格党支部为基本单元，覆盖全区所有街道、社区的党建网络，推动基层党建与网格服务管理深度融合。二是壮大组织队伍。构建“4+N”为主体的功能型党支部，“4”即党员网格长、物业服务企业党员、楼栋党小组长（居民党员）、社区党员民警，“N”即专兼职网格员、街道党工委和社区党委成员、“街社吹哨、部门报到”结对机关党员、辖区或共建单位党员、“三官一律”“五老”业余文艺团队、社会组织中党员骨干、党员志愿者等，充分吸收各方力量，扩大“红色物业”的“同心圆”“朋友圈”。三是完善组织机制。建立街道党政领导挂钩薄弱网格机制，实行分批次清单销号制度，形成结对帮扶清单，跟踪督办，直至达标，持续增强网格治理成效。以街道社区党组织为主导，依托党建联盟平台，推动物业、共建企业、社区力量等协同共治，形成基层治理向心力。

（二）聚焦阵地建设，以点带面优化战斗堡垒。一是打造网格服务阵地。结合“红色旧改”“红色物业”等工作，因地制宜微改造、微更新，大力建设“京口红韵”阵地，让群众在家门口“看得到”“找得到”“用得到”各类网格党群服务站点，推动形成“10分钟服务圈”。二是打造社区党群阵地。建成集党建活动、民主议事、便民服务、矛盾调处和文化娱乐等多位一体的网格党群服务站，为网格党支部、楼栋党小组和小区居民党员开展活动提供场所；打造居家养老服务中心，为老年人提供助餐、助浴等助老服务，进一步提升人民群众的幸福感和获得感。三是打造区街中心阵地。推动区街两级网格化服务管理中心规范化建设，明确网格化机构职责，制定网格化机构建设标准，充分发挥其组织、协调、指导、监督等职能作用，推动街道级中心与便民服务中心一体化建设，推动数据纵向横向贯通，不断提高网格化社会治理智能水平。

（三）聚焦服务提升，激发基层治理磅礴力量。一是扎实开展走访。实行“日走访、周分析、月汇报”制度，组织网格员全面开展“亮身份、优服务”入户走访服务。网格员统一穿印有明显“网格员”标识的马甲，听取居民群众反映的合理诉求并协助解决。建立重点人员服务管理进网格联动机制，通过联动相关部门摸清全区重点人员底数，将重点人员管控工作融入网格化管理，实现重点人员管控工作的人性化、常态化与精准化。二是推进“三官一律”。完善“三官一律”进网格制度，促进政法条线专业人员为基层网格化社会治理工作提供优质高效的法律力量，在畅通群众诉求表达渠道、完善调解联动、提供纠纷解决方案等方面发挥积极作用。三是助力疫情防控。发布致全区广大网格员全力做好疫情防控的倡议书，开展疫情防控知识宣传，制作防疫横幅、宣传海报3000余件，号召全区专职网格长、兼职网格员、网格志愿者2000余名积极投入疫情防控战，圆满完成15轮全员核酸检测和8轮区域核酸检测工作，有力保障人民群众的身体健康。

（四）聚焦主责主业，抓实抓好网格队伍建设。一是完善“一张网”。根据“1+N+N”网格力量配备模式，即1名专职网格长（员）+N名兼职网格员+N名网格志愿者。共有专职网格长295名，兼职网格员和网格志愿者2000余名；细化“微网格”1380个，构建“街道（园区）—社区（村）—网格—微网格”四级基层社会治理链条，形成横向到边、纵向到底的全区基层社会治理“一张网”格局。二是打造“一个学院”。设立区级“网格学院”培训阵地，将网格员教育培训纳入教育培训总体规划和年度计划，对网格员进行政策法规、社会热点以及职责、技能等方面的培训，邀请高校老师、行业专家、优秀网格员进行授课，提高网格员的专业化水平。三是形成“一个标准”。制定《京口区专职网格长（员）管理考核办法》，量化考核指标，明确工作纪律，严格考核督查，将网格员绩效考核与社区工作者绩效考核相挂钩，确保考核精准化、有效化、科学化。

**二、当前存在的问题**

一是重视程度有待加强。板块对社会治理重视不够、认识不清，“万能网格”的认识误区依然存在，“共建共治共享”的理念还需进一步养成。二是走访力度有待加大。社工、兼职网格员下沉网格开展入户信息采集、重点人员巡查走访、社情民意采集等工作，多是被动式、突击式，影响巡查走访的质量。三是合作深度有待加强。相关职能部门推进网格化工作动力不足，并且存在一种错误的认识，网格化是政法委的事；同时，各部门统计口径不一和工作标准不同，社区录入各类信息系统有10多个，既增加社区工作负担，也容易导致底数不清、数据打架。

**三、调研建议**

（一）锚定强基导向，深耕基层治理基础。一是以支部建在网格上为抓手，增强基层领导能力。坚持“党建＋网格”，完善“社区党委（总支）—网格党支部—楼栋党小组—党员中心户”的组织体系，引导广大党员干部在参与基层社会治理过程中“亮身份、优服务”。二是以社区建设为抓手，提升基层善治能力。以建成“社会治理现代化先进社区（村）”为抓手，用系统思维，全面夯实基层基础；用问题思维，推动重心下沉，推进网格服务常态化，提高动态信息采集率、网格巡查走访率、网格评价满意率。三是以平台建设为抓手，提升基层智治能力。加快推动区域社会治理现代化指挥中心建设，加快推进区级指挥中心一体化布局建设和整体联动，推动数据纵向横向贯通，不断提高网格化社会治理智能水平。

（二）锚定目标导向，切实助推高质量发展。一是提升知晓率和满意率。以提升群众对网格员知晓率和满意率为抓手，把群众对网格员的认识、认知、认可作为首要环节，推动网格服务供需精准对接、网格治理措施精准落实。紧扣群众对网格员的认识、认知、认可三个环节，适时组织开展区网格化知晓率和满意率测评，实现测评全覆盖，测评结果将作为各街道（园区）网格化工作考核的“表决器”。二是提升网格员工作能力。通过网格学院，不断加强网格员的综合业务素质，提升解决居民群众问题的能力，促进与居民之间的良好沟通，建立好政府与居民之间的桥梁，实现自己的职业价值，提高职业认同感。三是提升部门联动效能。区综治中心（网格中心）加强与各部门之间的联系沟通，街道（园区）网格中心要加强与街道其他条线的联系沟通，建立健全特殊人群、重点人员以及出租房屋的网格化联动机制，提升基层治理工作合力。

（三）锚定共享导向，不断提升工作实效。一是加强共建力量。组织人大代表、政协委员更多地走进网格，了解民意、传递民声，推动解决基层问题；充分发挥工会、共青团、妇联等桥梁纽带作用，组织联系各方面参与网格化治理工作。二是加强自治力量。创新基层群众协商议事形式和活动载体，推进“网格＋民主协商”模式，以网格为单位，成立网格协商议事会，通过开展民生恳谈会、民意征询会等方式，广泛搜集群众关心的热点议题，进一步提升网格治理的向心力和认可度。三是引入社会力量。通过吸纳法律相关专业的老师、学生以及从事矛盾纠纷调解工作的从业者、退休人员等社会力量加入社区志愿者，利用他们专业的知识、技能等，及时有效化解网格内居民矛盾纠纷，不断维护社会和谐稳定。

# 助力民营经济<br>在中国式现代化京口新实践中勇挑大梁

中共京口区委常委、统战部部长，区政协党组副书记 陈 静

（2022 年 12 月 11 日）

党的二十大报告指出：要毫不动摇巩固和发展公有制经济，毫不动摇鼓励、支持、引导非公有制经济发展，坚持把发展经济的着力点放在实体经济上。中国民营经济在经济社会发展中具有“56789”的特征，即税收贡献超过 50%，国内生产总值占比超过 60%，技术创新和新产品研发占比超过 70%，城镇就业超过 80%，企业数量占比超过 90%，地位举足轻重。截至 2022 年 11 月，京口区共有各类市场主体 66387 户，其中民营经济市场主体 63144 户，占比 95%，税收贡献超过 55%，技术创新和新产品研发占比达 92%，城镇就业占比达 91%。民营经济已然成为京口区经济社会建设的主要参与力量、改革创新的主要推动力量。在区委区政府积极有效实施稳经济系列政策措施，全区民营经济总体保持平稳，但受到疫情反复、消费需求降低、市场不确定性等因素的叠加影响，对照高质量发展要求，民营经济恢复向好的基础有待进一步稳固。

2022 年 7 月 28 日，中央政治局会议提出，要发挥企业和企业家能动性，营造好的政策和制度环境，让国企敢干、民企敢闯、外企敢投。2022 年 12 月 6 日，中央政治局会议分析确定 2023 年经济工作，定调 2023 年经济工作突出一个“稳”，明确五大政策，提出让干部敢为、地方敢闯、企业敢干、群众敢首创。这七个敢，都是要向全社会释放发展、创新、改革的信号，激发全社会干事创业活力，均将成为新的时代命题。因此，统一战线要充分发挥所长，千方百计推动民营经济“两个健康”发展，引导服务帮助民营企业敢闯敢干、勇为善为，在京口闯出新天地，走上更加广阔的舞台。如何实现让“民企敢闯”，在京口经济发展中“勇挑大梁”，有以下几个方面思考。

更加明晰“民企敢闯”的方向，把准勇挑大梁“航船舵”。当前阶段，民营企业实现高质量发展，最根本的就是要与党同心、与国同梦、与时代同步。要切实把握民营经济人士的群体特点和成长规律，持续加强民营企业家理想信念教育，充分发挥各类平台载体作用，深入开展教育培训实践、经验交流座谈、创新创业分享等活动，全面提升民营经济人士能力素养，真正做到政治上紧跟紧随，不断增进对中国共产党和中国特色社会主义的政治认同、思想认同、理论认同、情感认同。要团结引导民营企业以恒心办恒业，以匠心谋发展，准确识变、科学应变、主动求变，抢抓后疫情时期产业重新布局洗牌的变革期、消费的反弹期和市场的空白期，始终站稳人民立场，以敢闯敢试的姿态，把企业发展的最终目标锚定在实现全体人民共同富裕上，为京口高质量发展勇挑大梁多作贡献。

更加坚定“民企敢闯”的信心，注入勇挑大梁“强心剂”。坚持党的领导是过去几十年民营经济高速发展的根本原因，强化政策落实是助推民营企业做优做强的迫切需求。因此，一方面必须始终坚持党的全面领导。强化非公有制经济党的建设，利用“线上＋线下”“视频＋感言”“组织＋阵地”等途径，多维度多层次学习宣传贯彻党的二十大精神、习近平总书记关于新时代民营经济统战工作的重要指示，让“我国民营经济只能壮大，不能弱化，不仅不能‘离场’，而是要走向更加广阔的舞台”，“民营企业和民营企业家是自己人”，“两个毫不动摇”，“三个没有变”等等这些习近平总书记重要指示深入民企人之心，让民营经济人士深刻认识坚持党的领导是民营经济发展的根本保障。坚持以强化联系服务民营企业为抓手，健全民营经济统战工作协调机制，畅通政企沟通渠道，定期举行政企座谈会、“早餐会”等，加强对民营企业经营状况和民营经济人士思想状况的调研了解、分析研判，倾听民营企业家的意见建议，协调解决企业发展难题，引导民营企业家坚定发展信心。另一方面必须助推各类政策落地落实。充分发挥民营经济协调机制、统一战线工作领导小组各成员单位力量，通过“全员＋全程”指导、“线上＋线下”联动，构建惠企政策“宣传网”。依托“两微一端一网”介质，第一时间公布各类惠企扶企政策，帮助企业用足用好用全政策，切实打通政策落地“最后一公里”。以“家访式”“店小二式”服务，主动上门、靠前指导，现场解答政策红利，变“人找政策”为“政策找人”，切实当好惠企政策“宣传员”“研究员”“指导员”。

更加发扬“民企敢闯”的精神，激发勇挑大梁“内动力”。党的二十大报告提出“完善中国特色现代企业制度，弘扬企业家精神，加快建设世界一流企业”。习近平总书记多次强调“市场活力来自于人，特别是来自于企业家，来自于企业家精神”。因此，要进一步激发企业家在市场

经济中的做大做强的内生动力。传承“闯”的基因。引导企业家大力弘扬适应新时代的“四千四万”精神，进一步发挥老一代企业家榜样示范和“传、帮、带”作用，加强对年轻一代民营企业家的教育培养，让新时代企业家精神薪火相传、接续奋斗，努力培育更多张謇式企业家，引导企业家勇于抢抓战略机遇，不断搏击市场风浪，抢占发展风口，掌握核心竞争力和行业话语权，推动企业行稳致远、勇立潮头。赓续“闯”的血脉。引导支持民企重视创新、推动创新，使创新成为企业发展第一动力，不断加大资金投入力度，多渠道吸引创新人才群体，全方位激发民营企业员工创新热情，推动组织、技术、市场和需求创新，努力把企业打造成为强大的创新主体。扛起“闯”的担当。民营企业是稳市场主体、稳就业的重要渠道。引导民营企业家切实增强履行社会责任的使命感和自觉性，厚植家国情怀，积极参加“光彩事业”，在稳定就业岗位、参与社会公益事业、投身乡村振兴、助力疫情防控等领域量力而行、尽力而为，实现企业发展回馈社会、社会进步助力企业的良性循环。

更加强化“民企敢闯”的保障，夯实勇挑大梁“助推器”。让民企敢闯，既需要企业家坚定决心和信心，更需要党委、政府创造良好的政策和制度环境，鼓励民企去闯，为民企创新发展营造更包容的环境。持续优化营商环境。要不遗余力做好政策更优的“加法”，程序更简的“减法”，服务更精的“乘法”，让企业家“站 C 位”。持续发挥民主党派“京话筒”监督员作用，在优化产业政策、改善政务环境、提升社会管理能力等方面“找”问题、“提”建议，推动营商环境持续改善，推动帮办服务水平显著提升。完善企业挂钩帮扶机制、企业诉求快速响应机制、涉企政策制定会商机制、企业服务评价机制等“四项机制”，实施更加精准的点对点“滴灌”措施，为企业发展壮大注入源头活水。精准助企纾困解难。深化“一党派结对一街道（园区）”联系机制，用好“两个健康”监测点，深入开展“五送五助”民营企业服务活动，“手牵手”解决企业难题。搭建“政银企”沟通平台，精准对接企业融资需求，“面对面”拓宽融资渠道。开展“校地统战联盟人才交流”等活动，加快京口人才引进及集聚工程，解决企业用工难题，“点对点”助力企业转型升级、创新发展。发挥商会平台优势。商会是民营企业交流合作的重要平台，可以为“民企敢闯”提供政策信息、项目资源、合作伙伴、资金支持等多种支援服务，因此一定要建好用好这个平台。一方面，“会建 + 党建”筑牢“红色底盘”。以党建带会建，以会建促党建，充分发挥商会功能型党支部、党支部统战委员的作用，加强对商会的联系、指导和服务，不断提升商会党组织的凝聚力、战斗力。深化“四牌楼同心湾”“大市口红色会客厅”“经开区企业家沙龙”等工作品牌，不断提升商会影响力、竞争力，积极争创全国“五好”县级工商联、省级“四好”商会。另一方面，“互动 + 合作”打造“金色商圈”。建立行业商会、异地商会和街道商会沟通联系机制，定期举办高层次高质量活动，积极促进会员间、会与会间交流互鉴，逐步扩大朋友圈，拓展新版图，鼓励龙头企业帮扶小微企业，推动产业链上下游企业交流合作，助力闲置楼宇盘活，做实“京鸥共创空间”，加强异地招商引商，推动会员企业抱团合作、共同发展，实现“以商引商、项目集聚、相互促进”的双赢局面。

## “四抓四提升” 乡村振兴有奔头

中共京口区委常委、组织部部长 周永祥

（2022 年 9 月 11 日）

党的十九大报告首次提出，要按照产业兴旺、生态宜居、乡风文明、治理有效、生活富裕的总要求，大力实施乡村振兴战略。实施乡村振兴战略，是以习近平同志为核心的党中央着眼于党和国家事业全局，顺应亿万农民对美好生活的期待作出的重大决策部署，是决胜全面建成小康社会、全面建设社会主义现代化国家的重大历史任务。作为镇江的“城市客厅”，京口区城市化率达 96%。换言之，“三农”工作只有“4%”的舞台，虽然体量小，但有大作为。一直以来，京口坚持问题导向，强化系统思维，聚焦“四抓四提升”，在组织建设、乡村产业、人居环境等方面狠下功夫，推动乡村振兴不断迈上新台阶。

抓落实，拧紧责任链，提升振兴动力。切实提高政治站位，坚持把乡村振兴摆在突出重要位置来抓，夯实京口“三农”基础，进一步推动乡村振兴迈入前列方阵。一是强化领导统全局。成立由区委书记任组长、区长任第一副组长的区委农村工作领导小组，坚持“精力、财力、物力”“三集中”，高位协调统筹各级力量推进“三农”工作。领导小组成立后，共召开农村工作领导小组会议 25 场、“三农”重点指标调度推进会 13 场、专项工作推进会 12 场，统筹调度、持续推进乡村振兴重点工作。二是建强体系聚合力。成立党建引领乡村振兴专项行动办公室，结合基层党组织组织力提升行动，夯实区—街道—社区（村）三级党组织齐抓共管、工青妇等机关部门积极参与的工作格局，先后召开乡村振兴工作专题会议 14 场，现场推进工作 80 余次，24000 余人次党员干部参与乡村振兴重点工作。三是严督频促提质效。健全完善“政府 + 社会 + 群众”的督查问效机制，区委、区政府每半年观摩，区专项办每月考评、街道每半月督查，村每周巡查，季度评比“流动红旗”，在项目建设、环境治理等方面形成问题清单，实行销号管理，营造乡村振兴比学赶超的氛围。

抓基层，培优红细胞，提升堡垒战力。乡村振兴战略是一项综合性系统工程，涉及农村千家万户，关乎农民切身利益，迫切需要农村基层党组织主动作为，充分发挥基层党组织的战斗堡垒作用，推动改革措施落地生根，为开创乡村振兴新局面提供坚强保证。一是“标准＋先进”，小支部夯实大基础。持续深化党支部建设质量提升工程，抓牢党的基础组织，京口区5个行政村19个党支部中，“三星”以上党支部占比100%，其中“五星”先进党支部2个，“四星”先进党支部7个，均高于全区平均水平。严抓“发展、教育、评议”，进一步强化农村党员队伍建设，让党员成为农村基层治理、产业发展的先锋力量。凝练形成雩山村第一党支部“育民、富民、便民、悦民”的“四民”党建、上埠村第一党支部“金麦穗”党建等品牌集群，全面助力乡村发展。二是“中心＋站点”，小阵地托起大服务。以实施“家门口”党建为抓手，按照“六个规范化”要求，通过新增党员活动室、乒乓球室、阅览室等，优化服务环境、丰富村民生活，完成5个村级党群服务中心的提档升级。推进资源下沉网格，选取较偏远自然村，打造网格党群服务站18个，把服务关口前移至村民家门口，让服务走到村民心坎上。三是“头雁＋堡垒”，小队伍凝聚大民心。加大名书记、名乡村打造力度，雩北村党总支书记在全市新任村（社区）党组织书记培训班上为新任村书记进行授课，并当选为市八次党代会代表，村党总支获评市先进基层党组织，《党员老弗士》等一批鲜活优秀的党教片，在市区各项评比中频获佳绩。坚持以“身边人、身边事”引导乡风文明建设，传播“好人文化”，积极开展“好媳妇”“好公婆”“好家庭”以及“最美京口人”等评选，促进民风持续好转，县级以上文明村占比100%。

抓产业，打造强引擎，提升发展实力。积极响应镇江市委“产业强市‘跑起来’”号召，牢固树立“党建引领，项目为王”理念，以产业强带动发展快、以经济强实现百姓富，为乡村产业振兴不断注入强大动能。一是项目“大”，才能有好效益。制定《京口区乡村产业招引工作方案》，健全乡村产业招引机制，推广“奔跑支部”做法，在大项目、好项目招引和建设的第一线建立功能型支部23个，近百名“跑团成员”争做帮办服务员，“握指成拳”集中力量推进乡村振兴重大项目建设。其中总投资2.5亿元的中储粮11万吨粮食浅圆仓项目进展顺利，百万吨粮食仓储基地项目中投资3.9亿元的18万吨项目主体竣工，配套设施建设序时推进。协助新禾润世家推进“放心早餐工程”并完成异地搬迁。指导恒伟供应链发展总部经济，逐步做强做大，积极争创国家级农业龙头企业。二是业态“精”，才能有竞争力。聚焦木业加工产业链，以“优、精、特”的业态大梁，支撑起乡村产业发展的大厦。新民洲港建成“中国进口木材专业港”“全国木业精深加工示范区”，总投资10.9亿元的先进木业制造区一期的一标段、三标段已竣工并收获合作签约，其中三标段签约成都川雅木业，原木将被加工为钢琴等乐器部件供应给日本雅马哈等厂商，奏响产业兴旺的乐章。三是联动“强”，才能提高质效。创新开展“村企联建”工作，结合省“万企联万村、共走振兴路”行动，全区25个村（涉农社区）结对中储粮、江苏银行京口分行等32家企业，结对双方互办实事160项，折合资金100余万元，另有10余个项目经省平台审核通过。不断优化“金凤凰”计划，通过完善创业政策、改善创业服务、培育创业主体多管齐下，挖掘“乡土”人才，加大“三农”人才的招引力度，提高农村创业的便利化水平，激发农民工、合作组织带头人等各类人才自主创业、返乡创业的积极性，繁荣“草根”经济，使更多农民实现创业致富梦想。

抓生态，绘就亮底色，提升环境魅力。农民群众眼里的“全面小康”，既包括更富足的收入，也包括更优质的生活环境，缺少优美环境，乡村底色就会黯淡，京口始终把生态环境建设放在乡村振兴的“大棋局”中统筹谋划，着力打造“有韵味、有品位”的美丽乡村。一是全面推进。对照《村庄环境整治标准体系》4个大类13项内容，京口区梳排整治项目151项，总投资4140.8万元，逐一明确整改任务、时间进度、责任单位。累计开展环境整治专项行动486场，清理生活垃圾杂物1万吨，处置乱堆乱放和乱贴乱画3245处，清淤沟塘51个、71亩，保洁河道23.5千米，硬化道路4.7千米，绘制文化墙4000余平方米，全区乡村面貌焕然一新。二是分类突破。明确农村人居环境有效长效管护工作由区党建引领乡村振兴专项行动办公室牵头总抓，保持机构不散，工作力度不减。坚持分类施策，持续巩固农村人居环境整治工作成果，将基础条件好、具有特色亮点的村（涉农社区）归为重点村，努力向着更高标准的“省特色田园乡村”迈进；其余村（涉农社区）作为一般村，坚持实事求是原则，重点在日常环境保洁常态长效上下功夫，确保百姓目之所及、行之所至，皆是“最美”。三是注重长效。不断扩大红色物业覆盖面，丰富“三精三美”内涵，打造谏电二村等一批红色物业示范点。率先出台人居环境长效管理九条举措，注重发挥党组织战斗堡垒作用和党员先锋模范作用，引领群众广泛参与，鼓励“干部包片、党员联户”制和“领办解难题”等有效做法，形成美丽乡村建设合力。建立党员监督队13支、“美丽乡村”党员志愿小分队30余支，建立健全考核奖惩等体制机制，确保美丽乡村建起来、保得住、再提升，让美丽乡村“一直美下去”。

低头拉车，抬头看路，我们正在奔赴乡村振兴的星辰大海，要一棒接着一棒，才能跑出乡村振兴加速度。在具体实践中，我们深刻认识到：党的领导是“定盘星”。抓好乡村振兴，首要不折不扣地把农村基层党组织这个“一线指挥部”建强建好，把党的基层组织建在乡村振兴发展最活跃的细胞上，充分发挥党组织凝心聚力和统揽各方作用，让农村广大人才、资源在党组织领导下发挥“最优效应”，推动乡村振兴蹄疾步稳。产业基础是“压舱石”。加强党对农村工作的领导，必须坚持党建工作与产业发展高度融合。产业兴旺就要聚焦特色产业培育，借力政府部门、科研机构、市场主体和网络媒体等优势资源，大力推动乡村各类产业抱团发展，优势互补，立足本土优势，形成具有强大竞争力的产业集群，以产业振兴带动村民致富、乡村发展。优质环境是“千斤顶”。改善农村人居环境是实施乡村振兴战略的重点任务，事关广大农民根本福祉，事关农民群众健康，事关美丽中国建设。农村人居环境整治提升是重要抓手和有力支撑，必须补齐短板、提升质量、全面升级。要牢固树立“环境为王”理念，把美好环境与幸福生活连接在一起，按照“点线面一同整治、村户一体推进、全民一起参与”思路，以更高标准、更大力度整治提升农村人居环境，用看得见、摸得着的变化让农民群众有更多的获得感和幸福感。

# 建设“四个机关”　提升监督质效
# 在京口现代化建设新征程中贡献人大力量

京口区人大常委会主任　施正中

（2022 年 5 月 23 日）

2021 年 10 月 13 日，党中央召开人民代表大会制度发展史上首次中央人大工作会议，习近平总书记在会议上发表重要讲话，指出“要毫不动摇坚持、与时俱进完善人民代表大会制度、加强和改进新时代人大工作”，强调“各级人大及其常委会要不断提高政治判断力、政治领悟力、政治执行力，全面加强自身建设，成为自觉坚持中国共产党领导的政治机关、保障人民当家作主的国家权力机关、全面担负宪法法律赋予的各项职责的工作机关、始终同人民群众保持密切联系的代表机关”。我们将认真贯彻中央人大工作会议精神，以“四个机关”建设为抓手，不断提升监督工作质效，积极助推现代化新京口建设。

**一、强化政治机关意识，坚持在党的领导下开展人大各项工作**

坚持党的领导是做好人大工作的根本保证，人大工作的第一属性是政治属性。

我们将始终坚持把党的领导贯穿于人大工作全过程各方面，始终坚持以习近平新时代中国特色社会主义思想为指导，始终在思想上政治上行动上同以习近平同志为核心的党中央保持高度一致，切实用习近平总书记关于坚持和完善人民代表大会制度的重要思想指导和推进新时代人大工作，着力把区人大常委会机关建设成为对党绝对忠诚的政治机关，确保京口人大工作始终沿着正确的方向前进。目前我们正在全面推开“支部建在代表小组上”，就是要把党的组织覆盖到代表小组，贯穿人大工作的全过程各环节。

我们将始终坚持围绕中心、服务大局，找准人大工作在全局工作中的位置，切实做到区委中心工作重心在哪里，人大工作就跟进到哪里，力量就汇聚到哪里，作用就发挥到哪里。服务中心大局。找准人大依法履职的切入点和结合点，从落实新发展理念、推动高质量发展出发，思考、谋划、推动人大工作，从制度上法律上保障推动党中央决策部署和省、市、区委重要工作的贯彻落实。

**二、强化权力机关意识，切实维护宪法的权威和尊严**

宪法是国家的根本法，是党和人民意志的集中体现，维护宪法权威，就是维护党和人民共同意志的权威。作为党领导下代表人民行使管理国家机关的国家权力机关，维护宪法权威和尊严是各级人大工作的题中之义。

我们将牢牢把握人大作为国家权力机关的宪法属性，忠于宪法、遵守法律，履行宪法使命，保证宪法和法律实施，不断推动法治政府、法治社会一体建设，保证各项事业在法治轨道上有序发展。一是围绕促进依法行政，有计划地对有关法律法规的贯彻实施情况进行重点监督，着力推动解决执法过程中的突出问题和薄弱环节，有效发挥执法检查“法律巡视”利剑作用。二是围绕促进公正司法，专题听取“两院”有关专项工作报告，督促落实相关领域改革要求，着力提高办案公信力，切实维护公平正义。三是围绕社会治理创新提升，加强对法治宣传教育的指导和监督，积极配合上级人大开展立法调研并提出建议，有序开展规范性文件备案审查工作，促进立法质量提升，有效维护法治统一。

**三、强化工作机关意识，切实做到正确监督有效监督依法监督**

全面担负起宪法法律赋予的职责、依法行使好人大各项职能职权，是学习好习近平总书记关于坚持和完善人民代表大会制度重要思想的根本所在。

“一府一委两院”受人大监督，对人大负责。虽然各自分工、职责不同，但根本目的一致，都是在党的领导下不断推进中国特色社会主义事业健康发展。从这个方面来说，人大对“一府一委两院”的工作，既制约、监督，又支持、促进，寓支持促进于制约监督之中。对此，我们按照“少而精、抓大事、求实效”的原则精心选择监督议题，2022 年人大常委会的重点工作安排已与“一府一委两院”进行沟通；同时我们对区人大常委会议事规则进行修订，进一步健全监督工作机制，完善“视察＋评议”“审议＋询问”“决定＋督办”工作举措，充分发挥专业代表小组力量，强化审议意见即时交办和跟踪督办工作，确保监督成果转化为实实在在的工作成效，助力京口高质量发展。

**四、强化代表机关意识，做到民有所呼、我有所应**

人大代表由选民直接选举产生，同人民群众的联系更直接、更广泛、更密切，在了解民情、反映民意、集中民智方面具有独特优势。我们将充分发挥代表作用，通过代表的积极履职，解决人民群众急难愁盼事。

积极推动代表意见办理。进一步健全建议办理机制，做到领导领衔督办有力度，人大重点督办有强度，代表全程督办有深度，把好领导重视、面商沟通、及时反馈、办理质量、答复情况等各个环节，将人大代表建议和意见办理落到实处、掷地有声，切实做到为人民用权、为人民履职、为人民服务，彰显代表履职新作为。

拓展民主参与渠道。进一步完善民主民意表达平台和载体，健全吸纳民意、汇集民智的工作机制，支持人民通过人民代表大会制度行使民主权利和管理公共事务，保障代表知情参政渠道，届内争取让每名代表都能参与一次常委会相关监督工作，着力推进全过程人民民主。

充分发挥代表主体作用。真正把发挥代表作用作为做好人大工作的重要抓手，组织发动代表深入村（社区）和企业，通过代表专题接待、走访选民等活动，进村（社区）入户，密切联系人民群众，畅通社情民意反映渠道，使人大工作接地气、得民心，真正做到“民有所呼、我有所应”。

总之，“四个机关”的定位为做好新时代人大及其常委会工作提供遵循，明确边界，指明方向。区人大及其常委会将认真贯彻落实习近平总书记要求，不断加强自身建设，敢于担当，奋发有为，努力建设让党放心、人民满意的政治机关、权力机关、工作机关、代表机关，为京口现代化建设贡献人大力量。

# 深学笃行悟精髓　履职尽责勇担当

## ——党的二十大精神学习体会

京口区政协主席、党组书记　刘吉顺

（2022 年 11 月 11 日）

党的二十大高举伟大旗帜、引领复兴航向、把握时代大势、顺应党心民心，对于全党全国各族人民进一步统一思想、凝聚力量、步调一致向前进，具有重大而深远的意义。中共二十大报告从发展全过程人民民主、保障人民当家作主的战略高度，对发挥人民政协作为专门协商机构作用提出明确要求，充分体现党中央对人民政协工作的高度重视，为新时代人民政协事业发展指明前进方向、提供重要遵循。下面，围绕“全面发展协商民主”这一方面谈几点学习体会。

*始终坚持党对政协工作的领导*。政协作为中国共产党领导的多党合作和政治协商的重要机构，是具有中国特色的制度安排，必须始终旗帜鲜明讲政治、坚持党的全面领导。一是把学习宣传贯彻党的二十大精神作为首要政治任务。通过专题辅导报告、界别委员宣讲、委员读书等形式做好学习宣传贯彻工作，引领参加人民政协的各党派团体、各族各界人士，在学习中深刻领悟“两个确立”的决定性意义，增强“四个意识”、坚定“四个自信”，做到“两个维护”的坚定捍卫者、忠实践行者。二是坚定不移把党的领导贯穿于政协履职全过程、各方面。始终做到京口区委指向哪里、政协履职就向哪里努力，全区中心工作推进到哪里、政协双向发力的重点就跟进到哪里。三是持之以恒深化政协系统“五好党建”工作。坚持党的建设与政协履职深度融合，把政协系统各类基层党组织建成团结各界群众、引领政协履职的坚强战斗堡垒，构建政协党建新高地。

*始终坚持双向发力服务发展大局*。落实报告提出的“推进协商民主广泛多层制度化发展”，就必须坚持建言资政和凝聚共识双向发力，发挥人民政协专门协商机构作用。一是突出协商的广泛性。聚焦党的二十大战略部署，组织开展广泛深入的履职活动，扩大有序政治参与，寻求最大公约数。二是注重载体的多层级。着力打造全方位协商平台，坚持商量聚共识、商量促团结、商量兴事业，擦亮“京音荟萃·有事好商量”协商议事和“三好”委员工作室品牌，促进形成积极活跃的协商局面。三是推进工作制度化规范化。以贯彻落实中办《关于加强和改进新时代市县政协工作的意见》《中国共产党政治协商工作条例》等文件为契机，促进政协协商更加严谨规范、有序有效。

*始终坚持广泛联系群众凝聚各界共识*。落实报告提出的“完善委员联系界别群众制度机制”，坚持言为民所建，策为民所献，力为民所尽。一是创新平台载体。推进政协委员工作室建设，深化“有事好商量”协商议事，促进委员联系群众更紧密、服务群众更到位。二是加强团结联谊。坚持大团结大联合，通过走访、座谈、谈心谈话等形式，进一步凝聚界别群众共识，促进各阶层同心同德、同向同行。三是健全制度机制。制定区政协委员联合党委工作规则，建立健全委员学习培训、履职评价、服务保障机制，强化委员团结引领界别群众的政治责任，凝心聚力推动新时代政协工作再上新台阶。

站在新的历史起点上，政协工作迎来“千帆竞发、百舸争流”的大展宏图好时机。区政协将紧紧围绕区委、区政府的决策部署，以新思想定向领航，以新使命激励前行，以新形象展示担当，全身心地投入京口经济社会高质量发展事业当中，在新的赶考路上继续书写政协优异答卷。

# 践行新发展理念，高质量发展数字经济

京口区人大常委会副主任　陈德福

（2022 年 11 月 8 日）

受国际环境复杂多变，国内疫情散发等因素影响，需求收缩、供给冲击和预期转弱的矛盾益显突出，中国经济下行压力巨大。在此背景下，学习《习近平谈治国理政》第四卷，尤其是再学《构建新发展格局、重塑新竞争优势》《准确把握新发展阶段》《深入贯彻新发展理念》《加快构建新发展格局》和《扎实推进长三角一体化高质量发展》重要论述，尤其是学习《不断做强做优做大我国数字经济》的论断，对高质量发展数字经济又有新的认识。

习近平总书记从“三个有利于”阐述高质量发展数字经济的战略意义。

1. 数字经济健康发展，有利于推动构建新发展格局；

——打破时空限制，延伸产业链，畅通国内外经济循环。

2. 数字经济健康发展，有利于推动建设现代化经济体系；

——数字产业化，产业数字化。

3. 数字经济健康发展，有利于推动构筑国家竞争新优势；

——数字经济是新一轮国际竞争的重点领域。

通过学习，对高质量发展数字经济谈几点体会：

**一、习近平总书记早已关注高质量发展数字经济**

1.2000 年在福建工作时提出“数字福建”；

2.2003 年在浙江工作时提出“数字浙江”；

3.2012 年中共十八大之后，多次强调发展数字经济。

高质量发展数字经济是习近平总书记的一种长久发展谋略。

**二、高质量发展数字经济是立足新发展阶段、贯彻新发展理念、构建新发展格局的具体实践**

高质量发展数字经济，与习近平总书记的立足新发展阶段、贯彻新发展理念、构建新发展格局的思想是一脉相承的。

**三、西方国家的现行做法反向验证高质量发展数字经济的战略定位**

目前，以美国为首的西方国家，大搞世界霸权主义，采取各种措施遏制中国经济发展。

1. 美国加强对中概股的监管，公布退市名单等做法，而中概股又大多是中国互联网头部企业，其目的是从资本市场遏制中国的数字经济的发展。

2. 美国总统最近签署《2022 芯片与科学法案》和限制向中国出口芯片生产设备，其目的也是为了遏制中国数字经济的发展。西方国家这些做法从而反向验证习近平总书记的数字经济是新一轮国际竞争重点领域的战略判断。

**四、镇江发展数字经济必须务求实效**

鉴于数字经济的战略意义，国家出台《“十四五”数字经济发展规划》，围绕“数字产业化，产业数字化”，出台“东数西算，智改数转”等具体发展战略和推动政策，由于国家层面的行政推动，数字经济必将引领中国经济的发展方向。

镇江发展数字经济有其比较优势：一是区域优势。地处沪宁线，是信息流、人才流、资金流汇聚的交点；二是镇江环境宜居，劳动力成本低；三是有一定的科教资源优势，有江苏大学、江苏科技大学和一批高职学校。但也有其不足，一是城市能级不足；二是数字经济产业集聚度不高；三是数字经济头部企业不多，带动力不强。因此，要聚焦国家数字产业目录，聚焦数字产品制造业、数字产品服务业、数字技术应用和数字要素驱动四大类别，长短期结合，制定数字经济产业发展规划，出台相应发展政策，大力推进镇江数字经济的高质量发展。

镇江数字经济的高质量发展，要突出“三性”：

1. 差异性：定位，做数字经济产业链中的“代工”。

2. 持久性：格局，功成不必在我。

3. 紧迫性：行动，要跑起来！

# 画好践行全过程人民民主“点睛之笔”打造代表议案建议工作“六全六高”品牌

京口区人大常委会副主任　赵晓文

（2022 年 3 月 21 日）

习近平总书记在中央人大工作会议上指出，“民主不是装饰品，不是用来做摆设的，而是要用来解决人民需要解决的问题的”。在刚刚胜利闭幕的全国两会上，全过程人民民主写入《中华人民共和国地方各级人民代表大会和地方各级人民委员会组织法》修正草案的总则，人大代表提出议案 487 件、建议等约 8000 件，既有关乎国家富强、民族振兴的大事，也有关乎百姓冷暖、人民幸福的要事。人大代表议案建议是民之所盼，更是政之所向。如何让代表议案建议工作成为践行全过程人民民主重大理念的点睛之笔，是值得地方人大思考与实践的重要课题。

**一、全方位、高精度把握全过程人民民主重大理念，让代表议案建议工作的“链条”完整起来**

2019 年 11 月 2 日，习近平总书记在上海虹桥街道的全国人大常委会法工委基层立法联系点指出：“我们走的是一条中国特色社会主义政治发展道路，人民民主是一种全过程的民主。”2021 年 7 月 1 日习近平总书记在“七一”重要讲话中再次强调：“发展全过程人民民主。”2021 年 11 月，党的十九届六中全会将“发展全过程人民民主，保障人民当家作主”郑重写入党的百年历史上第三个决议。在中央人大工作会议上，习近平总书记指出：“中国全过程人民民主不仅有完整的制度程序，而且有完整的参与实践。中国全过程人民民主实现了过程民主和成果民主、程序民主和实质民主、直接民主和间接民主、人民民主和国家意志相统一，是全链条、全方位、全覆盖的民主，是最广泛、最真实、最管用的社会主义民主。”从公民行使选举权，依法投出自己神圣的一票，选出代表人民意志的人大代表；到代表认真履行法定职责，加强履职学习和调查研究，向人民代表大会提出体现民意的议案建议；再到有关机关、组织精准高效办理，向社会公示办理情况，办理效果和满意度征求代表意见，形成一根中国式完整的代表议案建议工作链条，即起草提交—审核分类—交办承办—领办督办—过程跟踪—结果反馈—总结宣传。作为全过程人民民主的重要实践，代表议案建议工作千条万条，坚持党的全面领导是头版头条。要把党的领导贯穿工作链条的每一环，让工作在党旗下开展，让人民权利在各环节得到尊重和保障、社情民意在全过程得到重视和倾听，让群众的需求和期盼映照进现实，从而使这根“民主链条”转化为人民美好生活的“民生链接”。

**二、全方面、高水平提出议案建议，让代表为民发声**

习近平总书记指出，要充分发挥人大代表作用，做到民有所呼、我有所应。代表依照法定程序提出议案建议，是宪法法律赋予代表的基本权利，是代表执行代表职务的主要形式。《中华人民共和国全国人民代表大会和地方各级人民代表大会代表法》第二十条规定，代表可以通过多种方式听取、反映原选区选民或者原选举单位的意见和要求。250 名京口区第十届人民代表大会代表参加任前履职培训，深入调查研究获取鲜活的第一手资料，并在同理心的感召下，把群众呼声带上区第十届人民代表大会一次会议。在大会秘书处收到的 129 件区人大代表议案、建议、批评和意见中，内容涉及工业、邮电、交通方面的 28 件，农业、水利、土地方面的 3 件，财税、金融、服务方面的 8 件，城建、环保、旅游方面的 38 件；教育、科学、文化、卫生健康、体育等方面的 35 件，法治、社保、侨务、民政方面的 16 件，廉政、作风建设方面的 1 件，内容覆盖京口区经济社会高质量发展的方方面面。每一件成熟的议案建议，都凝结着代表的心血、人民的呼声，都是接地气、察民情、聚民智、惠民生的生动体现，更是全过程人民民主实践的关键一链、重要一环，办理好这些代表议案建议，可以把人民当家作主具体地、现实地体现到区委、区政府各个方面、各个层级工作上来，具体地、现实地体现到实现京口区人民对美好生活向往的工作上来。

**三、全覆盖、高效率交办代表议案建议，让人民心声有回应**

人大常委会向政府部门交办代表建议，是常委会的一项重要法定职责，要坚持充分尊重代表主体地位、积极回应民声民意、维护改革发展稳定大局的有机统一。立足提高建议办理工作的组织力、带动力、引领力，对区第十届人民代表大会第一次会议上代表提出的议案建议实行及时交办，通过下发交办通知，召开交办会议，交流办理经验，形成集建议编号、代表姓名、建议内容摘要、承办单位、协办单位、人大常委会各委办监督责任清单、区领导领办、督办建议安排等于一体的“挂图作战表”，构建交目标、交任务、交责任、交经验、交示范的“五交”模式。

**四、全链条、高质量办理代表议案建议，让群众呼声变掌声**

办理工作千头万绪，没有健全的机制就永无头绪。要打好“八办”组合拳，唱响八音迭奏和谐曲。一是注重“上接天线”办。人民民主为人民，人民是全过程人民民主的出发点和落脚点，在办理工作中，要坚持以人民为中心的发展思想，落实好 2019 年 12 月 23 日中共中央政治局常委、全国人大常委会委员长栗战书同列席十三届全国人大常委会第十五次会议的全国人大代表座谈时提出的要求，“提高代表议案建议工作水平，坚持内容高质量、办理高质量，做到既重结果也重过程，真正推动改进工作、解决实际问题”。二是突出法定时效办。《中华人民共和国全国人民代表大会和地方各级人民代表大会代表法》第四十二条第一款、第二款规定，有关机关、组织应当认真研究办理代表议案建议、批评和意见，并自交办之日起三个月内答复。涉及面广、处理难度大的建议、批评和意见，应当自交办之日起六个月内答复。三是坚持目标导向办。在 2021 年办成率首次突破 70% 的基础上，2022 年要力争突破 80%。四是强化问题导向办。靶向办理工作中依然存在办理工作面上不平衡、重答复轻办理、答复不规范等问题，找准症结、有的放矢、发力解决。五是落实责任办。各承办单位要落实领导责任制，“一把手”负总责，分管领导具体抓，根据建议内容的难度与要求，做到“四定”：定具体承办人员、定具体办理举措、定办理时限、定办理成果，真正做到建议办理级级有人抓、件件有回音、事事有落实。六是凝聚合力办。对办理工作涉及多个部门的建议，由区政府加强统筹协调、组织调度相关部门会办，同时打好区人大常委会会议和主任会议督办重点建议、区领导领办督办、人大常委会各委办对口督办、区政府办公室对代表“反馈不满意件”进行重点跟踪督办的组合拳，做到主办协办领办督办一起办，同心同德同向同行合力办。七是分类施策办。对涉及群众身边急难愁盼问题的建议，年内能解决的，必须年内解决；对时效性强又能办的一些建议，要急事急办优先办；对一些前瞻性建议，解决起来需要一个过程、年内不能解决的，应制定计划和措施，跨年度继续办理。八是以正确政绩观引领办。以为民造福为最大政绩，把办理好代表建议作为好事实事，坚持往实里抓、往群众心坎上办，使建议办理有形、有感、有效。

**五、全过程、高标准参与议案建议办理，让代表当好“连心桥”“监督员”**

人大代表一肩扛着党和国家的重托，一肩担着人民群众的所思所盼所愿，是群众的“代言人”、党和政府联系服务人民的“连心桥”，也是建议办理工作的全程监督员。各承办部门要分阶段做好与提出建议代表的联系沟通，采取走访、座谈、写信、发微信等方式主动邀请代表全过程参与建议办理工作，了解代表提出建议的具体想法和意图愿景，协商解决问题，变“文来文往”为“人来人往”，变“答非所问”为“对答如流”，变“言之无物”为“言之有物”；加强代表对建议办理的高标准监督，通过组织代表参加专题视察、听取专项报告、办理工作“回头看”、对办理成效进行满意度测评等方式，提高建议办理的透明度、办成率，诠释“民主起始于人民意愿充分表达、落实于人民意愿有效实现”的民主内涵。

**六、全环节、高频度总结宣传代表建议办理工作，让全过程人民民主深入人心**

一方面，及时总结建议办理工作，发扬优点，克服缺点，继续前进，做到打一仗、进一步，在探索、总结、提高的螺旋式上升中，实现办理工作的与时俱进。另一方面，统筹运用传统媒体和新兴媒体，用生动鲜活、喜闻乐见的方式对代表议案建议工作“链条”的各环节进行全过程宣传，特别是对一些人民群众关注度高、受益面广、获得感强的办理案例要形成“线上 + 线下”的宣传推广格局，讲好“一府一委两院”服务人民、取信于民的故事，讲好人大代表“民呼我应”的故事，讲好全过程人民民主的故事、人大故事，展示国家机关和人大代表的新时代风采，推动全过程人民民主深入人心、沁人心脾。

## 浅析区域营商环境中司法保障和服务水平之提升

京口区人大常委会副主任　钱小兵

（2022 年 12 月 22 日）

笔者通过与各类市场主体的交流，结合自身在司法机关、人大常委会的工作实际，就如何为区域营商环境提供更好的司法保障和服务，浅析如下：

**一、当前存在的主要问题**

各类市场主体比较集中的意见和建议有：

一是司法保障和服务意识需进一步增强。在司法中立性的前提之下，司法机关工作人员对构建新型亲清政商关系存在顾虑，司法机关亲商、重商、爱商、护商的氛围还不够浓厚。

二是司法保障和服务质效需进一步提高。一些案件的立案、诉讼、审理周期较长，实际执行到位率有待提高。相对于浙江、上海等地，“一站式”司法服务、线上线下相结合的工作机制有待健全和完善，效率有待提高。破产纠纷、借贷纠纷等案件的专业化司法服务水平有待进一步提升。

三是“府院联动”需进一步强化。法院、检察院与政府及其相关部门的沟通协调还不够高效顺畅，对区域经济社会、各类市场主体的历史沿革、现实状况、发展前景、相关诉求，了解不够深入，特别是在办理破产案件过程中，与财政、市场监管、税务、住建以及国有金融机构等重点部门交流和共建机制不够健全。

**二、应加强和改进的方面**

一是强化司法保障增强服务意识。司法机关在公正司法的基础上，应强化对区域经济社会和各类市场主体的保障增强服务意识，注重持续延伸司法职能，帮助各类市场主体树立依法经营、诚信经营意识，预防和降低各类市场主体经营与管理中的法律风险。

二是提高司法保障和服务效率。全力推进“一站式”服务，实行相关事务“一个窗口”办理；加强司法机关智慧化、数字化建设，为企业提供低成本、便捷化、开放式的线上线下相结合的司法服务。全力推进专业化服务，健全破产纠纷、金融纠纷、民间借贷纠纷专业工作机制，实行简案快审、繁案精审，以公平高效让辖区企业安心落户、放心经营。

三是提高保障和服务“精准度”。精准打击各类经济犯罪，依法惩治集资诈骗、非法吸收或变相吸收公众存款、传销等经济犯罪，以及插手民间借贷金融活动的黑社会性质组织犯罪，营造安全稳定的投资环境，化解金融风险。精准提升破产案件处理能力，坚持市场化、法治化导向，完善市场主体救治和退出机制、促进产业结构调整。发挥府院协调联动机制作用，解决重点破产案件推进难问题，助力企业纾解脱困，确保困境企业通过破产程序实现有效救治及有序退出。

四是释放司法保障和服务温度。协同政府相关部门，建立失信主体退出、帮扶、约束机制，从源头减少失信主体产生。创新工作方式方法，积极推进“个人破产改革试点”工作，努力让“诚而不幸”的人获得重新创业的机会。加强与各级媒体合作，在巩固传统纸媒阵地的基础上，更加注重发挥微信公众号、抖音、融媒体等新媒体的作用，形成立体、多维的宣传矩阵布局，定期策划优化营商环境的宣传专题，营造亲商、安商、护商的良好法治氛围。

**三、需要注意的几个问题**

一是进一步提高政治站位。营商环境是各类市场主体生存发展的土壤，事关区域经济社会发展的当下和未来。良好的营商环境离不开公正高效的司法环境，司法机关和全体工作人员应牢固树立大局意识、责任意识，紧盯各类市场主体多元司法需求，紧扣服务保障法治化营商环境工作主线，进一步提升主动服务、优质服务、高效服务能力，真正把司法在优化营商环境中的功能作用发挥到位。

二是进一步充实办案力量。基层司法机关人案矛盾较为突出，一定程度上影响相关案件的办理效果。例如相关部门员额法官和法官助理人数偏少，导致案件办理压力大幅上升；部分人民调解员对类型化案件缺乏相应的法律知识及专业知识，且难以配备一定数量的专业人员进行有效管理和系统培训等。这一些问题，还需要上级部门、地方党委政府在机构编制等层面加以考虑。

## 从破解镇江市乡村振兴人才瓶颈入手促进农民共同富裕的几点思考

京口区政协党组成员、副主席 朱裕根

（2022年9月15日）

乡村振兴，人才为要。党的十九大报告明确提出要“实施乡村振兴战略”，强调要培养造就一支懂农业、爱农村、爱农民的“三农”工作队伍。实施乡村振兴战略，要把人力资源开发放在首要位置，打破乡村人才瓶颈，强化人才支撑作用。实现乡村振兴的目标第一步是乡村人才的振兴，只有将乡村人才振兴之后，才能带动其他资源的振兴，以实现乡村振兴战略目标，促进农民共同富裕。

当前，中国乡村改革和发展各项事业已进入快速发展和全面发展的新时代，迎来以人才优先助推创新发展、加快实现农业农村现代化的重大机遇。农业农村人才是强农的根本，加强农业科技人才和农村实用人才队伍建设，是实施乡村振兴战略的迫切要求。目前，镇江市农业农村整体人才队伍建设还面临着以下问题：一是人才资源规模偏小，高层次人才偏少。全市高层次农业科技人才不足100人，农村实用人才不足1000人，能够以创业创新引领带动产业发展的人才十分紧缺。二是人才分布不均衡，结构不合理。约半数以上的高层次农业科技人才都集中在高校院所和机关事业单位，基层一线专业人才总量偏低，老龄化现象突出，专业学历和总体素质不高，农业技术、经营管理等创新型人才总量不足。三是人才环境有待优化。与城镇相比，乡村对人才的吸引力不强，经济环境、就业机会和生活条件差距明显，创新创业的活力和动力不足，人才引进难、留住难，人才的待遇整体偏低，导致农业农村人才力量严重不足。四是对人才开发的投入严重不足。人才资金来源不多、经费不足，基层农业人才专项资金严重匮乏，农业企业融资不够，发展动力不足，人才外流加剧，政府、用人单位和社会等多元化投入机制亟待建立。乡村振兴战略的有效实施，农业农村的现代化转型升级，迫切需要大量各级各类农业农村人才。

为此，建议优化发展环境，吸引人才。首先，要创造人才公平竞争的客观环境。建立科学的人才考核、录用、奖励、淘汰机制，健全人才流动配置机制，促进各类人才交流贯通。其次，要进一步完善、优化人才政策。坚持问题导向和需求导向，围绕产业需求制定详细周到、一条龙的政策服务，人才政策的落实要明确到部门、落实到个人。最后，要营造高效的人才服务环境。营造尊重人才、鼓励创新、宽容失败的人才氛围，帮助解决人才在创业发展和社会保障等方面的实际困难，完善高层次人才的待遇政策，增强人才的归属感和幸福感。改进培养机制挖掘人才。以现代农业发展和农村社会需求为导向，注重人才创新意识的培养，完善产学研用结合的协同育人模式，加快培养农业重点领域、前导产业的新兴人才。农业部门、生产实体要加强与高校院所的战略合作，推动农业龙头企业、经营主体与高校院所之间开展人才联合培养，加强“人才＋项目”对接，促进产学研有机融合。激活用人机制，支持高校院所、农业技术部门等事业单位科技人员领办创办科技型企业，或将职务发明成果形成的知识产权以科技入股的方式参与创业，允许事业单位专业技术人才离岗创业，完善科研人员收入分配机制，对科研人员获奖著作和专利给予奖励，实行以增加价值为导向的激励机制。突出重点产业发展人才。围绕优质粮油、特色园艺、特种养殖、高效林业、休闲农业等主导产业，突出设施农业、生态农业、精品养殖、种苗繁育、农产品精深加工、农业信息化建设等重点领域，重点培育引进农业科研人才、农技推广人才、农业生产经营人才、农村管理人才等现代农业人才。再培养一批“赵亚夫”式的人才，带领农民共同致富。健全以职业农民为主体的农村实用人才培养机制，大力培养农村专业大户、农民经纪人、农民专业合作组织负责人等，培育一批爱农业、有文化、懂技术、善经营的新型职业农民。不断完善农业专业技术队伍，提高学历水平和专业技术水平，逐步实现农业农村专业人才年轻化、梯次化，形成一支总量足、留得住、用得上、结构合理的农业科技人才队伍。提高政策保障支撑人才。要进一步完善人才队伍建设工作机制，建立人才队伍建设工作目标责任制，把现代农业农村人才队伍建设纳入人才队伍建设的总体规划和经济、社会发展规划，列入各级党委、政府的重要议事日程和考核目标。各级政府每年至少要听取一次农业农村人才队伍建设情况汇报，研究解决相关问题。加大对农业农村人才开发的资金投入，政府财政每年要划出专项资金扶持农业农村人才项目。逐步构建成地方党委政府牵头抓总，职能部门各司其职，社会力量广泛参与的农业农村人才引进和培养格局，加快镇江市乡村振兴步伐，促进农民共同富裕。

## 深入学习领会习近平生态文明思想

京口区政协党组成员、副主席　盛　杰

（2022 年 4 月 27 日）

《习近平谈治国理政》第三卷生动记录党的十九大以来习近平总书记在领导和推进党和国家各项事业取得新的重大进展的伟大实践中发表的一系列重要论述，是全面系统反映习近平新时代中国特色社会主义思想的权威著作。其中，习近平总书记对生态文明建设和生态环境保护提出一系列新理念新思想新战略，与时俱进丰富、拓展和深化习近平生态文明思想，为做好新时代生态环境保护工作提供重要指引和根本遵循。

坚持加强党的领导，切实担负起生态环境保护的政治责任。习近平总书记指出：“生态环境是关系党的使命宗旨的重大政治问题，也是关系民生的重大社会问题。”近年来，中国生态文明建设和生态环境保护之所以取得历史性成就、发生历史性变革，最根本的在于有习近平总书记掌舵领航，有党中央权威和集中统一领导，有习近平新时代中国特色社会主义思想和习近平生态文明思想的科学指引。必须不断提高政治站位，增强“四个意识”、坚定“四个自信”、做到“两个维护”，坚决扛起生态文明建设的政治责任，确保党中央关于生态环境保护的决策部署落到实处。

贯彻落实新发展理念，协同推进经济高质量发展与生态环境高水平保护。习近平总书记强调，绿水青山就是金山银山。这深刻揭示生态环境保护与经济社会发展之间辩证统一的关系，阐明保护生态环境就是保护生产力、改善生态环境就是发展生产力的道理，丰富和拓展马克思主义生产力基本原理的内涵，已成为新发展理念的重要组成部分。必须牢固树立和践行绿水青山就是金山银山的理念，坚持走生态优先、绿色发展之路不动摇，推动形成人与自然和谐发展的现代化建设新格局。

坚持以人民为中心，满足人民日益增长的优美生态环境需要。习近平总书记强调“良好生态环境是最普惠的民生福祉”“环境就是民生，青山就是美丽，蓝天也是幸福”“发展经济是为了民生，保护生态环境同样也是为了民生”。这些重要论述，阐明生态环境在民生改善中的重要地位，是对人民日益增长的优美生态环境需要的积极回应。必须坚持以人民为中心的发展思想，加快改善生态环境质量，提供更多优质生态产品，还老百姓蓝天白云、繁星闪烁，清水绿岸、鱼翔浅底，鸟语花香、田园风光。

统筹山水林田湖草系统治理，按照生态系统的整体性、系统性及其内在规律开展生态文明建设。习近平总书记强调，生态是统一的自然系统，是相互依存、紧密联系的有机链条；山水林田湖草是生命共同体，这个生命共同体是人类生存发展的物质基础。这些重要论述，为推进生态文明建设提供重要的思想论和方法论。这要求我们必须从系统工程和全局角度推进生态环境治理，统筹兼顾、整体施策、多措并举，全方位、全地域、全过程开展生态文明建设，推动长江经济带发展要坚持“共抓大保护，不搞大开发”，推进黄河流域生态保护和高质量发展要做到“共同抓好大保护，协同推进大治理”。

完善生态文明制度体系，提升生态环境治理效能。习近平总书记指出“保护生态环境必须依靠制度、依靠法治”“让制度成为刚性的约束和不可触碰的高压线”。生态文明制度体系建设，是坚持和完善中国特色社会主义制度、推进国家治理体系和治理能力现代化的重要组成部分。必须加快构建源头预防、过程控制、损害赔偿、责任追究的生态环境保护体系以及党委领导、政府主导、企业主体、社会组织和公众共同参与的现代环境治理体系，把建设美丽中国转化为全民自觉行动。

共谋全球生态文明建设，深度参与全球生态环境治理。习近平总书记指出：“建设美丽家园是人类的共同梦想。面对生态环境挑战，人类是一荣俱荣、一损俱损的命运共同体，没有哪个国家能独善其身”“加快构筑尊崇自然、绿色发展的生态体系。”当今世界正经历百年未有之大变局，新冠疫情正在全球蔓延，保护主义、单边主义抬头，逆全球化思潮进一步加剧，对全球生态环境保护造成不利影响。必须秉持人类命运共同体理念，坚决维护多边主义，建设性参与全球环境治理，为实现全球可持续发展贡献中国智慧和中国方案。

我们要始终坚持以习近平新时代中国特色社会主义思想为指导，深入学习《习近平谈治国理政》第三卷，切实把学习成果转化为推动工作的思路举措，不断提高运用党的创新理论指导做好生态环境保护工作的能力，为建设美丽中国、实现中华民族伟大复兴的中国梦贡献力量。

# 打好污染防治攻坚战　稳步推进生态环境保护

## ——区生态环境工作调研报告

京口区政协副主席　张和松

（2022 年 11 月 16 日）

党的十八大以来，生态文明建设上升到“五位一体”高度。党的十九大把“坚持人与自然和谐共生”纳入新时代坚持和发展中国特色社会主义的基本方略，提出“建设生态文明是中华民族永续发展的千年大计”。党的二十大报告指出，“中国式现代化是人与自然和谐共生的现代化”，明确中国新时代生态文明建设的战略任务，报告不仅对中国过去的生态文明建设工作进行总结，也指明未来持续深入推进环境污染防治的新思路。为此，区政协社会事业委专题组织开展生态环境工作调研。

**一、环境保护现状**

全区上下深入贯彻习近平生态文明思想，积极践行新发展理念，严格环境监管，综合靶向施策，深入打好污染防治攻坚战，生态环境保护工作稳步推进。但随着全区经济发展的进一步提速，公众的环境意识和诉求不断提升，在环境保护上还存在一定问题。3 月 26–28 日中央生态环境保护督察组下沉镇江，现场交办京口区两项问题，分别为古运河苗家湾桥等 6 条河流和谏壁华村沟水质问题。4 月 6 日，生态环境部通报“江苏镇江长江岸线清理整治推进不力”典型案例，涉及鼎盛重工在长江河道管理范围内违法建设办公楼、宿舍楼等建筑物，填高滩地，改变河道原貌，影响行洪安全。

**二、存在的问题**

一是人民群众对美好生态环境的需求在不断提升，二是环保和其他工作存在一些本质上的区别。以水气土三个方面为例，水环境方面，“污染在水里，但根子在岸上”，源头、收集、处置等过程必须环环相扣，才能达到预期目标。目前所做的工作很多都是治标不治本，入江入河排口整治工作已完成 80%，但是管网建设仍不完善，截污纳管工作不到位，导致污水收集不能做到全覆盖，雨污混流现象仍在一定程度上存在。然而，管网建设需要经过一系列规划、论证，周期较长，且相关建设职能在市级住建部门，所需资金总量巨大，短期内难以完成。2022 年，省里将京口闸和三岔河两个省考断面从Ⅲ类提升到Ⅱ类标准，断面共计出现 4 次预警，形势异常严峻，完成难度较大。同时，京口、谏壁污水处理厂已接近满负荷，京口污水处理厂二期尚未建设，不能满足区域高质量发展需求。大气环境方面，近些年，京口通过“退城进区”、东部片区整治等重大战略，推动镇江碳素厂、宝华物流、飞驰汽车、京江屠宰场等 20 余家企业相继整体搬迁，火电行业实现超低排放改造，但因为空气具有流动性，点向发力效果不佳，必须要协同治理、一体推进（以北京及周边七省协同治理为例），加之市级下达目标逐年提高，空气环境质量持续改善压力较大。土壤环境方面，涉及土壤项目都具有专业性强、投入大、见效慢、修复周期长等特点。由于每片土地所处环境不同，可能含有的污染物成分、种类也不尽相同，费用普遍较高，常规检测费用达到数万元，修复费用更是动辄数百上千万元，以格兰春普地块为例，根据前期开展的评估情况，22.5 亩地块的修复资金需上千万元，区级财政资金难以承担。

**三、下一步工作建议**

习近平总书记指出，生态环境保护是功在当代、利在千秋的事业，要清醒认识保护生态环境、治理环境污染的紧迫性和艰巨性，清醒认识加强生态文明建设的重要性和必要性。2022 年是党的二十大胜利召开之年，也是深入打好污染防治攻坚战的关键之年。所以，针对京口区实际情况，聚焦中央环保督察、环境质量提升、人居环境改善等方面，建议从以下几个方面着手，推动京口生态文明建设和环境保护工作迈上新台阶。

（一）以中央环保督察为契机，有效化解突出环境问题。以本轮督察交办问题为切口，以五大专项行动为抓手（长江岸线保护、“散乱污”企业整治、黑臭水体治理、蓝天保卫战、固体废物非法倾倒），坚持问题导向、目标导向、结果导向，举一反三全面排查京口区突出生态环境问题，高质量完成曝光、交办、自查问题立行立改工作，建立常态化动态化长效管理机制，集中攻坚解决一批区域性“老大难”问题。

（二）以关键指标持续向好为导向，推动环境质量稳步提升。将 $PM_{2.5}$ 年均浓度低于 34 微克 / 立方米、优良天数比率高于 81.6%、地表水国省考断面全面稳定达标作为必保指标，化被动应对为主动出击，邀请专业团队开展分析研判，对年内可能影响区域环境质量的潜在污染源提前制定防范措施。严格实施能耗“双控”，坚决遏制“两高”项目盲目发展，综合实施强制减排和友好减排，进一步削减主要污染物，时刻关注环境质量状况，妥善应对重污染天气及汛期等敏感时段，及时响应应急预警。

（三）以重点治理工程项目为抓手，切实改善区域人居环境。农村生活污水治理，是农村人居环境整治的重点内容，是实施乡村振兴战略的重要举措，也是绿色发展战略的必然要求。继续积极释放京口区政府与省环保集团战略合作平台示范效应，大力推进农村生活污水治理，稳步实施长江岸线京口段环境整治与生态修复、焦南坝—苏南运河段湿地公园建设，助力打造水清岸绿景美的“滨江走廊”生态名片。

# 关于持续推进基层公共文化服务效能提升的建议

京口区政协副主席　宜建美

（2022 年 3 月 16 日）

习近平总书记在党的十九大报告中指出，中国特色社会主义进入新时代，中国社会主要矛盾已经转化为人民日益增长的美好生活需要和不平衡不充分的发展之间的矛盾。对新时代社会主要矛盾的科学判断和准确把握对决胜全面小康、实现社会主义现代化、全面建成社会主义现代化强国和实现中华民族伟大复兴意义重大。

新时代，物质生活不断丰富的同时，人民群众对美好生活的向往、对精神文化的需求愈加强烈。满足人民群众对精神文化生活的期盼，必须要加强公共文化供给，进一步提升公共文化服务效能，特别是群众身边的文化服务效能。

**一、江苏省公共文化服务工作现状**

2016 年 12 月 25 日，《中华人民共和国公共文化服务保障法》经第十二届全国人民代表大会常务委员会第二十五次会议研究通过，2017 年 3 月 1 日起正式施行。立法的宗旨是为加强公共文化服务体系建设，丰富人民群众精神文化生活，传承中华优秀传统文化，弘扬社会主义核心价值观，增强文化自信，促进中国特色社会主义文化繁荣发展，提高全民族文明素质。在《中华人民共和国公共文化服务保障法》施行的 4 年多时间里，江苏省各地公共文化服务体系建设得到较好的发展，苏州市、无锡市、南京市江宁区、镇江市相继被认定为国家公共文化服务体系示范区，南通市环濠河博物馆群、常州市电视图书馆等 8 个项目入选国家公共文化服务体系示范项目。

当前，江苏省公共文化服务体系建设初见成效，基层公共文化服务效能得到进一步提升，主要反映在以下几个方面：

（一）加强法律法规宣传，提升公共文化服务行动自觉。《中华人民共和国公共文化服务保障法》出台后，全省各级文化部门高度重视这一法律法规的宣传。有的地区通过政府学法的模式，邀请相关专家为有关部门领导专题授课；有的地区开办专题培训班，组织公共文化服务工作人员进行详细学习；有的地区通过集中法律宣传形式，向群众宣传解答相关法律问题。全省各文化场馆广泛通过电子大屏、宣传栏或制作易拉宝进行宣传；全省各地文化部门都能充分利用各类文化活动开展宣传，通过知识问答、发放宣传资料、宣传手册等形式强化各类人群对公共文化服务的法律认知。

（二）加大专项经费扶持，形成公共文化服务有力支撑。江苏省在 2017 年 10 月施行《江苏省补助地方公共文化服务体系建设专项资金管理办法》，用于支持和引导地方落实江苏省基本公共文化服务保障标准，促进基本公共文化服务标准化、均等化，保障群众基本文化权益等。专项资金分为全省广播电视覆盖专项资金、农村电影放映专项资金、农家书屋建设专项资金、公共文化设施免费开放补助资金、基层公共文化服务能力建设专项资金、公共文化服务体系建设绩效奖补资金等6个子项。同时，中央财政也有相关的专项资金和奖励资金，对地方各级公共文化服务工作的开展起了极大的支撑作用；市级及以下各级政府通过财政配套等形式，对公共文化服务给予一定的经费支持。

（三）建立网络服务体系，构建公共文化服务品牌特色。全省在市级层面设有博物馆、美术馆、文化馆、图书馆、非遗馆等大型文化设施，在县级层面建有文化馆、图书馆、博物馆、美术馆或非遗馆等文化设施，在镇（街道）设置文化站（综合性文化服务中心），在村（社区）建立综合性文化服务中心，其中镇江市56个镇（街道）均建有综合文化站、665个村（社区）均建有综合性文化服务中心，形成上下联动的公共文化服务网络。镇江市在全国率先制定各类公共文化服务设施标准，对基层公共文化服务设施建设形成有力指导。同时各地还根据群众需求，对公共文化设施进行提档升级。如江宁区采用“点线面结合、城乡统筹、市区镇街道四级整体推动”的模式，形成“横向到边、纵向到底”的三级文化圈，城乡居民步行不到15分钟，便可享受到便捷高效、丰富多彩的公共文化服务。扬州市“24小时城市书房”已建成开放超过50家，将阅读空间嵌入城市各个角落。

（四）强化政策设计引导，开展公共文化服务绩效考核。为推动文化高质量发展，2018年省委办公厅、省政府办公厅印发《关于推动文化建设高质量走在前列的工作方案》，将公共文化服务效能提升行动作为“文化十大提升行动”之一并作专题表述，要求完善公共文化设施网络、提高高品质公共文化产品供给和服务并提高公共文化服务效能。2020年全省将“人均接受文化场馆服务次数”指标列入省对市高质量发展考核体系，基层政府对公共文化服务的重要性认识得以进一步增强。

## 二、存在的主要问题

虽然江苏省公共文化服务工作取得一定成效，但与人民群众对公共文化服务的新需求还有不小的差距，其中城乡公共文化服务的基础还存在不平衡、城乡居民对公共文化服务的需求还有较大差异，公共文化服务领域还有一些亟待解决的问题和矛盾。主要表现在：

（一）城乡基层文化阵地建设与群众需求之间的不平衡。调研发现，部分乡镇（街道）文化站未能独立设置，有的与街道办公场所混设，有的与村（社区）综合性文化服务中心混设。总体而言，全省乡镇、村文化设施的面积相对要大于街道、社区，乡镇、村文化设施的功能室设置相对要多于街道、社区。但由于城市化进程的加快，受农村地区年轻人外出务工或进城务工居住等因素的影响，不少农村地区以老年人和留守儿童居多，使得乡镇、村文化设施的实际使用率明显低于街道、社区。而城市老龄化的加速发展，使得城市老年人群对文化阵地的需求也在快速增长，但城市街道和社区服务阵地资源稀缺，特别是在主城区寸土寸金的地域，能够提供用于公共文化服务的空间相对不足。

（二）群众公共文化需求与服务产品供给之间的不平衡。基层公共文化服务还存在不平衡、不充分的现象，主要体现在：一是城市地区居民对公共文化产品的需求呈现出愈来愈多元化、高端化的倾向。城市地区文化生活相对较丰富，进一步凸显公共文化服务内容较窄、种类偏少、精品不多等问题，群众对公共文化产品供给的满意率相对较低；而农村地区社会面文化生活相对单一，对公共文化产品要求不高，比较容易满足，群众对公共文化产品供给的满意率反而较高。二是基层公共文化场所，特别是乡镇（街道）和村（社区）的公共文化设施开放时间不足、节假日不能正常开放，错时延时开放还不能完全实现。三是基层文化设施提供的服务水平不高，许多功能室的设置只满足“有”的问题，没有解决“精”的问题，如村（社区）图书馆内的图书偏旧、偏老，对群众的吸引力不足。

（三）文化服务管理人才与专业艺术人才之间的不平衡。基层文化工作人员普遍不足，县（区）级文化场馆缺乏专业性人才，有些地区因收入待遇低、无法解决体制内编制等问题，专业人才流失现象比较严重。新一轮乡镇（街道）机构改革“四办两局两中心”（党政办公室、党建办公室、政法和社会事业局、经济发展和建设局、财政和资产管理局、综合行政执法局、集成管理指挥中心、为民服务中心）的格局中弱化文化站（综合性文化服务中心）的设置，文化工作普遍归入社会事业局管理。当前，各乡镇（街道）能够从事文化工作的人员一般为1–2人，多为兼职；社区少有专职文化工作人员。街道、社区现有在岗人员，大部分管理能力和业务水平还不能完全适应现代公共文化服务的要求。基层专业艺术人才更是凤毛麟角，文艺团队多为自发组建，团队和人才流动性大，年龄结构老化严重，队伍缺乏稳定性，创作能力不强。

（四）公共文化服务投入与公共文化经费支出的不平衡。全面建成小康社会中关于公共文化经费的投入，要求达到人均220元。目前，国家、省级对公共文化服务的投入经费相对较多，而且能够按照年度足额下达；而市级及以下的各级政府对基层公共文化服务投入相对较少，有的地区公共文化经费未纳入财政预算，且上级政府相关经费不能够按时足额拨付，对基层正常工作的开展产生一定影响。当前，全社会多元化公共文化投入机制还未形成，社会化资金投入较少，激励政策也明显不足，政府财力保障与现实需求之间的矛盾越来越突出，政府有限的投入难以满足公共文化服务快速增长的需求。

## 三、对策建议

2015年中办、国办印发《关于加快构建现代公共文化服务体系的意见》，中共十九大报告又提出“完善公共文化服务体系，深入实施文化惠民工程”在十九届四中全会《决定》第七部分，对公共文化服务体系建设作出最新部署，指出“完善城乡公共文化服务体系，优化城乡文化资源配置，推动基层文化惠民工程扩大覆盖面、增强实效性，健全支持开展群众性文化活动机制，鼓励社会力量参与公共文化服务体系建设。”为此，结合调研，聚焦高效能服务、高品质供给、高质量发展，提出如下以下建议：

（一）提高站位，进一步重视公共文化服务工作。文化是一个国家、一个民族的灵魂。文化兴则国运兴，文化强则民族强。加强公共文化服务体系建设，丰富人民群众精神文化生活，传承中华优秀传统文化，弘扬社会主义核心价值观，增强文化自信，促进中国特色社会主义文化繁荣发展，提高全民族文明素质，是《中华人民共和国公共文化服务保障法》立法的宗旨和意义，也是各级政府依法履职的依据。习近平总书记多次在不同场合强调文化工作的重要性，并就如何做好文化工作给予指示和批示。各级政府领导，特别是党政主要领导，要进一步提高政治站位，高度重视公共文化服务工作的开展，按照公益性、基本性、均等性、便利性的要求，加强公共文化设施建设，完善公共文化服务体系，提高公共文化服务效能。

（二）提质增效，进一步健全公共文化服务设施。一是要加快基层公共文化服务基础设施的提档升级。对照国家公共文化设施相关标准，重点推进镇、街道独立文化站（综合性文化服务中心）和社区综合性文化服务中心建设。在城市改造、小区建设等过程中，合理配置和建设公共文化服务设施。二是要进一步加强空间资源整合。针对基层工作综合性强、载体配套要求多，而现实与标准、能力与需求之间差距较大的特点，优化调整空间布局，全局统筹思考，综合高效利用有限资源。既要与基层新时代文明实践中心、党群服务中心、日间照料中心等载体进行嫁接统筹，但也不能因此侵占公共文化设施或者擅自改变其用途。三是要合理设置功能室，结合群众需求打造特色文化服务空间。对当前群众需求较弱的功能室进行调整，不再做硬性要求，如社区电子阅览室等。四是要不断改善活动场所的设备设施条件。逐步实施更新换代和提档升级，依标配齐配好服务设备，增强公共文化服务的吸引力。

（三）精准施策，进一步丰富公共文化产品供给。切实履行政府主体责任，保障服务产品优质供给。一是在保障总量供给上下功夫。要进一步完善公共文化服务目录，丰富服务内容，向群众提供足量的公共文化产品和服务，并为群众和群众文艺团体开展文化活动提供支持和帮助。二是在保障精准供给上下功夫。要在供给侧上发力，改变供给缺乏弹性的问题，找准群众的文化需求，进一步提高公共文化服务供需的匹配度，不断提供高品质的公共文化产品。三是在动员社会参与上下功夫。要加强对辖区文化类非营利性社会组织的扶持和管理，主动引导和鼓励社会力量参与公共文化服务，形成多元化的文化服务体系。四是要加大政府购买力度。进一步执行好政府向社会购买公共文化服务的制度，探索委托社会力量创作、服务的形式，创新管理手段，促进产品和服务来源多元化，让公共文化服务更多更好地惠及广大群众。

（四）完善机制，进一步强化公共文化队伍建设。要强化基层队伍建设，创新人才引培工作机制。一是要健全基层公共文化服务队伍。要加大考核督查工作力度，确保镇（街道）文化站（综合性文化服务中心）有3名以上工作人员，村（社区）综合性文化服务中心有1人专门负责文化工作。二是要积极创新文化人才招引政策和管理机制，让文化人才能够享受地方其他人才同等优惠政策，对部分拔尖文化人才给予特殊人才优惠政策，在收入、编制、职称、住房、孩子入学等方面予以倾斜，切实缓解基层公共文化服务人才匮乏问题。三是要探索和创新基层人才队伍补充路径。要打破文化人才身份限制，力争做到“不为所有、但为所用”。积极探索和创新使用政府购买服务和志愿者服务等方式充实业务和管理力量，以此保障公共文化服务场所正常运转。四是要进一步强化业务培训。建立健全文化人才培育培训机制，对基层文化工作人员定期开展业务培训，提高队伍综合素质，不断提升基层公共文化服务能力和管理水平。

（五）加大投入，进一步加大经费使用情况督查。政府是公共文化服务投入的主体，必须切实履行好主体责任。一是要确保财政资金的投入。特别是基层各级政府，要将公共文化经费支出纳入财政预算，保障基层公共文化服务设施的正常运转和服务工作的正常开展。二是要加大对基层文化设施建设投入。加快建设完善基层基本文化设施，建立相应的投入机制和定期增长机制，确保县（区）级建成文化馆、图书馆，镇（街道）建有独立文化站（综合性文化服务中心），村（社区）有综合性文化服务中心。三是要完善多元化投入机制。积极引导、鼓励和支持社会力量参与公共文化投入，促进文化设施建设主体、运营方式、经费来源的多元化。

## 集中要素资源　建强支撑体系<br>努力在项目招引上实现新提升

京口区人民政府副区长　顾洪涛

（2022年12月11日）

项目招引是发展的生命线，重大项目是未来发展的“定海神针”。2022年，在区委统筹领导下，在各板块和部门的共同努力下，全区以“提速增效”为工作基调，坚持“招精引强、招新引优”，顺利完成“双二十”目标。1–11 月，全区共签约项目 106 个，总投资 116 亿元，项目数量同比增长 20.5%、总投资同比增长 37.9%，其中，亿元以上制造业 15 个，总投资 69.9 亿元，数量同比增长 15.4%、总投资同比增长 19.9%；5000 万元以上服务业 30 个，总投资 33.6 亿元，数量同比增长 50%、总投资同比增长 124%。

在肯定成绩的同时，应该看到，项目招引要持续保持高增长态势还存在一些隐忧。制造业方面：一是产业规划不完善。东部片区虽然有较好的交通优势，但产业门类杂乱、生产和生活用地混杂，缺乏整体规划和联动，亟待通过规划明确道路、管网、退让红线等具体布局。新民洲虽然产业明确，但是没有产业规划、土地利用规划，随着中林的战略调整，亟须通过规划明确产业细分方向、港产城融合的具体措施。二是土地资源不足。特别是在工业用地上，虽然有 9 宗净地（立达纤维、方源生物、许前许后、候姚地块、刘家湾、原索普老股份、焦东、焦西、民安路以东），约 636 亩，但地块小而散，且产权在区里的只有 1 宗，面积仅 46 亩。此外，这些地块或多或少都需完善基础设施建设，有的还涉及调规、成片开发方案编制等。三是能耗和环境容量不足。有一定规模的工业项目，都需要排放指标，有的可能还涉及“两高”项目，需要能耗替代和环境区域平衡。但是，仅靠区内资源，这两项都无法平衡。服务业方面：一是人才供给不平衡。易乐、金海星等数字经济企业长期存在人才短缺问题，本地人才供给不足。根据调研，技能技术型人才相对充足，但适应数字化、智能化的工程型人才短缺，江苏大学、江苏科技大学两所本科院校 2022 届毕业生平均留镇率仅约 16.6%，镇江高专、镇江高职、镇江技师学院三所专科院校平均留镇率约 67%，但与企业需求匹配度低。二是载体供给不平衡。服务业企业往往轻资产，对房租、装修等成本比较敏感，对物业、停车位等有一定要求。但区内可拎包入住的高质量楼宇稀缺，城区内的苏宁、八佰伴等优质楼宇租金高，东邦大厦、阿波罗音乐广场等租金相对便宜，但停车不便、配套落后；大禹山数字文创区内的高创中心、归国博士创业园、互联网创新创业中心虽然租金不贵，但新装或重装成本高。此外，还存项目信息数量不平衡的问题，各板块获取项目的信息渠道不同、投入精力不同，新增信息数量也参差不齐。

2023 年，是全面贯彻落实党的二十大精神的开局之年，也是“十四五”规划承上启下之年，新征程，再出发，让项目招引热热闹闹、轰轰烈烈、实实在在，是定调子、打基础的关键一招，也是让京口赢得“市场”青睐的必由之路。

第一，实现“两个转变”，以调整完善强化政策要素支撑。2020 年，产业政策“30 条”的出台，实现“从无到有”的突破，导向作用明显。当前，需结合三年的实践以及最新发展要求，让政策继续优化。一方面，从普惠向特惠转变。突出产业政策对招大引强、培大育强上的导向作用，集中资源，重点支持新引进、新落户的延链补链强链项目和主动顺应产业转型升级要求的企业，避免“撒芝麻盐”。例如，为鼓励“小进规”，培育壮大小微企业，可增设奖励条款；又如，为鼓励“企业上云”，原来只要制造业企业采购云服务，就给予奖励，在最新修编时，要根据省星级上云认定标准，分类给予奖励。另一方面，从存量向增量转变。深入研究国家、省、市产业政策，在落实要求的基础上，结合京口区产业需求和近年来在项目招引中的具体实践，明确可支持新项目的具体条款，为支持重大项目招引提供政策依据。例如，对支持招引的条款进行修编，明确新引进的制造业企业当年税收达一定标准的，可给予奖励。此外，需总结过去两年政策兑现的经验和不足，坚持量入为出，强调对赌理念，出台具体实施细则，明确政策兑付流程，形成工作闭环。

第二，加强“三个联动”，以协同发展强化承载能力支撑。要立足现有资源，善用外力，通过共商、共享、共赢，为项目落地做好储备。一是加强与市级平台联动。针对 12 个权属交叉地块，结合全区产业布局、每个地块特点，逐一与相关平台及其主管部门交换想法、交流规划，争取在地块共同招商上形成共识。在金港产业园片区，厘清每个地块的现状、土地成本、存在问题，与国资委、金港公司商定收益共享、土地入股、土地买断等合作模式，共同争取落户项目税收市级留存部分支持，共同推动道路、管网等基础设施建设，为用地类项目落户打牢基础。二是加强与市场资源联动。借助基金、中介等市场资源，开拓信息渠道，丰富招引方式，是项目招引的基础工作。在基金上，加强与省高投、东方嘉富、荒合资本、挑战者资本等机构对接，努力获取信息，主动联系，大胆竞争，争取更多项目落户。在中介上，逐步与东方龙、江苏松田、深圳产业转移促进中心等开展合作，完善经费保障，在市场化招引上迈出更大步伐。在其他平台资源上，加大与行业协会、大院大所、乡贤校友等对接力度，承接峰会、年会，举办恳谈会、签约会，增加京口影响力。在载体上，要紧密与重点楼宇、厂房等载体的产权方、运营方合作，通过联合招商、委托招商等模式，争取招引主动权，促进产业集聚。此外，要结合招商体制改革，优化人员分工，整合力量，在上海、杭州、南京、苏州等地试点驻外招商，借助在当地已有合作的市场化资源，加大项目信息储备，促进重大项目落户。三是加强与龙头企业联动。一家龙头企业可以带起一条产业链。在制造业上，要围绕中林、中储粮、鼎胜新材、诺贝丽斯等企业开展工作，加大与企业沟通，了解企业投资意向，深入研究产业，分析上下游企业，哪怕是边角料利用也要研究，理出目标企业，强化对接，争取落户。在服务业上，要发挥微软、华为的牵引作用，通过孵化、赋能、招引生态合作伙伴等方式，构建数字经济产业生态圈。

第三，开展“三大行动”，以产学合作强化科教优势支撑。科技招商是招商新模式，科教资源是京口区项目招引的关键优势，要将优势转化为招引成效。一是实施产业承接行动。主动对接江苏大学的农业工程学院、汽车工程研究院、汽车与交通工程学院和江苏科技大学的船舶与海洋工程学院、海洋装备研究院，借助大禹智谷、天盛智能网联产业园等与学校优势学科匹配度高的载体，建立承接成果转化平台，承接高校孵化的成长性好、科技含量高的项目落户，努力实现“墙内开花墙内香”，促进人才留镇。二是实施产业学院行动。总结2022年倍赛科技、在途商旅、奥拉动漫在产业学院上的成功经验，扩大参与企业、院校数量，深化联合培养模式，完善企业、学生“双向互选”机制，形成稳定的人才资源库。加快推进华为ICT数字人才培训中心建设，确保年培训3000人以上，为数字经济发展提供基础人才支撑。搭建企业、本科院校人才供需平台，将企业需求嵌入高校课程体系，开设选修课、开办定制班、举办专题讲座，在企业开放实习岗位，让高校学生更加贴近企业用人需求。三是实施产研融合行动。把产业研究院作为助推产业发展的重要动力源，逐一明确区内三个研究院的功能定位，严格落实考核机制，促进技术的产业化、工程化，鼓励孵化、培育、引进更多科创企业，为本土企业提供技术支持。搭建企业、学校、研究院技术合作平台，梳理形成企业需求、高校强势学科、研究院技术优势“三张清单”，定期更新，建立交流机制，发布“揭榜挂帅”技术攻关需求榜单，企业“放榜”，高校和研究院“揭榜”，形成校企研协同攻关联盟。

第四，突出“四大区域”，以统筹推进强化规划要素支撑。产业规划是指导发展的科学计划，也是项目招引的重要依据，必须高起点谋划、高标准落实。在东部片区，深入分析产业、基础设施现状，研究战略目标、发展定位、发展路径，明确产业方向、发展规模，为项目招引提供指引。统筹区域空间和产业发展，优化用地布局，明确地块划分、功能分区、开发强度，确立闲置、低效用地开发利用的原则和思路，在交通组织、绿地景观、公共服务设施、市政基础设施等方面，制定详细方案。在新民洲，统筹考虑生态保护、长江经济带的要求，坚持以港兴产、以产兴城的思路，系统谋划剩余岸线、腹地资源的利用，弥补规划空白，为后续发展“留有余地”。在产业上，立足园区基础，扬长避短，谋划破题路径，锚定木业精深加工方向，研究行业形势，明确改性木、木结构、木托盘等细分领域，结合新港国际码头的新变化、新进展，拥抱新机遇，探索新产业。在大禹山数字文创区，根据《大禹山数字文创区发展战略研究及核心区概念规划》制定的发展目标，谋划调整空间规划，围绕“3+2”产业体系，主动对接行业内的目标企业，寻求项目落户机会。在主城区板块，统筹考虑商业网点规划、城市更新计划、一刻钟便民生活圈等，优化楼宇的基础配套，明确产业定位，生活性服务业和生产性服务业“双管齐下”，形成差异化发展格局。

# 写好养老题　答好民生卷

京口区人民政府副区长　褚小明

（2022年12月25日）

随着家庭规模小型化、生产和生活方式现代化、人口老龄化等现代化进程，养老问题已成为社会共同关注的重要话题。“十四五”时期是开启全面建设社会主义现代化国家新征程、实施积极应对人口老龄化国家战略的第一个五年，养老事业的不断推进是民生工作的重点。

2022年，在区委、区政府的坚强领导下，我们在养老服务建设上积极探索，踏实履职，养老事业取得一定成效。居家养老上门服务质量稳步提升。政府、机构和服务对象三方“同频共振”，通过广泛动员，全面排查，优化质量，确保服务质效，截至11月底，共完成上门服务13588人次，上门服务率达87.06%。标准化社区居家养老服务能力不断增强。新增标准化社区居家养老服务中心4家，61个社区均已建成养老服务中心，覆盖率达100%，街道综合养老服务中心已建成5个，覆盖率达83.3%，初步形成规模以上社区全覆盖格局。适老化改造顺利完成。以困难老人实际需求为导向，完成对100户困难老年人家庭的适老化改造，针对老年人“数字鸿沟”问题，开展“三类人员三进”活动。2023年，我们将继续增强责任感、使命感、紧迫感，坚持积极应对老龄化观念，开拓创新，推进养老事业进一步发展。下面，围绕“养老服务高质量发展”主题谈几点思考。

**一、思想认识上，把准形势要求**

第七次全国人口普查数据显示，截至2020年11月1日，中国60岁以上老年人口约2.6亿人，占总人口的18.7%，大大超过国际上关于老龄化社会10%的标准，快速进入老龄化。从未来发展趋势来看，中国的老龄化程度仍在不断加深，“十四五”期末，中国将全面进入中度老龄化社会，而步入深度老龄化社会的城市也在不断扩容。可见，中国已经面临未富先老的严峻局面。在老龄化愈加严重的同时，中国老年群体也出现一些新变化，带来一些新需求，对养老工作也提出一些新要求。这就需要我们深刻认识形势变化，把握工作方向，唯此才能有的放矢做好精准服务。

（一）养老工作新要求。党的二十大报告明确，“实施积极应对人口老龄化国家战略，发展养老事业和养老产业，优化孤寡老人服务，推动实现全体老年人享有基本养老服务”实施积极应对人口老龄化国家战略，是党中央基于日益严峻的人口老龄化形势和人民群众对高品质生活的美好向往，作出的重大决策部署。《中华人民共和国国民经济和社会发展第十四个五年规划和2035年远景目标纲要》提出健全基本养老服务体系，标志着我国养老服务已经从困难老年群体兜底保障向公共服务供给转变。这就要求养老服务工作既要讲重点，也要保全面，才能不断满足多层次的养老需求。

（二）老年群体新特征。在人口老龄化的背景下，中国正经历、历史上规模最大的“退休潮”：20世纪60年代出生人，正以平均每年2000万人的速度退休。相较于之前40后、50后的“传统老人”，“60后”“新老人”快速成长于改革开放时期，受教育程度相对较高，收入和消费水平也较前代大幅提升，思想观念更加开放，且普遍处于能力强而稳定的老年生涯阶段，他们已从单纯追求老有所养、老有所敬、老有所医，扩展为老有所乐、老有所学、老有所为。满足“新老人”的新梦想、新需求，既要依靠其自身的主观努力，也给政府、企业、社会出了一道新考题。针对“新老人”的特点，我们的养老事业还需进一步深耕、细分，还需拓展养老内涵、扩大养老供给、升级养老服务、做强养老产业，才能为金色晚年创造更多可能。

（三）京口区老人新现状。根据第七次全国人口普查数据，截至2020年11月1日，镇江市60岁及以上人口占总人口比重达23.56%，京口区达23.17%，说明我们已进入中度老龄化社会。以11月中旬发生疫情时花山湾封控区为例，共封控2栋楼39人，60岁及以上23人，50–59岁11人，50岁以下仅5人，高龄人员大多独居或夫妻二人居住，且均有一定的健康问题。从近期京口区封控的江滨新村等老旧小区来看，此类情况并非个例。根据第七次全国人口普查数据，京口区主城区四个街道60岁以上老人占比均超过25%，大市口街道达31.2%，四牌楼街道达28.44%，健康路街道达27.59%，正东路街道达25.64%，与11月封控的老旧小区反映出来的数据形成呼应。由此可见，高质量发展的养老服务体系，符合京口区老年群体的切身需求，也是京口区民生事业的重要内容。

**二、实现方式上，做到分类推进**

践行习近平总书记“让发展成果更多更公平惠及全体人民”的要求，需要我们深耕老年群体多层次的需求，坚持尽力而为与量力而行相结合，分层分类推进多样化养老服务工作，才能让每名老人都能共享改革成果、安享幸福晚年。

（一）做好必答题。针对低保或低收入、失能失智老年人、残疾和失独等困难老人，坚持“保基本、兜底线”，落实从中央到地方的各级文件精神和政策要求，该集中供养的集中供养，该救助帮扶的救助帮扶，实现应保尽保、应助尽助，践行最基础的尽力而为，做好养老服务一定要答好的必答题。

（二）做好附加题。针对能力衰退，需要养老服务的颐养老人，发挥平台链接支撑作用，两手抓居家养老及机构养老，提升老人生活品质，践行进一步的尽力而为，做好养老服务可以答好的附加题。一方面，积极对接上级部门，争取政策倾斜和资金支持，推进标准化社区居家养老服务中心建设，整合第三方服务机构资源，开展上门服务，提升社区养老服务能力，补充家庭自我养老不足。另一方面，推进医养康养服务深度结合，推进养老机构与周边医疗机构协作，提升养老机构医疗保健水平，同时推进与社区居家养老服务协作，扩大养老资源辐射面。

（三）做好自选题。针对能力强而稳定的活力老人，突出社会参与需求，重点提供助学、助乐服务，在引导老人终身学习、开发老龄人力资源、满足老人精神生活等方面提供有力支持，实施量力而行举措，做好养老服务需要答好的自选题。通过老年学堂、培训活动，满足老年人多元学习需求；挖掘老党员、老干部、老军人、老模范、老专家、老教师等的老龄人力资源红利，在各类志愿活动中给予发挥余热机会。

**三、路径选择上，坚持质量并重**

围绕健全居家社区机构相协调、医养康养相结合的高质量养老服务体系目标，完善“全覆盖、多层次、多主体”大养老格局要求，从“增量、增能、增效”三方面，不断推动京口区养老服务工作提档升级。

（一）着重增量。着眼于全覆盖织密网，运用好“大数据+网格化+铁脚板”治理机制，推进养老服务主要指标数量“倍增”。一方面，不断完善基础设施。继续增加标准化社区居家养老服务中心，完成120户特殊困难老年人居家适老化改造，增加养老护理型床位800张。另一方面，加大上门服务力度。以智能化手段加上扎实的“脚力”，精确掌握不同老年群体需求，加大上门服务宣传力度，确保可以提供服务的必须知晓到位、享受到位。

（二）着重增能。着眼于提质求精，按照抬高底部、整体提质的思路，努力实现养老服务从“有”到“优”。聚焦服务内容和人才专业性的优化，改善养老服务质量，提升养老服务能级。坚持问题导向，老年群体需要什么服务，我们提供什么内容，开展访视照料、亲情陪伴、技能培训、生活指导、心理抚慰等多样化服务，有效推进养老服务内容不断丰富。加大助老员等专业服务人才的技能培训，深入开展养老护理员技能等级社会化认定，在强化养老人才专业能力的同时，提升其职业认知与身份认同。

（三）着重增效。着眼于活力可持续，全面增强服务效率、效益、效能。充分发挥市场在资源配置中的决定性作用，扩大社会有效投资，强化服务支持体系，鼓励更多养老机构在京口区提供服务项目，推进政府与社会力量合力服务居家养老，支持养老服务机构规模化、连锁化发展，打造具有影响力和竞争力的养老服务品牌。强化横向沟通，加强与公安等部门的联动，动态更新需要服务的老年群体数据，该进入的进入，该退出的退出，促进服务资源高效运转。

养老服务体系的不断完善是民生事业高质量发展的必然要求，我们将在区委、区政府的坚强领导下，秉持人民至上的工作态度，踏实笃行、奋发作为，书写新征程上精彩民生答卷。

# 京口经济开发区产业高质量发展思考

京口区人民政府副区长 魏晓曦

（2022 年 12 月 29 日）

《习近平谈治国理政》第四卷专门拿出一个章节来讲“坚定不移走高质量发展之路”，从科学判断发展形势、明确发展思路、战略部署与谋划等方面回答在严峻挑战下实现什么样的发展、怎样实现发展的重大时代课题。京口经济开发区是京口产业发展主阵地，在投资、工业总产值等重点经济指标上有重要贡献。在当前高强度开发园区间竞争中，就是要争夺产业链上的优质项目，抢占产业发展先机。破解在项目招引、落户、培育全过程服务中遇到的难题与困境。

## 一、产业发展现状

书中，习近平总书记深刻阐释经济发展中“危”与“机”、“变”与“不变”以及“发展”与“安全”等辩证关系，系统解答“过河的船与桥”等关键性问题，体现着马克思主义哲学观，展现新时代中国特色社会主义经济发展的优势。结合理论及经开区整体发展目标及整体规划研究，当前经开区主要特点：

*铝合金新材料产业增长迅猛。*以鼎胜新材和诺贝丽斯为代表的铝合金新材料产业，经过多年竞争已经成为经开区最具代表性的主导产业。两大龙头企业深耕行业多年，始终瞄准市场前沿，强化技术攻关，加大研发投入，在保持优势产品竞争力的同时，新产品更新迭代、抢占市场迅速，企业业绩屡攀新高。2022 年 1–8 月，经开区规模以上工业企业完成工业总产值 124.7 亿元，同比增长 17.2%。其中鼎胜新材完成工业产值 108.2 亿元，同比增长 16.1%；诺贝丽斯完成工业产值 10.9 亿元，同比增长 27.16%。两家骨干企业工业总产值占经开区全体规模以上企业工业总产值的 95.5%，在规模上相比其他产业具有绝对优势，在增长势头和增长量上也是独占鳌头。

*中小型制造业企业发展受限。*2022 年以来受疫情影响，全国的中小型制造业企业普遍存在原材料价格上涨、原材料运达和成品交付时间长、人员招聘和流动难以及融资难等问题，甚至停工停产现象也时有发生。国家统计局公布的数据显示，2022 年 1–8 月全国采购经理指数（后称 PMI），仅在 2 月份出现中型制造业企业 PMI 高于临界值（50%），其他月份中小型制造业企业 PMI 均低于临界值，并且同时出现制造业企业规模越小，PMI 越低的现象。

## 二、园区建设现状

总书记对江苏提出要“争当表率、争做示范、走在前列”的要求。京口经济开发区地处苏南板块，使命与优势兼备，近年来，始终紧紧围绕“一特三提升”目标，突出“兴产业、强配套、优环境”，在全省 92 个省级经济开发区的排名上升 13 位，位列第 37 位。主要做法是：

*深化产业链延链强链，打造发展新愿景。*一是狠抓特色产业链延伸。重点围绕鼎胜新材、诺贝丽斯铝业等龙头企业，加强上下游产品结构研究，推动高性能铝材料、机加工产业前景的调研论证，持续推进航空板深加工、航空结构件以及新能源汽车重点零部件项目招引建设。铝合金新材料产值比“十三五”翻了近一番，高性能铝箔等特色产业进一步集聚。二是努力提升土地产出率。坚持狠抓“增量”，优化“存量”。研究探索对部分低效企业的倒逼机制，根据企业特点量身定做提档升级措施，形成“一企一策”方案。对僵尸企业、闲置、低效资产形成全面解决的方案。科捷锂电池被友穗科技竞拍成功并入驻投产，与万马集团签约盘活宏鑫绿洲。三是努力提升智能制造普及率。强化主动作为，通过问卷调查、企业调研、专家授课、个性化定制等方式，推动企业实施智能化改造，指导帮助鼎胜新材、正恺电子及金亿达能 3 家企业完成省、市级智能车间和智能工厂项目建设。

*加强配套保障建设，培植发展新平台。*一是持续推进航空航天中小企业基地建设。按照滚动开发原则，分三期累计建设标准化厂房及配套综合体近 14 万平方米，有效克服企业自建厂房存在的征地拆迁、场平、手续办理、厂房建设等时间周期长，投资额度大等不利因素。有效解决中小项目单独供地建厂造成的资源浪费问题，有利于引导同类产业合理聚集。二是推进基础设施提档升级。扎实开展综合环境治理，全面实施道路等级提升工程和景观绿化、亮化改造工程，投入近 600 万元完成老鼠山河改造提升工程。高标准完成航一综合楼食堂建设，首次采用合作运营模式打造高品质邻里中心，综合楼现代化展示中心即将投入运营，营造拴心留人的园区环境。三是加快项目配套建设。围绕 27.5 万吨高端汽车铝板项目，克服时间紧、资金缺、要求高等困难，如期完成场地平整、杆线迁移等重大配套工程，为项目成功签约扫清障碍。

*全力优化营商环境，挖掘发展新优势。*切实把优化营商环境作为“第一信誉、第一品牌”，努力做到服务客商“零距离”、办事“零延误”、项目入驻“零障碍”、生产经营“零干扰”。一是搭建政商交流平台，建立政企沟通机制。成功组织二期企业家沙龙、成立企业商会，定期召开企业座谈会，及时搜集、解决企业反映的各种困难和问题。二是加强项目全流程管理。持续推行班子成员挂钩企业、项目责任制，全面落实“面对面”走访、“一企一策”帮扶等各项举措，主动上门服务，精准把握难点，切实解决企业在发展过程中遇到的困难。

## 三、产业发展面临的困难

矛盾问题是客观存在的，只有

正确地认识，才能从容地把握。当前，园区发展主要的问题集中在产业链和产业能级的转换上。

*产业集聚效应不明显*。一是产业链长不够。当前，未形成具有支撑作用的产业链条。从主导产业铝合金新材料产业来看，鼎胜新材和诺贝丽斯两大骨干企业都是相关行业内重要的中间材料供应商，但园区内以这两家企业所生产的主导产品为原材料的下游企业数量仅有芯航东方1家，且企业尚在起步阶段，其整体规模与两家骨干企业的上百亿元的产值差距过大。尽管原材料供应优势对下游企业具备一定吸引力，但这种吸引力还没有转变为园区内产业链不断延长、壮大的客观现实。二是产业链附加值不高。园区两大骨干企业均处于相关产业链中上游，其所生产的主导产品均为中间材料，全部面向企业销售。与产业链下游的电池生产、整车制造等行业相比，生产工艺价值、产品科技水平、成品单价和利润率等都存在差距。同时，由于园区内下游企业需求不足，大部分原材料供应给了其他地区，而未能将产业链条下游铝合金精深加工等部分的附加值留在园区。园区内产业链整体附加值不高。

*产业能级不足*。一是企业体量不大。京口经济开发区核心区内现有实体企业65家，其中规模以上企业29家，其中年产值在亿元以上企业5家，百亿以上企业仅有1家。园区整体产值规模处于百亿区间，具有影响力的大企业数量不足。二是智能制造水平不足。科技引领作用发挥不够。从科技型企业数量上看，园区现有高新企业14家，占企业总数比重不高；从企业研发投入来看，中小企业科技研发投入强度普遍不高。2021年园区企业研发经费总计5.24亿元，反映出生产工艺和产品科技水平不高。企业参与智转数改意愿不强，大多数制造企业利润率很低，缺乏自主资金投入。科技水平和利润本就不高的企业，在转型改造过程中能否取得实效，一直是影响企业参与智转数改的重要问题。

*传统制造业转型压力大*。受疫情、贸易战、政策调控等影响，部分行业整体低迷，少部分企业面临生存危机。大部分中小型传统制造业企业面对转型升级的紧迫要求，普遍存在缺资金、缺人才、缺技术的现实困境。

**四、园区建设面临的制约和局限**

*缺乏高标准总体规划*。近年来，园区建设一直处于“头疼医头脚疼医脚”的状态，缺少高标准、管长远的园区总体规划。应先招引优质企业，再围绕优质企业调整编制产业规划，后续逐步发展完善。园区建设也仅围绕项目建设和公共服务一般性需求进行，规划标准不高的问题不仅难以提升园区形象，而且已经影响到项目的招引、落地。

*建设资金不足*。园区建设需要大量的资金投入，且投资周期较长。各地开发园区建设和发展过程中，建设资金通常有内部资金和外部资金两种来源。从内部看，京口经济开发区财力收入有限；省、市扶持资金申请时间滞后，多数在项目开始建设以后，而且周期长，额度有限。在外部资金上，京口经济开发区成立京口工业园发展有限公司等平台公司，对外筹措资金进行项目建设，但公司未能实体化运作，市场化程度低。经开区也根据建设情况积极申报政府债券，因地方债发行需要依靠省、市一级政府才能发行，所以资金获取不稳定。目前银行贷款成为京口经济开发区最主要建设资金来源。近年来，对平台公司经营性债务的规模管控和平台公司数量压降的要求，使得经开区银行贷款获得建设资金总量受限，并且预期有下降趋势，建设资金缺口始终存在。

*管理体制机制适应性不强*。京口经济开发区实行政府主导型的管理体制机制，园区开发公司未实体化运作，不具备园区开发职能。开发和管理等园区所有事务均由管理委员会负责。管理委员会作为政府派出机构，园区内行政审批权限归属于上级政府，在经济发展和社会事务工作中难以提供直接快速的协调和服务。特别是在重大项目落地过程中，绝大多数工作是向省、市、区各级政府各“条”“块”对接项目审批，决策传导历经多个层级，十分影响工作效率。管理委员会作为公权力机构，人员内部竞争性不强，干多干少差不多，考核难以决定人员去留，工作缺乏激情，工作效率有待提升，更难以吸引优秀的专业人才加入。

*承载能力较弱*。区用地不足的问题，已成为限制发展的重要因素。园区4平方千米的批准范围是园区的核心单元和基础单元。规划工业用地总面积约4277.34亩，目前已供应工业用地27宗，总面积2765.75亩，其中建成投产2554.36亩，剩余存量工业用地存量1511.59亩，受上埠货场、港南路及市政杆线影响，实际可使用的工业用地约1300亩。工业板块存量土地约1511.59亩，其中国有存量土地约530亩，其余土地均为集体土地。受土地、拆迁等各类要素成本持续上升的影响，新征土地成本已达到约100万元/亩。另外园区不仅毗邻长江，辖区还有大运河、古运河从中穿过，随着“双碳”政策的全面落地，环境保护约束趋紧，能耗及排放指标，均无释放空间。

*基础设施建设相对滞后*。虽已形成“两横三纵”的交通道路布局，基本达到“三通”条件，但辖区道路建成年代长、等级低，通行能力一般。辖区内缺乏综合型生活服务体，难以满足企业员工高品质生活追求。医疗卫生、学前教育、消费娱乐等生活配套主要依赖北谏壁老集镇。

*产业配套相对不足*。高质量的科技综合体、众创空间缺乏，现有孵化载体作用发挥不明显，没有形成主导支柱产业。园区范围内的京口污水处理厂缺乏新增工业污水处理功能的空间，主导产业链条向下游延伸存在较大难度，对未来高性能铝材料精深加工项目的招引形成制约。

**五、下一步发展思路**

习近平总书记强调共产党人任何时候都要有不信邪、不怕鬼、不当软骨头的风骨、气节、胆魄。下一步，要继续坚持“一核心、两基地、四重点”，做好高性能铝合金新材料产业链的延链补链强链，做大做强铝产业集聚，全力打造国内一流的铝产业集群。

*坚定产业兴园理念*。牢固树立“产业兴园区兴”的发展理念，以产业发展推动经济发展，以产业发展

的高质量推动经济发展高质量。一是强化立体招商。紧紧围绕园区主导产业，按照“补链、延链、强链”的总体思路开展活动招商、中介招商、以商引商等，吸引更多的上下游配套产业项目入驻，夯实产业基础，提升产业层次。二是注重择优培育。依托现有产业，持续深入抓好产业培育，围绕高性能铝合金材料产业，推动聚集发展。积极鼓励中小企业做大做强，鼓励支持龙头企业争做行业龙头，加快形成“龙头带动”的聚集发展效应。三是推动转型升级。把转型升级作为产业发展的关键，对现有的传统优势产业，积极通过技术升级、并购重组等方式推动产业转型升级。

优化管理体制机制。以开发园区优化整合为契机，加快由政府主导型向政企联合主导型管理体制机制转变。按照现代化企业模式实体化运营园区开发公司，遵从经济原则按需设置岗位，突破传统政府编制型薪酬体系，引入高效的考核激励机制，充分激发工作人员主观能动性，培养高效人才队伍。

优化建设资金结构。极拓展融资渠道。在内部资金来源上：加强经开区内企业税收服务、管理，对新招引企业，做好项目质量研判，根据产业发展规划，集聚优质企业，不断提高经开区一般公共预算收入。在外部资金来源上：对使用债券、基金等众多金融工具抱积极态度，围绕建设内容选用合适资金解决方案，避免过度依靠对外借款的方式进行融资。制定经开区平台公司发展战略，变资产管理为资产经营，逐步壮大公司经营规模，强化自我造血功能。

优化提升营商环境。强化“店小二”服务理念，用足用活现有招商、管理、服务政策。进一步完善产业扶持政策，在现有扶持政策基础上，对产业扶持政策进行全面梳理和完善，形成完备的政策支撑体系和兑现体系。加大科技创新和人才创业扶持力度，鼓励创新创业。争取更大事权，进一步优化、精简审批办理环节，重点围绕项目招引、审批、落地、服务等，探索实行“一枚公章管审批，一支队伍管执法”，真正体现省级开发区精简务实高效的管理和服务水平。

2022 年 10 月 16 日，区四套班子领导集中观看中共二十大直播（崔世林　摄）

# 大事记

责任编校：段广凤

## 1月

6日　京口区“爱军尊戎”帮扶援助专项基金成立。

10日　中国人民政治协商会议镇江市京口区第十届委员会第一次会议开幕。

11日　镇江市京口区第十届人民代表大会第一次会议隆重开幕。

19日　京口区召开全区安全生产暨区安委会全体（扩大）会议。

21日　京口区专题召开突出环境问题“大起底、大排查、大整治”专项行动部署会。

29日　中共镇江市京口区第九届纪律检查委员会第二次全体会议召开。

## 2月

9日　京口区召开产业项目提速增效年动员大会。

14日　2022年镇江市重点产业项目新春“云签约”活动通过“云视讯”举行，京口区有3个重点产业项目签约，总投资14.08亿元，其中10亿元大项目1个、1亿元以上项目2个。

16日　京口区召开党管武装工作会议。

18日　京口区委召开政法工作会议暨政法队伍教育整顿总结会议。

## 3月

9日　镇江市重大项目集中开工暨金融支持重大项目建设活动举行，京口区有4个重点项目参加。

10日　京口区召开经济工作情况会议。

▲九届京口区委第二轮巡察动员部署会召开。

22日　京口区委理论学习中心组召开学习会，专题集中学习习近平总书记在中央党校（国家行政学院）中青年干部培训班开班式上发表的重要讲话精神。

24日　区委书记徐申锋现场检查推进生态环境突出问题整改工作。

31日　京口区召开疫情防控工作部署会。

## 4月

6日　京口区委常委会召开会议，研究推进中央生态环境保护督察发现问题整改工作。

7日　京口区委常委会召开会议，传达学习贯彻习近平总书记关于疫情防控的重要指示精神，研究部署全区疫情防控工作。

8日　京口区政府常务会议召开，深入学习习近平生态文明思想和习近平总书记关于推动长江经济带发展的重要讲话精神。

▲区长贾敬远专题研究部署物资保供及物流闭环管理工作。

19日　镇江市人大常委会党组书记、主任李健到京口区调研代表小组建支部工作。

▲京口区委书记、区委统一战线工作领导小组组长徐申锋主持召开区委统一战线工作领导小组会议。

21日　国家统计局镇江调查队一行赴京口区调研统计调查工作。

28日　京口区委人才工作会议召开。

29日　京口区召开江苏省法治政府建设示范区创建工作推进会。

## 5月

7日　京口区委常委会召开会议，学习习近平总书记近期重要讲话精神，传达习近平总书记、李克强总理关于安全生产重要指示精神。

8日　京口区召开安全生产大检查推进会。

11日　京口区委召开全面深化改革委员会会议。

12日　京口区召开2022年全区党建工作会议。

16日　京口区委常委会召开会议，学习习近平总书记关于社会主义精神文明建设的重要论述，传达苏南片区文明城市创建工作座谈会及市续会精神，研究全区精神文明建设、文明城市创建和未成年人思想道德建设工作。

18日　京口区统战部召开统战委员会议。

27日　纪念京口区关工委成立30周年暨2022年全区关心下一代工作会议召开。

29日　京口区政府常务会议，学习传达习近平总书记在庆祝中国共青团成立100周年大会上的重要讲话精神、习近平总书记关于粮食安全的重要论述。

30日　京口区委理论学习中心组举行学习会，深入学习贯彻习近平总书记关于生态环保、安全生产的最新重要论述。

▲京口区委全面依法治区委员会会议召开。

▲大禹山数字文创产业学院正式签约并揭牌。

## 6 月

9 日　京口区召开文明城市创建工作部署推进会。

10 日　区委书记徐申锋主持召开区委常委会会议，学习贯彻习近平总书记在中央政治局第三十九次集体学习时的重要讲话和近期重要贺信、回信精神。

14 日　镇江市住建局党委书记、局长、市人防办主任宇文家胜到京口区协调推进重点工作。

20 日　省人社厅副厅长陈健一行 6 人到京口区调研稳就业工作落实情况。

21 日　京口区区长贾敬远率队调度老旧小区改造文化提升工作。

22 日　省安全生产第十一综合督导检查组督导京口区安全生产工作。

## 7 月

1 日　京口区政府常务会议。学习习近平总书记在中央政治局第四十次集体学习时和中央全面深化改革委员会第二十六次会议上的重要讲话精神以及在金砖国家工商论坛开幕式上的主旨演讲。

6 日　京口区委常委会召开会议。学习贯彻习近平总书记在四川考察时的重要讲话精神，传达贯彻省党代会精神；审议《京口区开发园区整合优化提升实施方案》《关于推动党史学习教育常态化长效化实施方案》《京口区贯彻落实〈法治政府建设实施纲要（2021–2025 年）〉实施方案》。

▲京口区委网络安全和信息化委员会专题会议召开。

7 日　京口区召开高质量发展推进会。

11 日　京口区召开网络安全工作会议暨“网安 2022 · 京口行动”部署会。

12 日　京口区首家街道级党群服务中心——四牌楼街道党群服务中心揭牌，并正式投入使用。

13 日　京口区召开食品安全工作委员会全体（扩大）会暨 2022 年食品安全重点工作部署会。

15 日　京口区红十字会召开第一次会员代表大会。

19 日　京口区新时代文明实践中心志愿服务总队授旗仪式在区文化艺术中心隆重举行。

22 日　华为（镇江）数字联合创新中心启动运营，镇江市委副书记、市长徐曙海，华为高级副总裁熊乐宁出席。

23 日　拉萨市达孜区委副书记、区长刘代红率领达孜区党政代表来京口考察。

25 日　京口区召开经济形势分析暨营商环境建设推进会。

## 8 月

2 日　京口区召开文明城市创建工作部署推进会。

▲京口区政府常务会议。学习习近平总书记在省部级主要领导干部“学习习近平总书记重要讲话精神，迎接党的二十大”专题研讨班上的重要讲话；审议《关于深入打好污染防治攻坚战的实施方案》《京口区安全生产重大风险防控责任体系建设方案》等文件。

3 日　京口区委常委会会议召开。学习习近平总书记近期重要讲话重要指示精神；研究《关于深入打好污染防治攻坚战的实施方案》；听取 2022 年上半年全区食品安全、安全生产工作情况汇报。

4 日　市委常委、市委宣传部部长、市委秘书长陈可可率队，赴京口区督查推进全国文明城市创建工作。

▲市政协党组副书记、副主席，市总工会主席高国成，市总工会党组书记、副主席胡云霞率队赴京口调研工会改革创新工作。

▲京口区召开第十四、十五批科技镇长团京口团轮换下派工作会议，区委常委、组织部部长周永祥出席会议并讲话。

17 日　京口区召开 2022 年上半年老干部情况通报会。

18 日　召开京口区宣传委员（扩大）会议暨迎接党的二十大宣传工作推进会。

22 日　京口区委常委会召开会议。学习习近平总书记在《求是》杂志上发表的《全党必须完整、准确、全面贯彻新发展理念》文章和习近平总书记给“中国好人”李培生、胡春晓回信；听取“信访突出问题攻坚化解年”行动情况汇报；审议《京口区人大常委会关于进一步加强审计查出突出问题整改情况监督的实施意见》和《中共京口区委关于推进全区人大工作高质量发展的实施意见》。

▲由镇江市工信局、京口区政府共同举办的大禹山省级信创先导区建设启动仪式成功举行。

23 日　区委副书记、区长贾敬远率队赴长春、北京开展汽车零部件、新一代信息技术重点产业链专题招商活动。

30 日　京口区委常委会召开会议。学习习近平总书记在辽宁考察时的重要讲话精神；传达学习市、区委书记座谈会精神以及全省、全市组织工作重点任务推进会精神。

31 日　京口区政府常务会议召开。学习贯彻习近平总书记在辽宁考察时的重要讲话、经济大省政府主要负责人经济形势座谈会和省政府稳定经济增长视频调度会议精神，听取中央环保督察和近期省市交办突出环境问题整改情况汇报。

▲京口区在区法院举办网络安全事件应急实战演练。

## 9 月

1 日　京口区举行 2022 年主体班集中开学典礼。

▲京口区委书记徐申锋率队调研辖区部分老旧小区改造工作。

3 日　京口经济开发区航空航天中小企业基地二期首批产业项目正式签约。

9 日　京口区开展“五色”融合绘“京”彩“三动”“五共”迎盛会联合主题党日暨党建结对共建活动。

16 日　“华为杯”2022 年京口创新创业大赛暨中国 · 镇江国际精英创业大赛京口选拔赛决赛以线上直播比赛的方式落下帷幕。

19 日　京口区政府常务会议召开。集中学习《求是》杂志发表的习近平总书记重要讲话《新发展阶段贯彻新发展理念必然要求构建新发展格局》，审议《京口区林长制区级会议制度（试行）》等文件。

21 日 区政协召开十届九次主席会议，专题监督视察全区项目建设和安全生产工作。

23 日 京口区举办区政府组成人员集中学法活动，特邀江苏省退役军人事务厅移交安置处副处长唐洪涛，为与会人员讲解《中华人民共和国退役军人保障法》。

26 日 京口召开全区领导干部会议，宣布省委、市委关于京口区主要领导调整决定：提名徐申锋为镇江市副市长人选，不再担任镇江市京口区委书记职务，贾敬远任镇江市京口区委书记。

## 10 月

7 日 京口区召开“决战四季度”高质量发展推进会。

8 日 京口区委常委会召开。学习中共中央政治局会议精神、中央全面深化改革委员会第二十七次会议精神和习近平总书记近期重要指示重要贺信精神，研究部署党的二十大前后疫情防控、安全生产、信访等工作。

16 日 中国共产党第二十次全国代表大会，在北京人民大会堂隆重召开，京口区积极组织集中收听收看，认真聆听习近平总书记重要讲话。

▲召开 2023 年省市重大项目预排工作推进会。

26 日 京口区委书记贾敬远主持召开区委常委会会议，第一时间传达学习落实省委和市委关于学习宣传贯彻党的二十大精神的工作部署要求。

27 日 市委书记马明龙到京口区，调研推进党的二十大精神学习宣传贯彻工作和稳定经济增长各项工作，强调要全面学习把握落实党的二十大精神，深刻领悟“两个确立”的决定性意义，坚决贯彻党中央决策部署和省委、市委工作要求，奋力推动各项事业高质量发展，确保完成全年目标任务。

▲市九届人大代表京口代表团小组联组赴镇江市中山路小学仁章校区，对京口区“双减”工作进行专题调研。市政协主席郭建、市政府党组成员徐申锋等以市人大代表身份参加座谈。

28 日 京口区政府常务会议召开，认真学习贯彻党的二十大精神，学习习近平总书记关于粮食安全的重要论述，传达学习中央生态环境保护督察整改工作调度会精神。

30 日 京口区委常委会召开。学习习近平总书记在 10 月 25 日中共中央政治局会议、中共中央政治局第一次集体学习、瞻仰延安革命纪念地时的重要讲话精神。

31 日 共青团镇江市京口区第十二次代表大会正式召开。

## 11 月

1 日 副市长殷敏带队到京口督导推进生态环境保护工作。

1–5 日 贯彻党的二十大精神“铁军训练营”在江苏省检察官学院成功举办。

2 日 京口区委书记、区长贾敬远专题调研推进党的二十大精神学习宣传贯彻和宣传思想文化工作，并进行座谈交流。

▲省水利厅验收组对京口区国家级县域节水型社会达标建设进行现场审核验收。

5–7 日 镇江市市长徐曙海率队赴上海参加第五届中国国际进口博览会，并会见诺贝丽斯客商，京口区委书记、区长贾敬远参加会见。

8 日 京口区残疾人联合会第六次代表大会召开。

14 日 京口区委召开理论学习中心组学习会，深入学习党的二十大精神。

17 日 镇江市委、市政府开展全市重大产业项目现场观摩活动。市长徐曙海率观摩组现场观摩位于京口区的江苏天海高端医疗设备和压力装备制造项目。

18 日 京口区人武部党委第一书记宣布任职大会召开，镇江军分区司令员杜新宣布任职通知并颁发任职通知书，区委书记、区长贾敬远任京口区人武部党委第一书记。

23–25 日 2022 中国（南京）国际软件产品和信息服务交易博览会、2022 中国工业软件发展大会在南京国际博览中心举办。京口区大禹山创意新社区作为镇江市唯一受邀参展的产业园，携锐天信息、金海星科技、元理创新科技、怀业安全科技、现代造船等企业联合参展。

24 日 市委宣讲团成员、市委常委、宣传部部长、秘书长陈可可到京口区宣讲党的二十大精神。

## 12 月

6 日 京口区召开 2022 年金山英才 · “金凤凰”专项答辩评审会，来自产业、风投等领域及专业部门的专家通过资料审阅、面试答辩、评审打分等环节，对 13 个人才项目进行综合评审。

7 日 京口区“科创江苏”试点区会企对接活动暨第九届江苏省青年科学家年会——人工智能与语言应用的未来发展方向分论坛成功举办。

14 日 京口区委常委会会议召开。会议学习习近平总书记在 12 月 6 日中央政治局会议上的重要讲话精神、致国史学会成立 30 周年的贺信精神，学习《中共中央办公厅关于印发〈党的十九大以来巡视总结报告〉的通知》文件精神，审议《关于建立健全分层分级精准防控末端发力终端见效工作机制推动食品安全属地管理责任落地落实的实施方案》。

▲京口区委理论学习中心组举行学习会，学习研讨《中国共产党章程》和《推进领导干部能上能下规定》。

25 日 京口区委常委会会议召开。会议学习习近平总书记重要文章精神和中央经济工作会议精神，传达学习市委八届四次全会会议精神，听取全区安全生产专项整治三年行动和 2022 年度安全生产、食品安全、消防安全工作情况汇报，审议 2023 年区产业项目投资计划，听取 2022 年度京口区乡村振兴战略实施情况汇报，研究决定于 12 月 27 日召开区委九届四次全会。

27 日 中国共产党镇江市京口区第九届委员会第四次全体会议举行。

28 日 召开京口区领导干部警示教育大会。

29 日 京口区召开领导干部会议，宣布省委、市委关于京口区政府主要领导调整决定：段永齐任京口区委副书记，提名为京口区区长候选人，贾敬远不再担任京口区区长。

30 日 京口区委常委会会议召开。会议学习习近平总书记在中央政治局民主生活会上的重要讲话精神、对爱国卫生运动作出的重要指示精神以及中央农村工作会议精神。

# 区情概览

责任编校：段广凤

## 基本地情

【位置】 京口区是江苏省镇江市市辖区之一，位于江苏省西南部，长江与京杭大运河十字交汇处，东接镇江新区，南和丹徒区为邻，西与润州区隔古运河相望，北接扬州市邗江区。

【面积】 京口区总面积95.9813平方千米，其中，象山街道18.658平方千米、谏壁街道30.8635平方千米、健康路街道1.8921平方千米、大市口街道2.3176平方千米、正东路街道4.927平方千米、四牌楼街道4.0984平方千米、京口经济开发区5.5495平方千米、新民洲临港产业园20.6853平方千米、长江水域6.9899平方千米。

【地貌】 京口区地处宁镇山脉东段，属宁镇扬丘陵地区和长江冲积平原区，中部地势高，东、西及沿江地带地势平坦，岗坡丘陵穿插其间。中部自北向南有焦山、北固山、象山、合山、汝山、京岘山、老山、鼎石山和焦顶山；东部有雩山。区内除新民洲为江中沙洲外，其他以丘陵岗坡地为主。沿江低地由长江泥沙淤积而成。（冯素楠）

【资源】 京口区内多低山丘陵，并以黄棕土壤为主，岗地以黄土为主，平原以潜育型水稻土为主。京口区粮食播种面积1600公顷，蔬菜播种面积276公顷，设施农业占地面积43公顷，优质果品基地18公顷，养殖水面87公顷。

辖区内水资源比较丰富，长江、运河流经境内。有长江岸线32千米（平政桥至中储粮），有国家二级长江堤防22.752千米。京口区水域面积2986.5公顷，其中长江水面1200公顷。除涝方面，有排涝站15座，装机4191千瓦，总流量62立方米/秒；灌溉方面，有灌溉站8座，总装机容量431千瓦，总流量4.3立方米/秒。

境内有长江鱼类13目25科90多种，其中，刀鱼、鲥鱼、鳗鱼、鮰鱼、河豚是中国名贵品种；白鳍豚、中华鲟等为中国珍贵稀有动物，列为国家一级保护动物。人工饲养的水产品有青鱼、草鱼、鲢鱼、鲤鱼、鲫鱼等，及虾、蟹、鳝、鳖等。

区内植物资源丰富，有各类树种80余科500余种。自然植被以落叶阔叶林为主，其中有麻栎、枪树、黄连木、山槐、枫杨等。药用植物有700余种。引进树种有黑松、杉木、泡桐等。

区内矿产资源种类不全、经济价值不大。谏壁街道雩山有零星含铁石英砂岩，青龙山有白云石、石灰石，象山街道袁家村有石灰石。黏土主要分布在沿江一带。（丁志国）

【人口】 2022年末，京口区户籍人口总户数129126户311182人，其中，男性154344人，女性156838人。2022年迁入9213人（省内迁入8299人、省外迁入914人），迁出9353人（迁往省内8387人、迁往省外966人）。2022年出生1269人（男675人、女594人），死亡2627人（男1487人、女1140人），流动人口43620人（16岁以上43218人、16岁以下402人）。象山街道户籍人口17240户40856人，大市口街道23841户59549人，四牌楼街道28697户68270人，健康路街道32373户80364人，正东路街道13765户32146人，谏壁街道12736户28983人，新民洲临港产业园474户1014人。（贡剑楠）

【建置沿革】 京口是镇江古称之一，最早见于《尔雅》“绝高为之京”。古人把高平之地称为京，北固山下的江口称为口，谓之京口。汉称京口里，东吴孙权筑铁瓮城，置京口镇，京口成为东吴政治中心。晋时置晋陵郡，郡治由丹徒镇移治京口，从此京口始为郡（州）、府治所在地。晋永嘉之乱，大批士族南渡，为此侨置兖、徐二州于京口。南朝宋置南徐州，隋置润州，宋升润州为镇江府，镇江名称一直沿用至今。1929年春，江苏省会由南京迁镇江，治所也一直在京口。1949年，镇江解放后，市、县分设，市区及近郊归镇江市管辖，乡镇归丹徒县管辖。1983年，实行市管县体制，市区设立城区和郊区。同年12月将城区更名为京口区，郊区更名为润州区。1992年10月，镇江市行政区划调整，古运河以东健康路、大市口、正东路、四牌楼4个街道，象山、汝山、丹徒、谏壁4个乡镇和甘露茶叶试验场为京口区管辖范围。2001年3月，撤销汝山乡建制，原辖6个村（居）并入丹徒镇。2005年12月，撤销丹徒镇建制，全境划归象山乡。2011年7月，撤销象山镇和谏壁镇，分别设立象山街道和谏壁街道。截至2022年年底，京口区辖象山、谏壁、健康路、大市口、正东路和四牌楼6个街道及江苏镇江京口经济开发区、新民洲临港产业园。京口区有61个社区、5个行政村。（段广凤）

【民族】 京口区居民以汉族为主，少数民族有31个，人口约8000人。1000人以上少数民族有回族、蒙古族。其中，回族人口5000余人，占少数民族总人口的70%；蒙古族1000余人，占少数民族总人口的14%；其他少数民族有满族、壮族、朝鲜族、维吾尔族、苗族、土家族、布依族和侗族等。（雷鹏）

【方言】 京口话属于镇江语系，镇江话属北方方言次江淮方言，北方方言与吴语两大方言交汇。古代镇江话属吴语，由于东晋、十六国期间少数民族入侵，北方人口大量流入镇江、扬州一带，因而语言发生变化。镇江市虽属北方方言范畴，但构成复杂，其中既有吴语遗痕，又有旗腔（类似京腔）影响。与普通话相比，镇江话没有全浊声和舌尖后声母，鼻化原音介于前鼻音韵母之间，in、ing、en、eng、n、l不分。有入声调。词汇中保留丰富的吴语词。

（段广凤）

【交通】 京口区作为镇江主城区之一，区内交通十分便捷。截至2022年年底，京口区公路总里程83.827千米。其中，国道3.5千米，省道7千米，县道28.576千米（雩龙公路、谏辛公路、学府路、镇澄路、新民大道），乡道36.331千米，村道8.42千米。桥梁13座。辖区内建制村通公路率100%。

城市道路：东西向主干道有中山东路、长江路、正东路、东吴路、学府路、京口路、桃花坞路、大西路（东段）、滨江旅游副线、江滨大道、禹山路、宗泽路等；南北向干道有解放路、电力路（北段）、梦溪路、古城路、石马湾路、小米山路、谷阳北路、谷阳路（北段）、经十二路（北段）、左湖路等。

主要公路：镇澄线、金润大道、金港大道、谏辛公路、雩龙公路、新民大道。

境内航道为京杭运河，全长5.3千米，为三级航道，最大通航能力为1000吨级。苏南运河（京口段），河面宽约90米，水深约4米，流域面积约50平方千米。

长江岸线方面。京口区自然岸线总长17.3千米，其中，象山段6.1千米、谏壁段5.8千米、新民洲段5.4千米，已开发利用7.97千米。

京口区境内铁路总里程14.1千米。其中，连镇线8.1千米，镇瑞线长6千米。设上隍站，年货运吞吐量400万吨。（冯慧）

【风景名胜】 京口依山傍水，风景秀丽多姿，其真山真水具有独特山水风貌，以“天下第一江山”闻名于世。著名的镇江三山有两山在区域内，焦山“山裹寺”，以雄秀见长；北固山“寺冠山”，以险峻称雄。焦山定慧寺为全国重点寺庙。区内“珍珠项链”——长江路有春江潮广场、江滨公园。古运河风光带有河滨公园、珍珠广场、宝塔山公园。市区还有大市口广场、梦溪广场、京口广场、东吴绿地广场、花山湾广场、古城公园、向家门绿地公园等旅游景区、景点及健身广场。

作为国家历史文化名城主城区，京口不仅有众多自然风光，还有着深厚历史底蕴。虎踞桥、焦山碑林、铁瓮城、甘露寺铁塔等为全国重点文物保护单位。焦山碑林中现存重要摩崖石刻80处、藏碑400余方，尤以“大字之祖”瘗鹤铭以及苏轼、米芾、黄庭坚、陆游等书法大家墨迹碑刻和摩崖石刻为最，堪与西安碑林媲美。五柳堂、张云鹏故居、东晋花山湾古城墙遗址、焦山定慧寺、江苏省立镇江图书馆、宗泽墓和油库墩遗址7处为江苏省文物保护单位。2011年，“京江新二十四景”中位于京口区内有11处，分别是北水柳浪、摩崖夕照、寒汀芦荻、海门江雪、晋城春望、灯火临流、春江夜月、北固远帆、甘露流芳、鼎石访梅、湾头壁立。（童心）

【雨情】 2022年梅雨非典型性特征明显，其间多晴热高温天气，梅雨量明显偏少，以对流性降水为主。6月23日入梅（常年平均6月19日），7月11日出梅（常年平均7月13日），入梅偏晚，出梅偏早，梅雨期19天，较常年偏短。镇江市梅雨期降水明显偏少，且分布不均，为61.6~105.3毫米，平均梅雨量为79.4毫米（常年平均263.5毫米），只有常年的30%。

【水情】 长江大通站2022年汛期平均流量(33700立方米/秒)，较多年平均(41500立方米/秒)偏少近两成(−18.8%)。大通站6月24日出现汛期最大流量60400立方米/秒、最高水位13.38米；9月30日出现汛期最小流量为7340立方米/秒、9月21日出现汛期最低水位4.42米。镇江（二）站(镇扬汽渡)：镇江（二）站汛期平均潮位4.83米，较多年平均(5.62米)偏低0.79米。6月16日出现汛期最高潮位7.15米，2022年汛期，镇江（二）站高潮位未超警戒［2022年6月21日镇江（二）站启用警戒水位7.50米］。（黄海霞）

## 国民经济和社会事业发展

【概况】 2022年，实现地区生产总值553.32亿元，同比增长3.6%，增速保持镇江市前列。社会消费品零售总额297亿元，同比增长1.8%。一般公共预算收入20.1亿元；一般公共预算支出13.4亿元。城镇居民人均可支配收入61891元，同比增长5%，略高于经济增速。进出口总额112亿元，同比增长20%。

【重点项目】 2022年，11个市重大、111个区重点产业项目紧跟时序，年度产业投资38亿元。大禹智谷科技产业园等74个项目开工建设，高强度铝合金航空板、高端医疗设备及压力装备制造等70个项目顺利竣工。成功举办“云招商”“云洽谈”等专题招商活动18场，新签约产业项目106个、计划总投资116.1亿元，项目列统率、列统投资额分别增长17.7和56.8个百分点，重点项目与主导产业契合度80%以上。

【主要产业】 2022年，京口区规模以上工业总产值完成529.7亿元、同比增长3.5%；规模以上工业增加值完成128.2亿元、同比增长3%。

【发展质效】 打造大禹山数字文创区，创建省级信息技术应用创新先导区，以信创产业作为推动数字经济快速发展的重要抓手，形成“一体融合、两翼支撑、三区协同、多点支撑”的空间和功能布局。顺应制造业“智改数转”大势，梳理出鼎胜新材ERP核心业务上云等32个“智改数转”项目，江苏索普集团被市评为“智改数转”优秀案例。新增1个国家智能制造优秀场景，新增省级星级上云企业7家。普索化工甲醇智能制造车间成功获批省级智能制造车间。

【生态保护】 牢固树立“绿水青山就是金山银山”理念，制定《京口区长江岸线保护专项行动实施方案》，统筹沿江产业发展、环境保护，不折不扣推动中央生态环境保护督察反馈鼎盛重工违规用地问题顺利整改，实施并完成11项长江岸线清理整治项目。成功推动振邦化工企业关停退出，开展沿江化工企业退出“回头看”专项行动，前期关停的3家化工企业均实现“两断三清”（断水、断电、清原料、清设备、清场地）。

（石达临）

## 精神文明建设

【概况】 2022年，京口区文明办以培育和践行社会主义核心价值观为根本，实施公民道德建设工程，加强未成年人理想信念教育，深化群众性精神文明创建，加快构筑道德风尚建设高地。在2022年镇江市组织的6次文明城市双月测评和全域测评中，京口区均获得优良成绩。

【文明创建】 2022年组织开展省、市两级新增预申报工作，其中省级新增5个单位、5个社区；市级新增1个行业、6个社区、8个单位、2个校园。2户家庭推荐申报“江苏省文明家庭”，并对“江苏省第三届文明家庭”张久召家庭进行复查。3月，区文明办与区妇联联合开展“2021年度京口区文明家庭”活动，有10户家庭获得“2021年度京口区文明家庭”称号。深化文明城市建设工作，组织会议培训、实地指导等多形式多层次创建标准学习培训。

【专项整治】 对京岘山上7亩菜地进行铲除，并在铲除后的地块种植树苗复绿。针对江滨新村崇文路一带停车秩序混乱问题，对路面进行硬隔离，安装道路护栏及U形桩61根。各街道针对属地特征，划分人流量大、校园周边、集贸市场附近、商贸综合体等重点区域，开展综合环境、占道经营、非机动车停放秩序等系列专项执法整治行动。

【公民道德建设】 2022年，京口区1人获“江苏好人”称号、4人获“镇江好人”称号、1人获市“微美人物”称号、18人被评选表彰为“最美京口人”。通过道德讲堂、善行义举榜等阵地，宣传平民英雄和身边好人事迹。组织各方慰问各类道德典型，礼遇各类好人。

【价值引领】 在“京口发布”微信公众号开设《文明城市　你我共建》专栏，利用各街道、园区和社区微信公众号，宣传精神文明建设和文明城市创建活动、“新时代镇江市文明倡导10条”以及身边好人、诚信建设等。定期组织开展“道德讲堂”活动，发挥道德模范、身边好人等先进典型示范带动作用。2022年，新建2个镇江市“好人工作室”。将焦山路口和祥云公寓围墙原有布幔公益广告更换成绿植公益广告、在市政路布置文化墙。制作文明城市创建宣传手册和倡议书3万余份，组织网格长、志愿者通过入户、打电话、发放宣传单页等方式向居民宣传文明城市创建工作。组织开展“文明进万家”广场宣传活动82场，2022年在市里4次模拟入户问卷调查中，京口的知晓率、满意率均为100%。

【文明素养提升】 开展形式多样的群众性文明实践活动，将各项工作要求细化到每月进行贯彻落实。对群众身边的小区环境卫生、垃圾分类投放、车辆停放等不文明现象进行专项整治，通过将一些不文明行为“强制入轨”，促进市民文明习惯养成。每月对61个社区（村）台账进行检查评分并纳入年底考核。开展“京”心护学行动，把参与护学岗的交警、辅警和家长、老师整合成一支队伍，开通文明交通“微警示”“微课堂”，向在校师生及家长推送文明交通常识，由未成年人向身边家长传递文明出行意识。

【未成年人思想道德建设】 开展“扣好人生第一粒扣子”教育实践、“我们的节日”等主题活动，利用清明、“七一”、国庆等重要时间节点，引导青少年进行经典阅读。7月，组织开展京口区“新时代好少年评选”活动，有9名中小学生当选。2022年，有11名中小学生当选“镇江市新时代好少年”，张艺馨同学获得“江苏省新时代好少年”称号；170篇诗篇参加镇江市第五届“童心里的诗篇”少儿诗会大赛、220篇作品参加镇江市“梦想与担当”青少年征文大赛。推荐京口中学预申报省级文明校园。联合关工委筹划86个“七彩的夏日”活动项目。

【志愿服务】 以“大爱镇江——京口‘十百千万’”行动为抓手，组织开展各类志愿服务活动。每月提前规划，及时向市里报送“大爱镇江”活动项目，2022年上报510条。陈巧凤、孙保为、袁剑获镇江市“最美志愿者”称号，正东路街道江科大社区获评“最美志愿服务社区”，京口区“京”心护学红旗小学志愿服务护学岗获“志愿服务示范站点”称号。（张荣琳）

【新时代文明实践】 成立新时代文

明实践中心 1 个、新时代文明实践所 8 个、新时代文明实践站 61 个，实现 100% 全覆盖。新时代文明实践中心通过“三四五”工作法，构建区、街道、社区（村）“三”级网络，打造实践中心—实践所—实践站—实践点“四”类阵地，设立指挥中心、理论宣讲、教育服务、文化服务、科技科普服务、健康促进与体育服务等五大平台功能室，达到有场所、有标识、有队伍、有项目、有制度、有展示的“六有”标准。坚持把增强阵地意识、推动党的创新理论“飞入寻常百姓家”作为新时代文明实践的首要任务。结合实际，因地制宜，最大限度发挥各类资源作用，做到人员到岗、制度上墙，把“群众要什么”与“社区有什么”有机结合，实现阵地、服务资源、发展共享联动新模式。

（吴晓静）

2022 年 7 月 23 日，北固湾宝鼎广场风景（崔世林　摄）

## 综　述

【概况】　京口区坚持以习近平新时代中国特色社会主义思想为指导，全面落实党中央"疫情要防住、经济要稳住、发展要安全"重大要求和镇江市委"生态要提升"紧迫任务，各项工作平稳有序推进。2022年实现地区生产总值553.32亿元，同比增长3.6%；规模以上工业总产值529.7亿元，同比增长3.5%；城镇居民人均可支配收入61891元，同比增长5%。

【经济发展】　实施"产业项目提速增效年"行动，新签约项目数量和投资体量同比分别增长20.5%和37.9%，项目列统率、列统投资额完成进度均列镇江市第一。总投资10.5亿元的天海特种装备制造项目竣工验收，总投资30亿元的诺贝丽斯项目实现能评、环评及土地上市重大突破。深入开展"春风暖企"大走访，2022年新增"四上"企业105家，为各类市场主体落实减税降费、缓税、留抵退税10.24亿元。打响"京夜无眠""京喜大市口"两大促消费品牌，实现社会消费品零售总额297亿元，连续6个月增速位列镇江市第一。泊菲莱、海龙核材相关科技成果入选"中国好技术"，鼎胜新材获评2022年度"国家知识产权优势企业"。开展人才强区"赋能增智"行动，优化提升"金凤凰"计划，国家级人才申报实现新突破，2022年引进基础型人才达3433人。数字经济蓬勃发展，华为（镇江）数字联合创新中心开园运营，大禹山数字文创区成功入选省级信息技术应用创新先导区。

【城市环境】　扎实开展长江岸线保护、黑臭水体治理、蓝天保卫战、打击固体废物非法倾倒和工业"散乱污"企业整治五大专项行动，实施农村生活污水专项治理，空气质量不断好转，国考、省考断面水质全面达标。谏壁、大市口、正东路3个街道获评省生态文明建设示范街道。有序实施大八叉巷、尚友新村等9个片区37.52万平方米老旧小区改造，稳步推动东吴新村等55个小区物业管理提升工程，庙巷片区入选省级宜居示范居住区。顺利完成象山花园、王家新苑回迁安置，3000余户群众安居圆梦。扎实开展"五争五建"（五争：争先进、争标兵、争一流、争典范、争荣光。五建：建幸福广场公园、幸福街巷，建美丽校园、美丽公厕，建样板路段、样板公益广告点位，建和谐社区小区、和谐窗口，建最美道德讲堂、最美志愿服务站点）常态长效提升行动，加大对流动摊点、店面外溢等问题执法整治力度，拆除违法建设1962处6.44万平方米，学府路等6条城市主干道市容秩序持续向好，顺利通过全国文明城市"国检"。居民小区垃圾分类设施投放覆盖率100%，35个小区成功创建省级垃圾分类达标小区。

【民生福祉】　2022年新增城镇就业6143人，支持成功自主创业2375人，"零就业家庭""零转移家庭"连续四年保持动态清零。实施"富民强村"工程，推广金银花、多肉等特色农产品种植，左湖、上埠等经济相对薄弱村年度集体经济收入首次突破120万元。教育"双减"入选全国典型案例，贺家弄幼儿园北固湾分园建成投入使用，省、市优质幼儿园占比95%。建成区疾控应急指挥中心，新增1家省级社区医院、"五星中医馆"，完成3家社区卫生服务中心提档升级。启动省级文保单位王家花园修缮工程，建成滨江风光带体育公园。实施"精网微格"工程，四牌楼街道成功创建市社会治理现代化先进街道。创新"京心调"模拟调解模式，基层矛盾纠纷化解率99.1%。

【社会稳定】　深化提升安全生产专项整治"三年大灶"，开展安全生产大起底大排查大整治"百日攻坚"，2022年安全事故起数、死亡人数"零发生"。坚决守牢耕地红线，粮食产量、种植面积"双提升"。成功创建省级食品安全示范区。依法依规、稳妥推进问题楼盘矛盾处置，停工楼盘有序复工。深入落实"削峰、脱红、破冰、强基"计划，融资综合成本、经营性债务成本保持镇江市最低水平，超额完成年度化债任务，债务化解"贡献度"位居镇江市前列。扎实推进"信访突出问题攻坚化解年"行动，中央和省信访联席办交办事项全部化解，完成党的二十大安保维稳任务。深入开展特殊困难群体救助帮扶和妇女儿童权益保障问题专项排查整治、打击整治养老诈骗等专项行动，常态化推进扫黑除恶斗争，群众安全感大大提升。

【党的建设】 建立“第一议题”制度，深入学习贯彻习近平新时代中国特色社会主义思想，系统学习《习近平谈治国理政》第四卷等重要文献，坚定拥护“两个确立”、坚决做到“两个维护”。举办“喜迎二十大”“奋进新征程·建功新时代”等重大主题宣传活动，获评江苏省基层党员冬训工作示范区。实施“头雁工程”，选树一批社区（村）“京口名书记”“年度好书记”。出台暖“新”10条，推动“家门口”党建走深走实。建成启用镇江市首个数字经济党群服务中心，“红色云链·数字赋能”党建走在江苏省前列。开展区管领导班子和领导干部“三敢三争”（敢闯敢试敢担当、争先争雄争荣光）综合分析研判，选派优秀年轻干部到疫情防控、污染防治一线“墩苗”锻炼。深化“三聚三美促‘京’彩”主题活动（实施“聚学”行动，提升专业之美；实施“聚力”行动，彰显实干之美；实施“聚心”行动，凝聚奋进之美），涌现出全国“人民满意的公务员”金怡等先进典型。深入开展两轮常规巡察和一轮巡察整改专项督查，推进“群众密切关注十件事”专项整治，实施营商环境“码”上监督等“八大行动”，全面从严治党群众满意度测评位列镇江市第一，纪检监察信访举报率镇江市最低。扎实推进孝廉文化建设，“孝廉京口”获评“中国廉洁创新奖”特色创新项目和“新时代廉洁文化建设在江苏”十佳项目。开展“聚力争跑、京彩有我”系列行动，成立京口区留学人员亲属协会，贺家弄社区成功创建省级“红石榴家园”。

## 重要会议

【区委九届三次全会】 2022年8月11日召开。会议学习贯彻习近平总书记在省部级主要领导干部“学习习近平总书记重要讲话精神，迎接党的二十大”专题研讨班上重要讲话精神和党中央决策部署，全面落实“疫情要防住、经济要稳住、发展要安全”重大要求，认真落实省委、市委工作会议要求，总结2022年以来工作，部署2022年下一阶段任务，动员上下高效统筹疫情防控和经济社会发展，全面做好改革发展稳定各项工作，以实际行动迎接党的二十大胜利召开。

【区委九届四次全会】 2022年12月27日召开。会议深入学习宣传贯彻党的二十大精神，全面贯彻中央经济工作会议精神，认真落实省委十四届三次全会、省委经济工作会议、市委八届四次全会部署，总结2022年工作，部署2023年任务。

## 重要工作

【经济发展】 大力实施“产业项目提速增效年”行动，加快推进100个重点产业项目。其中11个市级重点项目有序推进，完成投资9亿元，超序时5.2个百分点。高性能材料、新一代信息技术等五大主导产业实现工业应税销售144.1亿元，同比增长21.8%。坚持人才第一资源、创新第一动力，首次召开区委人才工作会议，积极开展“人才强区、赋能增智”行动，优化提升“金凤凰”计划，赴安徽省合肥市开展2022招才引智“镇江日”首场活动，各级人才项目申报创新高。

【生态环境】 强力攻坚中央环保督察反馈问题整改，鼎盛重工初步整改成效得到生态环境部黄润秋部长现场肯定。推动富民强村建设，开展城镇污水处理提质增效精准攻坚“333”（“三消除、三整治、三提升”。“三消除”指消除城市黑臭水体、污水直排口、污水管网空白区；“三整治”指整治工业企业排水、小散乱排水、阳台和单位庭院排水；“三提升”指提升城镇污水处理综合能力、新建污水管网质量管控水平、污水管网检测修复和养护管理水平）行动，加快补齐污水收集和处理设施短板。改造大八叉巷、尚友新村等9个片区老旧小区，谏电二村成功创建省级“红色物业”示范点。聚焦占道经营、店面外溢等反复“回潮”问题，加大市容环境执法整治力度，花山湾支路综合整治初见成效。

【民生事业】 开展“四项八进”（政策巡回解读—进园区、进社区，用工专班保供—进项目、进产业链，引才上下齐发—进云端、进高校，执法保障前移—进企业、进家庭）活动保用工稳就业，落实中小微企业招用高校毕业生补贴政策，发放各类稳岗、社保补贴1319.9万元。举办“魅力京口”系列文化活动，第一楼街成功入选第二批省级夜间文化和旅游消费集聚区，谏壁街道文化站、凤凰文化广场望山书局获评省级“最美文化空间”。持续推进退役军人服务保障体系建设，发放镇江市首张退役军人优待证。深入落实义务教育“双减”政策，深化集团化办学等领域改革，启动江苏大学附属学校建设、老解放路小学校安改扩建等工程，确保义务教育水平保持在镇江市第一方阵。提升基层公共卫生服务能力，建设大市口社区卫生服务中心康复医学中心。加快建设“15分钟养老服务圈”，新增养老护理型床位800张。放大“魅力京口”“健康京口”品牌效应，开展全民艺术普及和群众性体育健身活动。

【党的建设】 坚持以党的政治建设为统领，建立“第一议题”学习制度，推动京口区上下忠诚捍卫“两个确立”、坚决做到“两个维护”。严格落实意识形态工作责任制，持续推进理论学习中心组巡学旁听，深入开展“网安2022·京口行动”，发挥新时代文明实践中心作用，巩固壮大主流舆论阵地。建立“红色云链”党建联盟，构建“三强三红”（党建强、发展强、赋能强，云链红、产业红、全局红）工作模式，江苏省委组织部部长赵世勇现场调研、充分肯定。全面推广“奔跑支部”工作法，“家门口”党建项目入选镇江市组织工作重点突破项目。深化营商环境专项监督，助力构建亲清政商关系。加强廉洁文化建设。合并成立民进京口区基层委员会，建立“一党派结对一街道（园区）”联系机制，推动“京话统”专项民主监督。加强与留学人员及其亲属的沟通联系。

## 组织工作

**【概况】** 2022年，京口区组织工作以习近平新时代中国特色社会主义思想为指导，落实新时代党的建设总要求和党的组织路线，落实党中央和江苏省委、镇江市委、京口区委决策部署，统筹推进选干部配班子，抓基层打基础、聚人才建队伍等各项工作，切实抓好数字经济党建、“家门口”党建等，推动组织工作取得新进展。

**【学习宣传贯彻党的二十大精神】** 完成镇江市3名二十大代表酝酿推荐选举工作。开展“学习《习近平谈治国理政》第四卷、以实际行动迎接党的二十大”主题党日“五个一”活动，区委常委带头诵读录制第四卷，播出18期。根据江苏省约稿制作“点赞二十大，说说心里话”——小胡的vlog（视频记录）。《党建让社区生活更美好》短视频在“江苏先锋”《喜迎二十大，堡垒更坚强》栏目播出。开设京口先锋《“贯彻二十大”之勤学、善思、笃行》专栏，展示基层鲜活做法，交流心得体会。

**【实施“家门口”党建】** 出台“家门口”党建《实施意见》，打造具有京口特色、江苏省有影响的“家门口”城市基层党建工作品牌。按照“一网格一支部”原则，网格党支部应建已建率、应调已调率均达100%。选树社区（村）“京口名书记”“年度好书记”。出台激发党员荣誉感12项举措，开展全体党员爱岗担责、社区党员设岗定责、机关党员认岗领责、“两新”党员拓岗履责“四岗四责”活动。结合“红色物业”“红色旧改”等工作，因地制宜打造“幸福滨江汇”等10个“京口红韵”网格党群阵地。

**【新业态新就业群体党建】** 围绕“京新汇·家门口”脉络主线，出台暖“新”10条举措。建立新业态新就业群体工作专委会，新成立网络主播等5个党支部，协调10个“户外劳动者服务站”“环卫驿站”等集中向新业态新就业群体开放。开展“组织找党员、党员找组织”活动，一企一档，动态更新基础数据库。打造苏宁金色商居、宝华物流、元致亨等106个集思想引领、暖心关爱、便民服务于一体的暖“新”加油吧。发动两新党员600余人次到社区认岗领责，参与基层治理。联合人社、司法、工会、团委、妇联等部门，帮助新就业群体解决维权、救助等实际困难需求180余件，“爱心暑托班”“送清凉”活动惠及1000多人。

**【数字经济党建】** 在镇江市率先探索数字经济党建工作，聚力打造“红色云链·数字赋能”品牌。出台江苏省首个数字经济党建《实施意见》，探索“党建强、发展强、赋能强”路径、构建“云链红、产业红、全局红”格局。吸纳9个部门成立数字经济综合党委，覆盖1300余家数字经济企业。提炼“数聚禹山”等5个集聚区工作法，培育金海星等10个“三强”（党建强、发展强、赋能强）标杆党组织，构筑“1510”［以1个数字经济党建品牌统揽5大集聚区（楼宇）品牌建设，培育10个“三强”党组织工作法］数字经济党群矩阵。建成镇江市首个数字经济党群服务中心，成立50个“奔跑支部”，组织148名机关干部担任企业“禹小二”，助力京口区数字经济产业发展和高效能社会治理。

**【基层基础建设】** 项目化推进基层党建工作，开展基础巩固、提升推广、创新突破三类50个年度重点项目。探索功能型党支部建设，推广“奔跑支部”工作法，让党旗在产业项目、旧改项目、疫情防控封控区和隔离点等一线高高飘扬。开展城乡基层党组织排查整顿工作，有序推进“村村到、户户进、人人访”集中走访，形成区、街、社三级问题清单，深入“排”“查”“改”。推进农村党员违法违规问题排查整顿工作，发现处置问题4起，出台发展党员“三张职责清单”［区委直属党（工）委书记、分管领导和基层党支部书记发展党员工作职责清单］。落实清查规范党务工作，排查非党员从事党务工作问题3起，及时抓好整改提升。

**【干部选用】** 出台《关于大力建设“敢闯敢试敢担当、争先争雄争荣光”的干部队伍，点燃加速奔跑激情的意见》。坚持重实干、重实绩、重担当，围绕事业发展需要，进一步选优干部、配强班子，2022年调整任免干部6批次、242人次；提拔重用德才兼备、实绩突出、“想干事、能成事”干部44名，其中乡科级正职9名、副职35名。认真落实镇江市委《关于加强优秀年轻干部培养选拔工作的实施意见》要求，2022年，提拔任用“90后”干部13名，其中“95后”5名。开展“无任用推荐”，分层分类建立“六个库”，储备优秀乡科级干部119名、股级干部116名、年轻干部101名、女干部74名、党外干部54名、专业型干部66名。

**【干部队伍培训】** 举办“喜迎二十大　奋进新征程”乡科级正职干部进修班、第十八期中青年干部培训班。用好线上线下载体，举办专业化培训15场，参训干部492人次，选派20名干部参加上级调训，组织620名干部参加网络培训。实施“四个一线”（改革发展、服务群众、污防攻坚、信访稳定一线）练兵计划，选派24名干部压茬驻守疫情防控应急隔离点，52名年轻干部组建“冲锋队”，8名干部服务污染防治攻坚战。

**【关心关爱干部】** “三项机制”（鼓励激励机制、容错纠错机制、能上能下机制）落实进入常态化，评选“凝心聚力好班子”8个、“担当善为好干部”20名，向镇江市委组织部报送“三项机制”典型案例36个，对1名干部实施容错纠错。区委班子成员与干部进行任前谈话167人次，受区委委托，区委组织部部务会成员2022年与区管干部谈心谈话400余人次。进一步拓宽干部晋升通道，

2名干部晋升三级调研员，11名干部晋升四级调研员，65人次晋升三级主任科员，19名事业单位管理岗位人员晋升职员等级。走访慰问援派干部人才及家属、困难变故家庭等16人次。

【综合考核】 按照“突出区委中心工作、突出短板弱项、突出差异化考核”总体思路，牵头制定《京口区综合考核“1+6”文件》，成立15个工作专班，将江苏省、镇江市考核指标全部分解落实到位，明确各层级、各部门工作职责和工作重点，做到任务清单化、责任具体化。做好2021年度区级机关、街道（园区）综合考核等次评定工作，结合考核结果，评选突出贡献奖4个，“四大提升行动”先进个人40名，切实发挥高质量发展综合考核“指挥棒”“风向标”作用。

【人才平台载体建设】 做强头部企业创新载体，建成华为（镇江）数字联合创新中心，设立数字人才馆，打造数字“头雁”之家、数字创客之家和数字工匠之家。创新校地人才联合培养模式，推动大禹山创意新社区与镇江高等职业技术学校合作共建“大禹山数字文创产业学院”，配套建设智能制造产教融合实训基地，打造镇江市数字文创产业人才摇篮。做实社区（村）人才工作站，建成首批8个社区（村）人才工作站。

【人才生态优化】 协助京口区委召开人才工作会议，印发《关于开展“赋能增智”行动 全面推进新时代人才强区建设的实施意见》，优化人才工作领导体制和运行机制强大合力。打造“‘镇兴’有你才‘京彩’”活动品牌，成功举办2022招才引智“镇江日”首场活动（合工大专场）、合肥工业大学镇江籍大学生座谈会、2022镇江人才云聘月安徽大学专场招聘等活动，宣传推介京口产业人才政策，设立高校人才工作站。推进苏宁人才友好示范区建设，发布人才友好街区服务联盟招募令，开展“与宁一起·才庆中秋”“情系京口 宁好等你”等人才联谊活动。

【公务员工作】 2022年招录30人，其中硕士研究生10人；加大对基层倾斜力度，招录大学生村官、基层服务人员以及优秀村（社区）书记（主任）。完成2021年度考核工作。按照部门综合考核等次，顶格确定单位优秀等次比例，优秀169人，三等功30人。推进公务员平时考核工作，确定京口区城管局和谏壁街道为镇江市平时考核联系点，以点带面推进平时考核工作规范化、制度化。完成京口区审计局专业技术职数核定和职级套转工作。开展“三聚三美促‘京’彩”公务员主题活动（实施“聚学”行动，提升专业之美；实施“聚力”行动，彰显实干之美；实施“聚心”行动，凝聚奋进之美），实施新录用公务员“成长助跑”行动，金怡被评为“全国人民满意的公务员”。 （袁正阳）

## 宣传工作

【概况】 2022年，京口区宣传思想文化工作以迎接宣传贯彻党的二十大为主线，突出奋进新征程、建功新时代工作要求，突出学习贯彻习近平新时代中国特色社会主义思想首要政治任务，举旗帜、聚民心、育新人、兴文化、展形象，获评2022年度镇江市宣传思想文化工作创新成果。

【新思想学习宣传贯彻】 构建校地意识形态工作“四联四建”（党的理论联学，共建思想高地；思政工作联推，共建思政课堂；风险隐患联研，共建安全防线；精神文明联创，共建文明城区）新模式，开展各类联学82场次，举办“校地共学二十大·携手奋进现代化”系列主题活动30余场。

【宣讲工作队伍建设】 遴选100名优秀宣讲人才组建京口基层理论宣讲团队伍，发挥思政老师、“道德模范”、“百姓名嘴”等作用，打造“‘京’彩‘理’赞”工作品牌。推进“礼赞新时代、追梦复兴路”主题宣讲，在镇江市主题宣讲决赛中，由京口区选拔推荐的中山路小学周圆老师获得镇江市第一名。

【宣传理论阵地建设】 发挥新时代文明实践中心（所、站）作用，建好用好理论学习新平台、示范点，打造“传承知青精神、奋斗不负韶华”新民洲基层冬训情景实践课堂、四牌楼街道“滨江茶铺”学习宣传阵地等，推动冬训工作走“新”走“心”。2022年，京口区获评江苏省基层党员冬训工作示范区。

【新闻宣传】 聚焦“喜迎二十大”、“奋进新征程·建功新时代”、产业强区“一号战略”、“孝廉京口”、“人才兴区”等重大主题，在“学习强国”各级学习平台发稿350余篇，其中全国平台用稿8篇。在央视、《新华日报》、《镇江日报》、人民网、央广网等省市主流媒体头版发稿145篇，其他版面用稿787篇。央视《新闻联播》以《走进基层宣讲推动二十大精神落地落实》为题，对京口区正东路街道酒海街社区与江苏科技大学联合举办的“党的二十大精神”宣讲活动作报道。“京口发布”微信公众号2022年推送各类报道1400余篇，2022年度文章阅读数和在看数稳步提升，WCI（微信传播）指数排名在镇江辖市区政务及媒体类公众号中位居第一方阵。

【群众性宣传教育】 注重分众化组织、多渠道推进、多形式组织开展“强国复兴有我”群众性宣传教育活动，开展“礼赞新时代·追梦复兴路”主题宣讲活动130余场，“魅力京口”广场文化活动70余场，“我们的节日”活动110余场。

【文明培育】 坚持用“身边人讲身边事、身边人讲自己事、身边事教身边人”方式，提升道德讲堂和善行义举榜影响力和实效性。发挥各类先进典型示范带动作用，中国国际电视台（CGTN）频道播出纪录片《地标中国——味暖人间镇江醋》，报道“中国好人”李永生事迹。2022年，京口区1人获得“江苏好人”称号，5人获得“镇江好人”称号，1人获得镇江市“微美人物”称号，1人获得市级“最美志愿者”称号，18 人被评为“最美京口人”。

【文明实践】 深化市民文明素养提升工程，组织形式多样的群众性文明实践活动，将各项工作要求细化到每月进行贯彻落实。拓展“文明交通‘京’彩同行”活动内涵，组织开展“‘京’心护学”行动，整合护学各方力量，通过统一护学岗名称、标识、规范、模式和领导机制“五统一”，达到管理水平和服务质态护学“双提升”。

【文明创建】 编制印发《京口区文明城市创建指导图册》，对京口区商业大街、集贸市场、城市社区等重点点位进行梳理，通过测评标准和实景图片相对照，方便大家更加准确地掌握文明创建工作标准。针对城区 8 条重点主次干道路面、人行道、绿化带各类杂物，小广告、占道经营等“反复回潮”问题，组织专业市场化力量每月常态化开展保洁及巡查工作。

【文化建设】 实施“村（社区）文艺播种计划”志愿辅导 179 场，举办全民艺术普及讲座 24 场、培训 929 场、展示活动 94 场。以“阅享京口”品牌活动为载体，开展主题阅读活动 100 余场，累计完成 300 余场线上线下阅读活动，2022 年居民综合阅读指数为 77.6，位列镇江市第二。狠抓企业入库“做大增量”，大禹山数字文创区成功入选江苏省信息技术创新应用先导区，大禹山创意新社区入选江苏省文化产业示范园区，文化产业增加值占地区生产总值比重指标位列镇江市第一。（郭良玉）

## 统战工作

【概况】 2022 年，京口区统一战线全面加强党的领导，及时召开区委统战工作领导小组会议，将《中国共产党统一战线工作条例》执行情况纳入党建考核体系、政治巡察和监督执纪范围，成立统一战线事务服务中心，用“党委视角”积极谋划工作。

【“喜迎二十大”】 开展“喜迎二十大，同心跟党走”系列活动、“统战百年发展史”专题讲座、“同心向党，京彩有我”摄影书画展等 7 场较大规模喜迎二十大活动，举办“矢志不渝跟党走　携手奋进新时代”、民营经济人士理想信念等 6 场主题教育。依托“京口统战”微信公众号，开设“二十大·统战说”专题，征集心得体会 100 余篇，累计阅读、转载、点赞达 5000 余次。信息宣传稿件被省、市等各级媒体采用 230 余条。通过同心讲坛、同心沙龙等形式，开展党的二十大精神、中央统战工作会议精神等学习宣讲、专题研讨 10 余场。

【参政议政工作】 制定《2022 年度民主党派京口基层组织绩效考评办法》，召开民主党派调研课题会，2022 年提交调研成果 12 篇，提出意见建议 21 条，提交提案、议案 155 件。支持各民主党派加强自身建设，合并成立民进京口区基层委员会。建立“一党派结对一街道（园区）”联系机制，围绕营商环境优化、长江生态环境保护等方面，组建 3 支民主党派“京话统”监督员队伍，开展“监督服务面对面”活动，形成监督报告 32 篇。

【统战团体与党外干部队伍建设】 成立京口区留学人员亲属协会，进一步优化京口区新的社会阶层人士联谊会班子建设，完成京口区党外知识分子联谊会换届。加强党外代表人士动态管理，推进党外干部实职安排，推荐提拔 3 名党外干部，选优配强职能部门 14 名党外干部。

【优化营商环境】 启动“聚力争跑·京彩有我”系列行动，系列行动简报获市委副书记巩海滨、区委主要领导批示肯定。开展“五送五助·春风暖企”（送服务、助发展，送政策、助落地，送科技、助创新，送法律、助诚信，送保障、助亲清）专项行动，成立两级专项行动工作专班，设立 25 个“两个健康”（非公有制经济健康发展和非公有制经济人士健康成长）监测点，走访调研企业 600 余家，解决问题 130 余个。举办“企业家沙龙”“同心抗疫助企纾困阳光行动”等主题活动 25 场。创新“税务、工商联、学校”互促合作新模式，在江苏科技大学设立“助力大学生就业创业税费服务站”，打造集税法、创业等咨询于一体的交流平台。盘活闲置楼宇，打造“京鸥共创空间”，为留学生回镇、乡贤归乡搭建集思想引领、合作交流、资政建言、创新创业于一体的服务平台，2022 年 7 家企业签约入驻。与江苏大学、江苏科技大学统战部开展校地交流合作座谈会 2 场，推动建立校地统战联盟，助推产学研深度融合。

【助力基层治理】 开展“一起想·一起干”同心善治合伙人接力跑活动，600 余名统战成员组建 20 支合伙人队伍，启动 10 个合伙人项目，开展“健康知识讲座”“同心服务进社区医卫专家义诊”等活动 50 余场。四牌楼街道以“123+N”模式，打造三级统战人士服务驿站，构建起“15 分钟暖心圈”。正东路街道搭建“统战 + 调解”“统战 + 帮扶”等新平台。

【阵地与品牌建设】 建强平台载体，以“一街道（园区）一品牌”“一阵地一特色”为抓手，打造京口“同心地图”。建成四牌楼街道“同心湾之家”、谏壁街道“三度同心之家”、“京口法院同心书屋”等一批统战阵地。承办 2022 海外华文教师华校校长线上研习班开班仪式，开展“周三茶会暨文心品书会”“京彩同心”等系列活动近 30 场，举办“数字经济青年说”等特色活动 50 余场。依托“互联网 +”数字基础设施，在“京口统战”微信公众号开辟建言献策线上通道，搭建数据化、可视化信息平台，建立完善 12 个类别、2500 余名党外代表人士动态数据库，推进统战工作科学化、精细化、智能化。（秦岩）

## 对台事务

【概况】 2022 年，京口区深入学习领会党的二十大精神特别是新时代党解决台湾问题的总体方略，做好新形势下对台工作。截至2022年底，京口区有台企9家，累计注册资金1.05亿美元，其中“四上”企业4家；台胞27名，台属60名，海峡两岸婚姻家庭20个。

【助力台企】 引导元鼎饰材实业（镇江）有限公司完成高新技术企业申报；顺裕饰品增资50万美元保障企业生产经营；永丰电光源、隆全锅炉2家台企第二代“守业人”成功引进同业态企业入驻其闲置厂房，实现资产盘活。

【对台交流】 借助云端与远方台商开展“不见面交流”，推介京口，增进同胞情谊。通过举办“以茶叙情”“以法促情”等活动，丰富交流方式，做好在京口台胞情感交流。

【台胞暖心服务】 2022年，协调解决各类台胞权益保护求助17起，回复满意率100%。结合实际，落实落细《江苏省对台经济文化交流合作促进条例》，加快台资企业高新技术企业申报进程。全领域贴心服务，增加强台胞归属感。及时了解台胞离镇返镇情况，做好疫情防控政策宣传解释，做好在京口台胞就医、子女就学等服务工作。 （徐丹）

## 机构编制工作

【概况】 2022年，京口区机构编制工作突出党建引领，发挥党在机构编制工作中把方向、管大局、促落实核心作用，做好机构编制各项基础性工作，推动机构编制精细管理，优化编制资源配置，激发基层治理效能。

【机构编制资源保障】 严格落实中小学教职工编制专编专用制度，落实中小学党组织领导校长负责制。优化完善公共卫生服务体系，推动社区卫生服务中心理顺管理体制，调优人员编制，加大用编力度，配强区疾控中心专业技术人员。

【综合行政执法体制改革】 落实京口区执法队伍事业编制总量锁定管理，开展街道综合执法赋权事项实施情况评估，会同相关部门制定京口区深化应急管理综合行政执法改革实施方案，组建区应急管理综合行政执法队伍，实现应急管理领域“一支队伍管执法”。

【社会治理现代化体系建设】 明确区街两级社会治理现代化指挥中心机构设置，整合大数据管理、网格化服务管理以及政府公共热线服务、智慧城管等职能，组建“京口区区域社会治理现代化指挥中心”，明确主要职责、内设机构和人员编制。

【机构编制法定化】 结合江苏省“四级四同”事项、镇江市设权力清单调整要求，指导各部门、街道及时完成行政权力清单动态调整，确保各部门、街道职责清晰准确，权力运行有序畅通。开展机构编制“条条干预”问题专项整治，探索开展机构编制评估检查和权责清单执行情况监督评估，加强机构编制实名制管理，确保党管机构编制原则落到实处。严格事业单位法人监管，优化事业单位登记管理，组织开展事业单位信用等级评价工作。

【机构编制普法用法】 以《机构编制工作条例》为基准，开展《江苏省贯彻〈中国共产党机构编制工作条例〉实施办法》实施情况自评工作，对机构改革方案、各部门“三定”规定执行情况和编委会研究事项落实情况常态化开展机构编制监督检查，强化机构编制刚性约束。 （马潇）

## 老干部工作

【概况】 2022年，京口区委老干部局坚持以习近平新时代中国特色社会主义思想和习近平总书记关于老干部工作重要论述为指导，推进“六有一提升”（有党的组织、有领导班子、有组织活动、有作用发挥、有工作制度、有工作保障，提升组织力）、“银发生辉”、“三有一落实”（有就医绿色通道、有签约家庭医生、有医疗特困帮扶机制，落实好离休干部提高享受医疗待遇政策）、“素质提升”工程。2022年获评“江苏省老干部工作先进集体”。

【离退休干部组织建设】 开展“喜迎（庆）二十大，助跑新征程”主题党日活动，学习贯彻《关于加强新时代离退休干部党的建设工作的意见》，研究制定《京口区加强离退休干部党员线上组织生活指导意见》。9月8日，成功承办镇江市离退休干部党员“线上组织生活”现场观摩会，有关做法被“学习强国”学习平台等多家媒体宣传报道。完成集中换届工作，实施“三项”计划，申报“六好”（组织设置好、班子建设好、党员队伍好、学习活动好、作用发挥好、制度坚持好）支部省级1家、市级3家，成功创建“六有一提升”市级示范支部4家；新增建制性党支部1家、“银辉驿站”非建制性党支部2家。推动17家市级示范支部与社区结对，推动党员分类、记实管理，组织“银发先锋”上讲坛，制作宣讲视频2个。

【“银发生辉”工程】 建好银发人才库，在现有28个银发志愿服务团队、近200名银发志愿者队伍基础上，优化1+4+5+X银发志愿服务组织体系。组织实施银发志愿服务“书记（团队长）项目”30个。12月5日，以PPT现场演示和书面交流相结合方式，组织专家对项目进行评审，有关做法被《人民日报》、网易等媒体平台转载报道。做强“君子兰”“星光义工”等4+5特色团队品牌，培育“银发护航”“银发园丁”等“银发系列”新品牌，汇聚“银耀‘京’彩”京口总品牌。实施老干部助力社区治理“三强三融”行动计划（强党建引领、强双向服务、强组织保障，不断推动老干部融入社区、离退休干部党建融入城市基层党建、老干部工作融入城市基层治理），培植市级社区“银辉驿站”8个、“老党员工作室”17个。

【离休干部服务】 会同京口区卫生健康部门组建28个家庭医生离休干部专属团队，服务辖区离休干部226人，签约服务在镇江市区占比近 2/3；会同京口区民政部门，完成辖区 38 户（其中 6 户属区直）离休干部居家适老化改造。切实抓好老干部活动中心疫情防控和安全管理工作，有序推进“政治中心、文化中心、服务中心”建设。落实情况通报、慰问关怀、荣誉退休等制度和有关老干部政治待遇、生活待遇。对接镇江市局、共享资源，向老干部推介涉老服务信息。

【老干部工作队伍建设】 开展“用心用情当先锋，激情奔跑建新功”主题实践活动，局机关全体在职人员踊跃投身京口 2022 年“十一”前后疫情防控工作，连续奋战三天三夜。完善各类考核机制，合力建好、用好、维护好“江苏老干部”精准服务信息化平台。开展调查研究，强化信息宣传，“以‘四化’‘四抓’组织引导老干部助力社区治理”入选“赓续荣光·江苏老干部工作 40 年”宣传项目。（朱玲）

## 史志档案工作

【概况】 截至 2022 年年底，京口区档案馆馆藏纸质档案 20648 卷，130617 件，另有照片档案 9985 张。京口区干部人事档案管理中心累计馆藏 2269 份。

【史志编研】 京口区史志办编撰出版《京口年鉴（2022）》，完成《江苏年鉴（2022）》《镇江年鉴（2022）》京口部分。做好《京口年鉴（2021）》和《镇江年鉴（2021）》发行宣传工作，编撰 2022 年度《档案参考》12 期。常态化开展史志成果“六进”活动，向鼎盛铝业、石马湾社区等企业、社区捐赠最新编研成果。

【档案资源建设】 京口区档案馆 2022 年整理上架区新闻中心照片 6052 张、区民政局（2015–2020 年）婚姻档案 24428 件，接收京口区教育局 1547 份人事档案，接收出生医学证明档案 7645 件并完成数字化工作。

2022 年 6 月 15 日，京口区区级机关开展“崇廉尚贤守底线、干事创业勇担当”主题党日活动（区委区级机关　供稿　崔世林　摄）

【档案利用服务】 开展“喜迎二十大·档案颂辉煌”“6·9”国际档案日主题系列活动，镇江市首家“红色家庭档案馆”揭牌。接入全国档案查询利用服务平台，配合长三角地区 10 家档案馆完成 13 例婚姻档案查询出证工作。查档大厅接待查询群众 2452 人次，查询档案 1030 件（卷）。干部人事档案管理中心提供档案利用服务 237 人次。

## 机关工委工作

【概况】 2022 年，京口区委区级机关工委坚持以党的政治建设为统领，全面推进党的各方面建设，深入贯彻落实“党旗‘镇’红、一线建功”工程，争先当强、激情奔跑，为京口高质量发展贡献先锋力量。2022 年获评省、市机关党建信息工作先进单位，区十佳优质“书记项目”。

【暖企纾困】 深入贯彻产业强区“一号战略”，组织申报、实施“暖企先锋行　助力加速跑”书记项目，成立暖企先锋队，采取服务上门、精准服务等方式，先后开展 8 次企业家沙龙，快速回应企业合理诉求；深入开展“进园区、送政策、纾企困”先锋行动，协调、组织市、区两级 32 家机关部门开展“组团式”集中服务，召开互联网企业座谈会，市委常委、组织部部长张娟现场视察并指导。

【固本强基】 组织“礼赞新时代·追梦复兴路”主题宣讲，举办“服务先锋、一线建功”主题演讲比赛，5 名党员在市、区比赛中获奖；深化机关党建“微行动”，开展“微宣讲”“微论坛”“微分享”“微课堂”“微志愿”等集中活动 11 次；着眼提升主题党日质量，出台《工作意见》，每季收集典型做法，评选年度“十佳”优秀案例；完成区级机关 71 个基层党组织集中换届工作。（李跃华）

## 党校工作

【概况】 2022 年，京口区委党校把“迎接党的二十大胜利召开”作为 2022 年党建工作主题主线，召开 2022 年度党风廉政建设工作任务专题部署会，制定 2022 年度“党规党纪学习教育年”计划安排表，组织开展 6 月“廉洁文化学习月”活动，牵头开展区级机关“崇廉尚贤守底线、干事创业勇担当”、“观红色影片，话奋斗精神”电影党课等主题党日活动，持续推进“党校姓党、质量立校”支部品牌建设。

【学习宣传】 组织学习贯彻习近平新时代中国特色社会主义思想和党的二十大精神，用好“学习强国”学习平台；与京口区人社局联合开展“学习《习近平谈治国理政》第四卷、以实际行动迎接党的二十大”主题党日活动；与区税务局联合开展“学习二十大精神、打造过硬铁军队伍”党日活动；开展党的二十大精神研讨会和“学习二十大 一线建新功”主题党日活动。协助区委宣传部组建“二十大精神宣讲团”并联合举办“学习二十大精神理论研讨会”，开通中央党校“网上党校”学习贯彻党的二十大精神网络直播课程，并做好组织机关单位收听收看的协调和技术保障工作。在各报刊、平台等发表文章24篇。

【培训工作】 整合辖区内有效资源，依托四牌楼街道党群服务中心，打造“基层党员干部培训中心”；依托京口区数字经济党群服务中心，打造“数字经济科研培训中心”；依托宝华物流党群服务中心，打造“新业态党员教育培训中心”；依托镇江市图书馆，在党校办公区建立分馆，实现图书资源共享。系统构建兼职教师师资库、党校智库专家库、优质课程资源库、现场教学基地库、实用特色教材库，精心设置培训班课程，用心选聘优秀教师。举办京口区第18期中青年干部培训班、乡科级正职领导干部进修班、京口区发展对象短期集中培训、区纪委监委迎“七一”主题党日培训等系列班次，宣讲活动4场，受培训对象1000余人次。

【办学质量评估】 结合镇江市对区委党校办学质量评估工作，进一步加强党校队伍建设、阵地建设。经区委常委会专题研究党校办学质量评估工作，核增党校3名事业人员编制，用于招聘专职教师，腾出专门空间用于党校完成多功能培训教室改造。“党校姓党、质量立校”宣传册编印成册，镇江市图书馆分馆建设完成。11月22日，镇江市、区委党校办学质量评估组专家对党校5年来办学质量进行调研评估，党校取得良好成绩。

【科研资政】 坚持把融合协作作为加大科研工作力度重要抓手，创新探索推开“区级党校智库”建设，与镇江市委党校、江苏大学马克思主义学院、江苏科技大学马克思主义学院、镇江高等职业技术学院等签订合作协议。通过合作共建，在科研资政、决策咨询等工作领域实现信息互通、资源共享、成果互鉴。2022年，“校企共建企业学院协同育人模式研究”“镇江发展普惠型养老服务研究”课题均完成结项。与镇江市委党校共同完成的“打造镇江乡村振兴“金钥匙”——数字经济赋能乡村产业高质量发展”课题被确定为2022年市情研究重点项目，研究成果获镇江市委副书记巩海滨肯定性批示。

【服务基层】 党员干部坚持冲锋在前，多次参与京口区区域核酸检测和京口区应检尽检志愿服务、文明城市创建活动、扫雪除冰工作，开展结对帮困活动，完成微心愿7人次。积极响应京口区委老干部局号召，发挥退休干部作用，组织退休老干部参与清洁楼道为民服务活动。

（王语萱）

# 京口区人民代表大会

责任编校：王子栩

## 综　述

**【人大代表及组织机构】** 京口区第十届人民代表大会下设法制委员会、财政经济委员会、社会建设委员会三个专门委员会；其常设机构常务委员会由32人组成，下设办公室、人事代表联络工作委员会、监察和司法工作委员会、财政经济工作委员会、环境资源与城乡建设工作委员会、教育科学文化卫生工作委员会。

**【区人大常委会工作】** 2022年，依法任免国家机关工作人员96人次。召开常委会会议8次、主任会议12次，听取审议一府一委两院专项工作报告23项，组织专题视察检查活动11次。

**【自身建设】** 出台《加强新时代“四个机关”建设　推动人大工作高质量发展的意见》，修订《常委会议事规则》等系列制度，充实常委会工作委员会、街道人大工委和专业代表小组力量。强化机关党建规范化标准化建设，完成机关党总支、党支部换届，选优配强工作班子，争创五星先进党支部，开展“学党史+”“‘民呼我应’初心红、‘两在两同’见行动”等活动，打造“服务人民初心红，助推大局当先锋”党建品牌，机关党支部被评为“双领双争·一线建功”好支部。坚持全方位、多层次、多角度讲好新时代人大故事，特色品牌工作、广大代表投身疫情防控、推动民生改善、助推高质量发展的生动案例，在人民网·中国共产党新闻网、“学习强国”江苏学习平台、《人民与权力》、“交汇点”等国家、省、市级媒体宣传100余次，被省人大《人民与权力》评为通联先进单位。（钱小丽）

## 重要会议

**【区十届人大一次会议】** 1月10–14日召开，出席会议代表250名，列席人员56名。京口区十届一次政协会议全体成员、部分离退休老干部列席有关会议。会议举行3次全体会议，6次主席团会议。会议听取和审议镇江市京口区人民政府工作报告；审查和批准镇江市京口区2021年国民经济和社会发展计划执行情况及2022年国民经济和社会发展计划（草案）的报告（书面）；审查和批准镇江市京口区2021年财政预算执行情况和2022年财政预算（草案）报告（书面）；审议票决镇江市京口区人民政府2022年民生实事项目；听取和审议镇江市京口区人大常委会工作报告；听取和审议镇江市京口区人民法院工作报告；听取和审议镇江市京口区人民检察院工作报告。

会议进行换届选举，选举施正中为镇江市京口区第十届人大常委会主任，陈德福、林黎明、赵晓文、钱小兵为镇江市京口区第十届人大常委会副主任；刁华伟、马宇茜（女）、王海、王旌（女）、王大伟、王德标、曲海国、朱琛平、许华耕、杨博霞（女）、张立明、张亚南（女）、张晨阳、陈俊、季风、金文（女）、周震、钟文斌、袁国跃、徐元、徐晓声、高翠兰（女）、郭庆、唐卫忠、梅亮（女）、谢根龙、虞扬（女）、谭雪峰为镇江市京口区第十届人大常委会委员。会议选举贾敬远为京口区人民政府区长，杨国平、宋小燕（女）、杨彬、赵鹏、顾洪涛、褚小明（女）为京口区人民政府副区长；选举张旭彬为镇江市京口区监察委员会主任；选举许宏亮为镇江市京口区人民法院院长；选举黄洁为镇江市京口区人民检察院检察长；选举产生71名出席镇江市第九届人民代表大会代表。会议通过镇江市京口区第十届人民代表大会法制委员会、财政经济委员会、社会建设委员会组成人员名单。

**【区人大常委会会议】** 2022年召开8次常委会会议。

第一次会议于2月24日召开。会议决定撤销京口区选举委员会、京口区各镇选举委员会；审议通过区人大常委会2022年工作要点。会议通过人事任免事项。

第二次会议于4月20日召开。会议通过新一届政府组成人员和其他人事任免事项。会议决定任命陈莹莹、陈苏婷、段锋为镇江市京口区人民政府副区长（挂职）。

第三次会议于4月28日召开。会议听取和审议区政府关于2021年度环境状况和环境保护目标完成情况报告，对该项工作完成情况实施满意度票决，满意23票，基本满意4票，不满意0票。会议通过京口区第十届人民代表大会常务委员会代表资格审查委员会组成人员、工作委员会委员、人大街道工委组成人员名单；听取代表建议办理实施方案；审议通过《京口区人大常委会议事规则》。

第四次会议于6月29日召开。会议听取和审议区政府关于2021年度财政决算情况和同级审计情况报告，决定批准京口区2021年区本级财政决算决议。会议听取和审议区政府“关于提升京口数字经济产业发展质量”重要建议办理情况报告。会议通过区人大常委会关于《中华人民共和国传染病防治法》执法检查方案，决定于2022年6–10月，对京口区贯彻实施《中华人民共和国传染病防治法》情况开展执法检查。会议通过人事任免事项。

第五次会议于8月25日召开。会议听取和审议区法院关于破产审判工作情况报告。听取和审议区政府关于2022年度上半年国民经济和社会发展计划及财政预算执行情况报告。会议通过人事任免事项。

第六次会议于10月27日召开。会议听取和审议区政府关于京口区第十届人民代表大会第一次会议代表建议办理情况报告，并对重要建议办理情况实施满意度票决；听取和审议区政府关于京口区资产管理工作情况报告、关于法律援助工作情况报告；会议听取区监察委员会专项工作报告、听取和审议区人大常委会执法检查组关于区政府贯彻实施《中华人民共和国传染病防治法》情况的执法检查报告；会议审议通过《京口区人大常委会关于进一步加强对审计查出突出问题整改情况监督的实施意见》；审阅2021年度环境状况和环境保护目标完成情况的审议意见落实情况报告。会议同意杨国平辞去镇江市京口区人民政府副区长，会议通过其他人事任免事项。

第七次会议于12月20日召开。会议听取区政府关于政府项目年度投资计划执行情况报告；讨论京口区第十届人民代表大会第二次会议《筹备工作意见》，决定于2023年1月1日下午至4日上午召开镇江市京口区第十届人民代表大会第二次会议；会议讨论通过《京口区第十届人大代表培训规划（2022–2026）》。会议接受杨剑霞、刘爽辞去镇江市第九届人大代表，接受王大伟辞去镇江市京口区第十届人大常委会委员、代表，谢根龙辞去镇江市京口区第十届人大法制委员会副主任委员、社会建设委员会副主任委员、镇江市京口区第十届人大常委会委员、代表，张亚南辞去镇江市京口区第十届人大财政经济委员会副主任委员，镇江市京口区第十届人大常委会委员、代表，许华耕辞去镇江市京口区第十届人大常委会委员、代表，谭捷、经晶、王忠、柯荣军辞去镇江市京口区第十届人大代表；会议接受段锋辞去镇江市京口区人民政府副区长。

第八次会议于12月29日召开。会议听取和审议区政府关于2022年度民生实事项目落实情况报告，并实施满意度票决：增强基层卫生服务能力，满意20票，基本满意0票，不满意0票；推进教育基础设施建设，满意20票，基本满意0票，不满意0票；加快生态环境治理，满意19票，基本满意1票，不满意0票；提高养老服务质量，满意20票，基本满意0票，不满意0票；加强特殊群体关爱，满意20票，基本满意0票，不满意0票；强化公共安全保障，满意20票，基本满意0票，不满意0票；提升城市文明形象，满意19票，基本满意1票，不满意0票；大力促进就业创业，满意20票，基本满意0票，不满意0票；改善农村人居环境，满意20票，基本满意0票，不满意0票；优化交通出行条件，满意20票，基本满意0票，不满意0票；听取区政府关于2023年民生实事项目说明、区政府2022年财政预算调整报告、通过民生实事候选项目（草案）；会议讨论通过代表资格审查情况报告、京口区第十届人民代表大会第二次会议主席团和秘书长等建议名单、《选举办法（草案）》、《民生实事项目票决办法（草案)》、区人大常委会工作报告；会议审阅区政府关于2021年财政同级审计发现问题整改情况书面报告。会议补选段永齐、秦艳贞、金蓓、王克华、胡元、张春奎、陈正雷为镇江市第九届人大代表。

**【区人大常委会主任会议】** 2022年召开12次区人大常委会主任会议。

第一次会议于1月28日召开。换届选举总结。

第二次会议2月23日召开。传达省人民代表大会精神；讨论区人大常委会2022年工作要点和主要工作安排、讨论京口区第十届人民代表大会常务委员会代表资格审查委员会组成人员、人大常委会各工委（各街道工委）组成人员、专业代表小组成员建议名单。

第三次会议于3月30日召开。听取区政府关于京口区城建重点工程建设计划的汇报；讨论《镇江市京口区人民代表大会常务委员会议事规则（修订方案）》。

第四次会议于4月26日召开。听取区检察院关于未成年人司法保护工作情况汇报。

第五次会议于6月1日召开。讨论区人大常委会关于《中华人民共和国传染病防治法》执法检查方案；听取区政府关于加快提升环卫精细化作业水平情况汇报。

第六次会议于6月23日召开。听取区政府关于A507号“关于高质量打造古更楼巷锅盖面特色街区”重要建议办理情况汇报；听取区政府关于A001号“关于‘双减’延伸”重要建议办理情况汇报。

第七次会议于7月21日召开。听取区政府关于2022年度民生实事项目落实情况汇报。

第八次会议于8月23日召开。听取区政府关于公共文化服务体系完善情况汇报。

第九次会议于9月20日召开。听取区政府关于食品安全示范区建设情况汇报；讨论关于《中华人民共和国传染病防治法》贯彻实施情况的执法检查报告。

第十次会议于10月21日召开。听取区政府关于老旧小区改造情况汇报；讨论京口区第十届人民代表大会第二次会议筹备工作意见。

第十一次会议于11月23日召开。听取区政府关于城建重点工程项目完成情况汇报；听取区政府关于街道社会工作服务站建设情况汇报。

第十二次会议于12月20日召开。研究京口区第十届人民代表大会第二次会议相关事宜。

## 人大监督

**【经济领域监督】** 着眼“经济要稳住”，听取和审议计划执行情况报告，提出多措并举稳存量、全力以赴提增量、千方百计保平衡等建议；走访企业协助兑现产业政策“30条”，开展暖企纾困调研活动，检查防汛抗旱和安全生产工作，助推京口经济持续企稳回升、提质增效；督办“加快京口区数字经济发展”重要建议，建议政府科学谋划、精准定位、强化招引、加快发展，助推京口数字经济高地加速崛起。听取审议预算执行、年度决算、财政审计、政府项目年度投资计划执行、区级融资平台运行、规范公有资产管理等报告，加强政府债务管理，盯紧看牢“钱袋子”，促进资金规范使用。新区人大工委强化经济监督，开展生态环保和重大项目建设专题视察，增强监督刚性和实效。

**【民生问题监督】** 紧扣“生态要提升”紧迫任务，听取审议环境状况和环境保护目标完成情况并进行满意度票决，跟踪督查环保突出问题、中央环保督察交办问题整改工作。紧盯人民代表大会票决产生的10件民生实事，组织代表视察项目现场，听取和审议区政府办理情况报告，并进行满意度测评。首次听取区监委专项工作报告，推动人民群众反映强烈的突出问题整治效果得到持续巩固。组织《中华人民共和国传染病防治法》执法检查，建议政府进一步完善工作机制、加大保障力度、提升应急能力。听取审议城建重点工程、老旧小区改造、“双减”政策延伸、食品安全示范区创建、环卫精细化作业、慈善社工站建设、完善公共文化服务体系等报告，调研常态化疫情防控、民族工作等。

**【司法监督】** 听取审议一府两院法律援助、破产审判、未成年人司法保护等工作报告，调研“八五”普法、依法行政和公安工作。优化营商环境，结合“请代表监督、让人民满意”法检两院行活动，组织人大代表视察法检两院工作，推动在谏壁法庭建设代表联络工作室。配合开展《房屋安全条例》《关于加强长江江豚保护的决定》等立法调研，提出36条建议，为省市立良法、促发展、保善治提供京口“人大智慧”。对区法院《破产企业档案管理办法（试行）》进行备案审查，确保规范性文件合法有效。2022年处理群众来信来访6件次，督促一府两院解决一批涉诉涉法信访问题。

## 人大代表工作

**【支部建在代表小组上】** 为把党的领导贯穿到人大工作各方面全过程，依据《中华人民共和国全国人民代表大会和地方各级人民代表大会代表法》《中国共产党支部工作条例（试行）》，在镇江市率先建立代表小组功能型党支部，构建起“人大常委会党组+人大代表联合党委+8个代表小组党支部+28个党小组”的组织体系，实现党的组织对党员代表的全覆盖、党的工作对全体代表的全覆盖；出台系列文件，建设配套阵地，开展融合式一体化活动，发挥代表小组党支部政治引领组织引领、思想引领、示范引领作用，以“代表小组建支部　党旗引领履职路”主题活动为引导，各党支部、党小组开展“助力打造优美生态环境”“推进基层社会治理”等专题活动60余场次，解决群众急难愁盼问题80余件，蹚出一条富有时代特征、京口特色的党建引领代表小组建设新路子，有效解决闭会期间如何加强党的建设的问题。这一做法在市委人大工作会议上作经验介绍，得到市委、市人大常委会主要领导肯定，并在镇江市推广，也成为省社科项目经典案例，中央、省级媒体多次报道，省人大研究室、宿迁市宿城区人大等单位前来参观考察，入选江苏人大2022年度十大新闻候选。

**【代表与群众联系】** 深化主任会议成员联系街道园区、常委会组成人员联系代表、代表联系选民制度，邀请代表参与视察调研、执法检查、列席会议等活动；组织代表回原选区走访选民，落实代表每月定期接待选民制度，化解一批企业、群众急难愁盼问题。围绕“稳经济惠民生”主题，开展“五级人大代表统一接待选民日”活动，收集意见建议678件，及时转交相关部门办理。组织“人大代表乡村行”活动，60名市、区人大代表联合深入谏壁雩北、雩山、东京村实地调查，现场认领路灯安装、文化阵地优化等8件实事，帮助呼吁解决重点事项4件。畅通人大收集民意渠道，《民声简报》汇聚民声、反映民意，得到区委主要领导批示肯定。

**【代表履职能力建设】** 制定“2022-2026年代表培训规划”，在省人大宜兴培训基地成功举办首期“加强政治建设·增强履职本领”培训班。完善代表履职机制，街道议政代表会全面换届，社区（村）和群众代表参与率进一步提高；认真落实“一年两会”，议事内容拓展到生态环保、民生实事等范畴。加强代表联络工作站建设，推行联络站+宣传党的主张+为民办实事+基层社会治理+全过程人民民主实践等工作模式。打造“六全六高”（全方位、高精度把握全过程人民民主重大理念，全方面、高水平提出议案建议，全覆盖、高效率交办代表议案建议，全链条、高质量办理代表议案建议，全过程、高标准参与议案建议办理，全环节、高频度总结宣传代表建议办理工作）代表议案建议工作品牌，落实会议督办、区领导领办督办、人大委办督办和代表全程督办机制，实现由“重答复”到“重落实”转变，代表建议办成率首次超过80%，同比提升10个百分点。

【街道园区人大工作】 实施人大街道工委“主任项目”，形成“一地一重点”工作格局，以重点突破带动人大工作整体水平提升。正东路街道率先探索“支部建在代表小组上”和“联络站+”工作新模式，率先建成“人大文化长廊”，多次在镇江市作经验交流；健康路街道组织人大代表全过程推进永安路特色街区改造项目；大市口街道组织代表和议政会代表全方位督办民生实事项目；四牌楼街道发挥代表优势助推镇江市首家慈善社工站建设，建成“人大文化广场”；象山街道人大代表“数字经济微信群”助力大禹山数字文创区建设，建成“人大文化宣传塔”；谏壁街道围绕“谏行动”主题引导代表助力基层综合治理、乡村振兴等重点任务；经开区创建人大代表“元亨助学”“田野里的劳动课堂”等工作品牌；新民洲临港产业园围绕“港产城融合发展”常态化开展选民接待日活动；正东路、象山、四牌楼街道代表联络工作站成为区人大常委会授牌的“全过程人民民主实践基地”。 （钱小丽）

## 议案和重要建议

【概况】 京口区第十届人民代表大会第一次会议期间，代表们围绕“三高”目标和“三区”建设，为京口区经济和社会事业发展建言献策。到大会议案截止时间，大会秘书处收到区人大代表提出的议案、建议、批评和意见129件，其中10人以上联名提出议案16件，建议、批评和意见112件，内容涉及工业、邮电和交通方面28件；农业、水利、土地方面3件；财税、金融和服务方面8件；城建、环保和旅游方面38件；教育、科学、文化、卫生健康、体育等方面35件；法治、社保、侨务和民政方面16件；其他方面1件。其中涉及区属职权范围121件，市属职权范围8件。

除拟列入重要议案和建议之外，韩春东等10名代表联名提出的《关于加大精准扶持疫情及互联网冲击下的传统实体小微企业的议案》、钱俊华等10名代表联名提出的《关于进一步加大全区“学生饮用奶计划”推广力度的议案》、贺国强等10名代表联名提出的《关于盘活谏壁片区闲置地块，建设大型车辆停车场的议案》、姚泽远代表提出的《关于解决小微企业融资难的建议》、卢红霞代表提出的《关于扎实开展“非遗进校园”，培养优秀中华小传人的建议》等都具有一定代表性和较强可操作性。

区办建议已全部办结，所提问题已经解决或基本解决的有98件，占总数的80.9%，所提问题正在解决或列入计划逐步解决的有18件，占总数的14.8%，所提问题因条件限制或其他原因暂时难以解决、留作工作参考的有5件，占总数的4.1%。根据反馈意见，代表对建议答复的满意和基本满意率为100%。8件市办建议由京口区的市人大代表转为市人民代表大会代表建议，2022年已全部答复代表。

（钱小丽）

【关于加快数字经济产业发展的议案】 许华耕等10名代表就“加快数字经济产业发展”提出建议：加强数字经济培育和发展的组织领导；编制数字经济产业发展规划和制定政策措施；制定和完善数字经济发展扶持政策；突出重点，打造数字经济培育和发展特色优势。

【关于深入推进京口打造数字化发展高地的议案】 蒋朝群等10名代表就“深入推进京口打造数字化发展高地”提出建议：重视信息基础设施建设；发挥现有引进的头部数字化企业落地作用，形成促进就业、孵化小微企业、纳税贡献实效；引进的头部企业要能吸引人才留镇；制定本地数字化发展规划，以制造业产业为重点，开展数字化思维、方法引导；加强科技金融政策扶持，为中小型数字化企业提供资金支持。

【关于加快推动大禹山数字文创区高质量发展的议案】 樊潇等10名代表联名就“加快推动大禹山数字文创区高质量发展”提出建议：精心制定规划，制定产业发展规划；拓展发展空间，提升载体利用质效和土地利用质效；提升产业实力，托举企业成长，统筹错位发展，健全工作机制；办好重大活动；统筹召开文创区重大活动，凝聚发展合力。

【关于“双减”延伸的议案】 王荣等10名代表就“‘双减’延伸”提出建议：在做好义务教育阶段“双减”的同时，对于教培机构、有偿家教的处理能够常抓不懈、严抓不懈，还教育行业清正之风。

【关于高质量打造古更楼巷锅盖面特色街区的建议】 管茹代表就“高质量打造古更楼巷锅盖面特色街区”提出建议：在老旧小区改造基础上，改善门面房周边环境和小区道路交通、统一店牌店招，使街区整体面貌焕然一新，吸引更多人到镇江感受美的风光、美的味道、美的人文、美的生活，收获美的发现，让外来游客全方位感受非遗文化在街区的融合。

# 京口区人民政府

责任编校：王子栩

## 综　述

【概况】 2022年，京口区实现地区生产总值553.32亿元，同比增长3.6%；一般公共预算收入20.1亿元；规模以上工业总产值529.7亿元，同比增长3.5%；社会消费品零售总额同比增长1.8%；进出口总额112亿元，同比增长20%，总量居镇江市前列；新增“四上”企业105家；城镇居民人均可支配收入61891元，增速快于经济增长。

【经济运行】 11个市重大、111个区重点产业项目紧跟序时，年度产业投资38亿元。大禹智谷科技产业园等74个项目开工建设，高强度铝合金航空板、高端医疗设备及压力装备制造等70个项目顺利竣工。华为（镇江）数字联合创新中心启动运营，微软镇江数字经济创新中心新增入孵和赋能企业25家。2022年新签约产业项目106个，项目列统率、列统投资额分别增长17.7和56.8个百分点，重点项目与主导产业契合度80%以上。成功创建省级孵化器1个，新申报专精特新企业6家，省市科技项目立项12个，新认定高新技术企业20家，2个企业创新项目成功入选“中国好技术”项目库。有效申报国家级人才计划17人，入选市“金山英才”计划8人，各级人才项目申报数量创近年来新高。

【城市品质】 实施城建重点项目17个，完成年度投资18.7亿元。高标准完成9个片区37.52万平方米老旧小区改造和文化提升工程，庙巷片区入选省级宜居示范小区。精心打造永安路特色街区，新民洲大道延伸、丹徒桥重建等路网工程顺利完工。拆除违章建设6.44万平方米。完成象山花园、王家新苑3000余户安置房回迁工作。有序推进燃气管网更新，完成17处便民疏导点优化设置和提档升级、55个小区物业管理提升工程，新增停车泊位537个。第一楼街步行街入选省级夜间文旅消费集聚区、省级旅游休闲街区。

【生态环境】 开展“五大专项整治行动”，推进43项大气污染防治工程，清理整治长江干流岸线利用项目14个，整治工业“散乱污”企业17家。谏壁、大市口、正东路3个街道获评省生态文明建设示范街道。建成11个环境空气监测微站，$PM_{2.5}$年均浓度34微克每立方米。深入落实河湖长制、林长制，完成一夜河水系、玉带河小流域水质提升工程，国考、省考断面水质均达Ⅱ类标准。实施农村生活污水专项治理，铺设污水管线3万余米，新增6座提升泵站、4座污水处理设施。严控“两高”项目（高耗能、高排放项目），实施节能改造、循环经济项目5个，2022年单位地区生产总值能耗同比下降5.7%。

【社会民生】 新增城镇就业人口6143人，支持成功自主创业2375人，就业困难人员再就业1693人，提供就业岗位1.23万个。贺家弄幼儿园北固湾分园建成投用，市实验小学综合楼改造顺利竣工，“智慧化校园”建设圆满完成。省、市优质幼儿园占比95%，教育“双减”工作入选国家、省典型案例，1项基础教育内涵项目获推国家级教学成果奖。建成区疾控应急指挥中心，升级改造社区卫生服务中心3家，新增省级社区医院、“五星中医馆”各1家。启动省级文保单位王家花园修缮工程。建成滨江风光带体育公园。一体化推进社工站与慈善服务中心建设，在镇江市率先实现慈善社工站全覆盖。新增标准化社区居家养老服务中心4家，完成100户失能、半失能老年人家庭适老化改造。

【自身建设】 开展“春风暖企”大走访，兑现区产业政策“30条”扶持资金1862万元，倾力帮助企业纾困解难。持续深化“放管服”改革，大力推进个体工商户设立登记下沉街道（园区）。优化行政审批服务，2022年受理办结审批事项4.3万余件，实现企业开办“一表申请、半日办结”。深化推广“互联网+监管”，行政审批事项认领维护率100%。修订完善《京口区重大行政决策程序规定》。接受人大法律监督，自觉接受政协民主监督，累计办理人大代表议案、建议121件，政协委员提案149件，满意和基本满意率100%。公安、资规、税务、人民武装等相关单位倾心服务经济社会发展，工青妇、民族宗教、外事侨台、史志档案等各方面工作取得积极成效。

## 外事工作

【概况】 2022年，京口区外事办认真执行有关外事方针政策，建立区境外安保工作机制，及时更新境外公民和机构基础数据库，严控非经贸类外国人来华“快捷通道”初审，办理此类咨询1批次。

【所获荣誉】 1人在“江苏这十年”外国人摄影大赛荣获三等奖，1人获评“镇江市人民友好使者”。

## 侨务工作

【概况】 2022年，京口区侨办充分挖掘街道、社区工作资源和服务功能，营造“爱侨、护侨、助侨”和谐环境，构建贴合侨胞侨眷需求的“点餐式”“自助式”“互助式”服务体系。

【侨情调查】 设计制作海外留学人员登记表、归国留学人员登记表、侨资侨属企业登记表，各街道、园区和机关企事业单位等通过电话、微信、登门拜访等途径进行动员登记，进一步摸清海外留学人员、归国留学人员和侨企状况，及时更新省侨情数据库。

【为侨服务】 梳理华侨华人和归侨侨眷定居落户、创业就业等方面政策措施，通过两网管理、志愿服务等方式，做好生产生活、子女入学等服务工作。实施“侨界关爱行动计划”，完善涉侨来信来访处理机制，依法处理涉侨信访事项。2022年完成“三侨”考生认定5批次。 （秦岩）

## 行政审批和政务服务

【概况】 2022年，京口区行政审批局坚持以深化“放管服”改革为统领，围绕“服务更优、品牌更亮、特色突出”的工作思路，擦亮“‘镇’合意‘京’心办”服务品牌，通过“京”心服务持续提升企业群众获得感和满意度，“行政审批窗口”获评“群众满意窗口”，“行政审批制度改革科”获评“五一巾帼标兵岗”，“行政审批科”获评“巾帼文明岗”。

【“放管服”改革】 按照“三集中三到位”（行政审批职能向一个科室集中、承担审批职能的科室向行政服务中心集中、行政审批事项向电子政务平台集中，做到事项进驻大厅到位、审批授权窗口到位、电子监察到位）的要求，研究确定区经发局、民政局、卫健委等13个部门104项政务服务事项进驻区政务服务中心。牵头完成京口区行政许可事项清单编制，清单项目182项。12月，将个体工商户办理下放至街道（园区）便民服务中心，提供从收件、受理、核准、发照的全流程服务。

【行政审批】 2022年，受理审批事项2.6万件，办结率100%，新增各类市场主体8761户，其中企业2991户、个体工商户5770户，完成项目审批140个。通过深化“政银合作”，为企业群众提供“一站式”的审批服务，先后为500余户企业提供免费刻章服务，节约资金约10万元。全面推广“全链通”平台，企业开办实现0.5天办结。

【便民利企】 公共场所卫生许可证办理采用告知承诺制，申请材料由8项缩减为4项，证前检查改为证后复核，申请人在签订公共场所卫生许可告知承诺书并提交申请材料后，当场发放卫生许可证。推行“容缺受理”服务，疫情防控期间，为助力企业复工复产，推行“预约办理、远程连线”审批模式，将原来需要本人来窗口进行“登记材料真实性核实”的步骤转变为在线视频的方式对企业股东进行身份认证，在企业部分材料缺失的情况下，实行先出营业执照后补材料的审批模式。

【政务服务体系完善】 综合考虑建筑面积、地理位置、交通条件等因素，确定京岘家园16幢为区政务服务大厅项目建设用房，借鉴省内外政务大厅建设先进经验，完成装修改造和智能化设计方案。召开“三化”（标准化、规范化、便利化）建设推进会，将四牌楼街道便民服务中心试点成果在京口区推广，提升为民服务中心全科政务服务能力。牵头举办京口区首届“农行杯”政务服务技能竞赛，提升政务服务队伍业务素质和服务水平。

【改革创新】 将旅馆业准入涉及的多张许可证照整合为一张，建立“一证准营”行业综合许可制度，11月，发放镇江市首张证照。围绕京口区5项“一件事”改革试点任务，完成表单制定、清单梳理、系统开发。为满足企业群众异地办事需求，推进“跨省通办”改革，先后与盐城市亭湖区和淄博市博山区行政审批局签署政务服务“异地通办”合作框架协议。

## 信访工作

【概况】 2022年，京口区信访系统深入贯彻落实习近平总书记关于加强和改进人民信访工作的重要思想，统筹做好重复信访治理、信访突出问题攻坚化解、重大风险防范、重大活动保障等工作，妥善化解易才公司拖欠职工社会保险费用等群体性矛盾。

【信访工作责任落实】 2022年，京口区坚持把信访工作摆在突出位置、列入重要议事日程，区委5次召开区委常委会听取汇报，区政府5次召开区政府常务会议听取汇报。严格落实党政领导干部定点接访安排，做到区级领导每月按计划到人民来访接待中心接访群众，会办包案重点信访事项，区党政领导到人民来访接待中心接访下访实际到岗155人次，把一大批疑难复杂问题解决在当地。

【信访突出问题化解】 2022年，中央信访联席办第一批集中交办重复信访事项63件，化解63件，中央信访联席办第二批集中交办重复信访事项21件，化解21件。江苏省信访联席办分两批交办京口区攻坚案件8件，全部办结。全力攻坚化解房地产领域信访突出问题，区委书记贾敬远多次召集相关部门召开问题楼盘风险处置情况会议，听取问题楼盘工作进展情况汇报。

【信访诉求化解质效】 2022年，京口区受理信、访、网、电等各类信访诉求484件，同比下降5%。区人民来访接待中心实际接待来访214批次。阳光信访系统信访事项及时受理率、按期办结率均100%，责任单位满意率、参评率分别为96.7%和98.4%，网上信访一次性化解率98.6%。

【信访机制建设】 做到矛盾隐患每月全面排查、每周滚动排查，密切关注群体性矛盾进展，把矛盾化解在基层。启动联合研判、零报告等制度，每日研判、一日两报。落实领导干部接访下访制度，从2022年8月下旬起，区、街道（园区）两级周末、节假日安排党政领导值班接访，主动约访下访，及时就地解决问题。成立信访工作应急工作队伍，有突发情况第一时间进行处置。

（田蓝天）

## 机关事务服务

2022年，机关大院里的“暖‘新’加油吧”　（区机关事务服务中心　供稿）

【概况】 2022年，京口区机关事务服务中心深入学习贯彻习近平总书记对机关事务工作重要指示精神，持续推进“红蓝绿三原色工程”，理顺机关事务机构、职能履行情况，细化固定资产管理、办公用品采购领用、加班申报核查等工作流程，规范审批程序，实行编外用工员额管理，精心打造“京智管家”形象，领导班子被评为区级“凝心聚力好班子”。

【机关食堂管理】 健全招标采购机制，从源头减少食品浪费；实行“分碟取餐”，提供“半份、小份”菜品服务，创新“按需供餐”，根据不同时段就餐人数变化规律分次补餐、按需补餐，推行“一料多菜”，提高食材利用率；深化“光盘行动”，设立文明用餐劝导员，引导就餐人员按需点餐、文明就餐。

【疫情防控】 严格外来人员管控，加大防疫物资储备，增加公共区域消杀频次。做好专班协同配合，累计完成多家隔离酒店房间改造工作，保障核酸采样用车。组织30名“红蓝绿”先锋队员下沉结对社区，完成16轮全员核酸检测任务。

【为民服务】 组建“‘京彩’益起来”机关青年志愿服务队，开展进社区进企业等惠民助企活动18场。创新建设机关大院里的“暖‘新’加油吧”，为新业态新就业群体提供饮水休息、充电充气等10余项暖心服务。“红蓝绿三原色绘就为民服务最美底色”案例入围江苏省机关事务管理系统2021–2022年“机关事务在您身边”暨“我为群众办实事”十佳案例评选。

【技能人才培养】 实施“京智人才培养计划”，组织业务技能培训7场，与区总工会联合开展“岗位先锋争霸赛”。以党建“红心”引领机关事务“匠心”，6名后勤人员递交入党申请书，2名技能人才获得“京口技能标兵”荣誉称号，5名优秀职工被评为市级、区级先进个人，1名业务骨干被授予“最美京口人”荣誉称号。

（凌铭蔚）

## 综 述

【概况】 2022年，区政协围绕发展大局，发挥专门协商机构作用，突出团结、民主两大主题，在建言资政和凝聚共识上双向发力，切实履行政治协商、民主监督、参政议政职能。2022年，区政协举行常委会会议4次，主席会议12次。区政协十届一次会议以来，政协委员、政协各参加单位和政协各委组提交提案222件，立案149件，向区委、区政府及有关部门报送建议和调研报告11篇。

【组织机构】 截至2022年年底，区十届政协委员240名。区政协机关设“一办四委”，即办公室、政协提案委员会、学习和法制委员会、经济和科技委员会、社会管理和社会事业委员会。

## 重要会议

【政协京口区十届一次会议】 1月10–13日召开。会议认真学习和讨论徐申锋书记代表中共京口区委在会议开幕时所作的讲话，同意刘吉顺所作的政协京口区第九届委员会常务委员会工作报告和盛杰所作的政协京口区第九届委员会常务委员会提案工作报告。委员们列席京口区第十届人民代表大会第一次会议，赞同区长贾敬远所作的政府工作报告及其他书面报告，选举产生政协镇江市京口区第十届委员会主席、副主席、秘书长和常务委员。

【区政协十届常委会会议】 2022年，京口区政协召开4次常委会会议。

十届一次常委会会议于3月31日召开。会议组织集体学习习近平总书记在中央政协工作会议暨庆祝人民政协成立70周年大会上的重要讲话精神、中共中央办公厅《关于加强和改进新时代市县政协工作的意见》和全国两会精神，审议通过《区政协2022年工作要点》、政协第十届京口区委员会各专门委员会主任、副主任名单等事项。区政协主席刘吉顺，副主席朱裕根、盛杰、张和松、王壮保、宜建美出席会议。

十届二次常委会会议于8月25日召开。会议组织集体学习习近平总书记在省部级主要领导干部“学习习近平总书记重要讲话精神、迎接党的二十大”专题研讨班上重要讲话精神、习近平总书记关于开展委员读书活动重要指示、《中国共产党政治协商工作条例》等，专题协商推进京口区产业项目建设，审议通过《政协镇江市京口区委员会协商工作规则》、区十届政协委员调整及有关人事任免事项。区政协主席刘吉顺，副区长宋小燕，区政协副主席朱裕根、盛杰、张和松、王壮保、宜建美出席会议。

十届三次常委会会议于10月26日召开。会议组织学习中共二十大精神，围绕政府为民办实事工作专题协商议政，听取区政协十届一次会议提案办理情况、“两聚一推”和“助推产业项目提速增效”主题活动开展情况，审议通过《区政协常委会工作规则》等事项。区政协主席刘吉顺，副区长顾洪涛，区政协副主席朱裕根、盛杰、张和松、王壮保、宜建美出席会议。

十届四次常委会会议于12月26日召开。会议听取区政协十届二次会议筹备情况汇报，审议通过区政协十届二次会议时间、议程（草案）、日程（草案）等有关事项、十届区政协常委会工作报告和提案工作报告及《政协镇江市京口区委员会常务委员会关于加强自身建设的意见》，协商通过区十届政协委员调整方案和增补政协提案委员会委员方案。区政协主席刘吉顺，副主席朱裕根、盛杰、张和松、王壮保、宜建美出席会议。

## 专题调研

【区委书记走访调研区政协工作】 10月9日下午，京口区委书记、区长贾敬远走访调研政协工作。区政协主席刘吉顺作工作汇报，区委副书记徐玉军，区政协副主席盛杰、张和松、王壮保、宜建美参加座谈。贾敬远指出，近年来，区政协坚持服务大局促发展，紧紧围绕区委中心工作积极建言献策，一批富有建设性意见建议转化成为党委政府推进工作的实际举措；坚持人民政协为人民，全力推动民生改善，让人民群众拥有更多获得感幸福感；坚持推动政协工作改革创新，区领导领衔督办提案、“民主监督、专项评议”重点提案等富有成效；坚持加强和改进自身建设，为京口政协事业发展提供坚强保证，区委对政协工作给予充分肯定。对政协今后工作，贾敬远要求，把党的领导贯穿政协工作全过程各方面，强化政协主责主业，凝聚共识画好同心圆，坚定自觉以高素养展现新作为。贾敬远表示，区委将一如既往重视和支持政协工作，积极为政协开展工作创造良好环境，为政协履行职能提供有力保障。

**【“两聚一推”专题监督视察】** 按照镇江市政协“聚焦长江大保护 聚力双碳关键战 推动镇江高质量发展”主题履职实践活动部署要求，5月31日上午，京口区政协组织开展“两聚一推”主题履职实践活动专题监督视察。区政协主席刘吉顺带领主席会议成员、委办负责人和委员代表，对京口区生态环境保护工作开展实地视察。在城东垃圾填埋场、千棵柳湿地，视察组察看长江沿线生态修复项目建设情况，听取城东垃圾填埋场封场及生态修复情况介绍，详细了解渗沥液处置情况，询问工程进展及存在困难。在江大东风步行街“绿岛”点位，视察组察看油烟净化和在线监控设备、公共微型消防站、给排水工程等基础设施情况，了解流动商贩规范化管理和餐饮油烟、污水全收集、全处理情况。随后召开座谈会，了解第二轮中央生态环境保护督察交办问题整改及信访件办理、重点指标完成以及生态环境“五大专项行动”开展等情况。与会政协领导及委员代表围绕解决突出环境问题、提升环境质量、改善人居环境等方面提出具体工作建议。区政协副主席朱裕根、盛杰、张和松、王壮保、宜建美参加活动。

**【视察项目建设和安全生产工作】** 9月21日上午，京口区政协召开十届九次主席会议，专题监督视察京口区项目建设和安全生产工作。区政协主席刘吉顺出席会议并讲话。视察组实地察看在建的天海特种装备有限公司新厂区、中船绿洲镇江船舶辅机有限公司救生设备技改等项目现场，了解企业安全施工、安全生产管理等情况。随后召开工作座谈会，了解京口区安全生产工作情况。针对下一步工作，会议提出进一步强化安全生产底线思维、系统思维、法治思维、创新思维四个方面相关建议。区政协副主席盛杰、张和松、宜建美出席活动。

**【调研“蒋周健委员工作室”】** 10月19日上午，区政协主席刘吉顺走进江苏周艺之家，调研京口区政协“蒋周健委员工作室”。刘吉顺一行察看了工作室场地、制度等“五有”情况，并与委员工作室成员进行座谈。就如何进一步建好用活委员工作室，刘吉顺指出，建设委员工作室是推进政协工作向基层延伸的重要载体，要坚持正确政治方向、立足委员工作特色、发挥委员主体作用，做好协商议事、社情民意信息、社会公益服务“三位一体”工作，使工作室成为党委政府好帮手、为民服务好平台、委员担当好示范。

**【B类提案“回头看”督办】** 为有效解决B类提案“答完未办完”“年年提年年办”等问题，通过再协商推动提案真落实。8月26日，京口区政协对区住建局、区文体旅局和象山街道3家单位2021年度20件B类提案办理情况开展专项视察督办。督查组一行实地调研谏电二村和火坛楼巷老旧小区2个省级红色物业示范区。随后召开座谈会，了解3家单位B类提案办理落实情况，部分政协委员与提案承办单位进行协商沟通。就推进B类提案“落地生根”，区政协副主席盛杰要求，承办单位要持续重视推进，主动创新作为，健全工作机制。（曹明军）

**2022年京口区政协重点提案一览表**

表1

| 提案者 | 案由 |
|---|---|
| 王玉萍等 | 关于扩大数字产业规模，激活高质量发展新引擎的建议 |
| 工贸组<br>王　芳 | 关于促进应届毕业生“聚镇”“留京”的建议 |
| 徐士军 | 关于优化新区医疗器械和生物医药产业人才引进政策的建议 |
| 科技组 | 关于进一步培育专精特新“小巨人”企业的建议 |
| 农经组<br>林志汉等 | 关于强化京口区垃圾分类宣传与执行力的建议 |
| 方寅等 | 关于加快推进老旧小区加装电梯的建议 |
| 教育组<br>林海曙等 | 关于进一步加强青少年心理健康管理的建议 |
| 医卫组<br>杨罗成 | 关于加快推进京口区基层医卫人才队伍建设的建议 |
| 法制组<br>杨团伟 | 关于加强普法宣传，推进依法行政、依法治理的建议 |

# 中共京口区纪律检查委员会
# 京口区监察委员会

责任编校：李　奕

## 综　述

**【概况】** 2022年，京口区纪委监委以建设“人民满意的廉洁京口”为目标，按照“三位一体两重点”总体思路，持续聚焦主责主业、锻造铁军队伍和建设“孝廉京口”，重点抓好高质量监督办案和“小切口”专项整治，全面从严治党群众满意度测评提升至96.29分，位居镇江市第一。

**【“孝廉京口”建设】** 制定出台《关于加强“孝廉京口”建设的实施意见》，开展“廉洁文化学习月”、举办“孝廉”文化大讲堂等7项行动，重点摄制“孝廉京口”之“一把手”廉政访谈，把廉洁文化建设融入日常、抓在经常。深入挖掘清风桥、尤唐巷等廉洁文化元素，在京口区8个街道（园区）15个社区（村）建成首批廉洁文化阵地。联合市图书馆打造“清风书院”，开展“清风悦读·书香润廉”读书活动，帮助年轻干部系好“第一粒扣子”、系对所有扣子。“孝廉京口”建设为镇江市唯一获评“中国廉洁创新奖”特色创新项目和“新时代廉洁文化在江苏”十佳项目，《人民日报》《中国纪检监察杂志》《新华日报》和《镇江日报》头版头条等报道20次。　（罗甜）

**【铁军队伍建设】** 系统开展“五聚焦五锻造”（聚焦政治塑魂、业务赋能、典型引领、人才支撑、严管厚爱，锻造忠诚、善战、担当、活力、清廉铁军）铁军队伍建设行动和“百名纪检监察干部进社区、进企业”活动。举办“铁军讲习所清风大讲堂”，实行基层纪检监察干部跟班轮训，组织全系统学习贯彻党的二十大精神，开展驻军训练、现场教学等活动。制定实施《“铁军准则”实践手册》，每月成长纪实、每季度分管领导评鉴、年底组织考核评定。　（王俊爽）

**【纪委九届二次全会】** 1月29日上午，中共镇江市京口区第九届纪律检查委员会第二次全体会议召开。区委书记徐申锋出席会议并讲话，强调要深入学习习近平总书记在中央纪委六次全会上的重要讲话精神，认真贯彻中央、省、市纪委全会部署，永葆自我革命精神，深化全面从严治党，着力建设廉洁京口，为奋力谱写京口现代化建设新答卷提供坚强政治保证，以实际行动迎接党的二十大胜利召开。区委副书记、区长贾敬远，区人大常委会主任施正中，区政协主席刘吉顺，区委副书记徐玉军出席会议。区委常委、区纪委书记、区监委主任张旭彬主持会议。

## 纪　检

**【政治监督】** 围绕习近平总书记重

2022年11月2日，区纪委监委学习贯彻党的二十大精神“铁军训练营”在江苏省检察官学院开班（区纪委监委　供稿）

要指示批示精神和党中央重大决策部署，紧扣产业项目提速增效、疫情防控、生态环境保护等全局性问题，加强政治监督、专项监督。深入开展优化营商环境专项监督，通过聘请百名党风政风监督员、开展百名纪检监察干部进企业等8项活动，收集企业意见建议和涉企问题线索，严查涉企腐败行为，立案6人（移送司法2人）。开展“群众密切关注十件事”专项整治（监督），选取城乡特困供养人员政策落实、低保对象认定及动态管理、居家养老服务补贴资金管理等10项“小切口”专项整治（监督）课题，深挖彻查特困供养人员政策落实情况等违纪违法问题62个，立案24人，查处群众身边腐败和作风问题15起16人，督促退回重复享受特困供养与残疾人补贴等10万余元。

2022年8月12日，区纪委监委召开助力优化营商环境暨百名党风政风监督员聘任大会 （区纪委监委 供稿）

**【“四风”问题纠治】** 加大对餐饮浪费、私车公养、“不吃公款吃老板”等问题专项监督检查，查处违反中央八项规定精神问题11起18人。强化警示震慑作用，先后通报曝光典型案例6起9人，释放越往后执纪越严强烈信号。对落实“两个责任”不到位、不作为乱作为等问题，问责7起9人和1个党组织，推动管党治党责任全覆盖。 （周月钦）

**【巡视巡察】** 完成九届区委第一轮巡察反馈和第二、三轮常规巡察，发现“三个聚焦”（聚焦贯彻落实党的路线方针政策和党中央决策部署情况，聚焦群众身边的腐败问题和不正之风，聚焦基层党组织软弱涣散、组织力欠缺问题）方面问题315条，提出意见建议35条，移交问题线索14件。对八届区委巡察反馈时间满1年的8家党组织开展整改落实情况专项督查，发现整改落实不到位问题14个，提出意见建议18条。抓好省委第一轮巡视期间巡察工作专项检查发现共性问题整改，制定具体措施12条，按时限推进整改任务。发挥巡察综合监督作用，深化巡察与纪检监察、组织、审计等部门协同配合，做好信息互通共享，2022年协调通报有关情况295条。 （丁自筱）

## 监　察

**【反腐惩恶】** 持续加大办案力度，接待群众来访68批112人次，受理信访举报42件次，运用“四种形态”处理131人次，立案88件，给予党纪政务处分73人次，采取留置措施8人，移送检察机关7人，联合办案数8件。紧抓“关键少数”，开展“一把手”廉政家访，出台《京口区政商交往正面清单和负面清单》，督促慎重决策、慎重用权。2022年制发“两个建议”（纪律检查建议书和监察建议书）12份，推动建立健全制度机制13项。 （陆燕）

# 民主党派

责任编校：李 奕

## 综 述

【概况】 2022年，京口区有民主党派基层委员会（支部）7个，涵盖民革、民盟、民建、民进、农工党、致公党、九三学社等，成员462人。

（陈红）

## 民革京口支部

【思想政治建设】 2022年，中国国民党革命委员会镇江市委京口支部（简称民革京口支部）参加“同心向党 京彩有我”摄影书画作品展、“统战百年同见证、凝心聚力向未来”文化作品观展、“收看二十大开幕会，聆听总书记报告”等活动。联合镇江市农业农村局综合三支部开展支部联建，联合润州支部开展“矢志不渝跟党走、携手共进新时代”主题教育。2022年有8人被民革市委会评为优秀党员。2022年发表宣传报道11篇；其中张旭、赵树英等报送的信息和宣传报道，分别被省、市委统战部，省民革、市民革采用。完成省市级以上调研报告5篇，其中柏林撰写的《江苏持续高温天气严重影响秋熟生产增产》被省政协采用并专报全国政协；朱海霞主委完成的《“双减”调研》、柏林和丁志国撰写的《京口区经济相对薄弱村村级经济发展的现状与对策》被民革市委会采用。

【参政议政】 依托支部的市区两级人大代表、政协委员2022年提交提案建议25篇，其中市人大代表、京口支部副主委周岳新的《关于加快完善污水管网建设管理的议案》被列为重要建议；柏林在民革市委会组织下完成的《大力推动镇江市农机产业链发展建议》调研报告被市民革采纳并转化为党派提案。邱珂珂协调安排对中外合资企业开展调研活动，为营商环境进一步优化提供建议。

【社会服务】 开展志愿服务，打造“同心同行 博爱公益”品牌。连续十年专项帮扶的大港中学贫困学生苗苗以优异成绩考入淮阴师范学院后，选定洋洋小朋友为新的帮扶对象；组织党员赴学府路小学开展“心手相牵，快乐成长”活动，为留守儿童送上文具和书籍；联合企业家联谊会慰问镇江市京口区健康路街道环卫工作者；响应民革市委会慈善捐助号召，捐款3万余元。民革企业家协会秘书长朱海鑫帮助中小企业纾困解难。

## 民盟京口基层委员会

【思想政治建设】 2022年，中国民主同盟镇江市委京口委员会（简称民盟京口基层委员会）率先在镇江市民盟系统开展《习近平谈治国理政》第四卷志愿宣讲活动；组织盟员参观“同心向党 京彩有我”京口统一战线喜迎党的二十大摄影书画作品展、“镇江很有前途大型图片展”；组织召开学习中共二十大精神座谈会，集中观看“二十大党代表说报告”，多名盟员报告感言被刊登于民盟镇江市委会微信公众号；组织参加民盟镇江市委举办的学习贯彻中共二十大精神专题辅导讲座；联合宜兴市民盟六支部在京口民盟周艺之家商讨推进乡村美育基地建设工作；开展“民盟心向党喜迎二十大”座谈会、“同心向党 情满中秋”民盟周艺公益音乐会。民盟京口委在江苏省基层组织工作创新案例评选中获省盟2020–2021年度一等奖。京口民盟四支部荣获2021年度市盟“四好”基层组织创建工作先进集体；京口民盟二支部荣获2021年度市盟“四好”基层组织创建组织工作特色基层组织。2022年盟中央网、团结网、《江苏民盟》、《镇江统战》等刊物网站累计采用文稿40余篇。《多党合作历史经验和优良传统研究》获评省委统战部、省社会主义学院“多党合作与中华民族伟大复兴”征文活动三等奖。

【参政议政】 民盟京口基层委员会2022年提交市级提案3篇，区级提案12篇，内容涉及关注经济发展、文化、教育等多个方面；其中区政协委员、二支部盟员陆阳撰写的《京口区文化建设调研报告》获盟市委

2022年调研报告二等奖。市人大代表、区政协常委、二支部盟员王玉萍提交的《关于扩大数字产业规模，激活高质量发展新引擎的建议》被列为重点议案。把“京话统”监督活动列为重点工作，多次实地走访街道辖区范围内企业，联合6家企业专门召开“京话统”营商环境调研座谈会，形成调研报告8篇。

【社会服务】 2022年，在疫情防控中，先后为2个街道、4个社区、1所学校捐赠防疫物资总价值约3.2万元。在镇江国际饭店举行阳光助学金发放仪式，为10名儿童发放“阳光助学金”1.4万元，并为每人额外准备200元生活用品。联合京口区政协蒋周健委员工作室举办首届“同心服务周”系列活动，走进社区、学校、企业，做好协商议事、社情民意信息、社会公益服务“三位一体”工作。在京口区特殊教育中心成立社会服务基地，长期定点开展关爱活动，6月30日上午，为6名特殊学生过集体生日；9月2日上午，为35名教师送上月饼；12月7日，联合向京口特教捐赠价值1.3213万元的物资；截至2022年年底，累计捐赠18万余元。

## 民建京口基层委员会

【思想政治建设】 中国民主建国会镇江市委京口委员会（简称民建京口基层委员会）学习贯彻中共中央关于加强新时代中国特色社会主义参政党建设有关文件精神，巩固深化“不忘合作初心，继续携手前进”主题教育成果，利用各种会议或活动，采取线上和线下灵活多样形式开展主题教育。组织会员参加区委统战部“同心向党‘京’彩有我”统一战线喜迎二十大摄影、微视频比赛；健康路支部与镇江移动公司开展“展望智慧城市拥抱5G时代勇担社会责任”活动；推选张一鸣、唐婧、蒋莉圆等年轻会员加入长江生态环境保护民主监督志愿者队伍；组织会员赴盐城市亭湖区开展为期2天的结对共建活动；参加“多党合作与中华民族伟大复兴”征文活动。

【参政议政】 组织“京话统”监督员赴象山街道走访调研辖区企业，深入了解企业经营状况、存在问题和困难，为区委、区政府科学决策和有效施策提供务实管用的对策建议；在京口区政协十届一次会议上，基层委员会提交集体提案1件、个人提案27件，其中周玲、方寅、马淳沂、杨罗成提交的《关于加快推进老旧小区加装电梯的提案》《关于进一步加强青少年心理健康管理的提案》《关于强化垃圾分类宣传与执行力的提案》《关于加快推进基层医卫人才队伍建设的提案》被列为重点提案。组织部分政协委员就关于强化垃圾分类宣传与执行力、关于文昌宫片区居民充电难问题开展协商议事；张真实提交给区委统战部的调研报告《疫情防控期间着力保障小微企业稳定生存发展》反映社会热点问题；郑琳的研究课题《疫情防控常态化下社区教育融入社区治理的路径探索》获2022年镇江市科协“建言献策”三等奖。

【社会服务】 携手其他社会各界人士发起“且以温情度寒冬”为贫困家庭学生募集防寒物资活动；组织会员参加2022年腾讯99公益日为“同心共富工程”项目捐款活动；联合市中级人民法院在民建社会服务基地——西津渡马副官的店向社会宣讲《中华人民共和国家庭教育促进法》；四牌楼支部开展向独居老人捐赠空调活动；以“民建社会服务实践基地”为依托，为社会和广大会员提供“周三茶会”“文心品书会”等各类公益服务；企业家会员秉承“思源工程”理念，持续为京口8名抗美援朝老兵进行捐款与慰问，打造民建“关爱抗美援朝老兵”公益品牌。

## 民进京口基层委员会

【思想政治建设】 2022年，中国民主促进会镇江市委京口委员会（简称民进京口基层委员会）定期组织线上线下专题学习二十大精神和民进会章，组织学习“党的二十大学习报告手账”“二十大统战说”“二十大报告的解读”等相关文件资料。民进镇江市直属二支部正式更名为民进镇江市京口综合支部，并纳入基层委下属基层组织。

【参政议政】 民进京口基层委员会有市政协委员2人、区政协常委1人、区政协委员6人、区人大代表1人。其中市政协委员侯晓佳向镇江市第九届政协会议提交《关于确保红旗小学永安校区及机关幼儿园学生出行安全的提案》《关于完善中小学课后“延时服务”硬件配套的提案》被大会采用；参与调研的报告《把“双减”这项利国利民的政策落实好》被民进江苏省委采用，同时被评为2022年度参政议政成果一等奖。京口综合支部会员孙鹏撰写的社情民意信息《应关注离婚案件“首判不离”的负面影响》被市政协评为2022年度优秀社情民意信息。其他政协委员、人大代表通过细致调研撰写提交一系列高质量提案建议，如《关于加强农田水利建设以应对极端干旱情局面的建议》《关于优化京口区部分交通信号灯的建议》《心理疾病问题亟待重视》《关于居民区垃圾桶涂抹驱虫涂料的建议》等。

【社会服务】 京口综合支部邀请支部律师会员开设《中华人民共和国未成年人保护法》、防性侵等系列专题公益讲座，在中山路小学开展2次“拒绝校园欺凌从我做起”主题讲座，在会员之家开展美育专题讲座，将400箱价值2.88万元的矿泉水、苏打水捐赠给环卫、社区等基层一线劳动者。京口小教支部针对家长学生关注的教育热点焦点话题，相继开设“‘双减’后的寒假怎么过”“高考志愿如何填报”“如何培养孩子专注力”等家庭教育公益讲座，为润欣学校学生们开展急救知识培训。中教支部全体会员参加“慈善一日捐”和“‘三八’节女工捐款活动”等慈善活动。由朱秋东、牛利林、施旭萍、戴松4名民进会员为主要成员的团队承担镇江市“智教育云课堂”九年级化学学科网络同步助学课程录播，为镇江市学生提供网课10余节。

## 农工党京口基层委员会

【思想政治建设】 2022年，中国农工民主党镇江市委京口委员会（简称农工党京口基层委员会）以领导班子建设、基层组织建设和后备干部建设为抓手，加强组织建设，发展壮大支部力量，组织学习贯彻中共二十大精神，学习贯彻习近平新时代中国特色社会主义思想及新时期统战理论政策和传达贯彻各有关会议、文件精神，开创组织建设新局面。

【参政议政】 农工党京口基层委员会有市人大、区人大代表以及区政协委员10名。发挥医务界人才优势，在医疗卫生、食品卫生、城市建设、整顿交通秩序、医保管理、长效治理网吧等群众关心的医疗保健、社会保障等民生方面提出具体建议。两会期间党员提交人大建议、政协提案20余件。参加市、区人大政协和市、区政府及有关部门座谈会、通报会、评议会和明察暗访等活动，履行参政议政、民主监督职能。组织走访数十家企业，了解疫情之下企业运行情况和存在困难，提出建议和意见，撰写6篇营商环境报告报区委统战部；参加人大代表乡村行活动，撰写《关于京口区乡村振兴战略实施情况的调研报告》报区委统战部。

【社会服务】 发挥农工党医务界人才荟萃优势，针对疫情发展严峻形势，迅速行动，落实联防联控措施。开展医疗咨询义诊宣传等活动；组织医卫界定期支援新民洲农场医院，解决新民洲农场医疗力量不足、农场职工看病难问题。9月，与同心志愿团联手京口妇幼保健所，免费为京口区6个街道50多名一线环卫女工进行妇科体检。

## 致公党京口基层委员会

【思想政治建设】 2022年，中国致公党镇江市委京口委员会（简称致公党京口基层委员会）组织开展“喜迎二十大、奋进新征程”参观茅山新四军纪念馆、句容乡村建设活动；参加“同心向党 ‘京’彩有我”京口统一战线喜迎党的二十大摄影、书画作品观展活动；参观“统战百年同见、凝心聚力向未来”镇江统一战线喜迎中共二十大暨庆祝中国共产党统一战线政策提出100周年书画作品展活动；收看中共二十大开幕会，围绕中共二十大报告进行学习心得交流和分享。组织党员通过参与征文投稿、分片区讨论交流等形式，凝聚思想政治共识。加强支部工作指导，进一步规范党费收支管理，主动接受市委监督委员会、全体党员对基层委和支部工作监督。加强后备干部培养，按照组织发展程序新发展5人。宜建美被致公党省委评为“社会服务工作先进个人”，李镇生、朱麟被江苏省人力资源和社会保障厅、江苏省归国华侨联合会、江苏省人民政府侨务办公室评为“江苏省归侨侨眷先进个人”。

【参政议政】 2022年致公党京口基层委员会提交《大禹山数字文创区建设展望》等调研报告5篇，其中市委立项4篇。提交信息12条，人大建议和政协提案29件，人大代表和政协委员建议和提案人均超2件。宜建美被政协镇江市委会评为“2019-2021年度反映社情民意信息工作先进个人”；耿兴萍被京口政协评为优秀履职委员，其《关于提升住宅小区物业管理服务的建议》提案被政协京口区委员会评为九届政协“十佳”优秀提案；王佩的《关于构建“僵尸企业”依法公益强制清算制度的建议》被市政协信息录用。

【社会服务】 开展“致公·同心”志愿服务活动，发挥法律、医疗优势，深入结对社区和归侨侨眷，组织开展各项服务活动。2022年组织开展多次公益助残活动，包括助残义诊及慰问残疾人、公益交通安全宣讲助残、公益盲人读书会、国际残疾人日孤独症青年钢琴音乐会、公益助残包饺子等。2022年3月，京口基层委员会参观大客咖啡，走访慰问残障人士，杨晓薇为大客咖啡残障人士捐款1200元。6月1日，京口基层委带领部分党员参加“dark有爱，共赴书香”小读者黑暗体验伴读活动。响应市委统战部开展的“同心共富工程”慈善募捐倡议，40余名党员参与公益日捐款活动，王佩为“99公益日”捐款18667元。

## 九三学社京口支社

【思想政治建设】 2022年，九三学社镇江市委京口支社（简称九三学社京口支社）通过自学和集中学习相结合形式学习贯彻习近平新时代中国特色社会主义思想和中共二十大精神，发挥微信群线上实时功能，邀请全体社员参加线上各类知识答题活动。2022年发展新社员4人。

【参政议政】 组织推荐社员参加社江苏省委、社镇江市委组织的针对人大代表、政协委员、信息员等开展的各类培训。组织6名社员担任“京话统”监督员，与京口经济开发区结对实地调研走访，建言献策。

# 群 众 团 体

责任编校：吴莉莉

## 区总工会

【概况】 2022年，京口区总工会坚持以习近平新时代中国特色社会主义思想为指导，围绕中心、服务大局，加强与企业、职工联系，成立区级机关工委工会联合会，分类指导街道园区等直属工会工作。2022年，新建工会44家，新增会员3093人；评选表彰30名优秀工会干部，新增1名市十佳工会工作者。

【职工思想政治引领】 围绕迎接党的二十大召开，通过“镇工惠”平台联动，组织开展“一起向未来　助力添‘京’彩”系列活动和线上线下学习答题活动，500名职工获奖，万余职工关注参与。开展“劳模工匠进校园　思政教师进企业”、职工读书季等活动20余场，覆盖职工4万人次，评选10名优秀领读员。区总工会获市第十三届职工读书节优秀组织奖。

【先锋模范精神弘扬】 组织“五一”系列庆祝活动，采访拍摄一批劳模先进，制作视频并进行宣传。开展“亮身份，践承诺”活动，向30余名在岗劳模先进颁发“京口最美劳动者”工作承诺牌。常态化开展劳模关爱活动，组织劳模开展疗休养活动，赠送职工互助互济保障，为劳模发放补助金24771元、荣誉津贴26400元、春节慰问金32000元。

【产业工人队伍建设】 联合举办政务服务、安全生产和劳动保护、机关服务、财务经审等技能竞赛，评选出20名“京口技能标兵”，蓝舶科技获评省级“三创两提升”（争创先进党支部、模范职工之家、工人先锋号，提升思想引领力、群众组织力）示范单位。举办专题研习班、产改企业家沙龙、产业工人运动会和职工联谊会等活动。京口区产改项目荣获2022年度镇江产改工作优秀项目一等奖。

【职工慰问和困难帮扶】 关爱重点岗位职工，慰问劳动模范、疫情防控一线医务人员、货车司机、快递员等新就业形态劳动者群体1228人次，发放慰问物资约18万元。开展“夏送清凉”活动，慰问高温岗位下一线工人600人次，发放物资约8万元。“两节”期间慰问职工1300人次，约19.5万元。资助23名困难职工学子，救助金额11.316万元。建立健全困难职工帮扶关爱体系，帮助30户职工家庭实现微心愿，出资5万元为3户困难职工家庭打造梦想小屋。（刘叶群）

## 团区委

【概况】 2022年，京口团区委贯彻落实习近平总书记关于青年工作重要思想，围绕党政工作大局，聚焦团的主责主业，召开学习贯彻习近平总书记在庆祝中国共产主义青年团成立100周年大会上的重要讲话精神座谈会，启动京口区共青团基层组织改革工作，印发《京口区共青团基层组织改革实施方案》。2022年在“学习强国”学习平台、央广网、《中国青年报》、“交汇点”、江苏共青团等省、市级主流媒体刊发宣传稿件51篇。

【换届选举】 10月31日，召开共青团镇江市京口区第十二次代表大会。大会选举产生共青团镇江市京口区第十二届委员会和出席共青团镇江市第十八次代表大会代表。

【承办镇江市少先队主题队会】 5月27日，镇江市少先队“喜迎二十大　永远跟党走”主题队日活动在京口区实验小学举行。市委书记马明龙，市领导张娟、殷敏、武鸣参加活动。镇江市少先队辅导员代表和京口区150余名少先团员代表参加本次队会活动。活动中为江苏省优秀少先队员、江苏省优秀少先队集体、镇江市“十佳”学校少工委主任代表颁奖。

【青少年思想政治引领】 开展“青春礼赞新时代、青年追梦复兴路”等主题青年讲师团区级示范宣讲活动10余场，推动全区开展“学习二十大”等主题教育320余场，发布“青年大学习”主题团课40余场，覆盖青少年1.2万人。

【青少年关爱救助】 募集资金18万

元建设10间“梦想小屋”，实施“筑梦京彩”青少年帮扶工程，推行筑梦关爱体系，开办“暖‘新’一夏，筑梦京彩”爱心暑托班等各类青少年帮扶活动50余次，护航困境青少年健康成长。

【青年创新创业】 召开京口区青年工作联席会议第三次全体会议，创建青年和人才友好型城市先行区，在大市口商圈建立市区首家“京彩”青年人才驿站，发布《京口青年和人才办事掌上通》。围绕大学生“聚镇”计划，“线上+线下”举办青年（大学生）创业培训、“青训会”、“青英汇”训练营、“情系京口”系列青年人才联谊会、“青雁归来·聚才筑梦”大学生暑期社会实践等活动。

（张哲依）

## 区妇联

【概况】 2022年，京口区妇联推进家庭文明建设，促进妇女创业就业，维护妇女合法权益，办好妇女儿童民生实事，打造妇女工作品牌，获评2021年度江苏妇女儿童慈善优秀组织奖、2021年“99公益·网络募捐”优秀项目奖、2021年99公益日“织爱行动”项目最佳组织奖。

【妇女关爱服务】 1月25日，区妇联到区环卫所慰问一线环卫女工。4月26日，区妇联到大市口街道米山社区慰问。5月11日，京口区人民政府副区长、区妇儿工委主任宋小燕一行到区妇幼保健所慰问一线医护人员。5月13日，在京口区妇女儿童活动中心举办“送法进万家　家教伴成长”家庭教育读书分享会活动，吸引近50人参加。8月1日，在四牌楼街道党群服务中心开展“夏日送清凉　情系‘京’帼网格员”慰问活动。8月4日，镇江市妇联主席杨菊兰、副主席陈海虹到京口红色初心亭、苏宁广场新业态友好妇女微家、华为（镇江）数字联合创新中心进行调研。

【儿童关爱服务】 5月29日，联合区教育局开展“童趣飞扬　彩绘梦想”“六一”主题活动。6月30日，联合区应急管理局、区红十字会在镇江市红旗小学开展“平安过暑假、同心护未来”教育实践活动。9月23日，联合京口团区委、中山路小学（大禹山校区）开展“喜迎二十大　安全伴成长”消防主题活动。10月12日，联合区教育局、区文明办和团区委组织开展京口区“少年儿童心向党　党的故事我来讲”小红星红色故事演讲比赛。

【家庭教育公益讲座】 5月20日，由市妇联主办，京口区妇联、米山社区新时代文明实践站承办的家庭教育公益讲座在米山社区举行。5月20日，邀请镇江实验高中高级教师、家庭教育高级指导师辛菊珍老师在象山街道东城社区举办家庭教育讲座。6月23日，邀请镇江市家庭教育讲师团成员、市未成年人成长指导中心咨询师、诺亚心理健康咨询中心主任徐非在健康路街道桃花坞社区举办专题讲座。6月28日，邀请镇江市童乐乐青少年公益服务中心社工部部长童乐乐老师在谏壁街道蔡家社区举办家庭教育讲座。8月4日，邀请国家二级心理咨询师、镇江市未成年人成长指导中心心理咨询师、镇江市妇联家庭教育讲师团讲师于海凤教授在正东路街道举办家庭教育课程。

【货运行业妇联成立】 9月1日，京口区货运行业妇女代表大会暨货运行业妇联成立仪式在镇江宝华物流有限公司举行。来自镇江宝华物流、鸿泰钢铁等5家企业30名妇女代表参加成立仪式。

（杨莹）

## 区科协

【概况】 2022年，京口区科协贯彻落实省、市科协工作要求，助推产业强区、助力破解治理难题，被中国科协评为2022年全国科普日活动优秀组织单位，被长三角科技志愿者服务联盟评为2022年度长三角优秀科技志愿者组织。

【全民科学素质提升】 围绕“走进科技　你我同行”开展第34届科普宣传周活动，发挥区科普讲师团（科普益民团）优势，进社区（村、企业、学校）开展科普讲座13场次。举办惠安科普图片展，发放家用急救科普手册3000册。9月17日，在宝塔山社区云时代广场举办镇江市暨京口区2022年全国科普日主场活动，为优秀科技志愿者代表颁奖，为宝塔山社区“梦溪科普老年人讲堂”揭牌。举办老年人健康知识科普讲座、公安民警开展反诈防诈知识宣传、观看反诈防诈微电影《火眼金睛》等活动13场次。9月22日，在区级机关开展“世界无车日　绿色低碳行”主题宣传活动。联合区总工会、科技局开展“慧安”科普知识进企业活动，走访辖区企业、学校等单位，发放“慧安”科普宣传资料1500余份。象山街道东风社区参评镇江市优秀科普示范社区。

【学会学术平台提升】 发挥江苏中江材料技术研究院海智工作站作用，开展海智引才工作。组织推荐申报省优秀工程师1个，镇江市创新争先成绩突出科技人物1个、团队1个，镇江市青年科技人才托举工程3个，新成立3家企业科协（工作站），在京口开发区、大禹山创意新社区举办企业科技创新服务培训，推进中国科协企业科技创新服务专利信息推广应用。

【“科创江苏”试点区建设】 结合产业强区“一号战略”要求，试点围绕木业精深加工、数字经济2个重点产业支持方向，推动国家级、省级各类创新要素汇聚京口、惠及企业。12月7日，举办镇江市京口区“科创江苏”试点区会企对接活动，为京口区“科创江苏”试点区揭牌；省人工智能学会、省土木建筑学会与京口区政府线上签订战略合作协议；市信息化学会、市计算机学会与正东路街道办事处、大禹山创意新社区管委会现场签订战略合作协议；省锅炉协会建立江苏索普赛瑞装备制造有限公司科技服务站。举办第九届江苏省青年科学家年会人工智能与语言应用的未来发展方向分论

坛，邀请杨磊、肖亮、华国栋 3 名专家就人工智能与语言应用未来发展方向作主旨报告。（周文娟）

## 区侨联

【概况】 2022 年，京口区侨联认真贯彻落实区委九届二次全会和市侨联六届七次全委会议要求，坚持把服务好广大归侨侨眷和海外侨胞作为工作根本点和落脚点，统筹推进各项工作。2022 年，对照《关于新时代加强基层侨联建设的指导意见》要求，推荐申报 9 家区级“微侨家”；镇江元致亨食品有限公司和四牌楼街道阳光世纪花园社区向镇江市侨联申报市级“微侨家”。

【关爱归侨】 为京口区 18 位老归侨办理看病就医服务证，实行“挂号、就诊、取药”专人服务和绿色通道。在春节、中秋节等传统节日开展“为老归侨送温暖”活动。在暑期开展“关爱老归侨　高温送清凉”活动。登门慰问老归侨及侨眷 40 人次，发放慰问金 2 万余元。

【聚焦新侨】 成立京口区留学人员亲属协会，加强留学人员及亲属之间的联系、沟通；推进“归创空间”“京鸥驿站”建设，服务归国留学人员创业需要，鼓励支持海外留学人员归国实业报国。

【服务侨企】 多次深入调研多家侨企，了解企业在疫情防控、复工复产和经营发展方面情况，在江苏天海特种装备有限公司了解到企业存在电力荷载不足和用工困难等问题，及时协调区政府相关部门制定具体实施方案加以解决。

【侨法宣传】 围绕“落实‘八五’普法规划·提升侨界法治素养，喜迎党的二十大·建设法治新镇江”主题，在京口区侨联系统部署开展“法治宣传月”活动，向辖区涉侨群众提供法律讲座 20 场次，发放 800 余份宣传手册和法律援助联系卡等宣传资料。区归侨侨眷法律服务中心联合市“银发法源志愿服务队”开展“法律法规进社区”法治京口宣传活动等。（秦岩）

2022 年 9 月 17 日，在宝塔山社区云时代广场举办镇江市暨京口区 2022 年全国科普日主场活动（吴惠平　摄）

## 区工商联

【概况】 2022 年，京口区工商联发挥桥梁纽带和参谋助手作用，围绕服务和促进“两个健康”（非公有制经济健康发展和非公有制经济人士健康成长）主题，建立街道党工委组织统战委员任支部书记、党员企业家任支部统战委员的京口模式，助推京口产业高质量发展。2022 年，新增会员企业 65 家，街道商会实现法人注册登记“全覆盖”。

【思想政治引领】 10 月 16 日，组织民营企业家集中观看党的二十大开幕会，收听习近平总书记二十大报告，撰写心得体会，并在“京口统战”微信公众号上发布。11 月 21 日，组织 40 余名民营企业家赴句容开展学习贯彻党的二十大精神暨理想信念教育实践活动。

【“五送五助”民企服务】 2 月 18 日上午，市委统战部副部长、市工商联党组书记王红卫带队到京口，开展“五送五助　春风暖企”专项行动走访调研。8 月 12 日，区工商联举办“银企携手　共谋发展”银企对接交流会，通过“工商联搭台、银行唱戏、银企对接、点对点沟通”形式，建立金融机构支持民营企业高质量发展机制。9 月 12 日，举办“讲经说法民企行——走进京口”主题活动，邀请江苏钟山明镜（镇江）律师事务所执行主任陶然开展“企业法律风险防控”主题讲座。2022 年，区工商联走访 380 余家企业和 6 家街道商会，协调解决用工难、融资难、临时用电和物流受阻等问题 125 个；会同镇江市小贷行业协会开展“同心抗疫助企纾困阳光行动”，为符合条件的 12 户小微企业提供 10 万元以内无息贷款，缓解企业疫情下短期流动资金压力。

【民营经济人士回馈社会】 开展“冬暖特教”活动，组织民营企业家为京口区特殊教育中心捐赠柜式空调 5 台；组织爱心企业开展“正恺育秀”“元致亨·圆学梦”等活动，定向资助贫困学生。2022 年，京口区民营企业累计捐款捐物总价值 200 余万元，3 人被评为第三届“镇江市优秀中国特色社会主义事业建设者”。（王晓晴）

## 区文联

【概况】 2022 年 3 月 23 日，召开区文联二届五次全委会，陶宝强当选为新一任主席。2022年，京口区文联发挥党委、政府联系文艺界的桥梁纽带作用，深化品牌培树、打造特色亮点，开展丰富多彩文化活动。康盛剧社、京口文艺志愿者协会办得有声有色，蒋周健、吕国泰等文艺典型知名度、影响力进一步提升。中国煤矿文工团聘请京口区文艺志愿者协会主席蒋周健担任民乐团客席古筝演奏家。由蒋周健主讲的古筝“云课堂”项目荣获2021年度江苏省优秀青年志愿服务项目。11月30日，区文联召开成立区新文艺群体协会专题筹备会。

【文艺活动开展】 举办“金秋十月 翰墨香 喜迎党的二十大——寻美京口”主题书画作品展、“喜迎二十大 翰墨丹青伴我行”书画展、“喜庆二十大 桑榆展风采”书画摄影展等。推动文艺活动进企业、进农村、进机关、进校园、进社区、进军营、进网络，将宣传党的二十大精神落实到基层。组织开展“非凡十年 ‘京’彩有我”线下图片展、“‘京’彩十年 幸福有我”线上图片展等，以普通人视角集中展现京口近十年成绩。

【文艺品牌打造】 扶持康盛剧社等文艺团体，采取领导挂钩、跟踪服务、资金扶持、加强引导等措施，打造京口特色地方曲艺品牌亮点。4月，康盛剧社3篇原创作品入围中国戏剧文学学会举办的“戏剧中国”年度作品征集推选活动。联合相关单位制作回顾康盛剧社成立18年微纪录片《足迹》。5月23日，《镇江日报》对康盛剧社成立18周年进行专题报道。

【文艺创作】 9月8日，在京口文化艺术中心正式发布反电信网络诈骗戏曲微电影《火眼金睛》。区作协王娟瑢创作的《岁月芳华》一书于4月由团结出版社出版。康盛剧社成功改编优秀传统剧目《恩仇记》，发扬光大镇江金派扬剧。以区剧协副主席冯磊领衔的“江大喜剧人天团”创演《艰难抉择》《喜上加喜》《三簧》等喜剧作品。 （陶宝强）

## 区残联

【概况】 2022年11月8日，京口区残疾人联合会第六次代表大会召开，选举产生新一届主席团委员、主席和残联领导班子。2022年，京口区残联认真履行“代表、服务、管理”三大职能，聚焦残疾群众所急所需，帮助他们解决实际问题，被省残疾人福利基金会授予“公益助残网络募捐工作特别贡献奖”，“‘五项措施’让融合教育在普小开花结果”被省残联评为创新创优示范项目。2022年9月，在江苏省第十一届残疾人运动会上，京口区残疾人运动员获8枚金牌、12枚银牌、11枚铜牌，创参加省残运会以来历史最好成绩。

【民生实事项目落实】 2022年区残联有2项工作纳入区政府十大民生实事项目。一是每月对16–59周岁无业且为低收入家庭的70余名三类（精神、智力和重度肢体）残疾人，围绕生活照料、家政服务、康复服务、社会融入等内容开展居家托养服务。二是建设一所孤独症儿童康复训练机构，该项目于2022年5月底完成，机构面积约1200平方米。

【残疾人服务】 2022年，成立阳光助残志愿服务队，为530名残疾人办理残疾证，其中跨省通办13名，上门评残45名；为54名残疾人办理免费乘车卡。筛查辖区内重度贫困残疾人家庭，对20户残疾人家庭进行“一户一策”定制化改造；并按照“一户一档”要求做好无障碍改造信息采集、监督、验收工作。筹措资金为5家社会力量开办的残疾儿童康复机构、17家盲人按摩机构捐赠防疫物品，为70户困难残疾家庭送去生活物资。

【精准康复服务】 2022年为235名0–16岁残疾儿童免费进行抢救性康复训练；对42名重度精神病患者实行住院减免；为396名贫困精神病患者提供免费服药；为72名有需求的困难残疾人提供成人康复服务；为345名低收入残疾人免费发放轮椅、助行器、拐杖等辅助器具，辅具适配率100%。

【示范点建设推进】 整合现有资源，合理布局功能室，打造正东路街道残疾人之家和大市口街道残疾人之家示范点，为48名残疾人提供托养服务，安置17名残疾人从事辅助性就业。正东路街道残疾人之家和大市口街道残疾人之家被市残联确定为2022年度“残疾人之家”高质量运营点。2022年新增托养85人，托养总人数达190人。 （黄佳）

## 区红十字会

【概况】 2022年，区红十字会认真履行“三救三献”（应急救援、应急救护、人道救助，献血液、献造血干细胞、献人体器官组织）核心职能，大力弘扬“人道、博爱、奉献”的红十字精神，获市红会红十字青少年工作、基层组织建设和筹资工作年度单项工作优胜单位。

【组织建设工作】 召开京口区红十字会第一次会员代表大会，设立监事会并建立完善相关制度。街道红十字会基层组织全覆盖。四牌楼街道江一社区荣获2022年度江苏省优秀博爱家园，正东路焦顶山社区打造成镇江市首家唯一具有防灾减灾特色的博爱家园。

【“三救”工作】 2022年成立京口区红十字会第一支救援队，承办市红会“世界急救日”活动。2022年开展培训近30场，其中普及性培训5103人、持证培训1005人。桃花坞小学荣获全国红十字防灾避险知识竞赛单位组织三等奖。2022年，区红会筹款物超80万元。

【“三献”工作】 2022年京口区遗体器官捐献登记827例、完成遗体捐献11例，占镇江市的47.8%；器官捐献1例，占镇江市的33.3%。市红会领导到京口区慰问“三献”家属，向京口区4名家属发放“生命永续，慈爱双献”首批慰问金2万元。2022年开展博爱送健康等活动20余场，受益人数1700余人次。

（米安乐）

# 法治

## 政法委与综治

【概况】 2022年，京口区政法系统认真贯彻落实中央和省市区委决策部署要求，坚持以党的二十大维稳安保工作为主线，以平安京口、法治京口建设为两翼，以兜牢民生为底线，奋力提升政法工作现代化水平。

【维护国家安全和社会稳定】 坚持总体国家安全观，把维护国家政治安全摆在首要位置，统筹推进各领域安全工作，坚决落实创新维护社会稳定五项工作机制，常态化开展重大决策社会稳定风险评估工作，深入开展矛盾纠纷排查化解，持续打击整治养老诈骗违法行为，营造稳定的政治社会环境。

【平安京口建设】 推动治理重心下移，持续推进社会治理体系和治理能力现代化。实施“精网微格”工程，形成横向到边、纵向到底的基层社会治理“一张网”格局。推动区街两级网格化服务管理中心规范化建设，完善“12345”服务热线机制建设，进一步提高社会治理精细化水平。建立街道党政领导挂钩薄弱网格机制，实行分批次清单销号制度；持续推进社会治理现代化先进街道、社区（村）建设工作，正东路街道、大市口街道建成“镇江市社会治理现代化先进街道”，京口路社区等11个社区建成“京口区社会治理现代化先进社区（村）”。

【政法队伍建设】 进一步巩固和深化政法队伍教育整顿成果，常态化推进政法领导干部轮岗交流、政治忠诚剖析和政治督察工作，坚持政治轮训常态化，举办“学思·力行”讲堂活动68场，推进全面从严管党治警常态化长效化。　（张学明）

## 法治政府建设

【概况】 2022年，京口区深入学习贯彻习近平法治思想，贯彻落实国务院《法治政府建设实施纲要（2021–2025年）》精神，紧盯法治京口目标，提升法治政府建设水平，夯实法治社会治理基础。区委、区政府主要领导分别任区委全面依法治区委员会主任、副主任，牵头召开区委常委会和区政府常务会，定期听取法治建设情况汇报，研究谋划法治建设重点工作，对法治建设重要工作亲自部署、重大问题亲自过问、重点环节亲自协调、重要任务亲自督办。

【重大行政决策程序规定落实】 修订制发《京口区重大行政决策程序规定》。执行公众参与、专家论证、风险评估、合法性审查、集体讨论决定等重大行政决策法定程序要求，梳理推进“江苏省国营共青团农场改设街道”重大行政决策项目。

【法律顾问作用发挥】 2022年度审查协议及合同等文件20余件，组织（参加）座谈协调会议近30次，对老解放路小学校安改扩建工程委托管理合同、诺贝丽斯项目投资修正协议、华夏幸福地产意见书等合同协议进行把关，参与教育、审批、环保等问题协调座谈，从法律层面严把关口。

【基层综合执法培训】 围绕“科学开展行政执法法律风险防控”等课题，开展2022年度行政执法人员培训150余人次。创新行政执法培训方式，常态化开展“现场教学”执法培训活动，将基层综合执法培训搬到执法现场，各街道2022年行政处罚案件数量较往年显著提升。

【赋权事项专项评估】 印发《关于开展基层综合执法赋权事项专项评估工作的通知》，梳理汇总赋权评估清单和意见，结合赋权事项、执法力量配备、执法现状等实际情况，对各街道赋权事项执行情况及承接能力进行评估。依据《江苏省司法厅关于镇江市在镇（街道）开展相对集中行政处罚权工作的复函》赋权基层的45项行政处罚事项，评估后继续由6个街道承接实施。

【人大、政协监督】 邀请人大代表、政协委员全程参与对街道基层综合执法和重点执法领域的行政执法监督；区人大专题调研“八五”

普法、象山街道依法行政等工作；区政协对加强普法宣传、依法行政等方面的提案开展专题调研。认真办理两级人大代表议案建议和政协委员提案，2022年累计承办市级人大代表建议17件、政协提案15件，办理区级人大代表议案建议121件、政协提案149件，全部按时办结。

**【行政应诉】** 京口区全面贯彻落实行政诉讼出庭应诉制度，主动加强与法院和被诉单位联系，发挥桥梁纽带作用。2022年京口区发生行政诉讼案件23件（一审），其中驳回9件，准予撤诉7件，行政首长出庭应诉率达100%，无败诉案件。

**【行政复议案件办理】** 推进行政复议体制改革，做到机构、编制、人员、场所、经费“五个到位”，强化协调监督、紧密推进府院联动，发挥行政复议专家委员会作用。2022年度收到行政复议申请33件，受理28件，不予受理、告知5件，作出复议决定23件，对其中2起案件作出撤销、确认违法等直接纠错决定，纠错率8.7%，通过府院联动、行政调解等方式，当事人撤回申请8件，实质性化解率34.8%。

**【矛盾纠纷多元化解】** 扎实推进“大排查、大调解、促和谐”专项行动，依托区级非诉服务中心（分中心）、公共法律服务中心、“一室一站”（基层调解室、司法行政服务站）等调解平台，强化多元解纷联动。2022年各级调解组织开展矛盾纠纷排查3000余次，接待群众8000余人次，受理纠纷3800件，调解率100%；调解成功数3765件，调解成功率99.1%。 （朱欢欢）

## 公 安

**【概况】** 2022年，京口公安分局推进维护稳定、打防犯罪、安全监管、队伍管理等各项措施，破获系列部、厅挂牌督办案件，完成党的二十大安保维稳工作任务。

**【维护政治安全】** 把维护政治安全置于首位，畅通情报信息渠道，精准打击涉政违法犯罪，筑牢网上网下意识形态阵地。对涉政有害信息高发频发重点平台、网络群组实施盯控，开展政治安全基础调查，防控化解涉政风险。推进网络资产普查，走访摸排二级、三级等保单位、涉网单位。

**【社会管控】** 深化走访排查、预警防范、源头管控、矛盾化解等各项工作，围绕大走访10类对象，下发走访数据3050条，走访居民家庭4000余户、出租房屋600余户，重点单位150余家，整治风险隐患50余处。

*预警防范* 发挥“一委两班”作用，紧盯网上网下两个阵地，下发交办指令60余条，撰写重大研判材料30余篇。加强与政府各职能单位沟通联络、信息共享、联动处置。

*矛盾纠纷源头化解* 围绕征地拆迁、环境污染、劳资纠纷等重点领域矛盾，调处各类纠纷99件。制定《京口分局“百日行动”信访工作方案》，会同党委政府化解重点信访事项8件、8人，京口区接收登记的73件信访件均已办结，信访积案化解率100%。

**【打防违法犯罪】** 瞄准严重影响群众安全感的违法犯罪，集中优势警力、强化合成作战，保持严打快破高压态势。

*攻坚大案要案* 成功侦破33年前入室抢劫杀人案命案积案；八类案件破案率100%；成功侦破部督“中储粮食用油被盗案”，帮助国家重点企业追赃挽损150余万元；侦破省督组织领导传销活动案，冻结资金1.13亿元；侦破省督养老诈骗案，打响镇江市打击整治养老违法犯罪第一枪；侦破省督医保诈骗案，涉案金额6000余万元；侦破省督镇江市首起网络跨平台伪造公文印章案。

*快侦重点案件* 打击侵害妇女儿童权益犯罪，成功侦破强奸案件5起，侦破猥亵案件1起。打防电信网络诈骗案件，破获电信网络诈骗案件56起，止付冻结涉案资金851.2万余元；处置预警劝阻数据5.2万余条，成功劝阻网络诈骗案件15起。

*巡防网络* 优化巡逻处警一体化勤务机制，对主城区开展24小时“网格巡控”，重点加强对党政机关、水电油气和车站、公交、旅游景点、繁华闹市区等人员密集场所防控守护。严格落实社会化保安员驻巡活动、沿街店面“十户联防”、机关民警下沉夜巡等机制和措施，京口区刑事发案数同比下降13.7%，寻衅滋事、盗窃电动车及电瓶警情同比分别下降100%和76.9%。

**【安全监管】** 推进落实大起底、大排查、大整治专项行动，全力查隐患、促整改、抓长效，严防发生重大安全生产事故。

*群租房安全监管* 对京口区群租房进行“兜底翻”，全面采集人房信息。累计登记群租房32户、流动人口742人，群租房二维码门牌生成率100%。

*危险物品管控* 2022年，在部署企业自查自纠基础上，开展地毯式检查，梳理汇总隐患问题，逐个研判分析，列出清单、落实责任、跟踪整改。检查剧毒和易制爆单位93家次，检查覆盖率100%，累计核发剧毒化学品购买许可证43张，接受剧毒化学品购销、使用信息备案539条，接受易制爆危险化学品购销信息备案2138条。

*重点领域管控* 落实京口区790家场所行业滚动摸排和阵地控制，264间网约房、5家私人影院、2家汽车租赁（网约车）均建立台账，纳入相关信息系统。

*重点目标隐患整治* 结合小商场、小餐饮等“九小”场所整治、自建房及建筑消防安全专项整治排查，累计出动警力200人次，发布社会公告102份，开展集中督导检查67次，检查“九小”场所160余家，发现各类隐患81处；检查夹芯材料彩钢板建筑使用场所7家，夹芯材料彩钢板建筑面积6904平方米，发现整改隐患3处。

【队伍保障】 坚持纵深推进从严治警，最大限度发挥队伍思想政治工作“生命线”作用，持续激励全警斗志与干劲。

党建引领 深入推进“喜迎二十大、忠诚保平安”主题实践活动和基层党建“三年行动计划”，将党建工作与公安业务有机融合，创新打造“警务夜市”“十户联防”等战时党建品牌。

岗位练兵 常态化推进全警“大练兵、大比武、大培训”活动，重点围绕情报研判、打击犯罪、信息应用、规范执法、舆情引导、警情处置等实战内容，开展专业化教育训练，组织专题训练30余场次，培训500余人次。

教育管理 推进重点领域专项整治，确保问题不查清不放过、责任不落实不放过、整改不到位不放过。发现整改各类风险隐患10个，通过提醒告诫、谈心谈话、落实帮教等方式确保队伍风险隐患动态清零。

规范执法 发挥执法办案中心效能，整合执法监督、精细管理、一站办理、综合保障等功能，发布巡查周通报42次、月通报10次，巡查问题警情300余次，发布预警100余次。突出执法培训，累计授课、培训150余人次。

爱警暖警 营造“学习功模、崇尚功模、争当功模”浓厚氛围，先后涌现出全国“人民满意的公务员”金怡、“全国优秀人民警察”彭杰、“全国优秀公安基层单位”刑事科学技术室等先进单位和个人。举行2022年首次澄清正名证书发放仪式，为民警依法履职担当鼓气。

（薛路瑶）

## 检 察

【概况】 2022年，区检察院受理各类刑事案件488件735人，依法批准逮捕57件74人，提起公诉306件465人。先后获得国家级“节约型机关”、镇江市文明行业等荣誉称号，航标灯“12345”工作法获评全省检察机关党建与业务深度融合典型案例，办理的长江非法采砂行政公益诉讼案入选最高检典型案例。

（仲诚）

【维护金融安全】 重点围绕防范化解金融风险打出组合拳，严厉打击金融诈骗、破坏金融管理秩序等犯罪14件。紧盯假借区块链、数字货币名义实施的犯罪，妥善办理一起涉案金额近亿元、发展会员4万余名的“MUSO”虚拟币网络传销案。加强涉众金融犯罪释法说理、督促退赔，相关做法在京口区政法系统推广。坚持全链条打击电信网络诈骗犯罪，起诉帮助信息网络犯罪活动、掩饰、隐瞒犯罪所得等电诈关联犯罪19件。建立多职能部门协作机制，精准定性、稳妥办理一起利用境外账户为职务犯罪人员洗钱案。

【合规改革推进】 稳步推进涉案企业合规改革试点工作，办理企业合规建设案件4件，对一家履行合规承诺并通过考察企业及其负责人作不起诉处理。开展事前合规探索，牵头与公安、税务等7个部门会签《关于协作开展涉案企业合规改革工作实施方案》，将企业合规前移至侦查阶段，合力解决合规考察时间不足问题。注重因企施策，对小微涉案企业开展“简式”合规，选任退休法官、税务人员作为第三方监督评估人员，助力企业尽快复工复产，有效防止“案子办了、厂子垮了”。

【诉源治理】 围绕涉企案件中发现的社会治理漏洞，向党委政府报送情况反映6篇，2篇专题报告获区委主要领导批示肯定。加大涉企案件诉源治理，围绕案件中暴露的企业痛点堵点，以制发检察建议、组织实地普法宣讲等方式，帮助18家企业排查化解风险隐患。探索实施涉企社区矫正人员“弹性管理”机制，协同司法行政部门为企业经营人员跨市从事生产经营活动提供便利。帮助1名民营企业负责人撤销失信惩戒。

（彭莉）

【平安京口建设】 依法从严从快打击各类刑事犯罪，审查批捕81件，审查起诉394件。与政法各部门紧密配合，顺利完成党的二十大安保维稳任务。推动常态化扫黑除恶斗争走深走实，推动殡葬行业清源。持续推进网络空间治理，依法办理涉案金额1800万元的跨境网络赌博案，对被告人提起公诉，多方协调推动涉案App清除下架。第一时间提前介入一起社会广泛关注、在非机动车道驾车冲撞行人案，积极做好引导侦查和舆情管控工作，并推进规范精神疾病患者驾照审核管理。

（袁明）

【宜居法治防线】 依法对一起倒卖废机油污染环境案提起刑事附带民事公益诉讼，追偿生态环境修复费用近40万元。进一步扩大环境保护“朋友圈”，将京口区近300名网格长纳入公益保护队伍。开展户外健身器材专项治理行动，联合职能部门摸排京口区202处1900余件户外健身器材，推动破损器材全部修复到位，入选全国检察机关“千案展示案例”。开展安全领域专项监督，排查高空坠物、路面塌陷等安全隐患。

【打造“江河益+”品牌】 参与长江运河保护，利用无人机、大数据等科技手段赋能检察工作，办理的长江非法采砂行政公益诉讼案入选最高检典型案例。对省检察院交办的长江干流岸线（镇江段）环境污染公益诉讼案线索进行调查，督促整改修复，获区委主要领导批示肯定。构建“1+1+1+N”法治阵地布局，牵头建成镇江市首个水陆一体生态环境司法修复基地，标准化推进检察文化宣传驿站进社区、进学校，相关做法被《人民日报》等国家级媒体报道。

（吴福君）

【司法善意释放】 开展刑事案件繁简分流，简易程序、速裁程序适用率大幅提升。贯彻“少捕慎诉慎押”刑事司法政策，依法不批捕、不起诉103人，一份不批准逮捕理由说明书获评江苏省检察机关优秀法律文书。最大限度减少不必要羁押，审前羁押率同比下降10%。以公开听证实质性化解一起因家庭矛盾引发、历时2年调解未成功案件，并依法对嫌疑人作不起诉处理。妥善办理一起拒不支付劳动报酬案，对10名利益被侵害务工人员开展集中司法救助，并督促追回全部欠薪。（万励）

**【食品药品安全】** 办理食药品案件16件，提起刑事附带民事公益诉讼3件9人。办理一起制作、售卖违规添加明矾超标近10倍"毒油条"案，根据犯罪情节对部分被告人提起刑事附带民事公益诉讼，在进行刑事处罚的同时推动损害赔偿。开展"消"字号抗菌制剂非法添加问题专项监督，制发诉前检察建议3份，督促有关部门规范整改问题6个。（吴福君）

**【"一老一小"权益保障】** 开展防范养老型诈骗专项行动，办理一起受害人数百余人、涉案金额200余万元养老型诈骗案。赴市老年大学、养老院等老年人聚集场所设立"银发护航公益栏"。牵头成立"护蕾联盟"，凝聚未成年人"六大保护"合力。聘请27名学生家长为涉未公益诉讼观察员，相关做法被《检察日报》头版报道。开展涉罪未成年人帮教12人次，对未成年被害人进行心理救助30余次。推动住宿业落实侵害未成年人案件强制报告制度，依法制发检察建议11份。（陈舟远）

**【刑事检察监督】** 成立侦查监督与协作配合办公室，加强公安、检察联动履职。强化侦查活动监督，提前介入重大疑难复杂、敏感案件，依法监督立案13人、监督撤案15人，纠正漏捕、纠正漏诉16人，对侦查活动不当提出纠正意见18件。强化刑事审判监督，提起、提请抗诉2件。认罪认罚从宽法治教育覆盖检察办案全过程，案件适用率92.3%。配合纪检监察机关保持惩治腐败高压态势，依法办理职务犯罪案件7件8人。（万励）

**【民事行政检察】** 坚持裁判结果监督和审判程序监督并重，办理各类民事行政检察案件56件，制发各类检察建议28份，实质性化解行政争议3件。最大限度保障受害人权益，对一起民间借贷案件开展民事监督，帮助受害人撤销失信限制措施。与法院会签民事、行政法律监督工作实施意见，建立健全协作配合机制。充分借助"外脑"，聘任7名行政机关专业人员作为特邀检察官助理，协助和参与检察办案。

**【公益诉讼检察】** 2022年办理行政公益诉讼案件118件，民事公益诉讼案件31件。发挥公益诉讼诉前程序作用，制发诉前检察建议71份，采纳率100%。加强与市场监督、网信等职能部门合作，共同治理装修行业非法泄露公民个人信息行为，结合办案形成专题工作报告获区委主要领导批示肯定。强化国有资产公益保护，针对洗车行业"差别化"水价、服刑人员违规发放养老金等问题开展专项行动，督促职能部门依法依规履职。持续构建公益保护"大格局"，协同统战部门聘请16名公益保护志愿者，延伸公益诉讼监督触角。（吴福君）

**【党建工作】** 将学习宣传贯彻党的二十大精神作为首要政治任务，组织各类集中学习研讨26次。认真执行《中国共产党政法工作条例》，主动向区委和上级检察院报告重大情况、重要事项14次。持续推进党建品牌建设，航标灯"12345"工作法获评江苏省检察机关党建与业务深度融合典型案例，离退休党员"银发润苗伴成长，公益守护促发展"项目被评为京口区"银发生辉"志愿服务重点项目一等奖。全员投入参与疫情防控，用实际行动书写检察志愿者的担当与使命。

**【队伍建设】** 加强青年拔尖人才培养，以员额检察官优秀示范庭评比、检察官助理小课堂"融培训"等多形式活动为载体，持续提升队伍业务素能。1名干警被最高检表彰，12个集体和20人次荣获区级以上表彰，2个办案团队入选镇江市检察机关专业化办案团队。严格落实"三个规定"报告制度，2022年记录报告过问或干预、插手检察办案等重大事项21件。加强执法督察，组织开展个案督察、专项督察等各类检务督察10次。（杨钰）

**【接受各界监督】** 践行全过程人民民主，自觉接受人大及其常委会的监督，专题报告未成年人检察工作，抓好审议意见落实。以"法检两院行"活动为契机，邀请代表委员参加检察开放日、工作通报会等活动75人次，主动走访代表34人次。加大公开听证力度，邀请社会各界代表、专家141人次参加公开听证。加大检务公开力度，通过微信公众号、门户网站发布各类信息835条。

（夏梅花）

## 法 院

**【概况】** 2022年，区法院以习近平新时代中国特色社会主义思想为指导，忠诚履行宪法法律赋予职责。2022年受理案件13628件，结案12777件，同比分别增长11.83%和11.99%。

**【刑事犯罪惩处】** 2022年，审结刑事案件307件。审结"保健品诈骗案""侵害殡仪馆秩序案""骗取医保基金案"等涉民生领域犯罪案件37件。开展涉网犯罪专项行动，审结被告人原某某等人利用虚拟币组织领导传销活动案，主犯被判处有期徒刑五年零三个月，追缴赃款5400余万元。惩治交通安全犯罪，审结122件，联合镇江交警发布危险驾驶、交通肇事典型案例9件。综合整治养老诈骗犯罪，审结4件，发送的司法建议获陕西省西安市市场监管局回应，自拍微电影《药骗》在央视频道展播。注重依法惩处与教育矫治相结合，适用认罪认罚审结刑事案件占比90%。

**【民事纠纷化解】** 2022年，审结民事案件5831件。准确适用权利保护规则，判决支持首起确认终身居住权案件。妥善审结"非婚生子女对亡父祭奠权案""老人浴室洗浴死亡案"等具有引领社会风气案件。2件案例入选镇江市法院弘扬社会主义核心价值观典型案例。开展特殊困难群体救助帮扶和妇女儿童权益保障问题专项排查整治行动，排查案件 19694 件，1 件案例入选镇江市法院妇女权益保障典型案例。设立镇江市职工法律援助工作站（驻谏壁法庭），开启省内第一家“院校会”三方合作，促进劳资关系和谐稳定。

【胜诉权益兑现】 2022 年，执结案件 6184 件，执行到位标的额 3.28 亿元。网上查封、冻结、扣押被执行人银行存款、微信、支付宝、股票账户价值 6.69 亿元，联合惩戒失信被执行人，移送涉拒执犯罪案件 14 件。开展“雷霆执行”专项行动，开展凌晨执行、假日执行等集中执行行动 56 次，实施搜查 132 次。利用淘宝网络拍卖平台和抖音、微信视频号等直播平台，提高资产处置效率。网上拍卖成交额超 1.25 亿元，平均溢价率 79.31%。完成执行体制改革，择优选任执行员。创新执行工作方法，启用“电子封条”，以物联网维护企业“造血机能”，保障申请执行人债权更快实现。

【营商环境优化】 2022 年，审结商事案件 801 件，标的额 9.48 亿元。发挥破产机制促进企业“新陈代谢”重要作用，审结破产、强制清算案件 64 件。公益强制清算区属“僵尸企业”40 家。府院联动化解重大破产案件，依法允许破产企业继续经营，让破产资产“更值钱”。强凌酒店破产案件中，企业营收同比增加 160 余万元。开展江苏省首家破产企业档案社会化托管试点，让破产企业档案“管得住”。破产审判工作获《镇江日报》头版报道。开展企业信用修复专项行动，协调经发、税务、市场监管等部门，将 81 家企业从失信名单中退出。

【高标准诉讼服务】 推行案件当场立、自助立、网上立、跨域立，提供微信、支付宝、POS 机等多种缴费选择，开设跨域立案、领取文书、查询诉讼档案等远程服务窗口。开通网上在线服务，2022 年网上立案 2885 件、缴费 11367 件、电子送达 26071 次、开庭 1335 次。深化案件繁简分流，通过简易、速裁程序审结案件 94.53%，同比增长 16.69%；平均审理周期 64.43 天，同比缩短 1.64 天。为老人残疾人等特殊人群，提供上门立案、就地开庭、司法救助等精准化、人性化服务，做法被省高院微信公众号推送、“学习强国”学习平台报道。

【金融风险防范化解】 与人民银行镇江支行建立反洗钱合作机制，与公安机关建立防范打击“套路贷”虚假诉讼长效机制。审理民间借贷案件时，发现有高利贷、职业放贷等非法金融活动和涉嫌“套路贷”虚假诉讼等刑事犯罪活动的，依法裁定驳回起诉，及时移送有关机关调查。审结涉金融类案件 159 件，标的总额 5.19 亿元。妥善处理“问题楼盘”、教培机构“跑路”等群体性纠纷，运用示范性判决、调解等措施，成功化解“合山居”楼盘迟延交付纠纷 200 余件；采用代表人诉讼、“执转破”程序，稳妥化解精思锐、煦针 2 家教培公司家长学费未退及拖欠职工工资纠纷。针对预付式纠纷中退卡退款难、受害人数量多等问题，坚持依法审理、协调化解、提醒预防三管齐下，审结金吉鸟健身、博派健身等预付式消费纠纷 63 件，追回学员费、会籍费 50 万元。与镇江凤凰广场物业开展“法治共建”，向商场各门店发放预付卡收费政策文件、张贴消费风险提示单。

【护航高品质美好生活】 家事审判坚持“修护”“治疗”并重，2022 年审结婚姻、抚养、赡养等家事案件 534 件。数十次调解 86 岁耄耋老人与子女分家析产案。探索“法庭 + 家庭”联动教育新举措，向失职未成年人监护人发放责令接受家庭教育指导令，组织缓刑人员参加社区公益服务；成立“心语心愿”工作室，邀请心理辅导师对未成年人进行心理辅导；选派法官担任京口区 19 家中小学法治副校长，开展法治第二课堂等活动 6 场次，受教育学生 1000 余人次。少年庭获评“镇江市五一巾帼标兵岗”。落实“谁执法谁普法”责任制，用“好声音、好故事、好案例”传递司法正能量。法官首次直播讲法活动吸引 5 万多名网友围观，一场劳动争议案互联网直播获 5000 多人在线旁听，“生活与法”趣味普法项目入选镇江市社科特色法治教育项目，“一廊三馆”（法治文化长廊，法治图书馆、院史馆、党建馆）入选“省级法治文化示范点”，法院连续 3 年被授予京口区“谁执法谁普法”十佳单位，荣获镇江市“七五”普法工作先进集体。

【诉源治理】 开展“法官进网格”活动，与 61 个社区、70 家企业结对，通过上门走访、线上交流等宣传法律，指导社区、企业就地化解矛盾。千秋桥社区普法公开课获人民日报客户端报道。在道交、物业、保险、信用卡等纠纷多发领域，引入人民调解员、行业协会等社会解纷资源，开展多元调解，努力在诉讼前端化解矛盾。2022 年诉前调解率 93.62%。发挥谏壁法庭基层治理前沿阵地作用，定期开展巡回审判，到社区以案释法。组织法官围绕《中华人民共和国民法典》各专题，先后赴消防大队、米山社区、中地置业物业等机关、社区、企业开展宣讲活动 26 次，受教育人员 2000 余人次。深化司法领域人民民主实践，引导人民陪审员广泛参审、深度参审。2022 年人民陪审员参审案件 991 件，陪审率 86.4%。

## 司法行政

【概况】 2022 年，京口区司法局聚焦高效能法治保障、高品质法律服务，全面推动法治京口建设迈上新台阶。法律援助“集中办案”新模式、“法治护航产业强区 · 法律服务进园区”专项行动等重点工作被《新华日报》、“交汇点”等省级媒体集中报道。以人民调解与普法宣传相融合的“京心调”模拟调解以案释法新模式，获评镇江市 2022 年度“十佳法治惠民实事”，被国家级刊物《人民调解》杂志报道。区司法局获评“法律明白人”培育工作成绩突出集体、江苏省行政复议体制改革表现突出单位。在镇江市委依法治市办公布的《2022 年法治建设满意度测评结果通告》中，京口区法治满意度为 96.6%，位居镇江市第二，为近年来最好成绩。

**【法治信仰培育】** 落实“谁执法谁普法”责任制，连续4年开展普法责任制现场PPT展评活动，围绕“普法月历”2022年开展各类普法活动300余场；坚持和完善政府常务会议学法用法制度，开展《中华人民共和国行政处罚法》《中华人民共和国中小企业促进法》等专题的区政府组成人员集中学法活动；开展“法治副校长”聘任仪式，建立青少年普法联席会议制度，开展青少年法治实践活动百余场；以“法治护航美好生活·喜迎党的二十大”为主题开展京口区第四届法治文化作品大赛，充实区法治文化作品精品库；以“美好生活·民法典相伴”为主题，组织开展民法典宣传月活动；打造“‘京’彩人生·法治护航”法律明白人工作品牌，京口295个网格培育法律明白人590名，区司法局获评江苏省法律明白人培育工作成绩突出集体；创新打造《“京心调”模拟调解》栏目，演绎人民调解全过程，把调解过程变为群众学法用法过程，该项目获评2022年度镇江市十佳法治惠民实事。

**【公共法律服务体系】** 成立民政、退役军人和道路交通事故法律援助工作站，延伸法律援助触角，新增法律援助工作站民生实事项目，率先并超额完成任务。2022年接待咨询并录入省厅公共法律服务融合办理平台当事人咨询2058条。出台《关于京口区法律援助集中办案的实施办法（试行）》，引入名优律师组建办案团队，启动集中办案新模式。2022年办理法律援助案件423件，万人受援率11.89，先后被《人民日报》、“学习强国”学习平台等媒体宣传报道。

2022年7月7日，江苏省高级人民法院审判委员会专职委员李玉柱一行到京口法院督查工作 （区法院 供稿）

**【社会安全稳定】** 加强特殊人群管控，开展社区矫正执法规范化建设，针对外出请假、经常性跨市县活动、居住地变更等，强化审核把关和日常监管，针对重大事项推行合议制度，提升社区矫正执法规范化水平。发挥基层人民调解组织和专兼职调解员作用，依托区级非诉服务中心（分中心）、公共法律服务中心，引导人民调解员、法律明白人、村社区法律顾问、基层法律服务工作者等专业力量，为基层社会治理提供咨询服务和法律建议。

**【法治保障】** 推进法治护航产业强区，围绕新一代信息技术、高性能材料、海洋装、汽车及零部件四大产业链，开展“法治护航产业强区·法律服务进园区”专项行动，组建4个法律服务团队，组织23名律师对接京口35家规模以上企业，帮助企业审核各类合同75份，开展法治讲座12场，解答企业法律咨询110余人次。

**【基层基础建设】** 开设“小司讲堂”业务研讨，让科室长走上讲堂讲业务、谈心得。加大法律类专业人才招录选培力度，制定激励措施鼓励干部职工参加法律职业资格考试，2022年新增专业型法律人才3名。贯彻落实《全国司法所工作规范》，按照标准化要求建成正东路司法所。结合行政复议体制改革，完成听证室、档案室、调解室等配套改造，强化硬件功能、优化办案环境。配备2名年轻干部充实到基层司法所。

（高阳）

## 综 述

【概况】 2022年，京口区人民武装部（以下简称区人武部）围绕年度军事训练落实、练兵备战考核、思想政治教育成效检验等工作实际，把学习党的二十大精神与工作实际结合起来，推动练兵备战和国防动员建设高质量发展。

【省军区司令员调研】 10月26日，江苏省军区司令员张黎鸿到区人武部检查调研。张黎鸿对区人武部作战值班室、档案室等重点部位进行实地检查，并围绕如何凝聚合力抓建、营造氛围争先和形成特色品牌等工作与大家进行交流，听取意见建议。

## 内部建设与组织管理

【党委（扩大）会议】 2月16日召开“2021年度京口区人武部党委（扩大）会议暨党管武装工作述职大会”。京口区委书记、人武部党委第一书记徐申锋作重要指示，人武部政治委员倪新明作工作报告，人武部部长石宁权点评武装工作开展情况，区政府副区长褚小明宣读表彰通报并对先进单位和个人代表颁奖，各街道（园区）党工委书记述职。8个街道（园区）书记，全体专武干部和民兵营（连）长，区纪委监委、政府办、教育局、公安局、财政局、人社局、交通运输局、卫健委、退役军人事务局、征兵工作领导小组和民兵工作领导小组的相关领导60余人参加。

【学习宣传贯彻党的二十大精神】 区人武部党委第一时间召开会议原原本本学习报告原文，跟进学习习近平主席重要讲话精神，把思想和行动统一到党的二十大精神上来。购置《党的二十大报告辅导读本》《党的二十大报告辅导百问》、新修订的《中国共产党章程》等辅导书籍。通过线上与线下相结合方式，在营区内制作安装党的二十大报告金句和理论要点宣传橱窗展板，利用《人民日报》《解放军报》等报刊，“学习强军”“军职在线”等APP，帮助大家全面理解、准确把握大会精神。

【“三心两争”专题教育】 2022年，区人武部对表“三心两争”（思想安心、工作尽心、守纪入心、争创一流、争当先进）专题教育实施方案，结合实际细化制定专题教育落实计划表，明确各个阶段、各项活动时间节点，发挥党支部统筹枢纽作用，把集中教育与分组学习、个人自学相结合，以系列配合活动为载体，通过采取强带弱、大帮小，提纯要点直供等方式，提高干部文职职工教育参与度，推动专题教育入心入脑、落地落实。

## 国防动员工作

【征兵工作】 2022年，区人武部细化工作措施、找准工作思路、探索精准征兵路子，把“精准”贯彻到兵源储备、征兵宣传和政策激励多个环节，采取定任务、定目标、定责任、定时限“四定”方式，对辖区大学毕业生建立一人一档，对征兵工作人员进行业务知识培训，制定大学毕业生“前置招聘”和优抚政策，对辖区大学毕业生进行宣传发动，对每个街道、社区细化任务分工，对征兵进行全程军地联合督导，推动征兵宣传工作“横向到边、纵向到底”，形成齐抓共管、整体联动的征兵宣传工作格局。

【民兵整组工作】 2022年是民兵建设“十四五”规划开局之年。区人武部党委高度重视，召开党委会进行研究部署，及时向地方党委政府专题报告，提出做好民兵整组和加强民兵工作的对策建议，得到区委、区政府大力支持，联合下发《京口区“十四五”民兵建设规划》《京口区2022年民兵整组计划》。为解决新任职专武干部普遍经验不足问题，区人武部组织8个街道（园区）武装部召开潜力调查培训会和专武干部例会，重点对如何理解任务、编组、落实建制、统计和报表等问题进行教学培训，提高专武干部抓好民兵整组工作能力。

**【战备训练】** 2022年，区人武部坚持树立“练兵备战”鲜明导向，按照新修订的军事训练方案要求，及时召开研究讨论民兵军事训练有关问题会议，重难点任务纳入筹划，预先对接协调。坚持把按纲抓训作为夯实战斗力基础，按要求组织军情研究，稳步推进军事职业教育，遴选优秀人员参加民兵“四会”（会讲、会教、会做、会做思想工作）教练员集训比武，参加省军区年度统一组织的正营（科）级以上干部（文职）军事考核。（李学军）

2022年10月12日，民兵训练卫生防护包扎（李学军 摄）

## 城乡建设与管理

### ·综　述·

**【概况】** 2022年，区住建局围绕“四大提升行动”“十件民生实事”等工作部署，开展“喜迎二十大，奋进新征程”系列活动，持续优化基层党支部“一支一特”党建格局，着眼“党建+学习+活动+工作”功能，打造多维党建活动阵地，加强和改进党员队伍教育管理，组织“住建先锋行，幸福家门口”党员志愿者服务，实施“红色旧改以‘新’换‘心’”书记项目，成立9个老旧小区改造片区“奔跑支部”，4个项目获评“党建引领物业管理服务工作省级示范点”。（杨凯）

### ·拆迁工作·

**【概况】** 2022年有8个拆迁扫尾项目，涉及户数124户。截至2022年年底，剩余1户未签约，1户待交拆。创新“跨档调剂、异地安置”回迁模式，完成象山花园、王家新苑3000余套回迁工作。（宁杰）

**【房产管理】** 规范房产确权管理工作，房产档案实现全面信息化。2022年提供房屋确权面积审核查档、产权查档90次。（钱滨）

### ·重点项目建设·

**【概况】** 2022年组织实施市政基础设施建设、宜居工程建设、生态环境工程建设等三类城建重点项目17个，计划完成总投资约27.41亿元，年度投资约18.69亿元。区级城建重点项目13个，计划完成总投资约14.12亿元，年度投资约5.95亿元。

**【城区品质提升】** 完成危房解危、“333”城镇污水处理提质增效达标区建设等项目。改造老旧小区9个片区，建筑面积37.52万平方米。加大水环境综合整治力度，国考、省考断面全面达标。

**【城市功能完善】** 完成新民洲大道延伸段、丹徒桥重建工程、桃花坞路道路大修工程、X101线京丁线东京村段改造等项目。开展3个城镇污水处理提质增效达标区总面积7.01平方千米建设工作，加快补齐城镇污水收集、处理系统短板。完成京口区水体排查工作，巩固提升往年水体治理成效，系统完成玉带河、纺工河问题整治工作。加强市、区两级联动，对燃气安全隐患加大排查整改力度，完成上报各项隐患整改工作。（陈廷震）

### ·建筑业管理·

**【概况】** 京口区住建系统跟踪辖区内在建建筑项目、市政项目等建筑工地安全监管，2022年，未发生较大以上安全生产事故。

**【扬尘管控、安全生产】** 通过镇江市智慧工地平台，紧盯在建工地裸土、喷淋系统以及特种设备现场作业情况，实时指导工地扬尘治理，切实发挥扬尘管理体系作用，做好施工现场扬尘防治工作。配合市建筑工程安全监督站全面检查辖区施工企业安全生产责任落实情况，重点检查企业法人为安全生产第一责任人的意识和履职情况，及时消除安全隐患。定期和不定期组织安全生产大检查，包括“安全生产月”和重大节假日期间的领导带队检查，确保不发生较大以上安全生产事故。

**【既有建筑安全隐患评估、鉴定、整治】** 2022年，区住建局指导8个街道（园区）完成64幢疑似隐患建筑评估、鉴定工作，同时按照时间节点要求完成20幢、建筑面积约1.2万平方米既有建筑隐患的整治任务。（庄伟武）

### ·物业管理·

**【概况】** 2022年，以提升物业服务质量和管理水平为核心，实施“物业管理提升工程”，形成具有鲜明京口特色的“京彩”物业管理工作新格局。2022年，京口区列入物业提升计划小区55个，面积约346.59万平方米。其中，老旧小区34个，新建商品房小区17个，保障房小区4个。

**【群众矛盾化解】** 督促物业服务企

业做好物业管理考评整改工作，对400个项目3313条问题进行跟踪督查。受理“12345”工单160件，处理来访、来电及网络舆情112件。完成米山人家小区业委会换届选举工作并备案。（张明辉）

## 城市管理与环境卫生

【概况】 2022年，京口区城管局以党建引领激发城市管理“红色引擎”，开展“门前五包画出党建引领同心圆”书记项目，书记带头、党员上路用工匠精神推进“门前五包”长效管理机制，圆满完成国家、省文明城市复审迎检，大城管考核保持镇江市领先，高标准创建市级无广告示范街区。区环卫所党支部被评为“五星级党支部”。环卫所酒海街服务站被评为全国“最美工会户外劳动者服务站点”。（陈心怡）

【道路综合环境整治】 开展学府路市容环境执法整治行动，出动执法人员960余人次，开展执法整治行动60余次，对沿线流动摊点、店面外溢、非机动车停放秩序和“门前五包”责任制落实情况等开展常态化管控治理。结合辖区“网格化管理＋执法整治”工作模式逐步推进中山路、解放路、正东路、梦溪路、南门大街等5条主要道路流动摊点、店面外溢、非机动车乱停放等市容秩序治理行动，开展市容环境执法整治行动130余次，清理流动摊点320余起、店面外溢120余起，现场规范非机动车乱停放行为290余起，清理乱贴乱画160余处。开展花山支路及其周边市容容貌和环境秩序专项治理行动，出动120余人次，全力配合属地街道，治理道路沿线影响市容环境和道路交通环境的各种弊病，拆除总面积接近1200平方米违法建设，勠力解决花山支路片区占道经营道路交通出行难等民生问题。

【各类专项整治】 拆除各类违法建设1987处，面积约6.48万平方米，同时积极配合老旧小区改造，拆违总量约2.4万平方米，已拆除整治约1.6万平方米。拆除各类广告、店招248处、面积约4511平方米。在镇江市率先完成楼顶大型户外广告整治拆除任务，高标准完成第一楼街无商业广告示范街创建任务。以建筑垃圾管理征收和安全运输“百日攻坚”行动为抓手，以蓝天保卫战“利剑”行动为依托，加大整治力度。2022年，出动管理人员和执法人员2100人次，检查处置工地1000余次，检查渣土车500辆次，查纠违规行为110次。

2022年8月13日，开展创文明街巷执法整治（京口区城管局　供稿）

【城市环境品质提升】 2022年，成功创建35个省级垃圾分类达标四分类小区，居民小区垃圾分类设施投放覆盖率100%，打造江山名洲垃圾分类智能化示范点。将学府路、谷阳路及周边2千米范围道路作为环卫精细化管理试点区域，多措并举针对试点区域内道路加频加密作业，最大限度降尘抑尘。完成6座公厕的新建、改造，实现“提档升级、一厕一景”改造目标，并重点打造春江潮、棒槌营等亮点公厕。

## 生态与环境保护

【概况】 2022年，京口区深入贯彻习近平生态文明思想，以改善生态环境质量为核心，以解决群众身边突出生态环境问题为重点，严格落实生态环境保护法律法规，打好污染防治攻坚战。

【水、气、土污染防治情况】 落实河（湖）长制，持续推进农村生活污水治理、入江入河排污口整治等系统工程，加强河道巡查管养，实现区域水体“长治久清”。2022年，国考焦山尾断面、省考三岔河与京口闸断面均达到Ⅱ类水体要求，达标率100%，地表水断面水质个性指标列辖市区第一。

空气环境质量　推行“定岗管＋专人查”，出台系统高效综合整治方案，京口区道路环卫2次积尘监测，平均负荷与超标路段数量一直处于镇江市最优；东风步行街、好吃街等重点餐饮区域安装油烟实时监控。2022年，京口$PM_{2.5}$平均浓度34微克/立方米，同比下降2.9%，优良天数比率达73.9%。

土壤环境质量　强化污染地块环境联动监管，完善生态环境、经济发展、自然资源与规划等部门间联动监管机制。稳步开展工业用地土壤污染状况调查，督促企业落实污染防治责任，推进固体废弃物减量化、无害化、资源化处置，消除环境风险隐患。推进土壤重点监管单位土壤、地下水自行监测及隐患排查，加大农村生活垃圾污染治理力度。2022年未发生重大土壤污染事件。

【环境宣传教育】 举办“共建清洁美丽世界”第51个世界环境日主题活动，联合京口团区委邀请环保志愿者“零距离”接触企业环保设施，了解污水处理、餐厨处置全过程，凝聚全社会共同参与生态保护大格局。2022年，京口生态环境局获评省深入打好污染防治攻坚战先进集体、省生态环境系统标兵集体“双表彰”。

【环境监管】 参照长三角先进地区做法，明确7种轻微免罚事项、26种首违不罚事项，引导企业主动加大投入、落实减排举措。利用无人机、走航车、热成像、VOCs（挥发性有机物）检测仪等技术手段，综合运用在线监测、用电监控等非现场监管方式，严厉打击环境违法行为。2022年，开展现场标准执法734次、快捷执法331次，出动执法人员1500余人次，下达责令改正决定书79件、行政处罚决定书38件，实施查封扣押6起，累计处罚金额320余万元。

2022年4月，副区长顾洪涛（左二）检查中央环保督察信访办理情况 （京口生态环境局 供稿）

# 经济管理

责任编校：刘明军

## 经济发展

【概况】 2022年，京口区经济发展局以习近平新时代中国特色社会主义思想为指导，以城市经济发展为主线，聚焦产业强区“一号战略”、项目招引“一号工程”，狠抓项目推进落实、强化指标争先进位、助力数字经济做大做强。2022年度获得“全省发展改革系统先进集体”荣誉称号，镇江市发改系统综合评价第二等次。

【主要指标攻坚】 2022年，负责8项省考指标，19项市考绩效评价指标，1项市考重点工作考评指标，13项区考街道指标，19个大类26个减分项指标。2022年，新签约项目列统率、投资额持续位于镇江市前列；高技术投资占固定资产投资比重、居民人均可支配收入、全员劳动生产率、积极应对人口老龄化能力指数等8项指标位于镇江市前列；牵头的减分项指标未有扣分。

【营商环境优化】 举办京口区企业信用修复培训，牵头京口区营商环境建设工作，联合区纪委建立百名营商环境监督员队伍，举办“政企面对面，服务‘京’心办”系列沙龙活动，打造“京”心办服务品牌，京口区营商环境考核排名镇江市第五。

【固定资产投资】 2022年完成固定资产投资98.78亿元，其中高技术产业投资25.8亿元，同比增长6.1%，占固投比重26.1%，排名镇江市第一；工业技改投资完成10.1亿元，同比增长7%。民间投资完成73.3亿元，占固投比重74.2%，同比增长6.7个百分点，排名镇江市第一。

【产业项目推进】 2022年，京口区列入市重点产业项目11个，5个新建项目全部开工；区重点产业项目111个，79个新建项目已开工74个，已竣工77个。2022年政府投资项目24个，其中区教育局4个、区民政局1个、区住建局2个、区城管局2个、区农业农村局2个、区卫健委3个、区行政审批局1个、公安京口分局1个、北固公司1个、象山街道1个、谏壁街道2个、京口经济开发区3个、新民洲1个；计划总投资9.2亿元，年度计划投资4.3亿元，上报完成投资3亿元；已竣工17个项目。

【疫情防控】 全体党员干部参与到疫情防控行动中去，保障核酸检测志愿者到位，防控物资供应到位，企业防控稳产能服务到位。加强防疫物资采购供应，及时补充包括防护服、N95口罩在内的医疗防疫物资；设立企业防控工作专班，研究下发《关于加强入镇货车及司乘人员闭环管理的通知》《关于进一步做好企业疫情防控工作的通知》《关于建立工作专班保障重点产业链供应链稳定的通知》等疫情防控文件，为跨市、跨省运输重要生产物资企业办理全国车辆通行证1176张。

【长江大保护】 制定《京口区长江岸线保护专项行动工作方案》，成立京口区长江岸线保护专项行动工作组，推进沿江化工企业关停退出和港口码头污染治理工作。完成2022年化工企业关闭退出任务，开展关闭退出化工企业“回头看”，近年来关闭的3家化工企业均实现“两断三清”（断水、断电、清原料、清设备、清场地）；常态化落实沿江港口码头扬尘管控长效机制，制定港口码头污染防治监督巡查方案，开展蓝天保卫战百日攻坚“利剑”行动，对港口码头扬尘治理、垃圾处置等进行集中排查，所有码头均符合环保要求，落实驻点管理制度，扬尘管控设施设备及岸电设施安装到位。

【产业规划发展】 编制出台《京口区开发园区整合优化提升实施方案》《镇江市京口区大禹山数字文创区发展战略研究及核心区概念规划》，完善《关于促进产业高质量发展的政策措施》，谋划经济产业融合发展。打造大禹山数字文创区，创建省级信息技术应用创新先导区。

【服务企业】 加强工业经济运行监测，调度鼎胜新材、索普化工、中储粮等企业运行动态，协助企业纾困解难。2022年，为鼎胜新材、天海装备、海龙核科、惠通集团、金海星导航等企业争取上级扶持资金共740万元；加强与市发展和改革委、工信部门对接，协调鸿泰钢铁公司复工满产，申报钢铁规范企业。

【资源综合利用评价】　成立综合评价工作领导小组，制定《工业企业资源集约利用综合评价工作方案》，明确评价企业范围、指标权重、评价得分、工作计划。通过查阅资料、实地走访、数据核对，经最终评价并与市工信部门确认：A类（优先发展类）企业8家、B类（支持发展类）61家、C类（提升发展类）28家、D类（限制发展类）4家。

【能耗工作】　配合中央环保专项督察工作，科学制定整改方案，成功关闭退出振邦化工企业，完成去产能项目2个，新增鸿泰钢铁、标力紧固件2家市级绿色工厂，开展迎峰度夏有序用电调控，协调诺贝丽斯项目完成节能审查并获得能评批复，为镇江市开创"两高"（高耗能和高排放）项目批复路径探索出可供参照的"京口模式"。

## 自然资源与规划管理

【概况】　截至2022年年底，京口区总面积9598.13公顷，各类土地利用现状分别为：耕地1444.56公顷，其中水田831.62公顷、水浇地563.86公顷、旱地49.08公顷。园地用地375.74公顷，其中果园42.86公顷、茶园4.88公顷、其他园地328.00公顷。林地782.93公顷，其中乔木林地437.62公顷、竹林地1.59公顷、灌木林地31.53公顷、其他林地312.19公顷。草地198.73公顷，其他草地198.73公顷。城镇村及工矿用地4101.86公顷，其中城市2354.17公顷、建制镇797.78公顷、村庄892.59公顷、采矿用地21.01公顷、风景名胜及特殊用地36.31公顷。交通运输用地434.82公顷，其中铁路用地65.01公顷、公路用地338.15公顷、港口码头用地31.47公顷、管道运输用地0.19公顷。水工建筑用地153.00公顷。水域1821.28公顷，其中河流水面1046.12公顷、湖泊水面254.45公顷、水库水面2.35公顷、坑塘水面414.29公顷、沟渠104.07公顷。其他土地113.79公顷，其中农村道路94.06公顷、设施农用地19.73公顷。湿地171.42公顷，其中内陆滩涂171.42公顷。

【城乡规划管理】　完成京口区国土空间分区规划编制工作，按照国土空间规划编制时序要求，具体推进增量指标落图、"三区三线"划定等多项工作。配合完成大禹山数字文创产业城概念规划。配合区政府推进京口区城市更新规划研究工作，配合牵头单位收集研究所需基础资料，并就相应问题及时沟通反馈。

【建设用地管理】　根据京口各类产业发展实际、省市重点项目、民生工程用地需求，严格项目用地预审，严格控制用地规模，2022年报批2个批次，批准面积82.4公顷，其中农用地58.8公顷，耕地34.9公顷，保障省重点项目诺贝丽斯和市重点项目高端汽车冷配件用地需求。安置被征地群众56人，拨付各项补偿费378.684115万元。根据省厅下达"十四五"期间存量土地盘活利用部署要求，合理分类、分解年度盘活处置任务。

【生态修复】　推进历史遗留矿山核查工作，完成涉及京口区18个历史遗留矿山图斑分类核定、现场调查、结果公示和数据库建设等工作，摸清历史遗留矿山家底。完成净增矿山恢复治理图斑现场核查工作，配合开展长江经济带废弃露天矿山生态修复治理效果评估及镇江市矿山地质环境恢复和综合治理规划工作。

【林业管理】　建立区域"林长制"工作制度，印发《京口区林长巡林制度（试行）》《京口区林长制区级会议制度（试行）》等五项制度。落实《省政府办公厅关于科学绿化的指导意见》要求，开展城东垃圾填埋场、新民洲电厂灰库地块植树造林工作，成片造林面积62公顷。执行使用林地定额和森林采伐限额，完成桓王亭路、王家湾、江苏大学学生宿舍A组团、金鼎路西侧地块项目使用林地报批工作，报批面积1.9154公顷。开展野生动植物救助50次。做好美国白蛾、松材线虫、杨树食叶害虫、森林白蚁等林业有害生物工程治理，设置监测点33处，开展美国白蛾预防性治理3次，办理港口木材检疫证2860份。

【耕地保护】　建立落实耕地保护责任检查考核、经济激励和社会监督机制，2个永久基本农田保护区（面积7700余公顷）全部保护到位。

【自然资源执法检查】　2022年立案查处3起自然资源违法案件，向公安机关书面移送案件1起。推进耕地"非农化"和"非粮化"整改工作，对下发的疑似图斑，逐一现场举证。推进违法用地综合整治"三年行动"，整改合格率为83.4%。做好违法用地"清零行动"，整改合格率为93.57%。

【矿山地质环境整治】　开展地质灾害风险普查工作，摸清京口区灾害风险隐患底数，查明重点区域抗灾能力，提出地质灾害风险管控对策建议。对地质灾害隐患点做好排查、巡查、监测和预警，组织开展地质灾害防治业务技术培训。

## 市场监督管理

【概况】　2022年，京口区累计市场主体6.57万户，同比增长7.8%，增幅高于上年同期5.8个百分点。累计注册资金1461.22亿元，同比增长7.9%，增幅低于上年2.5个百分点。按市场主体类型分析，截至2022年年末，京口区累计实有企业1.79万户，同比增长4%；实有个体工商户4.78万户，同比增长9.3%。

【事中事后监管】　牵头推进全区"证照联动"（证照管理部门将市场主体营业执照及相关行政许可审批、监管信息，通过证照联动监管平台共享并依法实施监管的工作机制）监管，通过市场监管信息平台，归集行政处罚246件、抽查检查5698件，为全区信用联合惩戒和协同监管提供支撑。做好2021年度年报公示，开展宣传普及、咨询解答和操作指导，完成年报企业15410户，年报率98.6%。推进“双随机、一公开”（在监管过程中随机抽取检查对象，随机选派执法检查人员，抽查情况及查处结果及时向社会公开）监管，完成“双随机”任务155件，完成率100%。落实经营异常名录和“黑名单”管理制度，实施信用约束与惩戒，将444户企业列入经营异常名录，企业主动整改问题后申请移出经营异常名录206户。做好“僵尸企业”清理，企业补报年报14户、吊销企业74户。

**【市场秩序整治】** 加大重点领域市场监管执法力度，查处一批商标侵权、不正当竞争、不符合特种设备安全标准特种设备、销售不合格商品和不符合食品安全标准食品等案件，立案查处各类行政处罚案件259件，涉案货值金额28.28万元，罚没款367.38万元。集中力量组织开展专项执法行动，推进知识产权案件查办工作，进一步规范市场秩序，组织开展春季地理标志专项整治行动、专利联合执法行动等专项集中执法行动，查处商标违法案件31件、假冒专利案件1件，办理专利侵权纠纷行政调解4件、专利侵权纠纷行政裁决1件。持续深入开展“长江禁捕　打非断链”专项执法行动，打击市场流通领域各类涉渔违法行为，严防非法捕捞渔获物流入市场，营造“不捕、不卖、不做、不食”长江流域非法捕捞渔获物良好氛围。

**【食品安全监管】** 开展食品安全“守底线、查隐患、保安全”专项行动，日常巡查3124户次，巡查覆盖率和问题处置率均达100%。起草《关于建立健全分层分级精准防控末端发力终端见效工作机制　推动食品安全属地管理责任落地落实的实施方案》，压紧压实属地管理责任。完成食品安全监督抽检1739批次，合格率93.33%，其中农产品319批次，合格率84.1%，任务完成率、信息公示率、核查处置率均达100%。完成食品安全快速抽检8201批次，超目标完成任务。强化进口冷链食品监管，全链条落实“三专、三证、四不”管理要求，累计出动执法人员1260人次，检查684户次，对京口区直接接触进口冷链食品人员定期核酸检测2355人次。推动食品小作坊升级改造、品质提升，创建2022年度省级“名特优”小作坊2家（京口区伊清斋食品生产小作坊、镇江市爵禄食品有限公司）。严惩重治违法犯罪，立案查处食品行政处罚案件195件，罚没款42.64万元。组织开展“3·15”、“你点我检”、食品安全周等宣传活动8次，发放“你点我检”问卷调查、文明城市宣传海报等各种资料1300余份，及时发布科普知识、消费预警和工作动态20余篇。实施校园食品安全守护行动，不断提升“阳光食堂”平台运行质量，学校食堂“明厨亮灶”实施率、中小学幼儿园食堂“互联网+明厨亮灶”实施率和学校食堂量化分级良好以上比例均达100%。开展农村假冒伪劣食品专项执法行动，严厉打击农村制售“三无”食品、劣质食品、过期食品等违法犯罪行为。深入推进保健食品行业专项清理整治行动。

**【药品、医疗器械安全监管】** 建立健全药品监管工作机制，牵头成立京口区药品安全委员会、区集中打击整治危害药品安全违法犯罪工作领导小组。严防严控药品、医疗器械质量安全风险，累计检查药店573家次，出动执法人员1186人次，责令整改18家，停业整顿2家。加大新冠病毒检测试剂监督和疫苗监管力度，对京口区疾控中心、接种单位、临时接种点等开展检查30家次。做好药械流通环节专项检查，促进药品流通行业健康有序发展。

**【特种设备安全监管】** 推进特种设备安全专项整治三年行动，开展特种设备超期未检专项整治、叉车安全专项整治、特种设备安全大起底、大排查、大整治“百日攻坚”行动、电梯安全隐患大排查大整治等12个专项整治活动，出动监察人员427人次，检查特种设备使用单位、气瓶充装单位和电梯维保单位194家次，发现并及时督促整改各类特种设备隐患259条，依法下达特种设备安全监察指令书62份，立案查处16家特种设备使用单位，处理群众特种设备投诉举报86起，2022年辖区范围内未发生特种设备安全责任事故。依托“安全生产月”开展大型特种设备安全知识宣传10次，落实“百团进百万企业千万员工”行动，领导带头宣讲2场次，安全生产宣讲团队进企业、进社区、进学校宣讲23场次。组织专项培训150余人，指导企业开展特种设备专项应急演练12场次。

**【消费环境】** 围绕“共促消费公平”消费维权年主题，强化消费维权建设，切实维护市场经营秩序和消费者合法权益。2022年，受理投诉举报5776件，满意率98%以上；新发展80家线下无理由退货承诺单位、10家消费维权服务站、4家ODR（在线争端解决方法）企业，办理线下无理由退货1153件，退货金额32.7万元。

**【营商环境】** 推进企业知识产权管理规范化建设，组织申报知识产权“贯标”备案企业14家，3家企业通过省级绩效评价，高企“贯标”备案率92%。引导产学研深入对接，提升知识产权实际运用价值，江苏索普化工股份有限公司专利获得2022年度第二十三届中国专利优秀奖。深化商标品牌战略实施，镇江市醋业协会成为市首批商标培育指导站。对辖区重点企业进行培育和扶持，江苏鼎胜新能源材料股份有限公司、国网江苏省电力有限公司镇江供电分公司获评国家知识产权优势企业。2022年8月，京口区被国家知识产权局确认为国家知识产权强县建设试点区；12月，被省知识产权局确认为江苏省知识产权建设示范区。

组织江苏索普化工股份有限公司、江苏鼎胜新能源材料股份有限公司和江苏天海特种装备有限公司申报江苏精品；其中江苏索普化工股份有限公司获得江苏精品认证证书。组织江苏鸿泰钢铁有限公司申报2022年镇江市市长质量奖并进入现场评审。组织鸿泰钢铁、飞驰汽车、索普化工申报江苏省质量信用AA级企业。组织江苏天海特种装备有限公司申报2022年度智能制造标准应用试点工作。

## 安全生产监督管理

**【概况】** 2022年，京口区认真学习贯彻习近平总书记关于安全生产重要论述，坚定不移贯彻总体国家安全观，统筹发展与安全、持续深化安全生产专项整治，落实落细国务院安委会15条硬措施和省安委会50条必查项。京口区委常委会、区政府常务会先后9次听取安全生产工作汇报。5月30日，区委理论学习中心组深入学习贯彻习近平总书记关于安全生产最新重要论述，各街道园区和区安委会成员单位同步开展学习讨论。2022年，京口区未发生生产安全亡人事故，在镇江市安全生产年度考核中获得第一名。

**【安全生产责任落实】** 制定出台《区委常委会成员、区政府领导班子成员2022年安全生产重点工作清单》《2022年全区安全生产工作要点》《关于持续深化提升安全生产专项整治三年行动实施方案》《京口区安全生产重大风险防控责任体系建设方案》《京口区自然灾害和事故灾难应急救援责任体系建设方案》等文件，形成职责明晰、层层传导、齐抓共管、一体推进安全生产新格局。企业落实主体责任典型经验做法"诺贝丽斯铝业积极构建安全生产过程控制体系"被选送江苏省安委办、"江苏鼎胜新能源构建风险隐患排查双重预防机制"入选镇江市典型经验做法清单。

**【安全生产重点工作】** 科学制定《2022年度安全生产监督检查计划》，2022年对63家企业开展执法检查66次，立案企业28家，共罚款107.54万元。开展典型案例报送工作，成功报送典型案例6起，合格率100%。推行"精准执法＋优质服务"

2022年8月4日上午，京口区区长贯敬远（左三）带队检查夏季安全生产工作

模式，聘请安全专家赴企业指导服务，为鼎胜新材、鸿泰钢铁、诺贝丽斯等39家重点企业开展安全生产全方位"体检"。

**【"百日攻坚"专项整治】** 聚焦危化品、自建房、燃气等9个重点行业领域，开展"醇基燃料安全排查整治工作""城镇燃气安全排查整治工作"等多领域专项行动，70条重点整治事项持续攻坚发力，京口区派出专项检查组462个，检查企业和生产经营场所861家，督促企业完成2轮全面自查。各类专项检查查出问题隐患1074条并全部整改完毕。

**【两会期间安全生产】** 贯彻落实镇江市安委办《关于开展全国两会期间安全生产"三包干一统筹"督导检查的通知》，部署推进"三包干、一统筹"工作，即市区级部门包干重点行业领域、乡镇（街道、园区）包干重点企业、村/社区包干重点场所，统筹应急救援力量。印发三包干"1+3"责任清单（1张市级包干京口区清单，3张区级层面包干清单），15个重点行业领域、50个重点企业和126个重点场所（区级15个、街道园区111个）均明责到岗、包干到人，明确防控措施。统筹做好应急处突准备，按照两个责任体系所确定的责任分工，加强应急预案、救援力量和物资装备应急准备，确保党的二十大召开期间京口区安全生产形势平稳有序。

**【应急处置能力提升】** 组织编制应急管理、安全生产、防灾减灾3个"十四五"规划，组织灾害信息员业务培训。加强危化品、防汛抗旱、民兵三支专业应急队伍建设，与京口区卫健委、区红十字会新建一支综合应急队伍，推动"3+X"专业应急救援力量整合和建设，购买应急救援装备和救灾物资。所有街道（园区）、村（社区）等基层组织按照"1+13+X+Y"模式完成应急预案编制，基层单位预案实现"应编尽编"。在新民洲临港产业园部署应急指挥装备（5G布控球等），实现京口区灾害事故现场30分钟内视频连线，初步建成区级通信网，提升灾害事故现场音视频采集、快速回传和移动应急指挥能力。

**【执法人员业务能力建设】** 2022年，组织开展3期理论与实践相结合的执法培训；在镇江市应急管理局、市人力资源和社会保障局、市总工会联合举办的镇江市安全生产执法比武竞赛中，京口区代表队获得团体一等奖、个人第一名和第三名的好成绩。（徐施伟）

## 审计管理

**【概况】** 2022年，京口区开展审计项目14个。其中，财政审计项目4个，经济责任审计项目5个，自然资源资产审计1个，公共投资审计项目4个。审计金额215.08亿元，查出问题81个，查出主要问题金额27.78亿元，被采纳审计建议21条。
（周梦熊）

【预算执行和其他财政财务收支审计】 审计京口区本级2021年度预算执行及其他财政收支审计，重点关注“产业政策30条”、粮食补贴、人才发展等方面政策落实情况并对其专项资金使用情况进行专题审计，发现问题10个，提出针对性审计建议1条；在预算编制与调整、预算收支执行情况、财政资金结余结转等方面发现问题8个，提出针对性审计建议2条；运用大数据分析技术，对全区112家预算单位部门预算执行情况进行审计，同时重点延伸区城管局、区经济发展局2家单位，提高审计质量与效率，拓展审计广度与深度。
（张雪君）

【固定资产投资审计】 加大政府重大投资建设项目审计力度，跟踪审计累计送审金额6.22亿元，其中：王家新苑安置房工程5.27亿元、镇江市京口区2021年老旧小区改造工程0.19亿元、焦山—丹徒段长江岸线修复工程（二期）0.76亿元。
（王文涛）

【重大政策落实情况跟踪审计】 对“产业政策30条”、粮食补贴、“金山英才”和“金凤凰”、生态环保等专项资金使用情况进行专题审计，发现问题10个，提出针对性审计建议1条。根据上级审计机关统一部署，对2021年隐性债务化解情况进行跟踪审计，发现问题2个，有针对性地提出审计建议2个。对2022年6月末国有企业经营性债务情况进行核查摸底，发现需要关注的问题1个。
（许璐）

【经济责任审计】 审计查出问题57个，涉及问题金额10215.92万元，提出审计建议13条，被采纳13条。
（胡云茹）

【基础建设】 细化落实“五个强审”（党建强审、改革强审、质量强审、科技强审、人才强审）行动要求。挖掘审计成果转化，推动制度“废改立”3项。积极推进“金审三期”工程及其配套设施建设，利用大数据技术深入推进一级预算单位审计全覆盖和常态化数据关联前置分析，推广“数据分析+现场核查”工作模式，开展审计人员法律法规、审计业务等学习交流。深入开展“导师制”，进行“传帮带”工作，组织年度投资审计、农业农村审计等业务培训12次，选派年轻干部参与上级审计机关重大审计项目。落实“三会一课”制度，开展中心组学习、支部党员学习和意识形态学习教育等学习交流20次。开展廉政谈话、观看警示教育片等党风廉政教育10次。2022年被评选为江苏省审计系统“学习百年党史、凝聚奋进力量”十佳微党课。
（蒋莹）

## 统计管理

【概况】 2022年，京口区实现地区生产总值555.32亿元，同比增长3.6%，一、二、三产业比例为0.15∶29.72∶70.12。社会消费品零售总额290.89亿元。城镇居民人均可支配收入61891元，同比增长4%。
（郭宇轩）

【日常统计监测】 2022年，围绕镇江市确定的19个讲评指标、11个地区生产总值关联指标，建立项目投资、重点企业预报制度，形成“报前研判、过程监督、反馈分析”工作机制，准确预测研判运行态势。认真研究省考、市考指标体系，制定街道（园区）高质量发展绩效评价体系，建立对上、对下监测网络，实时向专班、部门、板块反映指标情况、存在问题和工作建议，特别是针对统计部门出数据的36个指标，做到一个指标一套监测方案，细化到人、细化到专业、细化到企业（单位），将高质量发展监测落实到日常统计细微处。加强部门联动，按季度收集整理税务资料，布置街道（园区）一一核查、密切跟踪，京口区400余家单位纳入“准四上”监测管理，持续做好“四上”单位月度和年度新增工作。

【统计服务】 2022年，围绕月度讲评、高质量考核等重点工作，建立高效数据整理和反馈机制，及时为各类会议提供基础分析资料，及时编印统计月报，为区领导、部门、板块提供月度最新动态。从“行业角度、立体比较、关联程度”三个维度完善先行指标分析机制，强化地区生产总值与37个关联指标、工业与用电、建筑业与建安投资、社会消费品零售总额与居民收入消费等关联分析，深入分析指标匹配性和支撑要素，提高经济形势研判水平。2022年撰写统计分析报告23篇，动态信息90余篇，编撰统计专报4期，统计分析资料合集3期；其中《“四上”企业新增情况分析》获区主要领导批示。定期召开重点行业、重点企业座谈会，解读数据、分析形势，帮助企业了解各类纾困政策并出谋划策，尤其对索普、鼎胜、鸿泰等重点能耗企业，指导企业准确把握新出台的能耗统计规定，做到既如实反映企业能源状况，又支持企业集约化发展。

【“五经普”主营业务结构化和行业智能编码专项试点】 4月上旬，开展“五经普”主营结构化和行业智能编码专项试点工作，对辖区内抽取1500家法人单位和产业活动单位开展统计调查，详细询问、核实调查单位实际生产经营活动，通过“云技术行业编码系统”和“国民经济行业智能编码系统”编码并进行核查比对。此次试点为优化国家程序提出10余条科学可行意见建议，有关工作做法被推荐至国家统计局网站宣传。

【统计造假不收手不收敛问题专项纠治】 2022年，围绕“四个”必查内容，紧密结合统计督察整改、执法检查、数据核查等重点工作，将7月份定为“统计数据专项纠治月”，对2017年以来情况开展全面自查。核查489家规模以上单位及129个投资项目，其中批发、零售、住宿、餐饮166家、服务业97家、工业72家、建筑业82家、房地产业28家。主要围绕商品销售额、营业收入、建筑业总产值、工业总产值、从业人员期末人数、从业人员工资总额、应付职工薪酬等重点指标开展数据质量核查，核查误差率均小于 1%。

**【“中国统计开放日”活动暨住户调查大样本轮换宣传活动】** 9 月 20 日上午，京口区统计局联合健康路街道等单位，在健康路体育公园活动广场举办“中国统计开放日”活动暨住户调查大样本轮换宣传活动。广泛宣传统计部门为京口现代化建设提供优质统计保障的具体做法；同时对住户调查大样本轮换工作进行深入宣传发动，让更多市民走近统计、了解统计和支持配合统计。本次宣传活动累计发放宣传折页等各种宣传材料 1000 余份。

**【“统计业务技能本领培训周”活动】** 8 月 24–26 日，京口区统计局组织开展“统计业务技能本领培训周”活动，区高质量发展绩效考核相关指标责任部门工作人员、街道（园区）统计业务人员、重点企业统计人员及区统计局全体人员 300 余人参加培训。此次培训周利用 3 天时间对统计系统人员、高质量考核相关责任部门工作人员、重点企业统计人员进行全面系统培训，邀请镇江市局相关处室业务专家围绕高质量发展绩效考核、地区生产总值核算、工业统计、投资领域统计、贸易领域统计和服务业统计等多个专业，通过实例、案例讲解、现场问答等多种形式进行授课；执法业务骨干专题宣讲相关统计法律法规，为基层统计人员提升依法统计意识，严格把控源头数据质量，杜绝统计造假行为奠定思想基础。

2022 年 11 月 8 日，京口区举办统计法律法规专题培训（区统计局　供图）

**【统计法律法规专题培训】** 11 月 8 日，京口区委组织部、区委党校、区统计局联合举办统计法律法规专题培训，邀请镇江市统计执法监督局局长施荣贵进行专题授课。京口区高质量绩效评价考核指标责任部门、各街道（园区）分管领导，以及区、街道统计系统人员 60 余人参加专题培训。围绕“坚持依法统计，推进镇江高质量发展”主题，详细解读习近平总书记对统计工作的重要讲话重要指示批示精神、《关于深化统计管理体制改革提高统计数据真实性的意见》《统计违纪违法责任人处分处理建议办法》《防范和惩治统计造假、弄虚作假督察工作规定》《关于更加有效发挥统计监督职能作用的意见》《中华人民共和国统计法》《统计法实施条例》相关条文，帮助领导干部以及统计系统人员认识统计工作重要性、统计数据造假危害性等。

**【大样本轮换工作】** 2022 年，根据上级部门整体安排部署，京口区住户调查样本量由 50 户扩展为 100 户。京口区统计局联合区人社局，编制大样本轮换工作方案，组织各板块开展大样本轮换工作。积极争取市、区两级经费支持，开展 60 余次入户和记账业务培训，组织 45 名辅助调查员、工作人员对 1800 户进行入户摸底，最终确定孟诚社区、陈家门社区等 10 个样本点 100 户新调查户开展试记账工作。

**【“12 · 8”统计法律法规宣传活动】** 12 月 8 日，京口区统计局联合正东路街道办事处在梦溪广场开展“12 · 8”《中华人民共和国统计法》颁布纪念日宣传活动。围绕“深入学习贯彻党的二十大精神，开启依法统计依法治统新征程”主题，通过现场摆设宣传展台，悬挂宣传横幅，摆放统计法律法规、镇江经济社会发展成就等宣传展板，发放 300 余份《中华人民共和国统计法》宣传折页及宣传品等资料，围绕群众关心的热点问题、统计法律法规相关知识进行交流互动、答疑解惑，拉近统计工作与群众距离，提高群众对统计法律法规知晓率。　　（吴晓洁）

# 京口区城市管理局

2022年7月15日，区委主要领导慰问一线环卫工人

2022年8月19日，着力提升花山支路片区市容环境

2022年，京口区城管局努力提高政治站位，强化责任意识，主动担当作为，日常工作平稳有序开展，专项整治有声有色推进，成效显著。

坚持精管善治，市容秩序持续向好。持续开展学府路市容环境、核心商业区域沿线非机动车停放秩序等执法整治行动，着力解决花山支路片区、江滨新村片区占道经营、道路交通出行难等民生问题。全年共组织开展集中拆违行动50余次，拆违总面积约6.5万平方米，达历史新高。拆除各类广告、店招近250处、面积超4500平方米，在全市率先完成“百日攻坚”楼顶大型户外广告整治拆除任务，彻底解决“悬在头顶”的安全隐患，同时高标准完成第一楼街无商业广告示范街创建任务。

坚持为民管城，城市功能有效完善。全力服务于改善京口区国控点监测数据，在市里组织的国控点道路积尘走航检查中，均名列第一。创建省级垃圾分类达标小区35个，分类设施投放覆盖率达100%，打造江山名洲垃圾分类智能化示范点。完成6座公厕的新建改造，重点打造春江潮、棒槌营等亮点公厕，实现“小公厕”服务大民生。以建筑垃圾管理征收和安全运输“百日攻坚”行动、蓝天保卫战“利剑”行动为切入点加强渣土专项整治力度。

2022年9月16日，京美志愿者开展垃圾分类宣传活动

2022年10月24日，第一楼街无商业广告示范街

2022年9月23日，违建治理

2022年11月15日，新建改造的春江潮广场公厕

# 京口区大禹山

2022年10月13日，江苏省社会科学院主要领导调研大禹山数字经济党群人才服务中心

2022年8月26日，区委主要领导率队拜访北京恺望数据科技有限公司

大禹山创意新社区是镇江市人民政府批准成立的高新技术产业园区。十年砥砺奋进，已成为京口区发展数字经济的主战场和新地标，聚焦软件信息、数字互娱、数据服务三大细分领域，产业呈现高质量蓬勃发展。2022年，大禹山创意新社区瞄准目标方向，进一步加快“大禹山数字文创区”建设，数字产业呈现高质量蓬勃发展。依托全国第一个以数字经济为主题的微软云·暨移动技术孵化计划——镇江数字经济创新中心，拓展技术赋能行动，新增技术赋能企业7家，累计技术赋能企业23家，举办技术培训等特色活动5场，承办“京口区新一代信息技术线上交流会”等市级、区级活动3场。13个市、区重点产业项目有序推进，全年新签约禹诚数字化检测中心、用友数智区域医疗研究院、镇江智能网联产业园等项目13个。成功入选2022年度省级信息技术应用创新先导区、2022年度江苏省文化产业示范园区。

2022年8月22日，大禹山省级信创先导区建设启动仪式

# 创意新社区

2022年8月18日，用友数智区域医疗研究院项目签约

2022年11月30日，举办2023微软创新杯全球学生科技大赛 苏皖区域赛

2022年5月30日，“大禹山数字文创产业学院”签约仪式

2022年12月15日，镇江奥宜漫新动画项目发布会成功举办

2022年11月23日，参展2022中国（南京）国际软件产品和信息服务交易博览会、2022中国工业软件发展大会

2022年9月6日，微软——云暨移动技术孵化计划 镇江数字经济创新中心

# 京口区新民洲

2022年12月27日，省林业局领导到新民洲调研植物检疫等工作

2022年11月6日，市政府领导在上海出席进博会相关活动期间，专程到中林集团展位参观

2022年，园区上下按照市委“八个聚焦”和区委“六个突出”要求，更大力度推进产业项目，更深层次激发发展活力，更高水平建设宜居园区，更严标准守牢生态底线，更富成效增进民生福祉，更实举措保障和谐稳定。全年地区生产总值同比增长4%；规上工业总产值增长6%；社会消费品零售总额达297亿元，增速全市领先；进出口总额增长20%，创历史新高。

进一步处理好港口与产业、资源与效益、企业与政府、本地与扬州的关系，统筹协调推进好党建民生项目、中林项目、鼎盛项目和农业项目，坚持以亩产、效益、环保、能耗论英雄，高质高效推进好木业先进制造区一期、中林重型木结构、翰雅种业等重点项目，加快鼎盛重工存量盘活，力争再造新港口，重建新基地。园区干部职工传承“听党话、跟党走，艰苦创业、甘于奉献”的新民洲精神，在项目攻坚和服务群众过程中，不打小算盘，不划太极拳，不当门外汉，不搞花架子，提高站位，强化担当，更加专业，更加务实，以过硬作风和良好实绩全力为中国式现代化京口实践做出更多新民洲贡献。自聚焦木业产业发展以来，园区坚持以港兴产，以产兴城的发展理念，依托新民洲优质水岸资源，大力发展临港产业。以港、产、城融合发展为核心，彰显区域特色，推动整体开发，建设宜居宜业、特色鲜明、产业兴盛、领先示范的宁镇扬融合发展先行区。

2022年11月26日，新民洲现代种业项目研发加工基地举行开工典礼

2022年9月9日，成功举行项目签约仪式，苏州工业园区永新包装工程有限公司工业包装材料生产基地正式落户新民洲

# 临港产业园

2022年3月1日，京口区政府领导专题调研新民洲项目招引和环境问题排查整治工作

2022年3月17日，园区党工委书记张伟（左一）与京口区税务局共同举行“税地共建聚合力 党建携手展风采”党建共建协议签约仪式

2022年3月10日，参观知青文化展馆，沉浸式感受老一辈知青开荒建场的峥嵘岁月

2022年4月12日，无人机赋能，助力小麦赤霉病预防

2022年9月30日，中林新民洲港五船同靠，迎战生产高峰

# 江苏镇江京口

2022年9月27日，市委领导调研富民强村帮促行动和工业企业疫情防控、安全生产

2022年7月26日，区纪委、区监委主要领导调研经开区廉洁文化进机关情况

2022年，京口经济开发区承压前行、勇挑大梁，经济社会发展步伐稳健。全年完成规上工业总产值182.4亿元，工业应税销售196亿元，产业类投资11.1亿元，高技术产业投资4.1亿元，20个区级重点产业类项目，总投资61.79亿元。诺贝丽斯项目完成开工前所有前期准备工作，获市级“重大产业项目招引推进奖”；万马项目盘活宏鑫绿洲地块，签订正式投资协议；芯航同方项目土地即将上市；航二项目厂房主体全部竣工。持续担起经济建设主战场职责，牢牢抓住项目建设这个“牛鼻子”，重点围绕深化改革增添动能、经济发展提质增效、乡村振兴再上台阶、风险防范严守底线四个方面，进一步抢抓机遇、争当先锋，为全面推进中国式现代化京口新实践贡献经开区力量。

2022年2月25日，镇江京口经济开发区产业项目集中签约活动

# 经济开发区

2022年9月3日，汽车通风加热部件华东生产基地项目签约

2022年1月19日，举办京口区第二届企业家沙龙

2022年11月15日，京口经济开发区党工委与江苏大学材料科学与工程学院党委开展校地共建活动，颁发“红链顾问”聘书

2022年6月16日，召开“党建赋能产业链 助推发展‘加速跑’”营商环境座谈会

2022年11月19日，上埝村开展“兴粮节粮 乐享丰收”之田野里的劳动课堂活动

2022年7月6日，新农村建设示范点

# 京口区司法局

2022年9月9日，江苏省司法厅到京口开展行政复议规范化建设复评检查工作

2022年5月25日，在大禹山智汇科技中心组织召开“法治护航产业强区 法律服务进园区”专项行动启动仪式

2022年，京口区司法局聚焦高效能法治保障、高品质法律服务，奋力“争先争优争一流”，全面提升京口司法行政工作质效。其中法律援助“集中办案”新模式、“法治护航产业强区·法律服务进园区”专项行动等工作被新华日报、交汇点新闻等省级媒体集中报道。以人民调解与普法宣传相融合的“京心调”模拟调解新模式，成功入选2022年全市法治惠民实事项目，并被国家级刊物《人民调解》杂志报道。全市首部“国潮版”反诈戏曲微电影《火眼金睛》入选国家反诈中心媒体宣传库，《药骗》被人民日报客户端、CCTV央视频选用。建成区退役军人、民政、道路交通事故3个法律援助工作站，延伸法律援助触角。选齐配强法律明白人590名，组织培训9场次，打造工作品牌8个，“学习强国”“江苏司法行政在线”等媒体进行宣传报道，区司法局获评全省“法律明白人”培育工作成绩突出集体。行政复议应诉科撰写《某餐饮店不服某区行政审批局行政许可行政复议案》获评全省涉企行政复议十大典型案例，区司法局获评全省行政复议体制改革表现突出单位。

2022年6月16日，正东法律援助工作站正式揭牌

2022年6月29日，京口区见义勇为人员权益保护法律服务中心揭牌成立

2022年6月28日，党总支组织开展“聚能新时代　扬帆新征程”主题党日活动，重温入党誓词

2022年11月17日，组织京口区第二批全国统一样式行政执法证件换证考试

# 京口区审计局

2022年6月29日，与社区联合开展主题党日活动

2022年3月13日，深入社区开展志愿服务活动

2022年，京口区审计局不断对标找差、改革创新、锐意进取，压实工作责任，创新工作举措，全面提升审计质量，在争创优秀项目上下功夫，努力打造具有京口审计特色的“京彩”审计品牌。努力做到三个“精”。一是精心组织。紧扣上级审计机关计划安排和区委、区委政府工作中心，准确制定计划方案，找重点谋划、精心打造。二是精准实施。在实施全年的审计项目时，将研究型审计思维贯穿项目实施全过程，构建审计研究闭环链条，切实提高项目实施效率和审计成果，确保审计项目的质量。三是精良打造。抓住队伍建设这个争创优秀项目的关键因素，不断加强审计人才队伍建设，努力打造一支敢于善于斗争、勇于自我革命、业务精湛的审计铁军队伍。

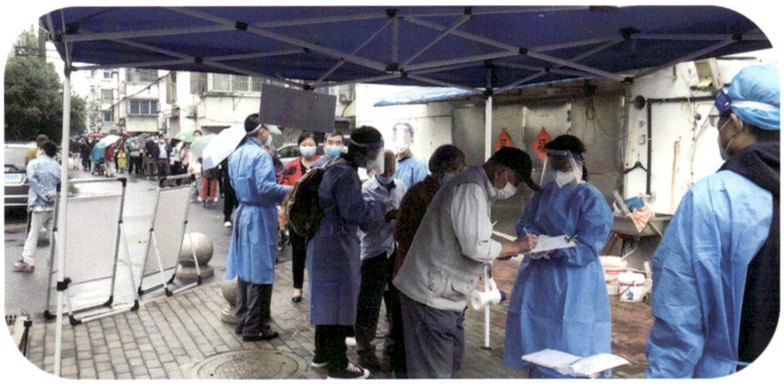

2022年9月28日，志愿者一线助力疫情防控

2022年3月2日，审计进社区

2022年5月12日，审计进企业

2022年10月21日，审计进田头

# 镇江市京口区

2022年7月7日，江苏省高级人民法院审判委员会专职委员李玉柱（左二）一行到京口法院督查工作

2022年4月12日，镇江市人大常委会领导视察京口法院

2022年10月28日，全区首个公务员实训教育基地揭牌

2022年，京口区人民法院坚持以习近平新时代中国特色社会主义思想为指导，深入学习贯彻党的二十大精神，忠诚履行宪法法律赋予的职责，较好地完成了各项任务。

全年受理各类案件13628件，审执结12777件，比上年分别增长11.83%和11.99%。区人民法院坚守为人民谋幸福的初心使命，扎实开展“一创建二优化三提升”专项活动，贯彻全过程人民民主的实践要求，扎实开展“请代表监督、让人民满意”专项活动，大力淬炼对党忠诚的政治品质，扎实开展“两个确立”主题教育。“三项活动”贯穿全年始终，为做到“四个坚持”，奋力书写好全年司法“答卷”提供有力支撑。一是坚持第一要务，全力维护社会和谐稳定。依法打击刑事犯罪,妥善化解民事纠纷，加快兑现胜诉权益。二是坚持服务大局，全力护航京口高质量发展。加强知识产权审判，保护创新发展。优化营商环境，促进可持续发展。防范化解风险，保障安全发展。三是坚持司法为民，全力增强群众司法获得感。提供高标准诉讼服务，护航高品质美好生活。深化高质量诉源治理。四是坚持从严治院，全力锻造过硬法院队伍。加强机关党建工作，提升队伍司法能力，抓好党风廉政建设。

# 人 民 法 院

2022年12月14日，江苏省第一家“校院会”合作的职工法律援助工作站（驻谏壁法庭）挂牌运行

2022年度，京口法院荣获国家级“节约型机关”荣誉称号

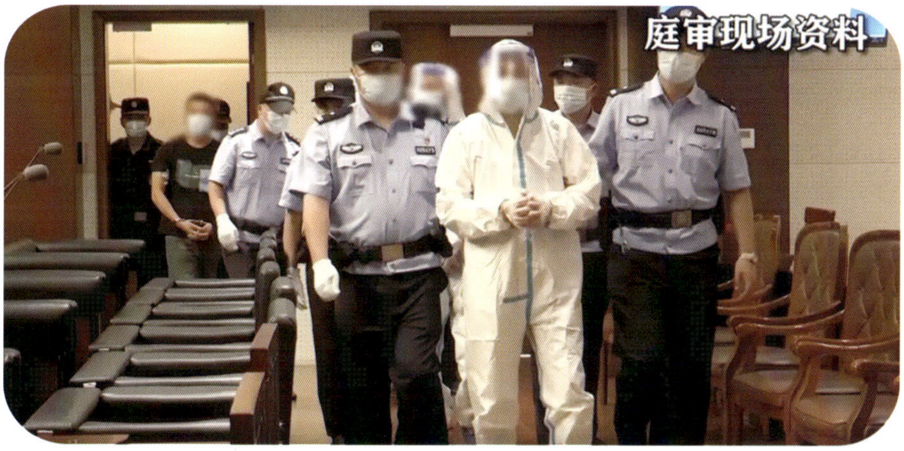


2022年5月4日，根据真实案例改编拍摄的微电影《药骗》，在央视频展播并获省级表彰

2022年5月13日，京口区人民法院联合镇江电视台《法眼新观察》进行抖音全程直播凌晨执行行动，执行现场直播云搜查

2022年11月18日，京口法院“电子封条”正式启用

# 镇江市公安局

2022年5月12日，国家移民管理局和省公安厅领导到京口公安分局考察“比邻驿站”建设

2022年10月18日，公安部治安管理局领导到京口公安分局考察网约房建设工作

2022年，京口区公安机关以党的二十大安保维稳为主线，瞄准警务现代化目标，争当高质量发展标杆，全力以赴战疫情、防风险、保安全、护稳定、促发展，确保社会大局持续平安稳定。京口区公安分局坚持更高站位、奋勇拼搏，在大战大考中彰显新担当。坚持合成作战、攻坚实破，在严打严治中筑牢新高地。坚持夯实基础，提升效能，在社会治理中展现新作为。坚持围绕中心、主动作为，在高效服务中回应新期待。坚持党建引领、严管厚爱，在育警铸魂中焕发新气象。

2022年6月28日，召开庆祝中国共产党成立102周年大会

# 京口分局

2022年10月28日，市政府主要领导专题调研公安机关安保维稳工作

2022年6月5日，与辖区13家金融机构建设警银安全区

2022年4月14日，开展“青蓝工程”师徒结对计划

2022年1月10日，开展庆祝警察节活动

2022年5月15日，全省首个防范金融风险学院“京盾学院”直播开学

2022年4月4日，开展“缅怀先烈志 共铸忠诚魂”清明祭扫活动

# 国家税务总局镇江市京口区税务局

2022年10月19日，开展“党委书记讲党课”活动

2022年3月5日，学雷锋，普税法

2022年，国家税务总局镇江市京口区税务局在区委、区政府的坚强领导下，紧紧围绕全年重点工作任务，坚持“扬优势、补短板、激活力、争一流”的工作思路，聚焦三大关键领域，在工作的“专、精、特、新”上下功夫求突破，在“两个服务”中展现京口税务更大作为。

2022年7月29日，开展“初心铸军魂 兴税勇担当”主题党日活动

2022年8月1日，便民办税春风在行动

2022年9月19日，参加志愿者服务活动

2022年4月13日，开展青少年税收普法教育活动

# 京口区人力资源和社会保障局

2022年1月20日，市级机关工委调研基层党建

2022年1月28日，区政府领导调研人社服务大厅

2022年，京口区人力资源和社会保障局坚定践行新发展理念，坚持民生为本、人才优先工作主线，以“四项八进”活动为切入点，创新工作机制，强化政策落实，在就业创业、社会保险、人才招引、劳动保障上不断发力，推动全区人社事业高质量发展。2022年，全区城镇居民人均可支配收入完成61890.5元，位居全市前列；城乡居民基本养老保险覆盖率98%以上，保障水平位于全市第一方阵；核算企业工资总额增速全市第一。区劳动争议调解委员会获评市级金牌调解组织，宝华物流、苏宁酒店等6家企业获评2022年度省级、市级优秀劳动关系和谐企业，镇江华博企业管理咨询有限公司获评2022年度“镇江市人力资源服务骨干企业”。

2022年6月2日，区政协督办重点提案

2022年9月16日，2022中国·镇江国际菁英创业大赛京口区选拔赛

2022年5月25日，开展“援企护航保用工，纾困解难稳就业”——人社服务进园活动

2022年1月26日，慰问春节留镇务工人员

2022年3月12日，举办“‘就’在京口——百企千岗”招聘会

2022年10月25日，京口区人社局到江苏大学开展秋季双选会

# 京口区应急管理局

2022年6月30日，开展安全生产知识进企业专题宣讲活动

2022年6月16日，局领导到新民洲临港产业园开展木材初加工区企业安全生产专项整治行动动员部署

2022年，京口区应急管理局认真学习贯彻习近平总书记关于安全生产重要论述，坚定不移贯彻总体国家安全观，统筹发展与安全、持续深化安全生产专项整治，落实落细国务院安委会15条硬措施和省安委会50条必查项。深化应急管理综合行政执法改革，加强基层应急末端治理建设；组织编制应急管理、安全生产、防灾减灾3个“十四五”规划，提升应急处置能力；聚焦重点行业领域，全域推进“百日攻坚”行动；积极推行“精准执法+优质服务”模式，全面开展“精准执法”；推进“三包干、一统筹”工作，全力保障党的二十大召开期间全区安全生产形势平稳有序。2022年度，京口区应急管理局在镇江市安全生产年度考核中获得第一名，在镇江市安全生产执法比武竞赛中获得团体第一名，获得2022年度区级机关高质量发展综合考核十佳单位荣誉。

2022年1月28日，联合区检察院对辖区企业开展安全生产检查

2022年9月27日，到区法院开展“防风险 保安全 迎二十大”主题党日活动

2022年10月22日，开展危化品企业夜查

2022年5月5日，为民解忧暖人心　居民致谢送锦旗

# 商贸·交通

责任编校：李　奕

## 商贸工作

【概况】 2022年新增批发、零售、住宿、餐饮单位48家，社会消费品零售总额完成290.9亿元，同比增长1.8%，增速镇江市排名第一。开展“苏新消费”“京喜大市口”消费节活动。分两轮发放政府专项消费券，线上、线下聚焦发力。引导八佰伴、苏宁广场等重点企业加快一线品牌布局，壮大新型消费，培育镇江“首店经济”。

【商务治理】 不定期对区内5家预付卡集团发卡企业开展联合督查，2022年受理“12345”消费者投诉1000余件，办结率和群众满意率97%以上。依据《镇江市燃气泄漏安全保护装置安装基本规范》要求，建立《危险化学品餐饮燃气使用安全联动机制》，会同街道对前期完成餐饮单位报警装置安装餐饮商户进行“回头看”，对新开商户进行引导，落实报警装置安装、正常使用及其他安全问题。

【疫情防控】 对京口辖区内大型商场超市、美容美发、沐浴等行业加强监管检查，落实各项疫情防控措施。重点监测辖区内大型商超、菜市场库存、销售情况，确保疫情防控期间市场供应充足，运行平稳，为封控区居民配送生活物资5000余份。（马欣艳）

## 企业改革管理

【概况】 2022年，京口区企业改革管理服务中心按照“管好现有资产、维护大局稳定、抓好队伍建设”目标任务，突出资产整合、信访、疫情防控等重点工作，细化举措，狠抓落实。

【资产整合管理】 2022年出租房产37处，出租面积4122.3平方米，有效资产出租率95%，租金收入同比增长8.3%。挖掘隐形资产19处，盘活隐形资产40.18万余元。将自有767.1平方米办公用房产权保全确权，规避重大资产流失风险；推进下属企业开关厂万家巷6号房屋历史遗留问题，进一步整合盘活资产。购置区民政局东吴路123号1–3房屋资产，优化资产结构。对农行不良资产包中3笔债权在市公共资源交易中心平台上进行竞争性谈判方式采购。协同区法院、相关律师事务所推进“僵尸企业”清理工作，截至2022年年底，完成9家企业破产程序。

【安全稳定】 开展网络安全教育，排查网络安全隐患。做好日常信访接待工作，办理“12345”信访热线10件，2022年服务职工群众近200人次。成功化解历史遗留信访问题7起，包括1起省级重点案件、1起重点历史遗留信访案件。督促改制企业履约，化解职工信访矛盾，形成化解方案，2022年化解苏恒糖业烟酒有限公司拖欠托管费、承租户长期占用江滨路206–207号房屋、区供销社占用房产问题，无越级上访。

【疫情防控】 配合结对社区开展日常疫情防控，组织党员干部参与全员核酸检测、原九中应检尽检核酸检测采样点志愿服务，由党员领导干部带头下沉封控隔离点一线进行志愿服务16人次。落实市区疫情要求，执行疫情防控期间房租减免政策，为租赁户减免租金30.71万余元。

【党的建设】 2022年，结合“实施‘1+2’工作法打造融合共振红色堡垒”书记项目，执行党员学习教育活动计划，完善“党小组+”、项目化管理机制，持续优化资产管理、信访、清收服务、品牌创建4支党员先锋团队。加强退休党员干部组织管理，退休支部获评第五批镇江市离退休干部“六有一提升”示范党支部。修订原有“三重一大”决策制度和党工委会议事规则，根据年度计划和团队目标完善年度考核细则，加大考核力度，强化制度约束。（朱玉诚）

## 供销合作社工作

【概况】 京口区供销合作总社下设综合办公室和为农服务科2个职能

部门。下辖 2 个基层社、1 个商场，即镇江市象山供销合作社、镇江市京口区谏壁镇供销合作社和镇江市梦溪商场。经营网点 30 个，主要分布于京口城区、象山和谏壁 2 个街道及新民洲临港产业园。经营门类有农业生产资料、生活资料及其他服务业。京口区供销系统拥有职工总数 282 人，其中在职 24 人、退休 258 人。2022 年，京口区供销系统完成社会消费品零售总额 1885 万元，盈利 22 万元；根据省市疫情防控期间对中小企业税收减免优惠政策，指导基层单位减免租金 38 万元。

**【为农服务社建设】** 京口区供销社拥有市级二星级为农服务社 1 家（由镇江市供销社组织验收授牌）、三星级为农服务中心 1 家（由江苏省供销社组织验收授牌），均设有庄稼医院、农业科技咨询点、免费维修农具服务点，指导农民合理使用化肥、农药，推广无害化种植蔬菜。经营品种有农药、化肥、农膜、桐油、尼龙绳、农用五金，小型铁、木、竹农具及各类蔬菜种子等，同时承担地方政府委托防汛救灾物资储备供应。

**【基层社及商场工作】** 象山供销合作社　截至 2022 年 12 月底，占地面积约 1 万平方米，经营面积 3800 平方米，固定资产 407 万元，在职职工 6 人，退休 136 人。该社经营网点有九里街象山为民服务中心、生资超市、大药房、休闲中心、旅馆、农用五金建材、文具店、日杂店、眼镜店、特色小吃店。2022 年完成销售 502 万元，盈利 18.8 万元。

谏壁镇供销合作社　截至 2022 年 12 月底，占地面积 1500 平方米，营业面积 400 平方米，固定资产 72 万元，在职职工 5 人，退休 54 人。下辖 5 个经营网点：燕舞桥为农服务社、燕舞桥农资仓库、新街招待所、于山街一商场（蛋糕房及中国移动谏壁营业厅）、于山街二商场（床上用品、服装店、红珠鸡店）。2022 年完成社会消费品零售总额 483 万元，盈利 3.2 万元。上述 2 家基层社经营方式均采用企业内部职工承包和对外租赁方式经营。

梦溪商场　位于梦溪路 12 号，占地面积 475 平方米，经营面积 433 平方米，固定资产 53 万元。截至 2022 年 12 月底，在职职工 8 人，退休 61 人。该商场经营方式主要以对外租赁经营为主，年租金收入 57 万元。

**【农产品展销】** 联合镇江市供销合作总社和大市口街道共同举办“助农庆丰收，供销在行动”花山湾广场名优农产品展销活动。展销活动对镇江地方名、优、特农产品和新疆、陕西等对口帮扶地区特色农产品集中宣传展示，扩大产品知晓率。

（姜一纯）

## 交通工作

**【概况】** 2022 年，区交通运输局坚持以高质量考核为指挥棒，认真贯彻落实省、市决策部署，统筹疫情防控和经济社会发展，加强党的建设、公路养管、交通运输管理工作，完成市局及区政府交办的各项工作任务。

**【基础设施建设】** 零龙路道口平改立工程于 2022 年 12 月 21 日竣工通车，零龙路设计范围内公路等级为三级公路，设计速度 40 千米 / 小时，路幅总宽 16 米，双向两车道，下穿铁路箱身采用 2 孔（8+8）米分离式钢筋砼框架结构。左湖道口项目 2022 年 5 月开工，2022 年年底建设完工；设计方案采用镇瑞线 K7+040 左湖道口封闭，新建村道左湖赵家村路绕道至 K6+395 野鸡山立交通行；全长 337 米、宽 3 米，水泥混凝土路面，两侧各 1 米土路肩。大刘村西、石墙头二合一道口工程项目，2022 年主体建设已进场；设计方案采用镇瑞线 K11+992 既有通道（西侧 400 米处为大刘村西道口，东侧 450 米为石墙头道口）新建 5 米 ×4 米立交涵，修建连接道路约 1100 米；由上海铁路局承担立交主体工程和铁路两侧各 30 米以内的引道、泵站工程投资，京口区承担引道建设。

**【行业管理】** 3 月 17 日镇江市疫情指挥部会议后，专题研究转运专班运行事宜，建立专班工作群，抽调精干力量，落实 12 人 24 小时值班制；区 8 个板块明确分管领导和联络员，建立通信网络，确保 10 分钟内将任务下派到各街道，转运工作无缝对接；截至 2022 年 12 月底，专班对接到京口区人员 9171 人，入镇车辆 75221 辆。5 月 25 日，京口区农村公路路长制工作会议要求制定街道（园区）农村公路路长责任制实施方案，成立街道（园区）路长办，建立街道（园区）、村（社区）两级路长体系，配备至少 1 名道路专管员，设立路长公示牌。联合街道、货运企业张贴安全宣传标语、悬挂横幅加大运输安全、治超治限宣传活动。公示 12 家重点货运源头单位及鼎胜铝业重点货运源头单位，运管人员每月对辖区内 13 家重点货运源头单位巡察 2 次以上。对省专员办交办的 8 个环境问题及市、区排查发现的 12 个环境问题均完成整改；其中海纳川、谏壁电厂等 9 家码头按照环保要求完成现场整治并强化长效

**为农服务社分布情况一览表**

表 2

| 名称 | 所属基层社 | 地址 | 等级 |
|---|---|---|---|
| 象山为民服务中心 | 象山供销社 | 东吴路九里街 | 三星级 |
| 燕舞桥为农服务社 | 谏壁供销社 | 谏壁街道燕舞桥南 | 市二星级 |

管控；配合拆除京口经济开发区超荣码头、谏壁粮山河码头，2022年2月底通过市污防办验收。

【交通惠民】 镇澄路东京村段因公路年代久远，沿线多家企业重载车较多且公路排水不畅，导致路面破损严重，影响群众出行；对上协调对“最后一公里”进行大修，2022年竣工交付。零龙公路、谏辛公路照明设施、绿化、标志标线影响车辆、行人通行安全，造成谏壁地区交通事故频发，会同京口交警大队、谏壁街道，对谏壁地区农村公路进行隐患排查，制定整改方案，改善路域通行条件。

【安全生产】 开展连镇铁路沿线大排查，查出涉及铁路安全隐患9处，其中谏壁3处、京口经济开发区6处，全部整改结束。对在铁路线路两侧使用彩钢瓦、铁皮、塑料薄膜、防尘网等轻质材料建造的建筑物、构筑物，采取加固等安全防护措施，及时清理散落材料，防止大风等恶劣天气条件危及铁路安全。以省普通公路安全生命防护工程排查及“十四五”项目库编制为契机，聘请第三方公路咨询单位，组织相关涉农街道（园区），对京口区农村公路安全隐患进行全面排查，排查总里程89.43千米，其中县道27.06千米、乡道30.32千米、村道32.05千米，隐患涉及临水道路、平交路口、接入口路侧搭接、下穿通道等方面，向所属街道（园区）进行通报，截至2022年12月，隐患路段整改率98%，“十三五”公路达标率98%。开展公路桥梁安全隐患大排查大整治工作，委托专业检测单位对县、乡、村道上的桥梁进行专项检查，重点关注桥梁外观质量、缺损和病害情况，共检查桥梁11座，总计1111.79延米；按照技术状况评定一类桥5座，二类桥6座。 （金玉）

2022年9月28日，疫情防控道路检查 （京口区交通局 供稿）

# 开放型经济

责任编校：李 奕

## 商务工作

**【概况】** 2022年，京口区外向型经济总体规模稳中有升。进出口总额112亿元，同比增长18.5%，总量列镇江市第三位，创历史新高。2022年实到外资2887万美元，新批注册外资企业11家，协议外资3713万美元。

**【服务外包】** 2022年，京口区实现离岸服务外包执行额3.83亿美元，占镇江市总份额的28.6%，同比增长7.4%，持续高位增长态势。

**【项目招引】** 2022年，京口区商务局牵头招引跨境物流项目成功签约，总投资1亿元，打造镇江跨境电商示范园区。（马欣艳）

## 京口介绍

**【概况】** 京口区是全国历史文化名城镇江市主城区，地处中国东部沿海、江苏省苏南板块，是长三角区域一体化、宁镇扬同城化核心城市。下辖象山街道、谏壁街道、健康路街道、大市口街道、正东路街道、四牌楼街道、京口经济开发区（省级开发区）及新民洲临港产业园，辖区面积95.9813平方千米，常住人口35.6万人。

**【区位优越 交通便捷】** 京口地处长江和京杭大运河“十字黄金水道”交汇处，区位优势独特。

铁路：京沪铁路、京沪高铁、沪宁城际、宁杭高铁和连淮扬镇铁路5条铁路线。

公路：辖区内网布沪蓉高速、沿江高速、扬溧高速、宁杭高速等高速公路，润扬大桥和五峰山大桥连接长江两岸，京口作为沟通江苏南北的交通枢纽地位日益增强。

水路：镇江港作为中国主枢纽港，万吨级以上泊位58个，与世界70多个国家和地区近300个港口直接通航，年吞吐量超3亿吨。京口新民洲港为一类对外通商口岸，拥有6个5万吨级兼靠7万吨级泊位。京杭大运河京口段通航条件达三级航道标准，常年可通行千吨级船队。

航空：周边有上海浦东、虹桥机场，南京禄口机场、无锡硕放机场、常州奔牛机场、扬州扬泰机场等6座机场。距离南京禄口机场90千米、上海虹桥机场240千米。

**【历史悠久 人文荟萃】** “京口”为镇江古称，有着3000多年悠久历史，是吴文化的发源地，山清水秀，人杰地灵，文化底蕴深厚。拥有“三山”（金山、焦山、北固山）国家AAAAA级景区，自古就有“城市山林”“大江风貌”“天下第一江山”美誉。白娘子水漫金山、刘备甘露寺招亲等传说佳话皆发源于京口；中国第一部百科全书《梦溪笔谈》、最早一部诗文总集《昭明文选》及文学理论巨著《文心雕龙》等皆诞生于京口；王安石、辛弃疾等历代文人墨客在此留下《南乡子·登京口北固亭有怀》《泊船瓜洲》等许多脍炙人口的千古绝唱。

京口是江苏省重要的高教、科研基地，辖区内驻有江苏大学、江苏科技大学等5所高等院校，在校大学生10万余人，2022年毕业生约2万人，汽车制造、船舶设计、材料科学等专业在全国领先；职业教育规模位居江苏省前列，有镇江市高等职业技术学校等职校10余所，能够满足各类人才需求。

京口是全国义务教育发展优质均衡区，有江苏省镇江第一中学、外国语学校、中山路小学、实验幼儿园等一批镇江一流的中小学和幼儿园。

京口创新开展人才招引工作，累计引进国家级人才23名，省“双创计划”个人26名、团队3个，“金山英才”计划74名，区“金凤凰”计划40名，高端人才集聚形成“京口现象”。

**【产业发达 经济繁荣】** 康熙《江南通志》：“京口为舟车络绎之冲，四方商贾群萃而错处，转移百物，以通有无。”如今京口更是经济繁荣、百姓富裕之地。京口区坐拥镇江市核心商圈，是镇江高端商贸服务、金融与文化中心。

2022年地区生产总值553亿元，成功跻身全国高质量发展百强区、投资潜力百强区、科技创新百强区、营商环境百强区。

【宜居宜业　和谐幸福】 镇江是全国文明城市、社会治安综合治理优秀城市、科技进步先进城市、宜居城市排行榜前十强、中国城市综合竞争力100强第26名、“福布斯”中国最佳商业城市之一、十大中国民营经济最具活力城市。

京口荣获新型城镇化质量百强区、和谐社区建设示范区、知识产权强县工程示范区等荣誉，生态环境优美，人民安居乐业，企业安心发展，社会安定和谐。（陈雨婷）

## 投资京口

【产业发展方向】 京口区坚持产业强区“一号战略”，重点发展“1+4”产业，即楼宇经济（现代服务业）和新材料及加工制造、木业精深加工、高端装备制造、数字经济五大方向。

【构建“一带三片多点”产业空间布局】 一带：依托长江沿线及滨江区域，打造沿江生态保护和高质量转型发展带。

三片：西部主城片区，打造以产城融合为特色的服务业集聚区。东部工业片区，打造先进制造业为主的新型工业基地。北部临港片区，利用港口腹地资源，打造港产城融合发展的“港口特色镇、生态木业城”。

多点：大禹山数字文创区，建设以新一代信息技术为主导，数字互娱、数字服务、数字智能制造为支撑的高新技术产业集聚区。大市口中央商务区，发展楼宇经济，形成商务、金融、地区总部等业态集聚，建设综合性商业功能区。滨江金融商务区，打造金融业集聚、金融创新活力强的镇江市金融商务中心。数字科创街区，打造镇江数字经济产业高地。高性能材料产业园，打造以新材料产业为特色的高端制造业基地。粮油加工特色产业园，建设华东最大粮油综合产业基地，全国最大储备基地和检测中心。木业精深加工集聚区，打造国家级木业精深加工示范区。

【楼宇经济—现代服务业】 2022年，营业收入超亿元的服务业企业20家，其中苏宁广场成为镇江城市新地标，八佰伴商务楼宇成长为税收“亿元楼”，滨江科技大厦等一批特色楼宇投入运营。

【新材料及加工制造产业】 重点发展航空航天铝合金新材料、铝板带箔材、铝合金车身板材等高强度、高性能新型材料产业、核防护材料等，集聚诺贝丽斯（镇江）、鼎胜新材、海龙核科等龙头企业。

诺贝丽斯是全球领先的铝压延产品制造商，诺贝丽斯（镇江）是亚太地区唯一获得波音、空客、庞巴迪认可的航材供应商，也是国产C919大飞机航材的供应商。

鼎胜新材于2018年在上交所上市，中国民营企业制造业500强之一，年销售规模超百亿元，空调箔、动力电池箔等市场占有率均为全国第一，是中国铝箔材“十强”企业第一名、中国铝板带箔十大“匠心品牌”、中国制造业单项冠军示范企业。

海龙核科是全国核防护材料领军企业，中国核能行业协会常务理事单位，国内主要核电站重点供货商之一，生产的硼铝中子吸收板填补国内空白。

【木业精深加工产业】 新民洲港2022年接卸原木251万立方米，进口量曾多次位列全国进口木材单体港口第一名。中林（镇江）生态产业城项目中，木材初加工区一期、二期占地约1000公顷，已全面建成投产（含60座烘干窑）；木业先进制造区一期1098公顷建设标准化厂房29幢，总面积约32万平方米，已交付使用14幢。木材烘干配套项目天然气分布式能源项目已可投入运行。

【高端装备制造产业】 重点发展海工装备、汽车零部件和精密电子设备等产业。集聚天海装备、飞驰汽车、宝华半挂、中船辅机等一批重点企业。

【数字经济产业】 依托主城区和高校集中区优势，重点建设大禹山数字文创区，着力发展数字互娱、数字服务、数字智能制造等产业。京口高创中心、互联网创新中心等建成1个国家级、2个省级科技企业孵化器，云时代中心等特色载体投入运营，大禹山创意新社区创建江苏省首批“众创社区”，智汇科技中心建成镇江市唯一省级电子商务示范基地，与微软（中国）合作打造镇江数字经济创新中心，集聚国泰新点、怀业信息、名通、易乐、金海星、锐天等科创企业，华为（镇江）数字联合创新中心建设“数字赋能、数字产业、数字人才、数字展示”等四大平台打造“智慧城市”新名片。（陈雨婷）

# 农业·水利

责任编校：李　奕

## 综　述

【概况】 2022年，区农业农村局（水利局）坚决贯彻习近平总书记关于实施乡村振兴战略的重要论述精神，坚持农业农村优先发展，守牢粮食底线不松懈，筑起农业农村安全生产屏障，落实强农惠农政策，粮食生产取得丰收，村庄环境显著改善，乡村建设稳步推进，乡风文明持续向好，老百姓对乡村振兴战略实施的参与度、知晓度、满意度较2021年有较大提升。

## 农　业

【概况】 2022年粮食总产0.9821万吨，粮食面积2.41万公顷，其中水稻0.96万公顷，小麦播种面积0.89万公顷，玉米等播种面积0.38公顷，豆类0.15万公顷，薯类0.03万公顷。蔬菜播种面积4142公顷，产量9320吨。水产品养殖面积1300公顷，产量686吨。成功申报绿色稻米4500公顷。开展高素质农民培训，完成50人培训任务。特色农业机械化发展水平57%。培育市级示范家庭农场1家（陈礼辉种植家庭农场），申报新型农业经营主体（家庭农场）项目1个。开展农产品生产主体入网152家，监督巡查入网主体100%，入网主体合格证打印使用100%，抽检率100%，速测农产品618批次，合格率100%。完成农业重大项目9个，总投资13.36亿元。

【长江十年禁捕】 联合开展执法整治行动13次，渔政执法艇巡航120次，出动执法人员480余人次，办理涉渔案件51起，其中非法捕捞案件3起、违规垂钓案件41起、移交公安机关刑事立案7起，追究刑事责任10人。

【“富民强村”帮促】 在“六个一”（每名市领导分别率领机关干部、机关部门、服务团队、优质企业、金融资源组团挂钩帮促1个乡镇）团队帮促下，坚持抓党建促振兴，通过资源开发、产业带动、土地经营等方式，发展特色产业，壮大村级集体经济。左湖村发展高效农业种植项目，占地8公顷的多肉植物园项目和占地18公顷的红颜草莓园项目成功落地。上埠村采用绿色生态种植技术种植水稻，创建“水韵上埠”品牌，大米销售价5~8元，销售额30万元。2022年，上埠村、左湖村村集体经营性收入均超过120万元。

【粮食补贴发放】 2022年实际种粮农民一次性补贴发放共3次，第一次补贴发放面积20750.416公顷，补贴标准每公顷215.44元；第二次补贴发放面积20695.936公顷，补贴标准每公顷95.05元；第三次补贴发放面积20695.936公顷，补贴标准每公顷149.93元，三次累计补贴金额636355.07元。农业支持保护补贴，发放面积13818.44公顷，补贴标准每公顷120元。玉米大豆带状复种补贴面积100公顷，补贴标准每公顷320元。抗旱救灾资金补贴面积11587.66公顷，发放资金17.36万元。稻谷生产环节补贴面积8001.4公顷，补贴资金763936.26元。　（丁志国）

## 水　利

【概况】 京口辖区内水资源比较丰富，长江、运河流经境内。其中长江岸线32千米（含7千米左右市管岸线，从平政桥至焦南坝段）；京口区现有长江二级堤防22.752千米，其中市管堤防8.092千米（京口闸至焦南坝），区管堤防14.66千米（北岸9.08千米，南岸5.58千米）；无堤高地12.35千米；水域面积2986.5公顷，其中长江水面1200公顷。排涝泵站16座，装机4191千瓦，总流量64.58立方米/秒；灌溉泵站8座，总流量3.9立方米/秒。

【防汛工作】 2022年，京口区组建5支队伍163名街道（园区）防汛抢险人员，储备草包0.7万只、编织袋3.13万只、土工布3800平方米、彩条布2000平方米。受降水量少的影响，完成3000余公顷农田抗旱。

【水资源管理】 2022年，京口区用水总量目标任务15.35亿立方米，实际使用15.32亿立方米(折算口径)。实行电子证照,取水许可“一网通办、信息共享”,对取水户取用水行为严格监管,将所有重点取水单位纳入水资源信息管理系统,实现电子证照100%转换,保证用水单位在线率100%。2022年京口区重点水功能区水质达标率100%,2021年水资源费全部按时足额收取到位,水资源管理年度考核重点目标任务全部完成。

**【节水工作】** 完成京口区“十四五”节约用水规划编制工作(2020–2025年),完成古运河、金山湖2个河湖生态状况评价,成功创建省级节水型学校1所(敏成小学)、省级节水型企业1家(江苏鸿泰钢铁有限公司),江苏大学入选首批国家级节水型高校典型案例,国家级节水型社会达标县建设通过省级复核,京口区工业、农业等用水统计工作有序开展。在水日水周等开展节水“五进”宣传20余次,在中央和相关部委媒体、政务信息上主题宣传报道6次,在省级报纸、电视台、电台等媒体主题宣传报道1次。在第二届“水韵江苏——节水少年行”活动中获省级一等奖1名、二等奖1名、优秀奖3名,获市级一等奖3名、二等奖3名、三等奖11名。

**【水土保持】** 2022年,对7处生产建设项目疑似扰动核查,完成9处生产建设项目现场信息核查及系统信息录入工作,完成9家生产建设单位水土保持方案专家审查及水行政许可审批。

**【水生态文明建设】** 2022年水环境整治累计投入约800万元。先后完成一夜河玉带河小流域治理和水质提升项目,完成谏壁街道2处农村河塘(赵家河塘、纪家河塘)综合整治,完成新民洲1.1千米农村生态河道治理建设任务。

**【河长制工作】** 2022年,京口区各级河长履职3787次,其中区级河长湖长86人次,街道(园区)级河长湖长1058人次,社区(村)级河长湖长2643人次。常态化开展河湖“清四乱”(清理整治河道治理范围内乱占,乱采,乱堆,乱建等突出问题)工作,完成3项妨碍河道行洪突出问题整治,建成孟家湾湖、一夜河2处河长制主题公园,打造一夜河、玉带河2条幸福河湖。 (黄海霞)

## 农业企业

**【概况】** 京口区农业龙头企业6家,省级农业龙头企业3家,市级农业龙头企业3家。2022年完成销售收入114.21亿元;净利润1.09亿元;上缴利税1.47亿元;带动农户10800户。 (丁志国)

**【中储粮镇江粮油有限公司】** 成立于2007年,地处镇江市京口区,位于万里长江与京杭大运河交汇处,是中储粮油脂有限公司长三角产业圈核心企业,是中储粮集团的一张名片。

公司主要以服务中央储备油脂油料轮换为中心,充分利用资源开展市场化经营,确保国有资产保值增值。经过十余年发展,已建设成为集加工和贸易于一体的综合性油脂油料产业基地。油脂油料年加工能力412万吨,其中大豆加工能力270万吨、油脂加工能力102万吨、食用油灌装能力40万吨。2017年,大豆压榨加工量突破210万吨,单厂加工量进入全国前五名。

公司主要产品包括“福豆来”豆粕、“金鼎”系列小包装油、“鼎皇”“聚美味”中包装食用油等,在华东市场得到广泛认同。产品销售主要分布于江苏、安徽、浙江、湖南、湖北、江西、河南、重庆(七省一市)。2018年中储粮“金鼎植物食用油”被认定为长江三角洲地区名优食品,2020年企业被评为“全国农产品加工业百强企业”,连续9年荣获“全国放心粮油示范工程示范加工企业”称号,中储粮品牌影响力和市场竞争力逐年增强。2022年公司销售额111.24亿元。

**【镇江恒伟物流有限公司】** 创建于1998年,坐落于镇江市谏辛公路京口经济开发区。历经十多年发展,成为华东地区乃至全国知名冷链物流、仓储、运输农业产业化龙头基地。

公司主要为企业提供农产品原材料和农产品冷链配送及货物仓储物流服务。主要业务分三大块:农业种植、物流运输服务与仓储冷藏服务。2022年,自有冷库面积超过10万平方米,与百事食品、百胜食品、麦肯食品、皇冠制罐、中粮食品、通用磨坊、蓝威斯顿、奥瑞金等著名企业建立稳定良好合作关系,客户满意度较高,率先通过ISO质量管理体系、环境安全管理体系、职业健康管理体系认证。先后被授予“工信部物流信息化动态监测定点联系企业”“国家发改委第八批税收试点物流企业”“中国物流与采购联合会物流科技进步二等奖”“江苏省农业产业化龙头企业”“江苏省重点物流企业”“江苏省物流企业技术中心”称号。

公司有职工200多人,企业总资产31588万元,银行信誉等级为AAA级,主要致力于拓展中国市场冷链物流业务,带动镇江周边地区农户和农业合作社发展。2022年公司销售收入1.37亿元。

**【江苏新禾润世家食品有限公司】** 成立于2007年,注册资本60万元,是集产品设计开发、生产加工和销售于一体农副产品生产经营企业。主营五谷杂粮、南北干货、中式点心等系列农产品,拥有“禾润世家”“苏丰农庄”等品牌。2018年被评为省级农业龙头企业。2022年获得镇江十佳农产品品牌称号,销售收入1.04亿元,实现利润101万元。

(孙爱莉)

**【镇江兴农有机肥有限公司】** 成立于1993年,注册资金1000万元,为镇江市级农业龙头企业。公司有生产、科研、原料三大开发基地,占地150多公顷,拥有生产车间3000平方米,避雨发酵房1000平方米,是国内较早应用生物技术净化处理和循环利用秸秆、醋糟、菇渣等固体有机废弃物合成农用有机肥及无土栽培基质系列产品的新型环保企业,也是集生产、经营、研发于一体的民营农业科技企业。

公司拥有授权发明专利 8 件，授权实用新型专利 2 件，水稻育秧盖籽土等发明专利申请 22 件，注册商标 1 件。公司研发的“水稻机插育秧新型基质及生产工艺”成果经专家鉴定，一致认为处于国内领先水平。公司生产的有机肥、蔬果基质、水稻育秧基质及盖籽土等系列产品近 20 个，年产 50 多立方米，本地市场占有率 10% 左右。产品畅销周边省区和云、贵、川、疆等地，在大中城市设有产品经销代理商。2022 年，企业实现销售收入 2002 万元，带动农户 100 多户。

**【江苏培蕾基质科技发展有限公司】** 公司是一家专门从事蔬菜、花卉、水稻、食用菌等基质生产和研发的国家级高新技术企业，坐落在沿江公路边。工农业固体废弃物净化处理与开发利用技术处于国内领先水平，先后处理醋渣、中药渣、造纸芦苇渣、酒精渣、食用菌渣、农作物秸秆等 10 多种有机废弃物。工业有机废渣净化处理技术及资源再生利用项目、设施农业中新型基质材料的研发项目、利用作物秸秆合成环保型基质技术研究与产业化开发等项目均获得农业或者科技管理部门立项，并取得系列研发成果，曾受邀在中日农业论坛专业会议上发表专题论文并交流经验。

公司拥有自主知识产权专利 13 件，并与南京农业大学、扬州大学、华中农业大学、江苏省农科院等高等科研院校建立长期稳定合作关系，2013 年公司被评为“镇江市产学研协同创新示范单位”。2022 年，企业实现销售收入 2138 万元，带动农户 16 户。

**【镇江市皇中皇生态科技蜜蜂园】** 是一家集养蜂、种蜂培育、蜂产品加工、销售、科研于一体的综合性企业。位于京口区西山水库内，占地 12.8 公顷，总资产 1200 多万元，拥有现代化标准厂房 3500 平方米，建有蜂蜜浓缩设备二台、花粉烘干破壁设备一台、蜜蜂饲料生产线一条，流动资产 1100 万元。2022 年，在全国拥有蜂场 300 余组，蜂群 3 万多群及加盟蜂场群 1 万余群，年培育种蜂王 500 余只，年产蜂蜜 3000 余吨，蜂王浆 60 余吨，蜂花粉 50 余吨。企业与南昌龙莱福生生物技术有限公司合作，开发蜂胶超临界 $CO_2$ 萃取技术；其独家拥有的生物和物理破壁花粉工艺，破壁率高达 97.3%，提高花粉核酸、SOD、花粉磷脂维生素 E、维生素的吸收。生产的超临界蜂胶、破壁花粉等产品受到消费者青睐。

公司为镇江市级农业龙头企业，年产蜜蜂饲料 2500 余吨。2022 年，企业实现销售收入 1458 万元，带动农户就业 120 户。 （王璐璐）

2022 年 7 月，新民洲麦田硕果累累 （京口区农业农村局 供稿）

# 财政·税务

责任编校：李　奕

## 财　政

【概况】 2022年，面对疫情反复、经济下行和减税降费多重挑战，京口区财政局强保障、促改革、抓管理，全力挖潜增收，发挥财政职能，扎实做好“六稳”（稳就业、稳金融、稳外贸、稳外资、稳投资、稳预期）工作、全面落实“六保”（保居民就业、保基本民生、保市场主体、保粮食能源安全、保产业链供应链稳定、保基层运转）任务，2022年完成一般公共预算收入20.1亿元。

【预算国库管理】 对“三公”经费、会议费、培训费实施只减不增；加强预算执行监控，严格落实预算收回机制，按照“保工资、保运转、保基本民生”统筹预算执行。2022年安排“三保”支出12.3亿元，占2022年一般公共预算支出的68.3%；加强财政资金预算绩效管理，扩大绩效管理覆盖面，将所有政府专项资金和部门预算项目资金纳入绩效目标编报范围，财政资源配置效率和资金使用效益明显提高；加强库款变动趋势研究分析，建立科学资金调度机制，防范财政支付风险；持续完善“一体化”平台建设，推动政府采购、资产管理全面融入预算管理一体化流程，落实预算单位会计核算软件整合。

【社会保障管理】 2022年九大民生支出22.44亿元，占一般公共预算支出比重77.2%。拨付资金3.03亿元，用于兜牢困难群体保障，落实城乡低保提标政策，为重度残疾人发放生活与护理补贴，优抚对象发放医疗与生活补助，开展居家适老化改造，支持康养中心建设，实施居家养老政府购买服务等；拨付资金1698万元，支持开展就业技能培训和创业培训，落实稳岗返还、就业创业扶持等政策，促进高校毕业生、退役军人等重点群体就业；拨付资金7950万元，用于提高基本公共卫生服务和城乡居民基本医疗保险财政补助标准，支持职业健康管理中心建设、疾控应急指挥中心顺利投入使用；拨付疫情防控经费4156万元，用于全员核酸检测、隔离点改造等。

【非税征收与财政票据监管】 深化财政票据领域“放管服”改革，切实贯彻“互联网＋政务服务”要求，推广使用电子非税收入一般缴款书，京口区108家预算单位全部实现电子收费、在线开票；落实国家降费政策，及时清理中央和地方已明令取消、停征、免征、降标的行政事业性收费和政府性基金项目，做好门户网站目录清单内容动态调整，使各项收费执收有据、一目了然；强化与各非税执收单位沟通协作，加大应收未收款清缴力度。2022年非税收入完成6.7亿元，比年初预算超收1.2亿元。

【农业农村资金与基层财政管理】 聚焦乡村振兴，加强惠农政策宣传，及时落实各项支农惠农政策，2022年审核发放各类惠农补贴388万元；做好农林水资金管理工作，督促财政资金使用部门履行项目实施、预算执行、绩效管理主体工作责任，及时办理资金支付，提高资金使用效益；围绕乡村振兴实绩考核目标，发挥农业保险工作领导小组办公室组织协调作用，结合各街道园区保险资源，细化保险承保任务，在全面推行政策性农险工作的同时做好涉农商业险推广，实现农业保险愿保尽保。2022年政策性农业保险保费收入62.85万元，财政配套57.57万元，审核理赔金87.96万元；开展街道（园区）财政运行情况调研，提请区政府出台《关于调整区对各街道（园区）财政管理体制的意见》，科学核定收支基数，推动形成更为合理的财政收入分配和财政事权与支出责任划分体系。

【国有资产管理】 贯彻《行政事业性国有资产管理条例》，严格落实资产配置、使用、处置、核算等管理要求，借助新上线的“资产云”管理系统，实现行政事业性资产使用管理安全规范、节约高效；贯彻落实省、市《国企改革三年行动方案》，完善国企改革顶层建设，优化法人治理结构、完善市场化用工、加强风险管控，推动区属平台公司高质量、可持续发展，国企改革三年行动圆满收官。

【债务管理】 坚决贯彻落实好国家、省、市关于加强地方政府债务管理要求，拓宽债务化解渠道，依法合规化解隐性债务存量，超额完成年度化债任务；制定平台公司经营性债务管控方案，严控经营性债务增幅，推动政府性债务规模和债务率实现“双降”；实施平台公司新增融资成本分级管控，持续压降债务成本，综合融资成本保持镇江市最低水平。制订融资平台数量压降计划，实施乡镇级融资平台提级管理，推动融资平台市场化转型。

【政府采购】 持续推进政府采购制度改革，完善公平竞争营商环境，全面清查政府采购领域妨碍公平竞争的规定和做法，退还往年留存的政府采购履约保证金 38 万元；推进政府采购全过程电子化运作，规范采购行为，精简采购流程，支持中小企业纾困发展；贯彻落实政府采购诚信建设相关制度，建立采购人信用承诺制，2022 年签订信用承诺书项目 20 余件；严格政府采购预算管理，要求预算单位编全编实政府采购预算，严禁无预算超预算采购。2022 年政府采购执行预算 5049.93 万元，实际采购金额 4652.74 万元，节约资金 397.19 万元，资金节约率 7.86%。

【国库集中支付和财务集中核算】 履行国库集中支付职能，做好 60 余家代理单位支付凭证稽核工作，规范单位支出行为，2022 年完成预算单位直接支付数据 58961 笔，金额 31.61 亿元；变更财政拨款人员工资发放模式，指导、审核预算单位数据填报，做好京口区 4000 余名在职及离退休人员工资统发工作；规范会计核算系统资产录入，指导代理单位完善资产明细，为开展资产清查提供财务数据支持；及时梳理往来款项，督促代理单位及时清理财务挂账，防范运行风险。

【会计管理】 组织京口区行政事业单位年度内控报告编制，完成 121 家行政事业单位内控报告编报，审核汇总并上报区基层报表。开展代理记账行业违法违纪专项整治行动，摸排有“代理记账”名称企业 138 户，通过主动办理代理记账许可证、签订未开展代理记账业务确认书等方式，完成风险排查工作；通过“线上”“线下”多种渠道宣传《中华人民共和国会计法》《代理记账管理办法》《会计基础工作规范》，结合会计人员年度继续教育，强化京口区会计人员队伍建设。2022 年，新批准 7 家代理记账机构，完成 41 家代理记账机构年审报备。牵头开展“双随机、一公开”抽查，采取现场询问，查阅文档、会计凭证等方式，对 14 家代理记账机构进行全方位检查，下发限期整改意见并整改到位。

【综合治税】 落实减税降费等惠企纾困政策，涵养税源，精准助力市场主体降本增效、增强信心，2022 年办理减税降费、缓税、留抵退税 10.24 亿元，惠及市场主体 1.45 万家；协调财政、税务、街道三方联动，服务重点企业，引导企业转型升级；定期开展财税联席会议，完善涉税信息共享机制，实现对纳税企业动态化监控；联合税务、国土重点抓好“房土”两税核查征收，2022 年查补税收约 1800 万元。

【金融工作】 贯彻落实信贷扶持政策，引导银企线上精准对接，鼓励金融机构通过续贷、展期等方式切实为企业纾困解难。2022 年利用江苏省综合金融服务平台累计向京口区企业发放贷款 277 笔，金额 10.13 亿元；开展打击非法金融活动专项行动，重拳打击非法集资行为，保持对非法金融活动高压态势，阻断非法金融活动风险传播途径；加大防范金融风险宣传力度，增强金融消费者的风险识别能力与自我权益保护意识。

## 税 务

【概况】 2022 年，京口区税务局围绕重点工作任务，聚焦主责主业主线，较好完成党建业务深度融合、依法组织税费收入、优化税收营商环境、深化税收征管改革、持续加强风险防控等重大任务，深耕融合发展，全面落实新发展理念。

【党建引领】 2022 年，召开党委理论学习中心组集中学习 14 次。指导所属 3 个支部开展“三会一课”、主题党日等活动 30 次，持续抓好“第一议题”“第一主题”“第一任务”学习。

【以税资政】 运用“智慧镇江税务”数据资源，常态化开展经济税源分析，提出助力产业强市、服务发展大局的可行性意见建议，供区委、区政府决策参考。2022 年，先后向镇江市税务局和京口区委、区政府报送税收专报 6 份，多次获得镇江市税务局和京口区委、区政府主要领导肯定性批示。

【税收征管改革】 构建税务执法、税费服务、税务监管“三位一体”大监管格局，建立一支分工明确、职责清晰、衔接顺畅、相互支撑、运行高效的扁平化、专业化、实体化专业化队伍，全力防范区域性、系统性风险。

【营商环境优化】 制定便民办税春风行动实施方案和工作任务安排表，重点推出 6 个大类 24 项 95 条便民办税缴费措施。与京口区工商联联合在江苏科技大学、江苏大学设立“助力大学生就业创业税费服务站”，以“税校互促”合作新模式，为大学生创新创业提供支持和帮助。

【家庭助廉】 开展“孝廉京口、亲清税务”暖心家访活动，发放廉政家书，提出创“廉之家”、当“廉内助”、做“廉表率”倡议，征集家风家训，评选清廉家庭，推动形成家风好、党风正、政风清良好氛围。

（韩青秀）

# 教育

责任编校：吴莉莉

## 综述

【概况】 2022年，京口区教育局树立“抓教育就是抓发展”理念，落实“立德树人”根本任务，发展素质教育，推动京口教育高质量发展，办好人民满意教育。截至2022年年底，京口区有各级各类学校60所（含幼儿园、特教中心），其中小学14所，中学2所，幼儿园43所，特教1所。在校学生31949人，其中小学21034人，中学1555人，幼儿园9281人，特教79人。2022年2月，京口区教育局获评镇江市普法工作先进单位。

【党建工作】 制定落实《京口区教育系统党建工作考核细则》和《2022年京口区教育系统党建工作要点》，签订党建目标责任书。加强党员、教师队伍建设，区名师工作室中党员人数占94.44%，区级以上拔尖人才党员占比76.46%，学校领导岗位和关键岗位党员近200人。将“微讲座、微培训、微交流、微党课”与“书记例会”“书记项目”相融合，举办微讲座1次、微培训4次、微交流5次、专题研讨80余场。立足“党建+X”系列行动，开展“三看三比（看精神面貌，比作风；看执行力度，比业绩；看发展活力，比创新）”活动。教育系统有6个省、市中小学校“一校一品”党建文化品牌项目，16个特色党建品牌，2个“五星级”先进党支部，新创1个“四星级”先进党支部，四星级以上党支部占比50%。

【疫情防控】 2022年推进各项疫情防控措施，校长、书记是疫情防控第一责任人，按照《新型冠状病毒肺炎防控方案（第九版）》《中小学校新冠肺炎疫情防控技术方案（第六版）》《进一步优化新冠肺炎疫情防控措施二十条》等文件精神，细化完善疫情防控方案，抓实常态化校园防控工作。疫情突发期间，重点关爱管控区内五类心理健康普测预警学生，加强家校联系，开展线上学业指导和谈心活动；公布学生心理关爱方式，开通24小时心理服务热线。采取“四不两直”（不发通知、不打招呼、不听汇报、不用陪同接待，直奔基层、直插现场）方式对各学校、校外机构、体育场馆进行常态化专项督查。

【办学条件】 2022年，以中山路中心幼儿园中建园区设施设备采购、市实验幼儿园香江分园盥洗间改造等为代表，近20个项目相继完成并投入使用；建成贺家弄幼儿园北固湾分园，9月正式开园招生；市实验小学小三楼及综合楼改造工程竣工投用；启动老解放路小学校安改扩建工程，完成施工招标；配合市政府推进江大附校项目建设；建成15所智慧化校园；义务教育阶段学校全部完成教室照明改造工程。

【内涵发展】 2022年，新增省课程游戏化项目园1所，省优质幼儿园1所，京口区省、市优质园占比95%，位列大市第一。普惠性民办幼儿园14所，普惠率91%。做强个性化特色品牌，各校基本形成“一校一品、一校多特”文化价值追求。省、市基础教育内涵项目在建12个、结项1个，并获评省级精品项目；获评省、市教育研究和教学成果奖5个，其中“7–12岁少儿趣味田径活动课程构建与实施研究”获国家级教学成果奖。带动14个资源点，探索融合教育课程新模式，建立融合教学资源云平台，推进优质融合特殊教育。深化医教结合，加大与医院儿童康复科、精神科等医疗康复机构合作力度，为特殊儿童提供“医疗—康复—教育”一体化综合服务。

【教师队伍建设】 2022年，京口区新招聘小学教师27人，其中体育教师2人。义务教育阶段交流教师47人，占符合交流条件教师的15.06%；其中各类拔尖人才10人，占符合交流条件拔尖人才的15.4%。建有名师工作室18个，区级以上拔尖人才419人，占专任教师总数的27.9%；其中省特级教师3人、市区名校（园）长5人、市学科带头人26人、市级骨干教师110人，31人在列镇江“金山英才”高层次领军人才培养计划名单（第六期“169工程”）。7人次获省教学竞赛一、二等奖；12人次获市级教学竞赛一等奖，10人次获市级教学竞赛二等奖。截至2022年年底，在研省级课题21项、市级课题98项。

**【“双减”工作】** 在“京口教育”微信公众号开辟《“双减”进行时》专栏，推进“研学课堂”建设，建立教学质量管理核心组，加强作业管理，实施绿色评价，以“1+N+1”（“1”代表作业辅导答疑、学生自主完成作业、培优补差，“N”代表社团活动、兴趣培养等校本个性化延时服务，以及“1”代表特殊关爱服务）模式优化课后服务，京口区课后服务实现义务教育学校和有需求学生两个全覆盖且经费保障到位，参与学生巩固率100%，家长满意率99%。组建“护苗”团队，“网格化”排查整治违规培训行为，开展联合执法306次，发放整改通知书102封，通报8起，均整改到位。建立“正常”“冒烟”“暴雷”（“正常校外机构”是指国家机构以外的其他组织或个人，依法取得办学许可证和法人登记证，利用非国家财政性经费，面向中小学生开展文化教育的非学历教育、非学科类培训机构。“暴雷机构”是指已经发生卷款跑路机构。“冒烟机构”是指即将发生“暴雷”的机构）三类机构信息档案，做到“一机构一档案”，对2家“冒烟机构”做好风险预判，逐项“排雷”，对2家“暴雷机构”及时进行应急处置，保障家长合法权益。2篇区域推进“双减”工作案例《镇江市京口区组建“护苗团队”，排查整治“地下”违规培训行为》和《“双减163”领跑京口教育新生态》分别入选全国和江苏省“双减”工作典型案例。

**【依法治校】** 建立京口区教育系统法治副校长联席会议机制，聘任76名公检法司工作人员，分别担任京口区19所中小学法治副校长（每校4名），实现京口区义务教育阶段学校法治副校长全覆盖，2022年法治副校长参与活动89次。5月，第四届镇江市青少年法治宣传教育周活动启动仪式在市中山路小学举行。9月，京口区大中小学思政一体化育人联盟成立。2022年，京口区“道德与法治”专兼职教师394人，开设“道德与法治”展示课320节，28人次参加市区级赛课获奖。在“12·4”宪法日和宪法宣传周期间，各校利用国旗下讲话，对师生进行法治宣传；教育系统3万余人观看宪法宣传视频、参与“宪法晨读”；14028人参与“宪法小卫士”线上学习，参与率77.5%。在市级法治知识竞赛与演讲比赛中，获特等奖1名，一、二等奖共3名；其中1名学生参加省决赛获二等奖。在区第四届法治文化作品征集评选活动中，征集62件作品参评，3件作品分获一、二、三等奖，占获奖总数的50%。京口区84%校（园）与京口检察院、派出所、法院、巡警大队、律师事务所等单位达成合作，持续推动政府、学校、家庭、社会“四位一体”青少年法治教育建设。（王柱）

## 学前教育

**【镇江市中山路中心幼儿园】** 1950年建园，是镇江市首批省级示范性实验幼儿园。一园四区，分别为：仁章路仁章园、学府路中建园、谏壁雩山街月湖园、谏壁越河街越河园。2022年，幼儿园被评为镇江市五星平安校园、区安全先进集体、区托幼机构卫生保健工作先进集体、区宣传先进集体、区教育系统宣传工作优秀校园公众号等；越河园通过镇江市优质幼儿园复审，月湖园成功申报镇江市特殊教育发展项目，中建园成功申报镇江市足球特色校。

全园有36个班级，1150名幼儿，138名教职工，其中市学科带头人1人、市骨干教师3人、区骨干教师8人。80名专任教师中，高级教师4人、一级教师26人、二级教师32人。陶铵园长被评为第六批“镇江市名校长”。教师在省级刊物发表论文、案例6篇，市级刊物发表1篇，主持参与省、市级立项课题11个。2022年幼儿园“新枝·微家”和育共生团队获“镇江市四有好教师团队”称号。

幼儿园推进“康乐新生活”园本课程建设，将儿童生活经验融入课程。2022年，承办省课程游戏化视导教研及反馈等省、市、区级各类各项活动30余次，相关教学成果获京口区教学成果一等奖，成功申报4项省、市级课题以及“前瞻性教学改革实验项目”和“镇江市课程游戏化项目园”。

2022年，仁章园暑期完成卫生间升级改造工程；中建园完成新学期扩班空间规划调整；月湖园添置大型玩具，完成室内改造；越河园重新布局整合原有专用活动室。

（陶铵 蒋艳）

**【镇江市实验幼儿园】** 创建于1934年，位于笪家山下。2022年被评为市自制教玩具先进单位、市少儿体适能趣味田径培育基地、市童谣唱演大赛优秀组织奖，区安全先进集体、区教育系统宣传工作先进单位、区教育系统宣传工作优秀校园公众号等。

2022年，幼儿园有教职工91名，专任教师队伍中高级教师2名，市骨干教师2人、区拔尖人才7人。2022年多名教师先后被评为省青少年校园足球工作先进个人、区优秀兼职教研员、区优秀教育工作者、区优秀德育工作者、区师德标兵、区优秀教育管理干部、区优秀班主任、区教学能手、区宣传工作先进个人、区优秀新媒体编辑、区优秀网评员、区安全工作先进个人等；教师在省、市杂志报纸发表文章8篇、76篇论文在省市区级竞赛中获奖，教师个人获奖19人次、公开展示22人次。2022年为庆祝中共二十大胜利召开，教师、家长和孩子共同创编、出版《“童心向党”童诗童话》小诗册。

幼儿园将幼儿园游戏课程与“达学园”资源有机整合，研究成果“从“笪家山”到“达学园”：幼儿园外场课程的建构与实施”获镇江市教学成果二等奖，“‘达学园’园本化外场课程的建构与实施”获区特等奖。与红旗小学签订“幼小衔接”共建协议，探索幼小衔接课程构建。

幼儿园建立安全网络责任制，设置监控摄像头，保留时间90天。定期开展食堂工作人员厨艺大比拼，开设美食推荐版块，每周通过公众号向家长公布幼儿食谱，定期进行营养核算与分析。严把食品采购关、验收关，做好48小时食品留样。

（金微）

**【镇江市解放路幼儿园】** 一园两址，实行一体化管理。道署街园位于镇江城中道署街，创建于1921年，为江苏省示范性实验幼儿园；优山美地园位于宗泽路，2014年9月开园，为江苏省优质幼儿园。两园有幼儿547名，教职员工81人。2022年，幼儿园获评全国足球特色幼儿园、镇江市五星平安校园、京口区内涵项目建设优胜单位。

幼儿园有教师49人，其中高级教师3人、区级以上拔尖人才11人、研究生学历2人。幼儿园建立党团员教师示范岗，建立教师师德师风个人档案，立足教育实践每月开展主题教育。2022年，1名教师获评镇江市十佳教师，6名教师获区级表彰，多名教师在各类竞赛中获奖。

幼儿园完成省课题“幼儿园“户外学习”课程的园本架构与实施”现场结题和省优质幼儿园复审现场验收，课程案例集《世界的样子》于2022年11月正式出版。2022年6月，“指向儿童智慧生长的幼儿园“行走·涉阅”课程建设”成功申报江苏省幼儿园课程游戏化项目。

幼儿园常态化开展“乡情采风节”“书香文化节”“六月毕业季”“民族风情节”“亲子游戏节”“金色感恩节”等专项活动，由校园公众号向家长和社会推送活动内容。运用App开展线上家园互动，合力共建儿童成长档案，创建京口区家园融合示范园。作为市少儿体适能特色幼儿园和区融合教育资源中心，推进体教融合及特殊儿童融合教育。（谢熠 王欢）

【镇江市江滨幼儿园】 创办于1987年，是镇江市首批省级示范性实验幼儿园。校园占地6260平方米，建筑面积3888平方米、户外活动面积3380平方米，绿化845平方米。幼儿园先后获得“江苏省幼小衔接试点园（校）”“江苏省绿色学校”“镇江市第五批指南实验园”“镇江市四有好教师重点建设单位”“镇江市五星平安校园”“镇江市足球特色学校”等诸多荣誉。2022年，幼儿园有班级13个，幼儿417名，教职员工55名。

幼儿园重视教师队伍建设。2022年7月，幼儿园“逐光”好教师队伍成为镇江市第二批“四有”好教师市级重点培育团队。赵芬、刘慧嘉等多名教师荣获“京口区师德标兵”“京口区优秀班主任”“京口区优秀教育工作者”“京口区优秀德育工作者”等称号，40人次教师论文在省、市、区级论文评比中获奖，沈彪等多名教师在江苏省幼儿教育案例微视频评选活动中获得二、三等奖。

2022年，幼儿园完成《户外自主游戏故事》《乐真项目活动》园本案例集；领衔省级幼小衔接项目建设，展开幼、小学段教师专题研讨；借助幼小衔接专项宣传月活动，携手江滨实小，将双向衔接做到实处。4月，为京口区民办幼儿园开放省视导模拟现场；12月，迎接省督政、省视导检查工作。（杨晨）

【镇江市桃花坞幼儿园】 拥有2个园区，总园位于京口区桃花坞八区21号，米山雅居分园位于京口区象山街道米山雅居小区14号，2个园区均为江苏省优质幼儿园。2022年，幼儿园获京口区“课程游戏化推进”优胜单位称号，获京口区教学成果二等奖，米山雅居分园被评为江苏省儿童青少年近视防控示范学校。2个园区有13个班级，364名幼儿。

两园有教职工58名，专任教师全部为大专及以上学历，本科比例87.9%，中学高级教师2名、市骨干1名，区级学科带头人3名、区骨干3名。2022年，5名教师分别获评安全工作先进个人、优秀班主任、优秀德育工作者、优秀教育管理干部、师德标兵；1人获镇江市多媒体教育软件课件项目一等奖，2人获三等奖；1人获镇江市第六届乡村骨干教师培育站“无声课堂”视频课一等奖；1人获镇江市立德树人论文一等奖；4人获京口区立德树人论文一等奖，12人获二等奖；25人参加镇江市青少年科技创新大赛科技教案评比获奖；张汉镇、孙虎辰老师在镇江足球特色幼儿园足球教学设计比赛中分别获二、三等奖；1人获京口区职工读书季“优秀职工领读员”十佳职工领读员，1人获“行知伴我行”演讲比赛一等奖，3人获摄影比赛奖项，5人获京口区“筑梦向未来”经典诵读二等奖；申报江苏省教育科学研究院现代教育技术研究课题获得立项。

案例“阅读促成长，书香满校园”获全国第二届书香校园阅读教育教学成果交流活动示范优秀案例。“自制玩教具在幼儿园的开发和运用”研究连续9年获镇江市玩教具比赛一等奖，作品《瓶子乐翻天》参加江苏省玩教具比赛获一等奖。京口区“太平泥叫叫”非遗艺术工作室在园内开展活动。（张汗镇）

【镇江市京河路幼儿园】 创建于1997年8月。建有京河本部和京岘山庄、京岘家园2个分部。2022年，3个园区有29个班级900多名幼儿，100多名教职员工。

2022年11月28日，镇江市公安局交警支队京口大队宣讲团民警到京岘山庄幼儿园开展“文明守法 平安回家”122全国交通安全日教育活动（桓艳娟 摄）

2022 年，幼儿园教师 64 人次获省、市、区级教师论文一、二等奖，21 人次在省、市、区级其他各类竞赛中获一、二等奖；"课程游戏化示范区省视导园本教研现场、青年教师成长营——推进幼儿教师专业发展的行动探索"获区级一等奖；完成"尚美课程"方案编制；12 月京岘家园分园分别接受省政府教育督导、省课程游戏化项目视导调研。

幼儿园坚持家园共育亮品牌，发挥市"家校合作共育"试点校作用。三个园常态化开展亲子活动，利用"互联网+"信息模式，形成幼儿园、家庭、社区三方面教育合力，健全家长满意度调查制度，2022 年度家长满意度 98% 以上。

幼儿园园务管理规范，安全卫生保健工作形成网络，保育工作规范化程序化。（吴玉美　徐斌）

**【镇江市京口区贺家弄幼儿园】** 创办于 1958 年。一园三区，即梦溪小班部，贺家弄中、大班部和招商北固湾分园。2022 年，幼儿园获省巾帼建功先进集体、区教育系统宣传工作先进单位、区"十佳"校园微信公众号、学校管理绩效考核优胜单位、区家校融合示范学校、区融合教育发展优胜单位等荣誉称号。2022 年三个园区有 20 个班级，幼儿 598 名。

幼儿园有教职工 83 名，教师学历达标率 100%，本科学历 22 人，高级教师 2 人、一级教师 12 人，镇江市骨干教师 2 人，京口区学科带头人 3 人、区骨干教师 6 人。

幼儿园以《3-6 岁儿童学习与发展指南》为依据，以《幼儿园保育教育质量评估指南》为尺度，结合幼儿园地域特色，总园打造老城区精致园所，北固分园打造智慧化校园，推进幼儿园高品质发展。通过微信视频号、微信公众号、班级群等平台，宣传园本课程活动，邀请专家梳理课程脉络，总园形成"巷陌花开"课程，分园构建"江畔课程"。以儿童为本，推出"贺小宝"系列广播剧。

携手京口区特教中心开展"普特融合教育实践"，邀请特教孩子每周走进幼儿园。成立园级、班级家长委员会，通过线上、线下家长会、伙委会、家长满意度测评、家长志愿者授课、家长义工入园体验、家访、家长约谈等活动，满足家长需求，密切家园关系，实现互助共赢。

（王建芳）

**【镇江市市级机关中心幼儿园】** 一园两区，分别位于水陆寺巷和火坛楼巷。水陆寺巷园区建于 1950 年，曾用名"镇江地区机关幼儿园"，占地 1893 平方米，建筑面积 2272.26 平方米，设有 6 个班级；火坛楼巷园区建于 1977 年，占地 2408.91 平方米，建筑面积 2289.3 平方米，设有 12 个班级。2004 年两园合并，正式更名为"镇江市市级机关中心幼儿园"。2022 年，幼儿园荣获市文明单位、区安全先进集体、体艺特色打造优胜单位等荣誉称号。

两园区幼儿在园人数近 600 人，教职员工 77 人。专任教师队伍中大专以上学历占比 98%、本科占比 84%，高级教师 1 人、一级教师 13 人，市骨干教师 1 人、区骨干教师 2 人。2022 年，幼儿园开展园本教研活动 32 场，其中联合市区教师发展中心教研 3 场、区内共同体联合线上教研 6 场。园区教师在省级以上刊物发表论文 4 篇，各级论文获奖 70 多篇；区级以上专题讲座 12 次；省、市、区各项竞赛获奖 32 人次；指导幼儿获奖 88 人次；为京口区课程游戏化成果汇编提供优秀案例 18 篇；郭又榕等 8 位教职工获区级表彰；一项市级课题结题。

幼儿园以"党性铸师魂，爱心育幼苗"党建品牌为引领，将党建工作与幼儿园"三色生活，缤纷成长"办园理念相融合，成立阳光幼教服务队和后勤保障服务队。园长耿焱在省级媒体《江苏教育报》、江苏教育新闻网发表党建文章《学史悟思办实事　凝心聚力开新篇》。

2022 年，幼儿园完善常规管理细则，整修完善园区户外环境、基础设施，增添教玩具设备。注重家园共育、社区共建，开展"共育花开　共话成长""书香悦生活""幼见交警　安全童行"等活动，多次在电视、报纸、网络上报道。（刘剑羽）

## 义务教育

**【镇江市京口中学】** 2022 年有班级 24 个，在校生 955 人，在编在岗教职工 101 人。其中专任教师 99 人，研究生学历 12 人，中学高级教师 63 人；镇江市骨干教师 9 人，京口区学科带头人 15 人、区骨干教师 19 人。2022 年，学校获镇江市"宪法卫士"2021 行动计划先进集体、镇江市研学课堂实验学校、镇江市五星平安学校、京口区安全工作先进

2022 年 10 月 26 日，省厅原二级巡视员赵晓群（后排中）带领"双减"工作督导组调研镇江市京口中学（凌正斌　摄）

单位等荣誉称号；获京口区校歌比赛特等奖、镇江大市金山诵读比赛中市铜奖、市运会大市第八名；配合市、区完成体质健康测试等体艺专项工作，七年级体质测试区属中学第一。

学校开设师德第一课，签订师德师风承诺书，举办师德故事征文，开展"成长导师制"活动，打造"幸福京中"教育模式。通过专家讲座、教学节展示、教研微论坛、初小衔接活动等途径，打造"研学新样态·活力在课堂"研学课堂新模式，走出"双减"质量提升新路径。落实课堂效率做"加法"，作业数量做"减法"，教学质量做"乘法"，学生负担做"除法"四项举措。优化课后延时服务，把延时服务设计成"自主作业 +N（学科辅导、心育团辅、社团活动）"模式。学校 2022 年完成五个市级教科研课题开题论证，一个省级课题结题准备工作。

学校以行为习惯养成教育为抓手，增强班主任责任意识和班级管理育人能力。坚持活动育人，开展各种评比、劳动教育、青春仪式、京口区校歌大合唱比赛等德育主题活动。抓好班级常规管理和学生核心素养养成教育工作。疫情防控期间做好学生教育和心理健康教育工作。

（蒋庆生）

**【镇江市第十中学】** 位于谏壁街道月湖街，2022 年有班级 18 个，在校生 581 人，教职工 81 人。有专任教师 77 人，其中研究生学历 9 人，高级教师 29 人，市、区级骨干教师 23 人。2022 年，学校获镇江市校园慈善文化教育基地、镇江市首批智慧校园称号；校田径队获镇江市中学生运动会团体总分第二名，获市青少年定向越野竞赛女子团体第一名和男子团体第二名。

学校注重优秀教师培养，宣传"镇江市十佳教师"周桂君老师、"镇江市出彩教育人"吴松老师先进事迹。开展岗位练兵活动，建立名师队伍梯队，发挥学科带头人、骨干教师作用，采取"以课代训"策略，引导教师教案编制转变。组织教师学习新课标，研究"研学教学"课堂教学模式。学校重视师德师风建设，开设微党课，开展"两学一做"、志愿导学、学典型学先进、集体家访等活动，签订师德师风承诺书，组织教师进行集体宣誓、签字承诺、无偿献血、慈善捐款等活动。丰富课后延时服务，重视学科辅导，满足个性化需求，建立多元评价体系。2022 年教师有 62 篇论文获奖或发表，竞赛获奖 25 人次。

学校持续开展"21 天养正行动"，定期举行班风班貌评比；开展"新时代好少年，强国有我"作品央视影音上传活动；开展"喜迎二十大，做新时代好少年"教育活动；开展"十四岁青春仪式"；组织学生参加"党的光辉照我心"演讲比赛；开展"家校协同，共促成长"家庭教育月暨心理健康教育宣传月活动、"传家训，守家规，扬家风"宣传教育周活动、家访故事整理与上交、小桶水稻栽培以及卫生防疫讲座和心理、安全、慈善文化等专题教育活动等。学校推进研学课堂，丰富社团活动，举办第八届"仕德杯"校园足球联赛，展览班级足球海报，训练足球操，打造校园足球特色文化。

加强学生心理健康教育，建立五类学生跟踪评价管理档案，构建"3+N+1"（"3"指每个班级做到"一名行政、一名专兼职心理教师、一名导师"关爱一名学生；"N"指每个学生有 N 条心理援助途径，包括导师关爱、专兼职心理教师个别辅导、线上求助、朋辈互助、亲子沟通等；"1"指建立"一生一策"）关爱模式。完善"落地式家长学校"建设，规范学校家长委员会建设，强化家长学校家庭教育指导功能。

学校完善学校网络、音响设备，更新教室多媒体设备；完成教学区亮光改造工程；完善监控室设备，做到校园监控全覆盖、无死角。2022 年，"慈善文化进校园"第一期工程完工并通过市级验收，京口区应急避难场所建设竣工。

（宋超）

**【镇江市中山路小学】** 创建于 1950 年，原为苏南镇江专区干部子女学校，有仁章与大禹山两个校区。仁章校区分东、西两园，占地 33.7 公顷，有 57 个教学班级，在校生 2625 人；大禹山校区占地 30 公顷，有 31 个教学班级，在校生 1366 人。在编在岗教职工 175 人。

2022 年，学校网络直播活动在线观看热度超 60 万人次；获评省级"四有好教师"团队、省级智慧校园示范校等"省"字头荣誉 8 次；获市"五星"先进党支部、市"书香校园"等各类评选表彰称号 13 个；承办省、市、区级教学展示活动 20 余次；接待外省外市管理干部及本市人大代表来访共 800 多人；2022 年累计宣传报道 621 次，其中省级及省级以上媒体 47 次，上"学习强国"学习平台 24 次。

2022 年，校长陶静带领仁章

2022 年 4 月 22 日，镇江市第十中学举行第八届"仕德杯"校园足球联赛 （宋超 摄）

2022年4月11日，团中央少年部和团省委中少部调研组一行在中山路小学围绕“双减”延时服务实施情况进行调研 （谢峰 摄）

“四有”好教师领航团入选江苏省“四有”好教师省级重点培训团队；英语组被镇江市教育局评为“四有”好教师团队，黄夕英老师被评为好教师团队领衔人；教师竞赛获奖25人次。

德育部门定时、定点、定主题开展班主任工作坊沙龙活动（班级管理、学生习惯养成等讨论）。“劳动教育周”通过“童耕乐园”和“劳动技能大比拼”两个系列活动开展劳动实践。借助全国家校共育平台，组织家长参与学习培训活动，开展家风家训主题家校合育实践活动。由京口区检察院、区教育局、团区委、公安京口分局和中山路小学教育集团共同组建的“护蕾联盟”正式成立；市青少年法治宣传教育周启动仪式在学校举行。

聚焦“双减”，建构“1+X+1”（“1”指延时服务第一时段“一起作业吧”作业时间；“X”指延时服务课间休息；“1”指延时服务第二时段“一起成长吧”德育课程、学科课程时间）课后服务体系，以“四研”（一研“学习单或预习单设计”、二研“单元分层作业设计”、三研“课堂重难点突破”、四研“课时作业设计”），构筑“一课一研”闭环。延时服务覆盖率超96%，家长满意度高。

建立与公安、社区定期联系机制。大禹山校区总务部门与派出所、市“110”报警中心保持密切联系，每月测试学校“110”一键报警系统。学校完善周界报警系统，确保两个校区摄像头正常运行。每月开展安全疏散演练，定期巡查消防设施，开展安全教育宣传活动。

（张文琪）

【镇江市实验小学】 坐落于胜利路160号，占地面积20998平方米，校舍建筑面积16432平方米，绿化面积2234平方米。2022年有70个教学班，3335名学生，教职工179人。江苏省特级教师1人，市学科带头人4人、市级骨干教师14人，区级学科带头18人、区级骨干教师14人。

2022年，学校获评“江苏省文明校园”等“省”字头荣誉7次；获市中小学“研学课堂”实验学校、市文明校园等各类荣誉表彰7个；承办省市区级教学展示活动6次；2022年累计宣传报道229篇，其中国家级10篇、省级11篇、市级184篇、区级24篇，新闻报道登上《人民日报》、中华人民共和国教育部网站、“学习强国”学习平台等高质量媒体。江苏省品格提升工程项目《至善明节：涵育大美儿童的新美育在场行动》结项并获评精品项目称号。

围绕“四有好教师”建设目标，学校对教师进行分层、分级培养。把不同学科、不同发展阶段、不同特长教师组成名师工作室、学科精英团队、青年教师成长营等“人才工作站”，制订人才培养计划表。2022年，学校教师参加省市区级教学竞赛获奖35人次。

以研学课堂为抓手，通过开放展示深度研、融学作业专题研、延时课程特色研、薄弱学科跟踪研等多种方式构建实小“乐学”课堂教学范式，推动质量提升。紧抓心理健康教育。成立阳光成长思政学院。

学校对原解放路小学改扩建，建成后作为学校分部，此项工程纳入2022年政府民生工程，将于2023年9月投入使用。 （陶欣慧）

【镇江市红旗小学】 建于1964年，校区占地面积24425平方米，总建筑面积12590平方米。2022年完成梦溪校区改造。

2022年，学校被评为镇江市第三批“家校合育”试点工作先进学校，荣获镇江市少先队工作先进集体、关心下一代先进集体暑期读书征文优秀组织奖、童心里的诗篇少儿诗会大赛优秀组织奖、镇江市青少年航空模型比赛团体第一名等荣誉；“四叶草”教育服务团被评为镇江市级“巾帼文明岗”；承办镇江市北固红枫网上祭扫活动。

学校每周一次开展校内集备活动；与兄弟学校开展共同体活动，加强集团内互研互助；进行专项业务培训；建立青年教师培养制度。学校近三年教师竞赛获奖11人次。六年级语文组、高年级数学组获区作业比赛一等奖。

学校受统战部委托承办“2022华文教师华文校长线上研习班”；7月，承担对德国汉华中文学校二、三年级学生中文教育；12月，红旗小学教育集团承办马来西亚沙捞越州华文小学教师、华校校长线上研习班。

2022年，学校新购置万余元体育器材，用于体育教学与田径队训练。校田径队在京口区第三十九届田径运动会团体总分并列第一；荣获京口区田径趣味运动会团体总分第一名。在镇江市少儿击剑俱乐部联赛，获男子花剑儿童组团体冠亚军、男子花剑乙组团体第二名。镇江市少儿棋赛，各棋种均获团体第一名，其中围棋、国际象棋、五子棋包揽所有组别团体第一名。学校合唱团获京口区校歌传唱比赛特等奖第一名。11 月举行“礼赞新时代，‘艺’起向未来”校园艺术节文艺会演。 （曹子君）

**【镇江市京口区实验小学】** 建于 1965 年，占地约 9200 平方米。2022 年，学校有 38 个班级，1837 名学生；教师 93 名，其中小学高级教师 12 人，市区骨干教师 28 人；获得“江苏省文明校园”、镇江市中小学全员导师制工作试点学校、镇江市第二届“书香校园”优秀组织奖、“镇江市阳光大课间比赛”一等奖等荣誉。6 月，在团市委主办的“喜迎二十大　永远跟党走”主题队日活动中进行党团队一体化建设汇报；9 月，完成支部委员换届选举工作；10 月，《党建赋能“四有”好教师团队培育》在《党建之窗》发表。

2022 年，英语学科省“十三五”规划课题“创设微环境，推进黑布林小学英语分级阅读的实践研究”结题；“基于 CSE 的小学英语阅读成长手册的研制与实践研究”获批镇江市 2022 年英语阅读专项课题并开题；语文学科进行“指向思维能力发展的语文学习任务群教学设计与实施”集智研讨活动，校本化研究“基于大单元的学习任务群教学设计与实施”在市级展示。学校通过“随堂听课”加强课堂教学过程性管理，严格控制作业量，采用作业分层布置方式，调控作业时间。

2022 年，“宪法卫士”镇江市 2021 行动计划活动中获“先进集体”称号；市“新时代好少年·红心向党”主题教育获先进集体奖；在各类征文中多名学生分获一、二、三等奖。德育案例“国韵飞歌　育和美京娃”入选镇江市“一校一案”落实《中小学德育工作指南》征集入选案例，并送省级参评。

2022 年，省课程基地和校园文化建设项目“童心京韵——京剧特色课程建设”工作结项。结合美术、音乐、语文、音乐学科编印 4 本“京剧+”校本教材，1 本教学案例集。镇江市 2022 年度唯一现代化技术重点课题“国粹元素融入小学课程的实践研究”，申报成功并成为江苏省现代教育技术 2022 年度重点课题。“童心京韵、和美发展：小学“京剧 +”课程建设的创新研究”申报“十四五”省规划课题。京剧音诗画节目《少年志》代表区教育局关工委参加京口区关工委举行的“老少心向党　喜迎二十大”文艺节目展演。专访《京剧艺术助力党的二十大精神进校园》在《镇江日报》主版报道。

2022 年 1 月 1 日，省课程基地和校园文化建设项目“童心京韵——京剧特色课程建设项目”汇报活动在京口区实验小学举行（张爱慧　摄）

2022 年，多篇新闻报道刊登在“学习强国”学习平台等国家平台，“空中课堂”、端午活动“传承华夏之仪　闪亮成长之礼”刊登在江苏城市频道和江苏教育频道。省市级报道近 300 次；其中，“学习强国”学习平台报道 10 篇、“镇江市信息网”单独报道 10 篇、其他各级各类网络报道 112 次；镇江电视台新闻频道、民生频道共计新闻报道 33 次，江苏教育频道、江苏城市频道报道 3 次；近 69 篇报道刊登在《江苏教育报》《现代快报》《镇江日报》《京江晚报》上。

（徐琳琳）

**【镇江市江滨实验小学】** 创建于 1987 年，有江滨、润阳 2 个校区，37 个班级，教师 94 人。校园内有生命教育体验馆、京口区融合教育资源中心、京口区节水教育科普馆、笼式足球场、“如蓝”书院。2022 年，学校获评江苏省文明校园、江苏省优秀少先队集体、江苏省优秀家长学校、少先队大队红领巾四星章、江苏省校园足球工作先进集体、首批中小学关工委优质化建设达标学校、区“双减”落地见效优胜单位、区“融合教育发展”优胜单位，区学校管理绩效考核优胜单位；“江花·佳能汇”团队获评第二批镇江市“四有”好教师团队。

2022 年，镇江市江滨实验小学支部委员会完成换届选举。党员教师开展“齐思共议”“实境感悟”“追梦前行”系列主题活动，少先队员开展“童心向党表白”“五个一”系列活动。支部 15 篇文章刊登在“学习强国”学习平台、江苏教育频道、《镇江先锋》、《镇江日报》等多家市级以上媒体。

2022 年，学校 40 多人次获得各级各类荣誉或表彰，50 多人次在各类赛课、评课活动中获奖，30 人次在省、市、区级论文评比中获奖，指导学生在各类竞赛中获奖 20 人次。江苏省现代教育技术研究课题“信息化条件下校园学生自主实践空间的建设与运用”成功立项，“行知教育思想引领下小学校本文化建设行动研究”和“基于行知教育思想的‘江水文化’综合实践课程建设

2022 年 10 月 26 日，江滨实验小学迎接江苏省“双减”和规范办学义务教育发展工作专项督导检查 （陈茹颖　摄）

研究”市陶行知教育思想专项课题开题。10 月 28 日，省陶研立项课题“陶行知教育思想背景下教师三级发展路径的实践研究”举行阶段性汇报活动。

学校开展多种类型课后延时服务活动，结合社团建设，打造适合学生主题式课程。2 月 23 日，江苏省教育频道到学校采访“双减”工作实施情况。10 月 26 日，学校接受江苏省“双减”和规范办学义务教育发展工作专项督导检查。省督学、省教育厅原二级巡视员、省教科院基教所副研究员围绕“双减”延时服务实施情况到校调研。11 月 21–25 日学校举办主题为“‘双减’课堂中的加与减”第十三届“江花”教育教学节。

学校申报“江水文化”综合实践活动课程基地建设项目。征集江朵朵“扬子江文创”作品，开展“不尽长江滚滚流”江水诗词诵读活动，组织“同护江河水，共筑家乡情”社会实践活动。6 月 1 日，举办“喜迎二十大，欢乐过六一”主题实践活动。12 月 16 日，镇江市小学综合实践活动暨研学课堂系列研讨活动京口专场在学校召开。 （陈茹颖）

**【镇江市八叉巷小学】** 创建于 1919 年。2021 年 7 月学校正式搬迁至新校区。学校现处于“一校两点”办学过渡时期，分象山花园和中山路过渡点 2 个校区。2022 年，六年级借用中山路校区。新校区占地面积 33284 平方米，建筑总面积 17682.58 平方米。学校有教学班 18 个，学生 742 人；教职工在编在岗 60 人。

2022 年，学校获镇江市首届中小学生实验操作大赛优秀组织奖、镇江市“红领巾奖章”三星章集体、镇江市少先队工作先进集体、京口区教学成果奖一等奖；三年级组获镇江市小学语文“基于研学的作业设计”评比一等奖。

2022 年，学校推进“双减”工作，开展“境化童心”主题课程建设，打造校园生态环境、家庭生态环境和校外生态基地环境“三位一体”生态群，构建儿童与自然共生共展生态课程。市级课题“基于核心素养的数学阅读微课程校本构建与实施研究”顺利结题，成功申报市级课题“‘银球铸魂’乒乓文化建设促进学校文化自觉地探索”“基于课堂样态重构，培养学生数学合情推理素养的研学策略研究”。

开展教师“全员家访”活动，通过入户走访了解学生家庭状况，宣传教育政策，征询家长对学校发展的意见建议等。对贫困生建立资助档案，利用节假日开展家访。每学期以年级或班级为单位举行家长学校讲座。开启“心理志愿者骨干队伍建设项目”，对部分青年教师和有意向家长进行心理培训。定期开展学生心理咨询，建立健全心理档案。疫情防控期间，对隔离在家学生进行线上学习指导和心理疏导。

学校特色乒乓训练范围广，有幼儿训练班、在校学生日常训练班、周末社区成人兴趣班。开展赛前加练集训、外地研学、重点队员乒乓交流活动，提高运动员整体能力水平。2022 年，镇江市少儿乒乓球比赛获团体冠军 2 个、亚军 3 个，单打冠军 6 个、亚军 1 个、季军 2 个；镇江市少儿乒乓球邀请赛（2013–2015 年）获单打冠军 2 个、亚军 1 个、季军 2 个。5 月，学校部分乒乓队员参与镇江市民生频道微电影《春之声》拍摄。

学校制定疫情防控方案机制和应急流程，安排专门人员每天消毒消杀，建立健全学校防控工作体系，规范工作流程，做好防疫物资储备。完成学校劳动实践基地建设和“校园照明提升”前期准备工作，配合市审计局（象山小学项目）做好资料准备等工作。 （钱雪晴）

**【江苏科技大学附属小学】** 2022 年，学校有 28 个班级，1049 名学生；获评镇江市文明校园、“七彩的夏日”暑期活动先进集体、镇江市少先队“喜迎二十大　争做新时代好队员”项目评选十佳活动、镇江市第九届青少年机器人科技竞赛优秀组织奖、镇江市教学成果奖（基础教育类）二等奖。学校“少年科学院”获“江苏省少年科学院”年度考核优秀，四（4）中队荣获“2022 年度全国优秀少先队集体”称号。

2022 年，学校有教职员工 87 人，其中副高级职称教师 3 人，镇江市学科带头人 1 人、市骨干教师 9 人，京口区学科带头人 6 人、区骨干教师 14 人，教师竞赛获奖 15 人次；先后成为镇江市“双减”实验学校、镇江市“研学课堂”实验学校；“工具素养导向下的创客式学习模式探索”“八少年雷锋班公益课程的实践与研究”分别获京口区教学成果特等奖、一等奖。

学校建立“校级、市级、社会化”共同监管工作模式，利用“双减”平台，建立作业量“五控”闭环式管理（五控：教师自控—备课组互控—教导处调控—校长室监控—社会家庭督控），结合现有资源和学生需求，围绕“知识拓展、动手实践、沉浸体验、科技探究”四大主题，开设体育类、文学类、学科类、艺术类等社团活动课程。根据研学课堂建设要求，一是“五定”保底，开展研学工作坊备课活动（五定：定研究方案、定时间、定地点、定内容、定主讲人）；二是开展“个人工作坊开门研课、单周学科工作坊观课、双周教研工作坊磨课”三级研课实践活动；三是持续探索研究“综合实践活动阳光周研学课堂”打造，激发研学课堂新活力。

学校围绕省级课题“阳光学子‘5+2 慧生活’的行动研究”开展“八少年雷锋班”公益课程、“阳光学子　微笑成长”心理健康教育宣传月课程、“童眼看家乡”行走课程、“巧手秀‘绝活’”劳动实践课程、“小小乒乓智慧之旅”科创课程和“阳光智慧空间”“家庭主题实验室”课程等，构建形成江科大附小特有成长文化。学校银杏娃少年科学院成立 5 周年，连续获评“江苏省优秀少年科学院”，相关活动被“学习强国”等多家媒体报道。5 年来，学校培养出省级少年科学院院士 8 名、校级小院士 20 名；少科院各研究所成员发表科学院论文及参加创意评选，10 人次获省级一等奖；100 多人次获各级科技竞赛奖项。（朱新琴）

**【镇江市桃花坞小学】** 学校有 20 个班级，849 名学生；教职员工 62 人，其中副高级职称教师 3 人，镇江市学科带头人 1 人、骨干教师 5 人，京口区学科带头人 2 人、区骨干教师 6 人。2022 年，学校参与全国红十字生命教育防灾避险知识竞赛活动获单位组织三等奖，被评为江苏省双拥模范单位、镇江市“七五”普法工作先进单位、镇江市中小学学生社团建设优秀学校，获江苏省首届中小学生实验操作大赛优秀组织奖、镇江市中小学课后服务优秀案例一等奖、镇江市“童心里的诗篇”少儿诗会大赛优秀组织奖。

学校将“双减”工作落到实处，采取“个人备课 + 团队共研”方式，提升整体备课质量。加强作业设计研究，针对学情因材施教，提倡个性化作业和分层作业。2022 年，高碧玉老师被评为镇江市“十佳教师”；教师参与省级赛课 1 节，市级赛课、展示课、讲座 37 人次，论文省市级刊物发表 4 篇、省市区级获奖 19 人次。

2022 年 12 月 13 日，镇江市楹联文化创建办、京口区政协、京口区教育局到镇江市桃花坞小学专题调研楹联教育基地建设工作（史叶琛　摄）

开展课后延时服务工作，以语数英为主，开足每天不少于 2 小时课后延时服务；结合多彩活动，满足孩子多样化需求。学校“翰墨飘香”红领巾书法社团在镇江市楹联教育基地示范校建设调研学校过程中，受到江苏省楹联研究会、镇江市诗词楹联协会领导称赞；在海外华文教师华校校长线上研习班开班仪式活动现场，受邀现场书写展示。

开展“我与二十大合影”“二十大主题创作评比”“亲子共学二十大”等“二十大”主题学习活动。利用学校心理辅导教室，结合学校心理健康教育制度，通过观察、座谈、问卷调查、悄悄话信箱等方式了解学生心理现状，每周固定时间向学生开放心理咨询室，对学生共性问题进行团体心理辅导，主动约请相关学生谈话，特别关注特需儿童。

学校落实校园传染病防控责任，开展传染病防控和宣传教育，完善校园疫情防控工作方案、应急预案和校园防控工作指南等相关制度，储备防控物资，加强人员防控管理，规范校园场所和物品消毒流程，严格执行晨检、午检制度。2022 年，桃花坞路进行路面改造，学校制定上放学管理工作方案，安排专人负责，每周做好安全提醒及教育，保障师生安全。（袁敬国）

**【镇江市敏成小学】** 创建于1921年，前身为镇江私立敏成学校。2022 年，学校有 25 个班级，72 名在职教师，1111 名在籍学生；获江苏省节水型学校、镇江市少先队工作先进集体；学校党支部获京口区“四星”先进党支部、京口区“双领双争 · 一线建功”好支部。在江苏省第二十届运动会青少年部击剑比赛中，学校选手获女子重剑个人冠军，男女重剑团体分别获第二、第五、第八名，击剑社团获镇江市体教融合特色项目。学校七色光艺术团在京口区中小学校歌传唱大赛中获特等奖。

学校党支部组织全体党员教师开展“学习新党章，践行二十大”讨论学习活动，通过“党员先锋岗”“党员示范课”“党员名师工作室”“敏成志愿红”，党员教师主动亮身份、作表率。7 月 1 日组织全体党团员教师前往丹阳贺甲村开展主题党日活动。学校党支部以党建带动团建、队建，在“孝廉京口”主题活动中，青年团员开展“师生心连心，

2022 年 6 月 10 日，敏成小学以“喜迎二十大，童心永向党”为主题，举办“陶笛的梦想” 美的旅行专场音乐会 （李松梅 摄）

点亮‘微心愿’”活动，向建档立卡学生发放“心愿卡”，赠送儿童书籍。2022 年，完成支部委员换届选举。

学校深研课堂，开展新入职教师见面课、青年教师成长课、交流教师示范课、领导骨干引领课，教学管理人员挂钩年级组和教研组，召开教学质量分析会，剖析存在问题，提出整改措施，落实跟踪措施。2022 年，市区两级体育教研活动、区语文基本功竞赛、区科学操作竞赛和区“优质课”竞赛、区音乐和英语主题教研活动在学校举行，校内 20 多名教师作专题发言，10 多名教师承担调研听课。市级课题“在小学低中段阅读中渗透中华优秀传统文化的实践研究”“‘互联网 +’环境下的家校融合模式研究”“陶行知教育思想背景下的家校融合研究”结题，“课后延时服务中小学英语阅读卡的运用研究”立项成功。

学校出台《学生作业管理制度》，实行分层作业，每天公示作业内容、完成时间、在校完成人数。聘请校外专业人员入校参与课后服务。学生课后服务参与率 93.9%，教师参与率 100%。针对延时服务及“双减”落实情况，学校设计网络问卷，进行匿名反馈调研，满意率 99.5%。

学校举办元宵节“赏年俗、悦文化、促传承”，清明节“学一学英雄事迹、诵一诵烈士诗歌、赞一赞新人新事”，端午节“浓情端午、粽叶飘香”，儿童节“喜迎二十大、强国有我”，中秋节“‘桂’在有你，向美而行”，暑期开展“我们身边的场馆——从小爱场馆”文化活动，推进课程文化内涵建设。

学校围绕“传家训、守家规、扬家风”主题，开展“5+X”（“5”指一次劳动竞赛、一次劳动打卡、一次云寻访、一次劳动讲座、一次劳动实践，“X”为自选活动）活动，营造校风校训主题氛围、家长参与升旗仪式、举行主题班会、观看家风传承主题短片、聆听主题宣讲；开展“劳动最甜美”主题活动；举行“陶笛的梦想”美的旅行专场音乐会，展示社团活动成果。

学校以家校合作为载体，在“乐考”“社会实践”“拓展训练”活动中，邀请家长委员以及老教师、老领导到校做“家长义工”和“银辉志愿者”；邀请家长到校讲座，以专家咨询等多种形式开展家校融合；开展全体教师家庭访问，拉动学校、家庭、社会“三位一体”教育功效。 （李松梅）

**【镇江市香江花城小学】** 学校有 14 个教学班，480 名学生；55 名教职工，其中本科 46 人、研究生 5 人，一级教师 47 人、高级教师 3 人，镇江市学科带头人 2 名、市骨干教师 4 名，京口区学科带头人 1 名、区骨干教师 7 名。2022 年，学校被评为镇江市“家校合作共育”试点先进学校、镇江市“宪法卫士”行动先进集体，京口区青少年暑期活动先进单位，获镇江市大课间活动评比二等奖、京口区寒假阅读征文优秀组织奖。11 月，完成新一轮党支部委员换届选举。

2022 年，学校教师参加培训人均累计 200 多个学时，省市区级论文获奖 20 余篇，市区级展示课 16 节，市级课题 3 项，新增加市级课题 1 项。学校学生获全国中小学生优秀美术书法摄影作品大赛三等奖、镇江市第七届中小学生艺术展演特等奖、京口区校歌比赛一等奖；在上级教育主管部门组织的各类比赛中近百人次获奖。

学校结合实际新增校本化“研学课堂”，聚焦学生课堂学习、自主合作学习、拓展生成学习，实现学科核心素养提升。拓展延时服务内涵，延时课程从“1+X”升级为“1+T+X”（“1”是完成一天的家庭作业，“T”是特色体育活动课程，“X”是丰富多彩“文艺”活动课程）。2022 年，开展延时服务 152 天，开展特色体育活动课程 344 次、文艺活动课程 1672 次，累计服务 452 人。成立“三级家委会”，增补新一届校级家委会人员 2 人，累计开展学校家庭社会活动 200 次。 （龚艳萍）

**【镇江市恒顺实验小学】** 学校有 26 个教学班，在校学生 1194 人，教职工 72 人。2022 年获镇江市中小学关工委优质化建设达标学校、镇江市中小学知识产权教育试点学校、镇江市少先队优秀集体、镇江市青少年禁毒知识竞赛先进集体等荣誉。

2022 年，学校党支部开展“喜迎二十大、榜样在身边”“立德树人担使命、不忘初心齐奋进”等活动 8 余次；成立“青年教师宣讲团”，在师生中宣讲党的二十大精神 10 余次；完成支部委员换届选举。学校向教师发出“绿色教师节倡议书”，表彰师德先进个人，邀请优秀老师分享师德故事，签订师德承诺书，进行师德师风情况自查，开展网络师德满意度测评等活动。

加强教研组建设，开展“‘双减’

背景下的作业设计”集备研讨活动20余次；承办市区级“新融合教育与教师发展”共同体研讨活动3次，展示公开课12节。“基于恒顺精神的‘童创’综合实践活动课程基地建设”省级项目稳步推进。加强班主任队伍建设，根据年龄特点分层培养。

以省级内涵发展项目“童创”课程为指引，开展“铸坚毅品质　做强国少年”“花样劳动　童创美好”“艺术教育进课堂”等主题活动12次；成立首届“国旗班”；在镇江市少先队建队日主题活动中，代表京口区向镇江市少先队员进行主题为“喜迎党的二十大　童创筑梦向未来”汇报。丰富课后服务内容，教师结合学科特点，班级邀请家长志愿者，结对江苏大学、市中医院、恒顺集团等，开展特色活动30余次；结合科学、美术等课程，探索学科新融合，组织学生综合实践活动10余次。

重视学生心理教育，每位学生至少一名关爱导师；梳理重点关爱学生名单，建立档案库；校红领巾广播站“童创之声”开设《心理辅导》专栏，定期邀请心理教师对同学进行心理疏导。运用线上＋线下方式开展家长培训。学校活动在《镇江日报》等媒体平台报道。

学校改造图书馆、教师读书吧和劳动实践基地，增添户外体能组合器材，更换200套新课桌椅。推进“智慧校园”建设，教室增设一体机26台，教师更换电脑70台，改造录播教室1间。强化校园安全管理，开展安全主题教育演练、预防校园欺凌、预防溺水、预防网络电信诈骗等教育活动10次；坚持校园巡视、校园及周边环境隐患排查工作，消除隐患10余件，新增12个监控探头。（马精君）

2022年10月13日，恒顺实验小学代表京口区向全市少先队员进行主题为“喜迎党的二十大　童创筑梦向未来”的汇报（马剑　摄）

**【镇江市学府路小学】** 创办于1921年，原为丹徒私立养正小学。2002年8月迁入现址，2010年更名为镇江市学府路小学。学校占地面积10330平方米，绿化面积3520平方米。2022年，学校有17个教学班，635名学生；在编教师45名，其中44名教师取得本科学历，区级学科带头人2人，市、区两级骨干教师12人，副高级职称教师5人、正高级职称教师1人。

2022年，学校有市教育教学“十四五”课题1个，市研学课堂专项课题1个。24篇教师论文、案例在市、区各级各类评比中获奖，7人次在区级赛课中获奖，14人次承担市、区级公开课展示，2人次承担市、区级讲座，6人次担任区级活动评委，3人次获市、区级表彰。

2022年1月，学校李素琴老师示范性劳模创新工作室成立。9月，学生侯君浩在江苏省第十一届残疾人运动会上荣获F57标枪项目金牌，相关新闻入选京口区2022年“十大教育新事”，入选镇江市2022年“十大教育新事”候选。学校获京口区2022年小学生趣味田径运动会团体总分第六名，学校合唱队获京口区校歌合唱比赛二等奖。

2022年，学校通过固化军事训练模式和开展军事主题实践活动，促进军校活动规范化，固化军事训练时间、内容，聘请武警部队战士作为教官。立足课堂，利用语文和道法课程中国防教育素材，为学生树立正确的战争是非观。暑期组织学生开展军事夏令营，参观武警支队、“252舰艇”训练基地，开展“我是小水兵”一日体验活动。设立9月为“国防教育月”，开展“五个一”（召开一次国防教育班会，阅读一份军事图书报刊，会唱一首军事题材歌曲，绘制一份国防教育小报，做好一件拥军优属好事）活动。学校与区相关部门联系梳理，安排班级与生活困难军属家庭开展拥军爱属结对。

2022年11月，学校加入镇江市少年军校特色建设共同体，将少年军校与“养正教育”相融合，将少年军校学员培养与学校“王龙英雄中队”建设结合，开展系列爱国主义教育活动。学员祭扫王龙烈士墓，王龙亭前重温入队誓词，评选“王龙英雄连队”。少年军校与学校“武术”特色教育相融合，成立“少年武警”社团，由武术教练任教，武警官兵做专家指导。（杜军）

**【镇江市谏壁中心小学】** 创办于清光绪三十二年（1906），校舍占地面积27634平方米，建筑面积16759平方米，绿化面积达6000多平方米。2022年有27个教学班，学生1100人；教师76人，市级骨干教师2人、区级骨干教师12人。

2022年，学校获集体奖7项，3位教师获市级表彰、11位教师获京口区表彰。“‘躬勤育新　劳动树人’劳动教育品格提升项目”被列为市级项目，市级课题“陶行知教育思想引领下的乡村小学生合情推理能力培养的实践研究”开题，市级课题“‘双减’背景下依托延时服务提升学生科学素养的研究”结题。

学校联合教育集团兄弟学校开展

乡村骨干教师培育站建设工作，举办“躬勤好教师”庆祝表彰活动等，承办“躬勤教学节”，用“陶行知精神”引领教师、“躬勤好教师”激发教师；借助党建网络平台、校企联盟、微党课等形式，组织党员开展“学陶师陶”、师德公开承诺、义务导学等；根据教师结构组建团队，进行模块管理并组织学习，打造“延时服务+”特色，尝试“学生作业多元化”，推动教师结合理论在教育教学实践中发展专业。

学校以“躬勤·乐善”校园文化为主题，以生态实践基地建设为基础，结合躬勤农场、主题文化节等深化生态教育；依托市陶研基地、融合教育资源中心，重视“心理健康”教育、关注“融合教育”；组建“躬勤红烛助力团”，完善家校融合机制和形式，推进全员育人导师制；完善学校校本化课程体系，深度开发学校课程资源，进一步提升课程管理与服务能力，深化特色德育课程体系。舆情管控方面紧盯舆情隐患处置，建立“预防—排查—化解”机制，开展“一对一”生活学习指导，微信公众号推送疫情心理系列课程。（冯巧）

**【镇江市京口区特殊教育中心】** 创建于1990年，原名为“京口区培智学校”，1996年更名为“镇江市梦溪学校”，2008年定名为“镇江市京口区特殊教育中心”。学校实行九年义务教育，主要招收辖区内以及外来务工人员家庭中智障、脑瘫、孤独症等中重度残疾学生，承担他们教育教学社会职责。

学校坚持开展“融合社团”活动，不断完善实践活动平台，形成常态化、主题化、课程化社团活动运行机制，促进融合教育新型合作探索，研制《普特双向融合社团课程建设纲要》，构建普特双向融合社团活动系列课程。组织教师参加省市级论文评比、融合好课堂、融合教学设计评比活动。市基础教育内涵建设前瞻性项目“全面康复理念下孤独症儿童社会支持体系构建的研究”成功立项，并成功申报江苏省教育学会“十四五”教育科研规划课题。2022年，学校李嘉欣、刘占蓉老师获江苏省第九届智障教育微课大赛一等奖，周伟、朱洁然老师获三等奖。江苏省第十一届残疾人运动会，学校学生运动员获金牌2枚、银牌5枚和铜牌8枚。

2022年，学校有计划为14名孤独症儿童开展补偿性康复训练，对儿童家长进行康复知识培训；通过“99公益”项目，投入70余万元建设“特需儿童训练基地”，投入40余万元打造特色资源教室；对区域内重残儿童进行摸底调研、诊断评估，确定4名儿童符合送教上门要求，按照医疗教育相结合、普校特校双合力、科学制定康复与教育相统一模式，由专业教师担任骨干、医疗专家提供服务，实施有针对性保健康复和文化教育。

学校将普通学校、幼儿园引入特殊教育课题、项目，2022年集中组织巡回指导教师和资源教师参加各类培训3批次，开展24次巡回指导工作，为特需学生开设资源教室课程；为江苏大学附属小学一名三年级特殊学生提供影子教师服务（影子教师是根据特殊需要儿童的成长发展需求出现的，是如影随形地跟着她服务的个案，给予个案专业支持）。（刘占蓉）

2022年5月13日，京口区特殊教育中心开展“童心”音乐会活动（刘占蓉 摄）

## 综　述

【概况】 2022年，京口区科技工作深入贯彻落实党的二十大精神，发挥主城区优势，打造数字经济品牌特色，培育创新型企业，产学研深度融合，科技指标争先进位。2022年申报省市级科技项目34个，立项12个，与国内外16所高校达成产学研合作协议37个。2022年，京口区有科技型中小企业备案数110家，新增省级科技孵化载体、省级工程技术研究中心各1家；江苏索普（集团）获省级工程技术研究中心绩效考评优秀；江苏索普赛瑞获得第十届“创业江苏”科技创业大赛“优秀企业奖”；泊菲莱、海龙核科分别入选“中国好技术”项目B类、C类。（郭经涛）

## 科技载体建设

【数字经济载体建设】 2022年，联合镇江市生产力促进中心开展“科技金融进孵化器”活动，向孵化载体企业介绍科技金融政策，并邀请南京银行等金融机构进行路演；镇江京口高新技术创业服务中心作为京口唯一的国家级孵化器，2021年省绩效获“B”类评价；云时代中心科技企业孵化器升级为省级孵化器。与大禹山管委会共同举办微软“创新杯”全球学生科技大赛，来自苏皖13所高校28个队伍参加角逐。华为（镇江）数字联合创新中心正式启动运营，已有11家企业签约入驻。（郭经涛）

【产学研深度融合】 参与制定京口区“赋能增智”实施方案，深化“双招双引”（招商引资、招才引智）联动机制，在孵化平台搭建、新型研发机构建设、产学研对接等方面发挥重要作用。在第七届中国创新挑战赛（镇江）暨2022年高校院所走进镇江产学研合作大会上，京口区签约三大类项目：蓝舶科技与东南大学签约产学研合作项目、鼎胜新材与南京工程学院签约成果转化项目、映像智能与四牌楼街道签约人才项目，其中鼎胜新材获得省成果转化项目立项资金1500万元。组织企业参加“2022年南京都市圈创新合作大会暨人工智能产业专场交流会”，江苏金海星“人工智能守护公共交通安全AI动态智能监管平台”项目荣获三等奖，为镇江市唯一获奖企业。（郭经涛）

## 创新创业能力建设

【创新活力激发】 2022年，京口区规模以上工业中有研发活动企业42家，京口区社会研发投入占地区生产总值比重提高0.1个百分点。开展高新技术企业申报专题辅导会，充实高新技术企业“后备库”，对重点企业组织小分队上门“会诊”，完善高新技术企业“微成长、小升高、高壮大”梯队培育机制，2022年高企总数达55家。港务集团被认定为省级工程技术研究中心；支持中江材料技术研究院和新一代信息技术产业研究院建设，促进江苏大学镇江智能柔性机械电子产业技术研究院实体化运作，面向大数据、人工智能、新材料等领域共性关键技术研究。（郭经涛）

【科创政策落实】 根据《关于进一步帮助市场主体纾困解难着力稳定经济增长的若干政策措施》、《关于有效应对疫情新变化新冲击进一步助企纾困的政策措施》以及镇江市出台的《关于进一步帮助市场主体和困难群众纾困解难若干政策措施》要求，缓解企业资金压力，稳步扩大苏科贷融资规模，帮助蓝图科技、金亿达能等2家企业申请苏科贷420万元；及时拨付省、市级科技扶持资金884.08万元，涉及66家企业。（郭经涛）

## 综　述

【概况】 2022年，京口区文化体育和旅游工作以高质量发展为主题，以文旅融合发展为主线，扎实推进各项基础建设，组织开展各类文化体育旅游活动，文旅产业稳步提升、文旅事业繁荣发展、文化旅游深度融合。

【安全生产】 制定《2022年全区文化和旅游安全工作实施意见》《京口区文化体育和旅游局安全生产责任清单》，联合公安、消防等部门开展各类文化市场安全生产专项整治行动。召开“安全生产月”暨文体旅系统“百团进百万企业千万员工”安全生产学习宣讲会，组织安全生产专题培训会、委派第三方消防机构对辖区文体旅行业安全隐患排查等。

## 文　化

【文化服务】 实施镇江市基层公共文化服务效能提升“一十百”示范工程，开展以“魅力京口”“致匠心”等为主题的文化演出、传统文化体验、艺术培训、讲座等活动，实施村（社区）文艺播种计划及全民艺术普及“六进”活动，2022年开展各类活动816场，服务群众249万人次。

【文物保护】 王家花园文物修缮保护工作获得国家文保资金990万元。完成5家单位文物智慧消防工程。推进考古前置工作，协助相关街道（园区）开展文物勘探。督促辖区内36名业余文保员做好镇江市文物安全与执法监控平台日常巡查记录上传，组织业余文保员参加各项文物保护培训活动。

【非遗保护】 加大非物质文化遗产保护传承力度，开展京口区第三批非物质文化遗产代表性传承人和第四批非物质文化遗产代表性项目、传承人评选。组织辖区非遗代表性传承人参加2022年江苏省“文化和自然遗产日”、第四届美丽镇江乡村游嘉年华等活动。

## 旅　游

【全域旅游发展规划】 完成《镇江市京口区全域旅游发展规划（2022–2035）》初稿，组织开展京口区文化旅游资源普查，完善文旅资源管理信息库，完成《镇江市京口区文化和旅游资源普查报告》。

【东亚文化之都创建】 推进“东亚文化之都”创建工作，2022年开展“东亚文化”元素活动72场，开展“东亚文化之都”专题宣传55次。鼓励AAAA级以上旅游景区设置中英日韩四国语言引导标识标牌系统。

【旅游品牌创建】 组织参加第四届“美丽镇江乡村游”嘉年华。配合镇江市金山文化旅游节组织开展第二届京口区吴文化旅游节。参加镇江市委、市政府主办的推介招商活动，配合镇江市文旅部门拍摄京口旅游宣传推介短片。第一楼街文旅步行街获评省级夜间消费聚集区与省级旅游休闲街区。

【旅行社管理】 配合镇江市文广旅局做好全国文化和旅游市场信用经济发展试点工作，完成镇江中旅五星级旅行社复评工作，协助镇江国际饭店申报绿色旅游饭店。

## 体　育

【基础设施】 建成滨江风光带体育公园，完成合山公园健身广场提升工程。2022年完成39套健身路径、40张乒乓球桌和15副篮球架新建和提档升级工作。

【设施维护】 完成健身路径信息化管护江苏省试点工作、健身路径拍照、定位和数据采集工作。结合省政风行风热线和省信息管护平台完成京口区室外健身设施巡查和维护工作。

【体育活动】 围绕“健康京口”体育工作品牌，制定京口区全民健身活动计划，举办江苏省健身气功八段锦京口区网络达标赛、京口区“千台万人”

乒乓球比赛和2022年镇江市老年人体育节开幕式等群众体育活动21场。

【体育赛事】 联合区教育局，组织开展2022年京口区校园篮球联赛、校园足球和少儿田径比赛。组队参加2022年镇江市少儿乒乓球和小篮球比赛。

## 文体旅产业

【产业招引】 完成文化旅游投融资项目统计，华为（镇江）数字创新中心、大禹智谷科技产业园、镇江信缘康米山颐养院3个项目入选镇江市重点文旅项目。开展文化旅游产业招商，芯成忆文旅电商综合平台、奥拉文创IP全产业链基地2个文旅项目签约落地。

【扶持纾困】 组织辖区内文化旅游企业申报省、市专项扶持资金，协助市文广旅局开展对企业的纾困补助行动，帮助78家企业申请纾困资金近50万元。

【市场管理】 完成镇江中旅5星级旅行社复评，配合市文旅部门做好全国文化和旅游市场信用经济发展试点工作，镇江职工国际旅行社有限责任公司、镇江文旅康辉国际旅行社有限责任公司2家旅行社获评“镇江市文化旅游信用经济示范单位”。推进文化艺术类非学科类校外培训机构审批监管，完成镇江首家文化艺术类非学科类校外培训机构——镇江雏燕舞蹈培训有限公司的审批。 （王帆）

2022年8月31日，“京彩杯”京口区首届少儿艺术展演活动举行 （京口区文体局 供稿）

# 人力资源和社会保障

责任编校：刘明军

## 综　述

【概况】 2022年，京口区人社局坚持统筹发展和安全，实施就业优先战略，落实落细稳就业举措，积极办好民生实事，高效统筹疫情防控和经济社会发展，切实维护经济社会稳定。京口区城镇居民人均可支配收入完成61891元，增速跑赢经济增长；城乡居民基本养老保险覆盖率98%以上，保障水平从每人每月210元提高至每人每月243元。

【援企纾困】 成立人社领域援企稳岗工作专班和4个服务企业工作组，深入企业生产经营一线，综合施策，精准发力。先后走访重点企业40余家，召开政策解读座谈会3场，印发惠企稳岗政策宣传资料1000余份，直达一线了解企业社保稳岗、就业扶持、用工引才服务等需求，为企业提供“一对一”“零距离”精准服务。积极推动援企惠民政策落地，2022年审核发放灵活就业人员社保补贴1437.99万元、惠及3162人，用人单位招用就困人员、小微企业招用高校毕业生社保补贴91.2万元，公益性岗位补贴和社保补贴134.03万元。执行特困行业阶段性缓缴养老、失业、工伤三项社保费政策，通过政策找企、分类对接，从缓缴政策、申办流程入手，实现企业“即申即享”，为京口区18家困难企业缓缴三项社保费170万元。围绕推进镇江市人才“镇兴”行动、大学生“聚镇”计划、青年人才“归雁”计划，开展进企入校政策宣讲会7场，推介京口招才引智政策，扩大人才新政、高校毕业生就业创业补贴等政策知晓度，2022年发放高校毕业生各项补贴381.29万元、惠及1505人次。

## 就业创业

【概况】 2022年，京口区实现城镇新增就业6143人，城乡就业困难人员就业再就业1693人；支持成功自主创业2375人，其中引领大学生创业309人；城乡劳动者就业技能培训1701人，城镇登记失业率5.0%以内。

【公共就业服务】 坚持就业优先导向，先后举办“春风行动”“就业援助月”“‘就’在京口百企千岗”“民营企业网络招聘周”等线上、线下招聘活动33场，服务企业800余家次，提供1.23万个就业岗位。扩大重点企业用工监测范围，将京口区用工监测企业从30家扩大至100家。组织辖区鼎胜、天海等重点用工企业赴云南昭通、湖南常德、陕西渭南开展劳务对接，拓展外来劳动力引进渠道。做好引接劳务用工载体建设，办结劳务派遣单位新申请16家，延续2家、变更6家、备案4家、注销2家，特殊工时审批10家，人力资源服务许可备案1家、注销1家，民办职业培训学校延续2家，并按各类监管平台要求做好相关信息数据上传和公示。

【重点群体就业】 落实2022年“就业援助月”专项活动，深入开展走访普查，摸清辖区内就困底数，举办“2022年京口区稳岗留工暨‘就业援助月’专场招聘会”活动。做好2022年公益性岗位开发工作，结合疫情防控工作需要开发36个临时性公益岗位。开展2022年就业援助“暖心活动”，举办“2022年高校毕业生就业服务专场招聘会”活动。开展2022年离校未就业高校毕业生实名制调查工作，为576名离校未就业高校毕业生开展实名制登记，提供“131”就业服务，实名调查率100%，就业服务率100%。

【创新创业培育】 持续擦亮“创响京口”品牌，挖掘创业创新案例，向上级部门推荐6名优秀创业典型。征集江苏省大学生优秀创业项目，评选出优秀创业项目5个。做好创新载体建设，指导辖区内3家孵化基地创建省级创业示范基地。推动创业扶持政策落实，开展精准创业扶持实名制登记，累计登记创业主体2836人，登记单位2857家，登记提供创业服务3523人次，后续跟踪服务3059人次，受理一次性创业补贴申请25家，发放补贴金额12.6万元。

【“华为杯”创业大赛】 联合华为（镇江）数字创新中心，举办“华为杯”2022年京口创新创业大赛暨中国·镇江国际精英创业大赛京口选拔赛决赛。征集45个海内外项目参赛，参赛代表中博士学位占71%，13支决赛团队参加路演。最终，赵彦琦博士的“面向‘双碳’目标基于储热新能源汽车热管理产品的研发与应用”项目获得本次大赛一等奖。

## 社会保险

【概况】 2022年，京口区城镇职工基本养老保险参保36054人，城镇职工基本养老保险基金征缴5亿元，工伤保险基金征缴1344万元，失业保险基金征缴2092万元。

【社保扩面】 开展参保扩面专项行动，推动未参保单位依法参保，探索将新业态从业人员优先纳入工伤保险，扩大社保覆盖范围。为700多名危化企业员工、200多名非全日制及超龄退休人员和实习生办理工伤保险。2022年新增扩面人数4420人，完成下达目标任务的133.6%。城乡居民基本养老保险新增参保人数277人。

【退休人员待遇发放】 做好机关事业单位退休“中人”正式待遇核定工作，核定待遇647人，核定率100%。企业退休人员基本养老金实现“十八连增”，城乡居民基础养老金实现“十二连增”。

【优化窗口服务】 以获评“全国人社系统优质服务窗口”为契机，以推进“一件事”改革为抓手，狠抓服务窗口精细管理。2022年区人社服务大厅接待群众11000多人次，办理业务15000多件，办理退休手续1000件，转入转出业务500多人次，发放社会保障卡200多张。

【社保基金监管】 做好社保数据核查，对辖区内400家参保单位基础库信息、1500条个人基础库信息进行清理，对各险种疑似数据及时核实，追回299人多领取待遇126万余元。规范社保待遇资格认证管理，对高龄、孤寡、残疾等特殊人群提供上门服务。开展“以案促改，防控风险”社保基金安全警示教育活动2场，强化经办人员风险意识，切实守护基金安全。

## 人力资源管理

【概况】 2022年引进大专以上学历人才3633人，其中本科以上1788人，发放高校毕业生各项补贴696.67万元，惠及2343人次。开发青年（含毕业生）就业见习岗位719个，补贴职业技能培训人数4033人，新增高技能人才282人，其中技师21人，新型学徒制培训人数121人，职业技能鉴定取证人数（含职业技能等级认定）1095人，新增职业技能等级认定备案机构1个，新增数字技能人才115名。

【事业单位招聘】 2022年招聘普通类事业单位46人，教育系统事业单位27人，卫生系统事业单位25人。

【人力资源服务】 鼓励重点企业符合条件人员开展职称申报，提供申报指导，2022年网上审核878人，其中，初级审核346人、中级审核442人、副高级审核84人、正高级审核6人。开展职业技能等级认定备案政策宣传，新增技能等级认定备案企业2家，拨付技能人才补贴178.44万元。推进技能人才评价，评价鉴定取证980人。开展各类人才项目申报，鼎胜新材、海龙核科等企业提供496个人才需求；索普等重点企业提供8个项目需求和1个博士后需求；2家企业入选镇江市优秀企业人才工作站。

【劳动监察仲裁】 2022年主动巡察用人单位510户，立案查处违法案件120起，调处劳动关系矛盾纠纷1059件。妥善处理欠薪案件，办结欠薪线索179件，办结率100%；在镇江市欠薪增量持续高位运行情况下（同比增长133%），京口区欠薪总量同比增长3%，增长率最低。为284名劳动者追回工资等待遇106万元。按照“快立、快调、快审、快结”原则，优化争议处理程序，畅通争议处理通道，2022年处理劳动人事争议847件，结案率达100%。其中，立案112件，案外调解150件，网络调解平台处理365件，各级基层调解组织处理220件，为职工追回经济损失512万余元。京口区劳动争议调解委员会获评市级金牌调解组织，宝华物流、苏宁酒店等6家企业获评2022年度省级、市级优秀劳动关系和谐企业。镇江华博企业管理咨询有限公司、镇江厚德人力资源开发有限公司获评2021年度“镇江市人力资源服务骨干企业”和“镇江市诚信人力资源服务机构”。

# 社 会 民 生

责任编校：刘明军

## 民政工作

【概况】 2022年，京口区民政局紧扣新时代民政主业主责，以群众需求为导向，大力开展社区减负增效工作，优化社会事务管理，提升居家养老上门服务质量，汇聚各类社会资源参与基层社会治理，民生兜底保障坚实有力，推动民政事业高质量发展跑出“加速度”。2022年，京口区民主协商议事会建成率100%，组建302个网格议事微信群；作为全国村级议事协商创新实验试点单位——雩北村“老弗士”工作站参与式治理效能显著增强。

【社会救助】 城乡低保 按照社会救助相关政策要求进行复核，对已不符合救助条件人员，经社区、街道（园区）两级确认后退出救助范围；对因灾因病等各种原因致贫、返贫对象及时纳入贫困户名单，确保困难家庭“应保尽保、应退尽退”。2022年城市低保户1516户1904人，累计发放低保1730.178万元，农村低保有163户229人，累计发放低保金184.0188万元。

临时救助 2022年城乡困难群众临时救助共计273户273人次，发放救助金28.2715万元。

低保专项整治 强化对最低生活保障的动态管理，利用“镇江救助申请家庭经济状况”平台和“金民系统”严格核查申请救助家庭的财产和收入状况，按照《镇江市居民最低生活保障实施细则》及省市民政部门城乡低保专项整治工作要求，定期在京口区政府门户网站公示应公开的全区城乡低保在保人员名册、保障金额等信息以及咨询投诉电话，采用平台核查与人工入户调查相结合，做到“应保尽保、应退尽退”，提高财政低保资金使用效率。2022年城乡进低保57户69人，出低保255户415人。

低保边缘家庭和支出型困难家庭认定 根据江苏省委办公厅、省政府办公厅《关于开展富民强村帮促行动接续推进乡村全面振兴的实施意见》和《关于改革完善社会救助制度的实施意见》等文件规定，实施低保边缘家庭和支出型困难家庭认定工作，通过申请审核、监测发现、摸底排查或直接认定等方式，分层分类实施低收入人口救助帮扶，保障困难群众基本生活，将符合条件人员信息纳入金民工程社会救助信息系统并导入低收入人口数据库。2022年京口区城乡纳入低收入家庭19户26人。 （程焰彬）

【养老服务】 2022年，政府购买养老服务工作补助资金494.657万元，补助人数14353人。其中，居家养老信息呼叫服务补助资金22.527万元，687人；特殊困难老人居家上门服务补助资金107.565万元，367人；普惠老人居家上门服务补助资金361.66125万元，13291人；入住养老机构补助资金1.4万元，3人；人才父母惠老关怀服务补助资金1.50375万元，5人。

京口区有标准化居家养老服务中心39家，实施特殊困难老年人居家适老化改造100户。

京口区有公办敬老院1家，民办养老机构7家。开展养老机构等级评定工作，1家获评“三级养老机构”、3家获评“一级养老机构”。

（阚士海 夏莹）

【困境儿童救助】 根据《关于进一步落实困境儿童分类保障制度的实施意见》文件，按不同保障标准实行分类保障，保障率达100%。对符合救助条件困境儿童及时审批，确保符合条件者及时得到政府救助。2022年为4名社会散居孤儿发放基本生活补助10.7028万元，为85名其他困境儿童发放基本生活补助103.9229万元，88名重残困境儿童领取残疾人“两项补贴”保障，低保家庭中未成年儿童128人得到有效保障。 （仲晓琴）

【残疾人“两项补贴”发放】 根据江苏省民政厅、省财政厅、省残联《关于完善困难残疾人生活补贴和重度残疾人护理补贴制度的实施意见》文件发放残疾人“两项补贴”（生活补贴、护理补贴），2022年为1176名困难残疾人发放生活补贴，支出补贴金额816.4525万元；为1712名重度残疾人发放护理补贴，支出补贴金额268.073万元。 （袁丁）

【五社联动工作】 坚持“五社联动”发展模式，创建社会组织服务品牌、发挥枢纽型社会组织支持力量、创新工作载体，活跃社工力量。2022年，京口区登记社会组织232家，备案社区级社会组织586家，成立党支部社会组织18家，慈善社工站6个，举办社区干部能力提升班34场。（钟烽辉）

【婚姻登记工作】从实际工作中的特殊案例及难点问题入手认真分析、互相探讨，提高登记员依法办证办事效率和服务质量。2022年，京口区办理3482对婚姻登记业务，其中结婚登记1582对，离婚申请908对，撤回离婚申请3对，离婚登记653对，补发结婚证271对，补发离婚证64对，出具未婚证明1对。其中跨区域办理婚姻登记461对，涉外、涉港澳台28对，跨区域、涉外、涉港澳台办理量居镇江市首位，完成婚姻登记各项工作。

【区划地名】完成丹徒京口、新区京口等乡镇级界线勘定、协议书和附图签订等工作；开展国家地名信息库数据质量建设行动，对京口区十一大类地名1514条信息进行全面核查并提交入库，提高地名信息准确性和权威性；指导健康路街道完成驻地迁移申报工作；完成大市口街道部分道路更名、命名上报工作；完成“京航路”道路命名上报工作。（吴建萍）

## 民族事务

【概况】2022年，京口区有3个省级民族工作示范社区（大市口街道千秋桥社区、四牌楼街道江滨新村第一社区、正东路街道贺家弄社区），1所民族学校（镇江市实验小学），1家清真网点（镇江穆源民族饭店），4处省级“红石榴家园”（大市口街道千秋桥社区、健康路街道田家门社区、四牌楼街道江一社区和正东路街道贺家弄社区）。

【民族团结进步宣传教育和创建】6月，以“共同团结奋斗、共同繁荣发展”为主题，开展民族团结进步宣传月活动。发挥大市口街道千秋桥社区等“红石榴家园”示范带头作用，以千秋桥社区清真助餐点、民族饭店等为主要宣传点，深入宣传民族团结进步先进典型和感人事迹。创建正东路贺家弄社区“红石榴家园”，以民族同心楼为基础，重点打造为各民族居民信息互动、衔接互补、尊重差异、包容多样的活动平台。（雷鹏）

## 宗教事务

【概况】2022年，京口区有佛教、伊斯兰教和基督教，经登记备案宗教活动场所10家。其中，佛教场所6家（定慧寺、积善禅寺都天庙、龙兴禅寺、崇庆禅院、太平庵、复生律院），伊斯兰教场所1家（古润礼拜寺）、基督教场所3家（丹徒镇基督教堂、新民洲基督教堂、谏壁基督教活动点）。场所登记备案教职人员29名，信教群众5000人左右。建立区、街道（园区）、社区（村）三级民族宗教事务管理网络和街道（园区）、社区（村）两级民族宗教工作责任制。

【宗教界思想政治引领】开展“爱党爱国爱社会主义”主题教育，形成京口区民宗系统联动，民宗干部、宗教教职人员、信教群众参与的良好氛围。各宗教活动场所结合自身实际开展学习教育，引导广大信众知史爱党、知史爱国。如谏壁基督教活动点组织信众开展“听党史、观红影”活动。把“四史”（党史、新中国史、改革开放史、社会主义发展史）学习、崇俭戒奢主题教育、爱国主义教育、宗教界社会实践活动等各项活动统筹推进。

【宗教场所安全专项整治】开展宗教领域“安全生产月”活动、安全生产风险隐患大起底大排查大整治“百日攻坚”行动以及宗教领域安全大检查活动。通过区领导督查、属地检查、部门抽查等方式，对宗教活动场所消防安全、自建房、夹芯材料彩钢板、燃气等专项领域开展安全检查排查。2022年度整改安全隐患18个，督办省级交办安全问题1个，督办市级交办安全隐患5个，均完成整改。上报处理省级安全生产问题处置监管平台隐患6条并完成闭环整改。组织场所开展消防演练2次。（雷鹏）

## 慈善事业

【概况】2022年，京口区慈善总会围绕“募集和救助”两大任务，不断推进慈善事业健康发展，慈善资金收入1102.99万元，慈善救助人数1.05万人次。7月31日，京口区政府常务会专题听取慈善工作汇报。

【慈善宣传】京口区慈善总会以慈善“一日捐”为抓手，动员爱心人士和爱心企业参加，完成近190万元善资募集，参与捐款11283人，完成线上、线下双募集目标。京口区中小学落实慈善文化普及任务；2022年9月，镇江市第十中学校园慈善文化教育基地依据标准通过验收，完成“双基地”（中小学校园慈善文化教育基地）创建目标。在镇江市举行的“向善向上　健康成长”慈善征文竞赛活动中，京口区获得“优秀组织奖”；有21名中小学生获奖，向中小学生赠发《慈善读本》2426本。京口区慈善总会联合谏壁街道，在月湖社区建成60米长、2米高、数十幅画构成的慈善文化墙。

【慈善募集】京口区慈善总会以团结为纽带，争取新企业捐赠12家。开展“关爱朝阳”助学活动，京口区慈善总会党支部，先后与镇江市农业银行学府路支行党支部、南京银行镇江分行第二党支部，以签约“共善”形式，落实向100名小学生捐赠书包和体育用品等，善资2万余元。京口区慈善总会将“幸福家园”村社互助工程作为新助困解难载体，6个街道上线项目8个，计划募集资金目标30万元，最终募集资金达33万元。

【慈善救助】实施慈善助医、助学、助残、助困等惠民行动，救助资金支出997.67万元，重点救助5500人。

【街道慈善社工站】为推动慈善社工站实质性运营，京口区慈善总会在四牌楼街道开展慈善社工站试点工作，按计划拨付项目资金12.45万元，登记慈善志愿者285名。6月23日，镇江市镇（街道）慈善社工站现场会在四牌楼街道召开。8 月 4 日，京口区政府召开慈善社工站普建推进会；拨付其他街道慈善社工站资金共 56.25 万元。11 月 4 日，京口区慈善社工站通过镇江市民政局和市慈善总会检查验收，实现京口区慈善社工站建设全覆盖。

【助力居家养老服务】 在镇江市慈善总会支持下，京口区慈善总会联合象山街道，争取社会力量投入 50 万余元，利用社区存量空间，建成一个 AAA 级居家养老服务中心，居民们称为“慈善之家”。

## 双拥工作

【概况】 2022 年，京口区优抚对象人数 519 人，采集信息退役军人和其他优抚对象 13867 人。

【优抚工作】 2022 年，区退役军人事务局全面落实各项优抚政策，保障优抚对象基本生活。动态调整抚恤补助优待水平，发放抚恤和生活补助金 1123.92 万元，发放“水电气”生活补贴 40.6 万元，为现役军人发放立功奖励金 9.18 万元。为企业退休两参人员发放专项慰问金 72 万元。投入 8.07 万元为优抚对象提供免费健康体检。组织重点优抚对象进行短期疗养，疗养费用 8.36 万元。

【安置工作】 2022 年，区退役军人事务局接收安置退役士兵，组织近三年退役士兵参加教育培训；以镇江市上年度城镇居民人均可支配收入为参照基数，动态调整义务兵家庭优待金、大学生奖励金、立功奖励金，退役士兵一次性经济补助金。2022 年度为义务兵发放家属优待金、为应征入伍大学生发放奖励金，为退役士兵发放教育培训生活补助费。发放生活困难补助 191.01 万元，帮助下岗、失业转业志愿兵（士官）再就业。安置符合政府安排工作条件退役士兵、转业干部、随军家属，协调现役军人子女入学入园。

【双拥创建】 2022 年，区退役军人事务局以镇江市星级服务站建设为抓手，持续推动服务保障工作提档升级、提质增效。大市口街道、健康路街道退役军人服务站、酒海街社区等 10 家社区退役军人服务站被评为镇江市五星级退役军人服务站。四牌楼街道退役军人服务站被评为江苏省百家优秀退役军人服务站。桃花坞小学被评为江苏省第十二届双拥模范单位，中国人寿股份有限公司镇江分公司、京口区市场监督管理局被评为江苏省优秀“戎耀之家”。秦焱被江苏省总工会授予“江苏省五一创新能手”。贾玥被评为江苏省百名优秀退役军人服务中心（站）主任（站长）。

【双拥共建】 春节、八一建军节期间，京口区军地双方共同开展走访慰问活动十余场；倾力帮助部队解决实际困难，提前高质量完成年度军地互办实事项目（支持镇江军分区干休三所门诊部升级改造）。区人武部投入 10 万余元支援正东路街道开展文明城市创建、平安创建、硬件设施建设等各类建设工作。

【双拥宣传】 2022 年，组织区政府组成人员集中学习《中华人民共和国退役军人保障法》。开展退役军人集中服务月志愿服务活动，组织各类志愿服务近 30 场，在全面建成退役军人志愿服务队基础上，在疫情防控、网格化管理等方面发挥退役军人先锋模范作用。深化“我为群众办实事”志愿服务，关心关爱退役老兵，开展义诊服务。区退役军人事务局志愿服务队参与桓王亭社区、东城社区疫情防控，前后参加“敲门行动”、全员核酸检测、封控区管控区值守共计约 150 人次；持续开展光荣牌悬挂情况自查，确保动态发放悬挂率不低于 90%。开展退役军人和其他优抚对象优待证申领工作。开展“喜迎二十大、赞颂新成就”系列主题活动，选送多幅书画、摄影作品参加省“喜迎二十大”书画展，其中“碧水红船联”入选展览。开展京口区“最美军嫂”和“最美兵妈妈”评选活动。开展送文化、送讲座、送慰问、送法律“四送”进军营活动。推荐 2 人参加第三届“江苏最美退役军人”评选。2022 年在国家、省、市各级媒体平台刊播稿件 65 篇。

【先进典型】 孙樵雨，1988 年出生，镇江京口人，2006 年考入空军航空大学，在河北某飞行试验基地服现役。在校期间多次荣获优秀学员和嘉奖。毕业后在部队曾 4 次荣立三等功。2022 年因在飞行训练任务中成绩突出，荣立二等功。（贾玥）

## 卫生健康

【概况】 2022 年，京口区有 8 家卫

2023 年 2 月 14 日，京口区为二等功臣家庭上门送喜报（王呈 摄）

生医疗单位，其中医疗单位5家，卫生防保单位3家。卫生专业技术人员424人，其中高级职称123人、中级职称129人、初级职称144人。本科及以上学历297人，大专学历94人，其他学历33人。

【疾病预防】 加强公共卫生应急能力建设，完成区疾控中心公共卫生应急指挥中心建设工作。开展严重精神障碍排查整治。截至2022年年底，系统在管严重精神障碍患者1355人。做好以奖代补政策落实工作，截至2022年年底，各街道签订以奖代补协议1120人。开展血吸虫病防治工作，完成2000万平方米查螺和360万平方米灭螺以及14473人查治病任务，开展重点环境血吸虫防治综合治理，在垃圾填埋场滩块完成清障面积2.5万平方米；在长江村4号滩安装围栏210余米。

【职业卫生】 推进职业危害项目申报工作，2022年，京口区初次申报单位183家，审核通过180家，完成职业病因素监测企业18家。持续开展尘毒危害防治专项行动，开展尘肺病患者随访，积极与部门、相关企业取得联系，摸查尘肺患者本底资料，并对摸查到的职业性尘肺病病人进行电话或上门随访，核对完善尘肺病患者信息并录入江苏省职业病防治信息管理平台。继续开展职业卫生“双随机”抽查，做好职业健康领域风险化解工作，重点检查用人单位职业健康体检工作、防护措施、检测、制度落实，作业场所安全设施落实以及劳动者健康监护、企业劳动合同签订等情况，完成“双随机”检查25家企业；对2家有疑似职业病、职业病防治工作措施落实不到位单位予以行政处罚。

【公卫服务】 按照“应设尽设、布局合理、标准符合、服务规范”原则，在谏壁社区卫生服务中心建设发热门诊。持续开展优质服务基层行活动，新增1家达推荐标准机构。推进基层医疗卫生机构特色科室建设，新增1家市级特色科室、1家省级特色科室。开展基层卫生骨干人才遴选，遴选出22名省优秀基层卫生骨干人才。扩大签约服务覆盖面，提高重点人群签约率，将脑卒中、慢阻肺、心肌梗塞等慢性病患者纳入签约重点对象。推进“首诊式”签约，使全科医生为签约对象提供连续性服务。以四牌楼社区卫生服务中心为试点，推动京口区基层卫生信息系统与医院管理信息系统、妇幼信息系统等相关业务系统互通，实现信息资源共享。

【卫生监督】 严格按规定流程实施行政处罚，2022年行政处罚案件26件（含3件简易程序）；其中，医疗卫生15件，传染病防治2件，放射2件，消毒产品3件，职业卫生4件，罚没款64.96万元。办理行政许可32件；其中，放射诊疗许可30件，饮用水许可2件。开展学校卫生工作检查，对辖区内63所中小学校、幼托机构开展开学前准备情况检查、开学前验收以及开学后实施情况监督检查。完成“双随机”监督抽检任务，国家抽取“双随机”单位18家，监督完成率100%；省抽取“双随机”单位62家，监督完成率100%。区“双随机”抽检单位23家，其中游泳场所8家、学校5家、二次供水单位10家。立案查处并取缔非法行医案件9件，其中对8件非法行医案件下达行政处罚决定书，共罚款37万元，没收违法所得22472.58元。

【妇幼健康】 健全妇幼健康服务体系，做好基层医疗卫生机构妇幼健康规范化门诊创建工作。强化妇幼重大公共卫生服务项目管理，加强技术人员培训。2022年，补服叶酸126人，农村妇女“两癌”免费检查2907人，完成率107.6%。推进免费孕前优生健康检查，婚前检查和孕前筛查1088人，完成率90.6%。

【“一老一小”服务保障】 落实托育机构备案制度及日常监督管理，2022年，统计符合机构27家（其中幼托一体20家、托育机构7家），备案注册24家，托位数完成1100个。完成老年人健康体检27565人次。完成老年人运用智能技术专项培训1482人次，解决老年人日常生活涉及的出行、就医、消费等“痛点”“难点”。

【全面从严治党】 深入学习贯彻习近平新时代中国特色社会主义思想，全面落实意识形态工作责任制。推进学习型党组织建设，开展党员专题阅读活动、集中学习、研讨交流等活动。实施“红色增能树先锋，锻造京口卫健高质量发展金名片”党委书记项目。开展制度建设和执行情况专项督查，重新修订《绩效考核办法》《议事规则》《招投标管理办法》等制度。规范“三重一大”议事决策程序，邀请派驻纪检监察组参与“三重一大”事项监督。组织完成基层党组织换届选举工作。深入践行“我为群众办实事”“同责同查”机制。各基层党组织根据职能下沉一线承担疫情防控等工作。发动超200人次党员参与文明创建。聚焦居民需求，推动完成卫生健康重点工作项目。开展“京新汇·健康行”新业态新就业群体健康暖心行动，成立健康暖心医院，为60名新就业群体开展免费健康体检。将“天使服务”“医心为民”等志愿服务与疫情防控深度融合，开展党员志愿服务65场。选树“三型”人才（一专多能的实用型医技人才、扎根基层的公卫骨干人才、业务领先的青年医疗人才）18人。规范干部选拔任用，2022年调整股级干部6名；提拔股级干部6名，其中正股级3名、副股级3名。 （赵伟）

## 区关工委

【概况】 2022年，京口区有关工委组织116个，其中街道（园区）8个、社区61个、教育系统16个、民营系统20个、政法系统5个、农业农村局1个、其他机关系统5个。参加关心下一代工作和活动的“五老”（老干部、老战士、老专家、老教师、老模范）8710人。

【思想政治引领】 6月30日，联合区委党校在区政府10楼会议室举办学习贯彻《关于加强新时代关心下一代工作委员会工作的意见》研讨班。10月16日，在健康路街道桃花坞社区校外教育辅导站集中收看中国共产党第二十次全国代表大会开幕会。3月17日，联合区教育局关工委在镇江市中山路小学举办"老少心向党、喜迎二十大"主题教育推进会暨主题教育宣讲启动仪式，收到中小学生征文4000多篇，200篇优秀征文编撰出版，对28名"少年阅读明星"、27个"书香班级"给予表彰奖励。7月12日，联合区文明办在区文化艺术中心举办"老少心向党、喜迎二十大"老少同台主题文艺节目展演活动。2022年，围绕"老少心向党、喜迎二十大"等主题组织大规模（50人以上参与）活动230场，参与青少年19100人次。

**【纪念成立30周年】** 5月27日下午，在区政府10楼会议室召开纪念京口区关工委成立30周年暨2022年京口区关心下一代工作会议。区四套班子有关领导，区关工委成员单位分管领导、各街道（园区）、部门（单位）、社区（村）、各中小学校关工委负责人约100人参加会议。会议表彰41个优秀集体、49名关心下一代工作优秀个人。镇江市关工委主任唐成海和京口区委书记徐申锋出席会议并讲话。

**【"书香育秀"赠书】** 6月15日，联合区总工会和梦溪书城等在区政府10楼会议室举行京口区第十届"书香育秀"赠阅书籍、助力全民阅读活动，集中向象山社区、北固山社区、粮山社区、石马湾社区、青云门社区5家社区（村）校外教育辅导站赠送党史类、科学类和中外文学著名书籍700余册，价值近1.1万元。10月16日，"书香育秀"助力青少年阅读项目荣获镇江市委老干部局、镇江市委离退休干部工作委员会颁发的镇江市第三届最佳老干部志愿服务项目奖。

**【基层基础建设推进】** 6月22日，区关工委组织各街道、园区、部门关工委常务副主任和工作人员在健康路街道桃花坞社区召开关工委基层基础建设现场推进会。9月20日，在大市口街道古城社区召开推进社区关工委基础建设暨2022年青少年暑期活动总结表彰会议。11月24日，在正东路街道京口路社区召开"学习中共二十大精神，推进校外教育辅导站特色兴站、品牌强站"现场会。

**【"关爱朝阳"助学行动】** 5月15日下午，联合区慈善总会在区政府10楼会议室举行京口区2022年（第12届）"关爱朝阳"助学行动启动仪式，向100名"双特"（学习特别优秀、家庭经济特别困难）中小学生捐赠4万余元阅读书籍和体育训练用品。12月30日，"擦亮'关爱朝阳'助学品牌，呵护青少年健康成长成才"项目被京口区委老干部局、京口区委离退休干部工委评为2022年度京口区"银发生辉"志愿服务"书记（团队长）项目"实践成果一等奖。

**【"五老"志愿者工作】** 2022年，区关工委组织900余名"五老"志愿者参与新冠疫情防控工作，累计服务时间2万余小时；组织37名"五老"与37名35岁以下、刑期一年以上社区服刑人员签订矫正结对帮教协议，转化率100%。 （吉梅）

## 区见义勇为基金会

**【概况】** 2022年，京口区见义勇为基金会总支出63.05万元，公益事业支出60.08万元，用于奖励和表彰见义勇为先进集体和个人、慰问补助见义勇为牺牲人员家属、致伤致残和特困见义勇为人员、相关宣传活动，被镇江市人民政府评为镇江市见义勇为工作先进单位。

**【表彰奖励】** 召开表彰会5场，奖励21人，颁发奖金2.5万元，其中，5人被确认为见义勇为人员。奋不顾身跳江救人的江苏九鼎轩集团董事长王红旗，跳入运河救起落水群众的江科大教职工李明和鲍书军、镇江一中保安王小辉，勇斗歹徒阻止一起恶性抢劫案件的上海应用技术大学研究生周峰等人受到奖励。"一案一奖"专项奖励公安机关基层辅警和巡特勤队员56人，颁发奖金5.32万元。

**【慰问帮扶】** 开展"春节送温暖""夏季送清凉"系列走访慰问活动，给见义勇为牺牲人员家属、致伤致残和困难见义勇为人员发放慰问金。2022年慰问见义勇为人员179人，发放慰问金21.3万元。实施疫情致困帮扶项目，补助受疫情影响无法返岗复工或生产经营，导致生活困难的见义勇为人员8人。为见义勇为人员订阅报刊，赠送镇江旅游年卡，购买镇江市职工互助保险，组织见义勇为先进分子赴无锡工人太湖疗养院疗休养。成立镇江市首家见义勇为人员权益保护法律服务中心，为见义勇为人员举办《中华人民共和国民法典》法律讲座。

**【宣传教育】** 3月，组织开展"致敬缅怀，踔厉前行"网上祭奠见义勇为英烈主题活动；在贺家弄社区召开"学习烈士精神，倡导见义勇为"祭思施玉亮烈士座谈会。4月，在见义勇为主题广场开展集中宣传活动，发放宣传单、宣传手册等1000余份。6月，组织见义勇为人员参观宝堰镇新四军四县抗敌总会纪念馆和镇江醋文化博物馆。10月，组织见义勇为人员收看党的二十大开幕会直播，举办学习"党的二十大报告"座谈会，组织学习《习近平谈治国理政》第四卷。11月，将恒顺尚都住宅小区设立为见义勇为宣传特色小区。在城区主干道围墙制作见义勇为英雄事迹文化墙和公益宣传广告。在谏壁街道焦湾社区举办见义勇为事迹宣讲进社区活动。 （汪轶超）

# 街道·园区

责任编校：吴莉莉

## 象山街道

【概况】 象山街道东至索普集团，南至古运河，西至恒运路、老山路、焦山路、东吴路(北段)一线，北至长江，行政区划面积18.658平方千米。2006年由象山乡、丹徒镇、汝山乡、旅游经济开发区整合成象山镇，2011年7月撤镇改街道。下辖15个社区(陈家门、焦山、象山、长江、红旗、宗泽路、孟诚、景阳山、学府路、东城、东风、江大、丹徒、桓王亭、御带河社区)，常住人口131261人。2022年，象山街道获评信访突出问题攻坚化解先进单位、镇江市信访工作网上信访人民满意窗口，象山街道数字经济综合党委获评镇江市一线先进战斗堡垒，象山街道商会获评2021–2022年度江苏省“四好”商会、江苏省工商联商会组织先进集体。陈家门社区获评江苏省民主法治示范社区，焦山社区、桓王亭社区、御带河社区获评省健康社区，象山社区党总支获评镇江市“双领双争　一线建功”好支部，长江社区、孟诚社区、东风社区、红旗社区获评镇江市文明社区，东风社区获评镇江市优秀科普示范社区。大禹山数字文创区成功入选省级信创先导区，推进数字经济发展的经验做法被《新华日报》、“学习强国”学习平台等媒体宣传报道。

【党的建设】 学习宣传贯彻党的二十大精神，采取集中宣讲、红色快板、“桂花树下的党课”等多种形式开展专题党课及专题宣讲。紧扣“党旗‘镇’红、一线建功”工程，建成象山社区“三邻空间”党建文化广场，擦亮桓王亭社区“‘亭’院声声”党建品牌，依托“小史工作室”“小飞象”等志愿服务团队深入开展党员进网格活动，相关经验做法多次被《新华日报》头版、“学习强国”学习平台等省级以上媒体报道推介。实施“数·聚禹山”点燃数字经济企业红色引擎书记项目，数字经济项目签约数较2021年增长53.8%。持续探索新业态新就业群体党建，打造宝华物流“司机之家”党群服务中心。发放“光荣在党50年”纪念章22枚，走访慰问困难党员、老党员31人次。

【经济建设】 2022年，象山、大禹山完成一般预算收入27240万元，完成固投27.9亿元，规模以上工业总产值82.7亿元，规模以上批发、零售企业实现营收54.37亿元。新增规模以上企业20家。2022年入选镇江市“金山英才计划”4人，成功引进海外人才5名，申报“金凤凰”人才项目5个。大禹山数字文创区成功入选省级信息技术应用创新先导区。大禹智谷项目开工建设，用友镇江智慧健康研究院正式挂牌成立。

【项目建设】 围绕区委、区政府产业强区“一号战略”，项目招引“一号工程”，赴上海、苏州、杭州等地，对接在途科技数字化运营中心、天盛产业园等项目。2022年，象山、大禹山列入区重点项目19个，其中市重点产业在建项目3个，总投资32.47亿元。2022年新签约项目21个，其中重大类项目1个，重点类项目11个，一般类项目10个，项目数量超年任务；新签约项目入库列统率81%。

【城建城管】 开展毁林种菜综合整治行动27次，铲除面积约6000平方米，开展禹山山体滑坡修复工程。推进6个试点小区物业管理提升工作，新增5个垃圾分类示范(省级)达标小区及1个(市级)达标小区。完成索普周边回迁安置940户，1167套房屋。开展占道经营整治行动38次，拆除违建161处，7948平方米，“三年行动”违法用地整治工作全面清零。

【生态文明建设】 开展五大专项整治行动，完成长江岸线整治，整治长江入河排口34个，拆除盘龙建宇、金阳色材等沿江企业。强化大气区域协同治理，加强对国检站点周边11个工地管理，$PM_{2.5}$年均浓度32.8微克/立方米，优良天数比率71.3%。投入资金50余万元对玉带河、一夜河等河道约3600米开展水质提升工程。

【社会治理】 部署信访工作，接待

来访群众，倾听群众诉求，推动班子成员接访下访。街道以网格化管理为依托，坚持线上线下齐发力，构建阵地建在网格里、党员服务精细化基层治理新模式。

（李永芳）

## 象山街道各社区基本情况一览表

表 3

| 社区名称 | 地址 | 联系电话 | 书记 | 主任 |
|---|---|---|---|---|
| 陈家门社区 | 京口路汝山路与清河路交叉口 | 88815092 | 王　艳 | 孟广兴 |
| 焦山社区 | 东吴路 168 号中南世纪城西大门口 | 88855020 | 刘志东 | 刘志东 |
| 象山社区 | 象山花园三区 21 栋 | 80861908 | 王长发 | 史　勰 |
| 长江社区 | 京口区禹山路中冶蓝湾商业街 23 栋 3 楼 | 88781256 | 孙永婷 | 孔　琴 |
| 红旗社区 | 宗泽路 58 号 | 88813227 | 王　海 | 方小芹 |
| 宗泽路社区 | 尚海茗苑 2–105 | 88784008 | 金业兵 | 居茂华 |
| 孟诚社区 | 优山美地花园 151 栋 | 85575283 | 熊开强 | 杨　林 |
| 景阳山社区 | 恒顺翠谷幼儿园旁 | 88782323 | 戴　伟 | 朱红来 |
| 学府路社区 | 中建大观菜场旁 | 89886940 | 陈　云 | 陈　云 |
| 东城社区 | 纬八路翰林苑一期 229 幢 | 88887039 | 欧阳君 | 欧阳君 |
| 东风社区 | 云河湾 25–112 | 89886946 | 袁春生 | 袁春生 |
| 江大社区 | 学府路 301 号 | 88722776 | 王俊飞 | 赵　旻 |
| 丹徒社区 | 丹徒路 425 号 | 88783285 | 卞正祥 | 卞正祥 |
| 桓王亭社区 | 香江世纪名城 2 区 27 幢（香江不夜街最东侧） | 88881077 | 周　娟 | 周　娟 |
| 御带河社区 | 禹山北路（胡氏光电北侧） | 89886944 | 陈双平 | 姚春林 |

## 象山街道骨干企业基本情况一览表

表 4　　单位：万元

| 企业名称 | 销售收入 | 法定代表人 |
|---|---|---|
| 镇江海纳川物流产业发展有限责任公司 | 213665 | 许宝华 |
| 上药控股镇江有限公司 | 148748 | 姚惠中 |
| 江苏索普（集团）有限公司 | 167672 | 胡宗贵 |
| 镇江东升化工有限公司 | 14146 | 洪　燕 |
| 镇江恒信格力空调销售有限公司 | 26726 | 毛谅宜 |
| 镇江存仁堂医药连锁有限责任公司 | 29732 | 吉　桂 |
| 赛瑞环保工程镇江有限公司 | 31411 | 陈　齐 |
| 镇江宝华物流有限公司 | 27163 | 杨晓峰 |
| 镇江盘隆建宇混凝土有限公司 | 15563 | 管春兰 |
| 江苏兴普船务股份有限公司 | 16799 | 许宝华 |
| 江苏协兴建筑安装工程有限公司 | 18879 | 戎云江 |
| 江苏大炫供应链管理有限公司 | 20826 | 邓　飚 |
| 镇江上建混凝土有限公司 | 6288 | 黄　斌 |
| 江苏长江环境科技工程有限公司 | 14115 | 谢振国 |
| 镇江蓝舶科技股份有限公司 | 17511 | 郭庆莲 |
| 镇江市恺源旅游商贸有限责任公司 | 16095 | 任满平 |
| 镇江市粮食中转库有限责任公司 | 13837 | 张建良 |
| 镇江润京电力工程有限公司 | 10659 | 童忠斌 |

（李永芳）

# 大禹山创意新社区

【概况】 大禹山创意新社区西至焦山路、航信路，南至宗泽路，东至谷阳路，北至老江堤，规划总面积 3 平方千米，可开发面积 1 平方千米。园区毗邻江苏大学、江苏科技大学，拥有锐天信息、金海星科技、江苏易乐、江苏名通等本土优质企业，集聚以数字经济为主的各类科技型企业 286 家。

【招商引资】 2022 年，新签约项目 14 个，总投资 13.62 亿元，全部为数字经济产业链项目。14 个项目中，5000 万元以上项目 6 个，分别为镇江智能网联产业园、芯成忆跨境电商平台、禹诚数字化检测中心、用友数智区域医疗研究院、华信光电光解码器研发及装配中心、基于北斗导航系统的公共交通（车船）信息安全服务平台二期。

2022 年 8 月 22 日，在苏宁举办大禹山省级信创先导区建设启动仪式 （赵长春 摄）

【项目建设】 列入区重点项目 13 个，其中大禹智谷科技产业园项目列入市重点项目，计划总投资 14.04 亿元。其中 9 个项目属于新招引数字经济类项目，1 个项目属于用地类项目。其中 12 个区重点项目（包含奥拉文创平台、小语种数据标注产业基地、数字跨境电商“一站式”服务平台项目等）均按序时竣工运营。

【科技创新】 持续放大微软品牌效应和影响力，成功举办第 21 届微软“创新杯”苏皖省级区域赛。辖区企业奥宜漫创作的镇江首部原创动画《心灵守护者》亮相长三角高新视听博览会；金海星入选 2022 年省级“瞪羚”企业。入选镇江市“金山英才”计划 4 人；省“双创计划”1 人进入二次答辩，系京口区唯一；入选“金凤凰计划”人才项目 1 个，入选人李涛系德国洪堡学者。2022 年 6 月，入选省级信息技术应用创新先导区，成为镇江市唯一入选社区；12 月获评省级文化产业示范园区。（徐伟）

**大禹山创意新社区骨干企业基本情况一览表**

表 5 单位：万元

| 单位名称 | 营业收入 | 法定代表人 |
|---|---|---|
| 江苏锐天信息科技有限公司 | 8617.0 | 常 兵 |
| 镇江金太医学检验实验室有限公司 | 5701.0 | 李 辉 |
| 江苏金海星导航科技有限公司 | 3409.3 | 金 文 |
| 镇江锐一国际贸易有限公司 | 3354.5 | 庄 伟 |
| 镇江悦乐网络科技有限公司 | 2923.0 | 刘潇峰 |
| 江苏怀业安全科技有限公司 | 1495.4 | 杨 剑 |
| 镇江嘉创网络科技有限公司 | 1362.1 | 冯志达 |

（徐伟）

# 谏壁街道

【概况】 谏壁街道位于江苏省镇江市东郊，距市中心 13 千米，北依长江，南与辛丰镇接壤，东邻镇江新区，西靠象山街道，素有镇江“东大门”之称。谏壁街道行政区域面积 30.8635 平方千米，辖区有中储粮镇江粮油有限公司和国家能源集团谏壁发电厂等部、省、市、区属企事业单位 100 多家。街道管辖范围有 9 个社区（村），分别为雩山、雩北、东京 3 个行政村和蔡家、月湖、粮山、焦湾、东街、西街 6 个社区。谏壁街道东街社区谏电二村被评为第二批党建引领物业管理服务工作省级示范点。（王雪）

【党的建设】 街道有 50 个党支部，

1个“五星”先进党支部，14个“四星”先进党支部。以“探索智能化治理‘谏’精细”为书记项目，提升基层组织力；扩大党群服务中心内涵，延伸服务功能，打造网格“红色驿站”，创新“庭院党建”“商超党建”模式，切实把问题解决在“家门口”；拍摄《谏壁红　新力量》《一抹奔跑红》等党建微视频，扎实推进“党旗‘镇’红、一线建功”工程，持续推动“家门口”党建强基础、增质效、扩影响。 （王娜）

【经济发展】 2022年，地区生产总值967456万元，其中第一产业4102万元、第二产业842678万元、第三产业120676万元。一般公共预算收入完成2.76亿元。固定资产投资计划21亿元，完成14亿元；制造业投资计划9.5亿元，完成7.5亿元；规模以上工业总产值计划269亿元，完成246亿元。新增规模以上单位计划数7家，完成7家。研发经费支出计划3亿元，完成1.6亿元。（蒋旭）

【项目建设】 持续强化高端装备制造产业链建设，大力推动粮油精深加工产业链构建，2022年重点类在建项目12个，年度计划总投资12.7亿元。总投资10.5亿元天海高端医疗设备及压力装备制造一期项目竣工验收。中储粮智能化仓储基地项目、国家级氢能研发生产项目、联东U谷·京口智能装备产业园项目顺利签约。落实扶持惠企政策，协助鸿泰钢铁、谏壁发电厂、索普赛瑞等企业申请各类优惠政策补助超过700万元。成功入选区“金凤凰”人才项目1个，成功申报高新技术企业1个，有高新技术企业7家。（季路晨）

【环境整治】 完成农村生活污水治理项目，实现10个自然村生活污水“有效处置”；推进城镇污水处理提质增效精准攻坚“333”行动，重点完善辖区污水管网、整治排口，解决谏壁污水空白区、旱流污水下河等问题；完成王家新苑安置房回迁工作。 （颜洁）

【社会治理】 为民服务大厅打造“15分钟医保服务圈”，新建24小时政府服务自助区。谏壁文化馆委托第三方文体组织运营，组织250余场公益课程进学校、进社区。村、社区工作人员双全社工持证率100%。谏壁街道慈善分会累计募集资金600.9万元。谏壁街道社工站打造“心心相印”社区养老爱心计划、“童化社区”儿童发展爱心计划、“慈善超市”爱心捐赠计划等多个社工站品牌项目。“关爱朝阳”“织爱行动”“正恺育秀”“省关工委慈善助学”“冰凌花奖学金”等关爱项目，资助困难学生34人次，资助金额37600元。雩北村“老弗士”协商议事会，作为全国协商议事创新试点，引入第三方社会组织，开展各类参与式社区治理活动。 （薛贝）

**谏壁街道村、社区基本情况一览表**

表6

| 村、社区名称 | 地址 | 联系电话 | 书记 | 主任 |
|---|---|---|---|---|
| 雩山村 | 谏辛路55号 | 83361355 | 沈明顺 | 邱树泉 |
| 雩北村 | 雩龙公路97号 | 80290620 | 钟文斌 | 钟文斌 |
| 东京村 | 雩龙公路97号 | 80290619 | 刘　凯 | 刘　凯 |
| 蔡家社区 | 谏辛路6号 | 83356983 | 颜红生 | 颜红生 |
| 月湖社区 | 谏辛路6号 | 83361650 | 李　雷 | 丁云秀 |
| 焦湾社区 | 求索路81号 | 88724559 | 钱　慧 | 钱　慧 |
| 粮山社区 | 粮山236号 | 89886854 | 陈　平 | 陈　平 |
| 东街社区 | 谏壁北街17号 | 83352708 | 张　强 | 张　强 |
| 西街社区 | 谏壁南头巷5号 | 83360906 | 杨　薇 | 杨　薇 |

（于晓旭）

**谏壁街道骨干企业基本情况一览表**

表7　单位：万元

| 企业名称 | 销售收入 | 法定代表人 |
|---|---|---|
| 中储粮镇江粮油有限公司 | 1112448 | 俞金波 |
| 中央储备粮镇江直属库 | 215429 | 谢　军 |
| 国家能源集团谏壁发电厂 | 653094 | 黄　立 |
| 国电江苏谏壁发电有限公司 | 157743 | 黄　立 |

续表 7

| 企业名称 | 销售收入 | 法定代表人 |
|---|---|---|
| 江苏鸿泰钢铁有限公司 | 523068 | 王美武 |
| 镇江市泰鑫废旧物资回收有限公司 | 96783 | 陈松鹤 |
| 镇江明兴混凝土有限公司 | 9846 | 陈航锦 |
| 镇江飞驰汽车集团有限责任公司 | 7791 | 胡建军 |
| 江苏天海特种装备有限公司 | 14208 | 叶　兴 |
| 国能江苏电力工程技术有限公司 | 32871 | 王　军 |
| 镇江市标力紧固件有限公司 | 13266 | 任国平 |
| 南京中船绿洲机器公司镇江船舶 | 9114 | 蒋余良 |
| 镇江市镇特合金材料有限公司 | 7054 | 顾　军 |

（黄帅）

## 健康路街道

【概况】 健康路街道位于镇江市经济、文化、商贸金融核心，南毗正东路，北邻中山东路，西起古运河，东至桃花山庄，总面积 1.8921 平方千米，户籍人口 80364 人。街道驻地在桃花坞支路 3 号，下辖 9 个社区（健康社区、尚友社区、梦溪社区、桃花坞社区、田家门社区、气象里社区、石马湾社区、东桃社区、大学山社区），所辖社区均为党委建制，有 93 个党支部（城市社区党支部 68 个、机关和事业单位党支部 2 个，“两新”组织党支部 23 个），党员 3063 人。2022 年，街道先后获“2022 年度‘人民满意窗口’建设质量提升工程先进单位”“镇江市五星级退役军人服务站”“江苏省爱国卫生运动 70 周年表现突出集体”“15 分钟医保服务圈省级示范点”“2022 年度退役军人权益维护工作先进集体”等荣誉。

【党建工作】 优化调整 93 个党组织，成立京口区网约车行业联合党支部，打造网格“微阵地”10 余个，锦苑驿站入选首批“京口红韵”网格阵地。与市干道办、市城管局结对共建，新成立桃花坞路大修项目等“奔跑支部”13 支。发布“京彩健康”“1+10”服务品牌，打响“金色商居”党建品牌，“‘红色引擎’共同体跑出‘金色商居’新未来”街道书记项目被评为区十佳书记项目。打造“星动桃邻里”党建服务品牌、搭建“星光义工”“三暖色”服务载体做法受到市委主要领导肯定。依托“相约广玉兰树下”等载体，创新“党员有约”志愿服务新模式，街道获评 2021 年度全省基层党员冬训工作示范街道。凝聚统战合力，苏宁广场创成区级“侨胞之家”。推进“孝廉京口”文化建设，打造“清风民悦”品牌，建设石马湾路孝廉文化街，将“孝廉”文化融入城市景观。

【经济发展】 2022 年完成固定资产投资 8.14 亿元，完成年计划的 108%；产业类投资 6.68 亿元，同比增长 49.3%；高技术产业投资 4.3 亿元，同比增长 27.6%；区重大产业项目投资 1.93 亿元，完成年计划的 148%；技术合同成交额 1.4 亿元，完成年计划的 166.7%；新签约项目入库列统投资额 2.5 亿元，完成年计划的 208%；新增“四上”单位（即规模以上工业企业、资质等级建筑业企业、限额以上批零住餐企业、国家重点服务业企业等）19 个、高新技术企业 3 个。新签约星诺 V3 信息技术平台、5G 工业互联网智能平台、抖音本地生活服务等项目 15 个，其中苏宁尊享体验馆等 5000 万元以上项目 4 个。线性麦克风阵列生产线、星诺 5G 创新中心、智慧悦读体验书店等 11 个在建项目全面竣工。引进绿茶餐厅、朱光玉火锅馆、水记等“镇江首店”“网红店”11 家。2 人入选“金凤凰”计划。持续优化营商环境，走访苏宁等企业 60 余次，兑现区产业政策“30 条”奖励 59.5 万元。

【社会治理】 强化网格化治理，细分微网格 306 个，实现疫情防控、隐患排查、矛盾化解等工作“一网兜底”。深化“平安 365”品牌，优化“徐大姐工作室”“圆桌议事”等社区矛盾调解机制，排查化解社会矛盾 246 起。牵头举办“春风行动”专场招聘会，新增就业 3225 人，困难人员再就业 324 人。举办各类文体活动 93 场，承办 2022 年镇江市老年人体育节开幕式，获评“市老年人特色健身团队建设优秀组织单位”。举办退役军人志愿服务活动 14 场，发放退役军人优待证 3600 余张。加大“一老一小”保障力度，实现社区居家养老服务全覆盖。因时因势优化防疫策略，最大程度守护辖区人民生命安全和身体健康。扛牢信访第一责任，化解信访积案 8 件、群体性问题 3 件。开展安全生产检查，2022 年累计检查各类单位、场所 127 处，排查整改隐患 303 条，整改率 100%。治理花山湾停车场滑坡，消除安全隐患。

【城建城管】 桃花坞路大修项目竣工，道路实现通车。打造永安路美食街。实施火坛楼巷、尚友新村、梳儿巷寿邱街、气象里片区近 15.5 万平方米老旧小区改造，拆除违建 912 处，面积 1.3 万平方米，协调群众矛盾，实现老旧小区改造无障碍施工。完成梦溪园巷26号危房解危工作；整治既有建筑安全隐患2栋，面积940平方米。推进城镇污水处理提质增效精准攻坚“333”行动。实施物业提升工程，化解居民与物业管理矛盾纠纷，解决锦苑小区高层电梯维保等问题。中营小区、锦苑小区分别成功创建省、市级“红色物业”示范点。集中整治永安路菜市场，清除活禽宰杀气味等扰民“顽疾”。排查整治小散经营问题户202家，整改率100%。联合市城管局执法支队、市交警支队京口大队开展花山支路周边综合秩序集中整治行动，拆除违章搭建1200平方米。打造垃圾分类示范点6个，新建智能垃圾分类亭1个。高质量通过文明城市创建检查。（夏斌）

**健康路街道社区基本情况一览表**

表8

| 名称 | 地址 | 联系电话 | 书记 | 主任 |
|---|---|---|---|---|
| 健康社区 | 市政路29号 | 85371718 | 金　茜 | 金　茜 |
| 尚友社区 | 古更楼巷35号 | 86110070 | 管　茹 | 常盛杰 |
| 梦溪社区 | 中营街73–2号 | 86110138 | 沈　涛 | 沈　涛 |
| 气象里社区 | 八角亭19号 | 86113101 | 韦银梅 | 韦银梅 |
| 东桃社区 | 桃花山庄25幢 | 86113111 | 邵国燕 | 邵国燕 |
| 大学山社区 | 花山湾新村3区10号 | 85380162 | 蒋艳美 | 李　艳 |
| 田家门社区 | 桃花坞十二区1号 | 85380167 | 时　翔 | 时　翔 |
| 桃花坞社区 | 桃花坞八区25号 | 86113105 | 张　嵩 | 张　嵩 |
| 石马湾社区 | 梦溪嘉苑66幢133室 | 85371170 | 徐秀霞 | 徐秀霞 |

**健康路街道骨干企业基本情况一览表**

表9　　单位：万元

| 企业名称 | 销售收入 | 法定代表人 |
|---|---|---|
| 中国石化销售股份有限公司江苏镇江石油分公司 | 541540.4 | 张　迎 |
| 镇江苏宁置业有限公司苏宁广场购物分公司 | 66838.7 | 刘　峰 |
| 江苏惠通集团有限责任公司 | 40100.8 | 刘正东 |
| 镇江市自来水有限责任公司 | 30361.8 | 黄　诚 |
| 江苏万和建设集团有限公司 | 25368.0 | 张文平 |
| 镇江市中油石化有限责任公司 | 438987.0 | 梁　伟 |
| 镇江华星国际贸易集团有限公司 | 6344.5 | 王爱民 |
| 江苏九跃康医疗科技有限公司 | 22224.1 | 岳海龙 |
| 江苏新龙伟业有限公司 | 8223.7 | 唐学兵 |
| 镇江苏宁置业有限公司苏宁酒店 | 6362.1 | 张晓明 |
| 镇江市朝阳加油（气）站管理服务有限公司 | 6059.3 | 张　迎 |
| 镇江新世纪照明电器有限公司 | 7650.9 | 韦永峰 |
| 中林时代（镇江）林业有限公司 | 83811.1 | 柳凤柱 |
| 镇江国际饭店置业有限公司 | 1868.5 | 徐　琳 |
| 镇江市工程勘测设计研究院有限公司 | 3291.4 | 钱　进 |
| 镇江西沙国际货运代理有限公司 | 5335.0 | 潘志成 |
| 贝壳找房（镇江）科技有限公司 | 16034.7 | 赵忠祥 |

（夏斌）

# 大市口街道

【概况】 大市口街道位于镇江市主城区中心，东到焦山路，南邻花山路接中山东路，西起双井路，北接禹山路沿东吴路至大西路，总面积2.3176平方千米，辖区常住人口12125户27092人。街道下辖7个社区（宋官营社区、千秋桥社区、青云门社区、老北门社区、古城社区、华润社区、米山社区），均为党委建制；有75个党支部，其中“五星级”党支部1个、“四星级”党支部14个、“三星级”党支部50个，“三星级”以上占比86.67%，党员2581人。2022年，街道获镇江市社会治理现代化先进街道、2016–2020年全市普法工作先进单位、省级生态文明建设示范街道等称号。

【党建工作】 2022年，组织学习培训100余次、专题党课14次，开展“强国复兴有我”“喜迎二十大”等系列活动40余场；做实“家门口”党建，打造“京口红韵”网格阵地5处，完成文昌宫片区“红色旧改”；优化调整56个网格党支部，新成立2个“两新”党支部，14个“奔跑支部”；推进“书记项目”，依托大市口党建联盟，解决企业困难20余条，打造暖“新”加油吧、暖“新”友好商场15个，成立京口区快递行业党支部、大市口新业态新就业联合工会以及2家新业态企业工会；凝聚治理合力，招募100余名红色楼栋长参与社区治理，用好“吹哨报到”机制，组建2300余人防疫志愿队伍。以监督执纪“四种形态“（经常开展批评和自我批评、约谈函询，让“红红脸、出出汗”成为常态；党纪轻处分、组织调整成为违纪处理的大多数；党纪重处分、重大职务调整的成为少数；严重违纪涉嫌违法立案审查的成为极少数）为抓手，夯实“两个责任”（党委负主体责任，纪委负监督责任），推动全面从严治党；围绕“廉润大市口”提升行动，打造中街廉政文化示范点。

【经济建设】 2022年，20项指标有反馈实绩数，固定资产投资、规模以上服务业（核算）营业收入增幅、限额以上零售业商品销售额、限额以上批发业商品销售额增速等18项指标超目标，全口径实到外资、限额以上餐饮业营业额增速2项欠序时，达序时指标占比90%。完成固定资产投资7.5亿元，超目标7.14%；完成民间投资6.55亿元，同比增长64.16%；完成高技投资2.34亿元，同比增长129.41%；完成全社会消费品零售总额127.9亿元，同比增长11.31%；限额以上批发业商品销售额同比增长36.11%，超目标6.11%；限额以上零售业商品销售额同比增长75.21%，超目标56.21%；规模以上服务业（核算）营业收入同比增长63.17%，超目标23.17%。

【项目建设】 2022年街道列入区产业项目11个，其中重点项目4个；产业项目总投资3.61亿元，当年投资2.52亿元。1–12月完成项目投资2.69亿元，超目标6.74%。重点项目创意健康文化街完成项目进度20%，星夜拾光特色街区二期、智慧水务研发中心、星火通信工程研发总部竣工运营，其他项目均完成序时进度。签约项目18个，总投资5.3亿元，当年投资2.9亿元，其中，5000万元以上项目重点项目3个，5000万元以下重点项目5个。当年新签约项目全部入库列统。在谈项目信息24个，其中亿元以上项目5个，5000万元以上项目5个。

【城建城管】 2022年，完成东吴路64号危房解危工作；开展违法建设百日拆违行动，拆违10200平方米；推进老旧小区改造，速效并重完成医政路、东吴路78和80号、大八叉巷3个片区前期拆违工作，累计拆违约15000平方米；推进第一楼街无广告示范街创建工作，拆除广告牌约1236平方米；对中山东路、解放路、东吴路等主次干道及菜场周边重要点位占道经营，加强巡查管理，累计取缔流动摊占道2000余起。

【社会事业】 开展集中网格服务活动116次，网格公示率、走访率、建群率均达100%；开展慈善助学、温暖行动等各类救助行动，发放低保补贴453万元、尊老金248.3万元，开展特殊困难人群摸排，对辖区严重精神障碍患者开展“四包一”（四个干部包一个人）服务；2022年开展各类文化惠民活动112场，辖区人均接受文化服务5.6次。 （吴悦）

**大市口街道社区基本情况一览表**

表10

| 社区名称 | 地址 | 社区党委（总支）书记 | 联系方式 |
|---|---|---|---|
| 宋官营社区 | 斜桥街131–7 | 蔡　政 | 85337171 |
| 千秋桥社区 | 中街95–1 | 祝　娟 | 85380155 |
| 青云门社区 | 鼓楼岗二村13号 | 袁克新 | 85380157 |
| 老北门社区 | 老北门17号 | 吴晓琴 | 85380158 |
| 古城社区 | 花山湾三区32号红星修理厂 | 李桂花 | 85380165 |
| 华润社区 | 东吴路76号21幢北侧 | 赵　静 | 80982886 |
| 米山社区 | 米山人家34幢 | 盛晓芳 | 88963173 |

大市口街道骨干企业基本情况一览表

表 11　　单位：万元

| 企业名称 | 销售收入 | 法定代表人 |
|---|---|---|
| 镇江市八佰伴商贸有限公司 | 17513 | 杨剑霞 |
| 江苏省烟草公司镇江市公司 | 630153 | 李一匡 |
| 镇江家世界万方连锁超市有限责任公司 | 11614 | 潘培荣 |
| 江苏凤凰新华书店集团有限公司镇江分公司 | 10000 | 倪　蓉 |
| 华润镇江医药有限公司 | 16525 | 周人华 |
| 天亿荣邦纸品有限公司 | 7076 | 朱红兵 |

（吴悦）

## 正东路街道

**【概况】** 正东路街道位于镇江市东南部，正东路与学府路贯穿境内东西。东接象山街道，南沿古运河，与润州区宝塔路街道毗邻，西北与健康路街道为邻，是京口区人民政府所在地。辖区总面积 4.927 平方千米，下辖 7 个社区（京口路社区、京岘山社区、酒海街社区、江科大社区、贺家弄社区、焦顶山社区、宝塔山社区），户籍人口 34786 人。2022 年，街道获江苏省生态文明建设示范街道、镇江市社会治理现代化先进街道和镇江市文明单位等荣誉。

**【党的建设】** 开展网格党支部规范化建设。利用"五位一体"（一个核心、一个机制、一种激励、一个支撑、一个保障，形成一个相互补充、相互促进的循环体系）等治理体系推动解决民生实事 90 余件。成立红色先锋党员志愿服务队，发挥红色党建联盟作用，为居民提供各类专业化服务 200 余次。成立正东数字经济产业链党支部。按照"1510"［1 个数字经济党建全区总品牌，5 大集聚区（楼宇）特色品牌，10 个"三强"标杆党组织工作法］云享计划，打造华为数创中心和云时代中心 2 个数字经济聚集区党建品牌，同时打造怡通公司等数字经济"三强"（党建强、发展强、赋能强）党组织。成立 9 个"奔跑支部"，组建数字经济党员先锋队，为数字企业解难纾困 20 余次。成立京口区外卖配送行业联合党支部，打造 7 家暖"新"加油吧服务驿站和 1 个外卖员群体党群服务阵地。

**【经济发展】** 2022 年完成一般公共预算收入 1.41 亿元，完成固定资产投资 5.26 亿元；完成建筑业总产值 12 亿元；限额以上批发业销售额同比增长 91.4%；规模以上服务业营业收入同比增长 53.6%；新增规模以上企业 15 家；新增市"金山英才"计划人才 1 名，新增省级科技孵化器 1 家。2022 年在建重点产业项目 7 个，完成产业投资 1.37 亿元，其中华为（镇江）数字联合创新中心开园运营，云时代中心获得抖音直播基地官方授牌。新签约产业项目 13 个，其中数字经济类项目 12 个，总投资 4.5 亿元。

**【城建城管】** 完成大禹山北棚户区改造项目回迁安置，有序实施贺家弄、酒海街片区 2 个片区近 8 万平方米老旧小区改造，稳步推进学府路 71 号、京口路 100 号等 13 个小区物业管理提升，改造面积近 40 万平方米。完成京河小区、京岘山庄等污水处理提质增效精准攻坚"333"工程，开展碧桂园违建整治、南门大街疏导点整治等专项行动，完成京岘山（老山）森林质量提升，庙巷片区入选省级宜居示范居住区。

**【社会治理】** 深入实施"精网微格"工程，建成正东法律援助工作站，扎实推进"信访突出问题攻坚化解年"行动。集中力量打赢多轮疫情防控阻击战，平滑有序完成防控措施调整转段。全面开展安全生产大起底、大排查、大整治"百日攻坚"，2022 年检查企业 177 家，发现隐患问题 198 条。成立镇江市首家人大代表小组功能型党支部，成功打造廉洁文化建设精品展示地——酒海街家风家训馆，贺家弄社区成功创建省级"红石榴家园"，酒海街成功创建京口区首家省级精神障碍社区康复服务示范点。（李丹）

正东路街道社区基本情况一览表

表 12

| 社区名称 | 地址 | 联系电话 | 书记 | 主任 |
|---|---|---|---|---|
| 京口路社区 | 京岘家园 22 栋 | 87053901 | 孟家园 | 赵小林 |
| 京岘山社区 | 京岘山 38 号 3 幢南 | 87053396 | 孙保为 | 孙保为 |
| 酒海街社区 | 南门大街 178 号 | 87053363 | 卜美琴 | 卜美琴 |

续表 12

| 社区名称 | 地址 | 联系电话 | 书记 | 主任 |
| --- | --- | --- | --- | --- |
| 江科大社区 | 梦溪路 6 号 | 84401294 | 刘莎莎 | 刘莎莎 |
| 贺家弄社区 | 贺家弄 150 号 | 84496957 | 姚 伟 | 姚 伟 |
| 焦顶山社区 | 学府路 82 号 | 88690073 | 段月娥 | 段月娥 |
| 宝塔山社区 | 苗家湾路 259 号 | 89983732 | 陈德政 | 陈德政 |

**正东路街道骨干企业基本情况一览表**

表 13　　单位：万元

| 企业名称 | 销售收入 | 法定代表人 |
| --- | --- | --- |
| 镇江京口锦江之星旅馆有限责任公司 | 300 | 昝 琳 |
| 江苏科大汇峰科技有限公司 | 4790 | 薛 峰 |
| 镇江来伊份食品有限公司 | 3592 | 林志强 |
| 镇江观海楼酒店有限公司 | 2427 | 闻 渊 |
| 镇江市华东碳素原料有限责任公司 | 55483 | 相 荣 |
| 镇江市祥云金属材料有限公司 | 3749 | 王 彬 |
| 江苏河海建设有限公司 | 26462 | 王 强 |
| 镇江大智化工有限责任公司 | 3161 | 姜立明 |
| 镇江市大福摩托车销售有限公司 | 7895 | 吴 俊 |
| 镇江观海百通酒店管理有限公司 | 3049 | 李学军 |
| 江苏怡通数码科技有限公司 | 3206 | 袁 韬 |
| 镇江华舟物业管理有限公司 | 10624 | 葛建华 |

（李丹）

## 四牌楼街道

**【概况】** 四牌楼街道地处京口区西北部，东南与象山街道相连，西与润州区宝塔路街道隔京杭古运河相望，南与大市口街道相接，北临长江（金山湖景区）岸线，内有北固山、焦山风景区、滨江旅游专线和号称镇江“外滩”的长江路旅游风光带，辖区总面积 4.0984 平方千米，人口 5.4 万余人。四牌楼街道办事处驻北固湾路 4 号，下辖 10 个社区（江一社区、江二社区、道署街社区、阳光世纪花园社区、新河街社区、民主新村社区、江东社区、香江花城社区、江山名洲社区、北固山社区），其中 3000 户以上大型社区 3 个，2000—3000 户中型社区 4 个，2000 户以下小型社区 3 个。2022 年，成功创建“全国示范型退役军人服务站”，被评为江苏省党建引领社会工作服务示范点，建成镇江市首个基层现代化治理示范点——“幸福江滨汇”、镇江市首家街道级党群服务中心、京口区首家“同心湾”统战之家，获评镇江市首批社会治理现代化先进街道。镇江市首家慈善社工站建成运行，京口区首家“15 分钟医保服务圈”通过第一轮省检查组评估。

**【党的建设】** 构建“家门口”党建治理融合新模式，结合支部换届，全面建强网格支部，完善四级组织链条，党建与网格人员交叉任职；因地制宜打造多个网格微家，按照“1+1+2+N”（1 名双全社工 +1 名专业社工 +2 名党员先锋 +N 名志愿者）模式规范充实网格力量，实现网格实体化运行；组织动员群众身边力量，组建五大先锋队伍，制定“五类（红韵映初心、红韵聚能量、红韵促和谐、红韵筑堡垒、红韵激活力）”服务清单，规范化提供先锋服务。推进京口区首家街道级党群服务中心建设，构建“街道党群服务中心—社区党群服务中心—网格党群服务站”三级党群服务体系，2022 年接待各级领导干部参观 40 余批次、近 400 人次，举办赵亚夫党的二十大精神主题宣讲、“关爱民生，互助互济”主题医保宣传培训等各类活动 50 余场次、参与党员群众 2000 多人次。汇聚辖区大单位、国字头党建资源，打造特色融合式“滨江全域党建”品牌——“滨江党建文化带”。

**【经济发展】** 2022 年，完成一般公共预算收入 2 亿元、固定资产投资

17.74 亿元，产业项目投资 2.5 亿元。科技创新指标实现突破，研发经费完成 2677 万元，技术合同成交完成 14700 万元，高新技术企业数超额完成 2022 年目标任务。产业项目开工率 100%，开物大数据科技中心等 14 个产业项目竣工运营。签约产业项目 12 个，总投资额 2.79 亿元，列统总投资额 1.4 亿元，超年目标 12%。进一步加强基层商会组织建设，聚焦企业需求，主动靠前服务。

**【城建城管】** 以城市有机更新为抓手，全方位推进街区"建筑翻新、文化革新、治理创新、环境清新"。完成江滨新村一期老旧小区改造工作。加强对古城路疏导点、江滨菜场整治，依法取缔马路市场、流动摊点等问题，清除流动摊 80 余处，增道路划线、交通桩 100 余处。组建拆违快速反应联队，拆除新建违建 2480 平方米，存量违建 5000 余平方米。持续探索东吴路 151 号、167 号老旧小区建管新模式，制定"一区一策"方案，提升物业管理能力。打造特色垃圾分类生活、商业、办公示范区三大区域，完成江山名洲小区垃圾分类"智能小屋"投放，推动垃圾分类减量化、资源化、无害化。更大力度推进城镇污水处理提质增效精准攻坚"333"行动，集中力量、突出重点完善辖区污水管网，完成长江、太湖排口整治任务，纺工河、虹桥港水质不断提升。

**【社会治理】** 成功排除东方诚园二期 2 座塔吊安全隐患，典型做法经《镇江应急管理信息》刊载，在镇江市推广宣传；全力推进燃气安全整治工作，燃气报警装置安装覆盖 57 家商户；对小圩子组、三郎庙等 5 个城中村实施专项整治，安装消防器材 55 组，2022 年安全生产"零事故"。深入开展基层平安创建，组织反邪教专项斗争、养老诈骗等活动 10 场以上，做好党的二十大等重要会议、重大活动期间维稳安保工作。加强街道社会治理现代化指挥中心智能化规范化建设，打造一体化管理平台。

**【民生事业】** 完成京口区首家"15 分钟医保服务圈"省级标准建设，完善硬件设备；2022 年街道困难群众服务保障覆盖率 100%，累计慈善救助 54 人，救助资金 11.25 万元；建成标准化居家养老服务中心 9 个，实现养老服务设施全覆盖。抓好疫情防控，完成 17 轮区域全员核酸和 8 轮疫情临时封控管控工作，推进疫情防控平稳转段工作，切实保障人民群众生命健康安全；突出重点人群服务，针对高龄老人、孕妇和病患等重点人群主动问需，制定需求清单，靠前服务，确保重点人群有人管、有人帮；持续推进疫苗接种攻坚行动，80 周岁以上老人疫苗接种率 90.5%。（顾敏）

### 四牌楼街道社区基本情况一览表

表 14

| 社区 | 地址 | 联系电话 | 书记 | 主任 |
|---|---|---|---|---|
| 江一社区 | 江滨新村 38–1 幢 | 88987966 | 虞　扬 | 陈　琪 |
| 江二社区 | 江滨新村 163 幢 –1 | 88987900 | 蒋兆伟 | 蒋兆伟 |
| 道署街社区 | 余福里 1–11–101 | 85281336 | 殷　莺 | 殷　莺 |
| 阳光世纪花园社区 | 我家山水红雨苑 18 幢 | 83563993 | 程玉燕 | 程玉燕 |
| 新河街社区 | 上河边 129 号 | 85289959 | 李　菁 | 李　菁 |
| 民主新村社区 | 东吴新苑 8–1 号 | 88859982 | 闫丽丽 | 嵇惠祥 |
| 江东社区 | 东吴路 85 号 | 88813179 | 刘崇顺 | 刘崇顺 |
| 香江花城社区 | 东吴路 288 号香江花城生活馆北侧 | 88827586 | 易苏川 | 宋萌瑶 |
| 江山名洲社区 | 江山名洲望江园 20 号 | 88771078 | 刘　璐 | 刘　璐 |
| 北固山社区 | 北固湾五期 29–101 | 80961101 | 杨　洁 | 刘春辉 |

### 四牌楼街道骨干企业基本情况一览表

表 15　　单位：万元

| 单位名称 | 营业收入 | 法定代表人 |
|---|---|---|
| 镇江港务集团有限公司 | 124890 | 黄立平 |
| 江苏欣海国际物流有限公司 | 68343 | 仇燕云 |
| 镇江极富房地产开发有限公司 | 65113 | 李尚明 |
| 镇江文化广电产业集团有限公司 | 36111 | 何广林 |

续表 15

| 单位名称 | 营业收入 | 法定代表人 |
|---|---|---|
| 江苏华苑环境建设有限公司 | 30680 | 陶巧金 |
| 镇江市水业总公司 | 12010 | 陈恒宝 |
| 光大海绵城市发展(镇江)有限公司 | 9804 | 许立群 |
| 镇江房地产物业管理有限责任公司 | 5428 | 朱　军 |
| 镇江福润酒店管理有限公司 | 4191 | 冼志雄 |
| 镇江恒尧城市建设发展有限公司 | 4177 | 顾国华 |

(顾敏)

## 京口经济开发区

【概况】 江苏镇江京口经济开发区地处长江三角洲中下游地区,西邻南京,东接上海。2003 年 2 月经镇江市人民政府批准设立,2006 年经省政府和国家发改委批准,正式升级为省级开发区;2019 年 12 月经省政府批复,正式更名为"江苏镇江京口经济开发区"。一期规划面积 4 平方千米,2013 年 3 月扩容后总面积增至 5.5495 平方千米,下辖左湖村、上埋村和李华社区 3 个村(社区),总人口 4542 人。京口经济开发区坚持新发展理念,瞄准"三高一新"为代表的"3+1"产业体系("3"即:高性能铝合金新材料、高精度汽车及航空零部件、高智能电子信息制造,"1"即:新兴生产性服务业),着力优化产业布局,引领产业转型升级。鼎胜新材、诺贝丽斯、中集车辆、海龙核科等国内外行业龙头企业落户开发区,拥有全国制造业单项冠军企业 1 家、省级专精特新"小巨人"企业 3 家,省级科技企业孵化器(众创空间)3 家。区内有各类企业 268 家,其中规模以上工业企业 33 家,高新技术企业 21 家,外资企业 4 家,1 家主板上市企业的总部和生产基地坐落于此。

【经济发展】 2022 年京口经开区主要经济指标全面完成,一般公共预算收入完成 1.7 亿元,完成年任务的 113%;产业类投资完成 11.1 亿元,同比增长 2.9%,高技术产业投资完成 4.1 亿元;规模以上工业总产值完成 182.4 亿元,同比增长 9.7%,完成年任务的 101%;工业销售预计完成 194 亿元,同比增长 17%;进出口总额同比增长 33.2%,超年目标 27.7 个百分点(年任务增长 5.5%);限额以上零售业商品销售额增速 35.6%,超目标 13.6 个百分点(任务 22%);限额以上餐饮业营业额增速 76.3%,超目标 66.3 个百分点(任务 10%)。新增规模以上企业数 7 家,其中工业企业 5 家;新增高新技术企业 6 家,入库高企 4 家,高新技术企业总数达 15 家。

【招商引资】 2022 年京口经开区开展小分队招商活动近 40 场次,举办 2 场项目集中签约活动,新签约项目 9 个,总投资 35.75 亿元。总投资 25 亿元万马(京口)高端装备智能制造产业基地项目成功签约,解决闲置近 10 年宏鑫绿洲地块;航空航天中小企业基地二期首批 2 个项目成功签约。二期其余 8 栋厂房招商工作稳步推进,在手对接项目有 10 余个。

【项目建设】 2022 年,京口经开区纳入区级重点产业类项目 20 个,总投资 61.79 亿元,其中 4 个项目被列为市级重大项目。诺贝丽斯高强度铝合金航空板项目、区域粮食物流智能配送中心竣工投产;总投资 30 亿元年产 27.5 万吨汽车板冷轧铝卷项目,能评及环评分别通过省发展和改革委员会和省环境厅批复,土地摘牌;航空航天中小企业基地二期 1–10 号厂房主体全部完成;半导体设备零部件制造项目通过区、市

2022 年 10 月 28 日,镇江三六五电子商务有限公司与京口经济开发区上埋村委会负责人签订意向性采购协议 (史安琪 摄)

评审，环评被市环保局正式受理，土地上市前期各项准备工作全部完成；总投资25亿元的万马（京口）高端装备智能制造产业基地项目正式签订投资协议。

【科技创新】 鼎胜新材获批国家知识产权优势企业、省互联网示范标杆工厂，诺贝丽斯镇江工厂获得全球ASI（瞬干胶）绩效标准认证，中江研究院获批镇江市低碳产业技术研究院专业所（京口区唯一），鼎胜新材李建国、金亿达能张欢欢入选市“金山英才”创新类领军人才，泊菲莱“光催化二氧化碳转化系统的研发”获得2021年“中国好技术”称号，海龙核科、金亿达能、华核装备、瑞恒中显、友穗传感等企业均获科技创新奖项，年内共为企业争取上级各类资金近1800万元。

【营商环境】 2022年，京口经开区坚持把做优营商环境作为园区发展根本保障。组建企业服务专班，加强项目全流程管理，推行班子成员挂钩企业和项目责任制。举办第二届“企业家沙龙”活动。启动实施工业污水处理厂建设，在保障诺贝丽斯27.5万吨汽车冷轧铝板项目顺利建成投产同时，为高性能铝合金材料产业从粗加工延伸至精深加工奠定基础，补齐配套短板；加快推进京航路建设，优化交通组织；提升倒班楼建设运营标准，打造营商环境建设新亮点。制作发放经开区“营商环境”调查问卷，开展监测评估工作，组织汇编《营商环境正、负面清单》口袋书和《损害营商环境典型案例汇编》。疫情防控期间，为保证重点产业链生产和保供，组建保通保畅专班、启动应急值班制度，在高速卡口设置24小时保通保畅值班点，成立接送专班，落实双接双监管。对接联系相关部门，帮助企业打通产业链上下游物流堵点，保障辖区企业正常生产经营。

【乡村振兴】 京口经开区发挥“党委统一领导、党政群齐抓共管、村（居）干部群众主动参与”工作机制，通过党支部领办合作社模式，推进三产融合；上埠村因地制宜发展西山水库生态农业项目，整合西山水库小上埠土地资源，开展金银花、黄精和有机水稻种植、家禽养殖等，打造观光研学一体的生态农业园；左湖村围绕赵家村路大力发展高效农业种植项目；通过产业带动，不断增强村集体经济发展动能。培育2户农村学法用法示范户，举办1期“富民强村”研讨培训，通过“实地参观＋政策解读＋交流座谈”相结合方式，指导各村用好富民强村帮促行动专项资金，为乡村振兴注入“源头活水”。2个市级经济薄弱村集体2022年经济收入均首次突破120万元。

【生态环保】 开展突出环境问题“大起底、大排查、大整治”专项行动。制定工作方案，明确大排查目标。检查固废倾倒；小作坊、厂中厂及各类扬尘类等问题，加强长江入排口巡查，存在问题整改到位。和发生态排口、华村沟涵闸水质达标并通过验收。持续开展蓝天保卫战百日攻坚“利剑”行动。对辖区重点企业、建筑工地、裸土、道路扬尘等进行检查。对被纳入监管工地、裸土等场地安排人员定期巡查。完成秸秆禁烧及相关整治等任务。超荣建材码头成功取缔并通过验收。华村沟、老鼠山河返黑返臭问题得到解决。农村生活污水整治项目完成验收。建成总投资150万元大气监测监控站点一座，建成总投资165万元1座VOCs（挥发性有机物）站及11座微型站。完成国三及以下柴油车淘汰工作任务。完成诺贝丽斯和芯航同方两个重大项目环评报批。（史安琪）

**京口经济开发区村、社区基本情况一览表**

表16

| 村、社区名称 | 地址 | 电话号码 | 村、社区党总支书记 | 社区主任 |
|---|---|---|---|---|
| 李华社区 | 京口工业园区华诚新村 | 83357156 | 袁　泉 | 朱志刚 |
| 左湖村 | 京口工业园左湖村 | 13655283535 | 殷文海 | 朱雪峰 |
| 上埠村 | 京口工业园上埠村 | 88890027 | 徐　猛 | |

**京口经济开发区骨干企业情况一览表**

表17　　单位：万元

| 企业名称 | 销售收入 | 法定代表人 |
|---|---|---|
| 江苏鼎胜新能源材料股份有限公司 | 1695920 | 周贤海 |
| 江苏海龙核科技股份有限公司 | 4599 | 戴金华 |
| 镇江市宝华半挂车配件有限公司 | 8903 | 童财宝 |
| 江苏正恺电子科技有限公司 | 14285 | 徐　正 |
| 江苏金亿达能科技有限公司 | 17278 | 王保根 |

续表 17

| 企业名称 | 销售收入 | 法定代表人 |
|---|---|---|
| 镇江瑞亿达金属材料有限公司 | 3492 | 虞冠值 |
| 镇江震东电光源有限公司 | 7782 | 胡建强 |
| 镇江恒伟供应链管理股份有限公司 | 13667 | 于　江 |
| 江苏中野交通工程有限公司 | 4376 | 孙　渊 |
| 镇江市明诚管业有限公司 | 3859 | 孙云飞 |
| 镇江元致亨食品有限公司 | 4369 | 薛永军 |
| 镇江晨光铜业有限公司 | 2377 | 吴昌帆 |
| 江苏宝京汽车部件有限公司 | 1524 | 李贵平 |
| 镇江金叶螺旋桨有限公司 | 6592 | 何峰林 |
| 镇江鼎胜后勤管理服务有限公司 | 6595 | 刘　倜 |
| 镇江金洋酒店管理有限公司 | 447 | 管秋平 |
| 镇江市凯越新材料有限公司 | 3401 | 汪祝玉 |
| 江苏瑞恒中显光电科技有限公司 | 8210 | 王保根 |
| 镇江市京口谏壁起重工具厂 | 2865 | 薛　磊 |
| 镇江厦泰电子科技有限公司 | 4072 | 夏允楠 |
| 江苏万京技术有限公司 | 2024 | 王皖峰 |
| 镇江市军粮供应中心 | 3657 | 王耀生 |

（史安琪）

## 新民洲临港产业园

**【概况】** 新民洲临港产业园位于长江北岸，是一座与镇江隔江相望的半岛型沙洲，南面靠江，东北西三面与扬州接壤，南北长 5 千米，东西宽 4.5 千米，区域面积 20.6853 平方千米，下辖新红旗社区，户籍人口 1005 人。2022 年获镇江市安全生产工作先进单位、镇江市乡村振兴先进集体等荣誉。

**【党的建设】** 以书记项目为抓手，发挥党建引领作用，把党的组织优势转化成“港产城”融合发展优势。组织开展喜迎党的二十大、学习贯彻党的二十大精神系列主题活动。精心打造“家门口”党建品牌。建成“货车司机驿站”，构建“共青团 +”“工会 +”“暖‘新’加油”立体式服务保障体系，精准对接新就业群体多元化需求。

**【经济发展】** 2022 年完成一般公共预算收入约 5440 万元，固定资产投资 6.46 亿元，其中制造业投资 4.59 亿元；新增规模以上企业 10 家以上，规模以上工业总产值 9 亿元，限额以上批发业销售额同比增长 60%；完成研发经费支出 0.1 亿元；高新技术企业 2 家、申报 1 家；技术合同成交额 9100 万元；申报国家级人才 3 名，申报省“双创”人才 4 名，申报市“金山英才”1 名。

**【基础设施和民生】** 完成北排站、东排站、新胜站三排口整治，实施北京河、大寨河、军民河河道生态治理工程，加快新民洲沿江水利基础设施（东排站改造工程）项目施工，完成泵房水下桩基施工。修缮小区围墙、健身广场安全步道。推进安全生产专项整治，2022 年开展建筑工地安全检查 30 余次，整改安全隐患 33 条；落实中央环保督察要求，完成泄洪区域内江苏鼎盛重工有限公司办公楼、宿舍楼、厂房、喷砂车间等建、构筑物拆除及降滩施工，确保后方腹地安全。

完成江苏翰雅金农种业科技有限公司新民洲现代种业繁育基地项目设施农业用地备案，并协助企业完成建设；推进新民洲商业中心不动产证办理，并正式定名为“鑫港商业广场”。

木业先进制造区一期（1098 公顷）一、三标段厂房交付，二标段 15 栋钢结构标准厂房外部主体结构全部完工。在江浙沪周边地区开展招商引资工作，杰锞、益林、旭创等 8 家优质企业成功招引落户，清华同方改性木、中林重型木结构、新通联包装材等重点项目持续推进中。与国网、国电投等国内龙头电力集团探讨供电问题解决方案，为项目后续发展提供要素保障。

**【社会事业】** 组织劳动者技能培训、扶持就业困难人员再就业；开展居委换届“回头看”工作，指导社区完成5个居委下属委员会、社区残疾人协会设立；开展特殊困难群体救助帮扶行动，按时全额发放补贴，2022年度专项慰问活动覆盖68人次。围绕中共二十大组织开展多场读书分享会以及主题巡展，结合“东亚文化之都”开展元宵节猜灯谜、端午节包粽子，文化惠民进社区等多场文化活动。举办义诊活动3场，健康讲座4场，急救培训班1期，开展血吸虫病普查600人，组织春季查螺1568万平方米，灭螺150万平方米。

（柏胜）

**新民洲临港产业园社区基本情况一览表**

表18

| 社区名称 | 地址 | 电话 | 书记 | 主任 |
|---|---|---|---|---|
| 新红旗社区 | 新民洲大道9号 | 80875295 | 毛福顺 | 毛福顺 |

**新民洲临港产业园骨干企业基本情况一览表**

表19　　单位：万元

| 企业名称 | 营业收入 | 法定代表人 |
|---|---|---|
| 江苏新民洲港务有限公司 | 522426 | 钱　兵 |
| 江苏鼎盛重工有限公司 | 6535 | 王广德 |
| 镇江国林生态产业城有限公司 | 154620 | 徐海平 |

（柏胜）

2022年2月5日，新红旗社区居民在社区欢乐猜灯谜，喜庆过元宵（新民洲临港产业园　供稿）

# 附　录

责任编校：段广凤

## 新任区领导简介

### 贾敬远

男，汉族，1981年1月生，安徽濉溪人，2002年7月参加工作，2001年10月加入中国共产党，在职研究生学历、博士学位。2002年7月江苏大学学生工作处科员、党委宣传部科员，任校长办公室正科级秘书、机关团总支书记（兼），任学校团委副书记。2012年12月任共青团镇江市委员会书记、党组书记。2017年6月任润州区委副书记、副区长（享受正县级待遇）。2019年9月任京口区委副书记、区政府党组书记、副区长、代区长，区长。2022年9月任京口区委书记、区政府党组书记、区长。2022年12月任京口区委书记。

### 段永齐

男，汉族，1973年12月生，江苏句容人，1995年6月参加工作，1998年9月加入中国共产党，在职大学学历、硕士学位。1995年6月句容市广电局电台、电视台工作。1996年6月句容市广播电视局工作。2002年11月任句容市委宣传部新闻科副科长、科长。2003年12月任句容市委办公室副主任，研究室主任。2009年8月任茅山风景区党工委副书记、管委会常务副主任，党工委书记。2014年8月任句容市郭庄镇党委书记，句容市委常委。2019年12月任镇江文旅产业集团党委书记、董事长。2022年12月任京口区委副书记、区政府党组书记、副区长、代区长，区长。

### 杨　彬

男，汉族，1978年6月生，江苏丹阳人，2000年8月参加工作，2005年12月加入中国共产党，全日制大学、学士学位。2000年8月江苏省丹阳高级中学教师。2003年6月丹阳市政府办公室科书二科科员，任副科长、科长，办公室副主任。2013年1月任丹阳市访仙镇党委副书记、镇长。2016年6月任镇江新民洲临港产业园党工委书记。2019年3月任京口区政府党组成员、副区长、镇江新民洲临港产业园党工委书记。2022年11月任京口区委常委、京口区政府党组成员、副区长。2022年12月任京口区委常委、京口区党组副书记、副区长。

### 秦艳贞

女，汉族，1974年10月生，山东济南人，2001年9月参加工作，2001年4月加入中国共产党，全日制研究生学历、博士学位。2001年9月，苏州大学中国现当代文学专业博士研究生。2004年7月镇江市农业项目开发服务中心职员、副主任。2007年12月任镇江市发改委综合处副处长（调任），主任科员、办公室副主任（正科级）、社会事业发展处副处长（正科级），国民经济综合处处长。2018年11月任镇江市委组织部机关党委专职副书记、镇江市考核办副主任。2022年11月任京口区委常委、组织部部长，区委党校校长、区行政学校校长。

### 魏晓曦

男，回族，1972年9月生，江苏镇江人，1990年7月参加工作，1995年12月加入中国共产党，在职中央党校大学学历。1990年7月京口区工商局第一工商所工作。1992年10月镇江工商行政管理局润州分局办事员、科员，任宝塔路工商所副所长、七里工商所副所长。2000年2月镇江工商行政管理局经济监督检查支队科员。2001年6月任镇江工商行政管理局京口分局副主任科员、象山工商所所长。2002年8月任镇江工商行政管理局经济监督检查支队副支队长。2005年2月任句容工商行政管理局党组副书记、副局长。2007 年 12 月任镇江工商行政管理局经济监督检查支队支队长（正科职），商广处处长、消保处处长，消保处主任科员、市消费者协会秘书长。2013 年 2 月任镇江工商行政管理局京口分局局长。2014 年 12 月任京口区市场监督管理局负责人，党委书记、局长，区食品药品监督管理局局长（兼）。2017 年 3 月任京口区政府党组成员、区政府办公室党组书记、主任，区政府法制办、外事办、侨务办主任（兼）。2017 年 12 月任京口区委办公室主任、京口工业园区党工委书记。2019 年 12 月任京口工业园区党工委书记。2020 年 7 月任京口经济开发区党工委书记。2022 年 11 月任京口区人民政府副区长、党组成员、京口经济开发区党工委书记。2023 年 3 月任京口区人民政府党组成员、副区长。

# 京口区组织机构及领导人名录

## 中共镇江市京口区委员会

书　记
　徐申锋（任至 2022 年 9 月）
　贾敬远（2022 年 9 月起任）
副书记
　贾敬远（任至 2022 年 9 月）
　徐玉军
　段永齐（2022 年 12 月起任）
常　委
　倪新明
　孙国林
　杨国平（任至 2022 年 12 月）
　郑兆巍
　张旭彬
　周永祥（任至 2022 年 9 月）
　陈　静（女）
　秦艳贞（女）（2022年11月起任）
　杨　彬（2022 年 12 月起任）

## 京口区人大常委会

主　任
　施正中
副主任
　陈德福
　赵晓文
　林黎明（2022 年 1 月起任）
　钱小兵（2022 年 1 月起任）
党组书记
　施正中
党组副书记
　陈德福（2022 年 2 月起任）

## 京口区人民政府

区　长
　贾敬远（任至 2022 年 10 月）
　段永齐（2023 年 1 月起任）
代区长
　段永齐（2022 年 12 月起任）
副区长
　段永齐（2022 年 12 月起任）
　杨国平（任至 2022 年 12 月）
　林黎明（任至 2022 年 1 月）
　杨　彬
　赵　鹏
　宋小燕（女）（2022 年 1 月起任）
　顾洪涛
　褚小明（女）
　魏晓曦（2022 年 11 月起任）
党组书记
　贾敬远（任至 2022 年 12 月）
　段永齐（2022 年 12 月起任）
党组副书记
　杨国平（任至 2022 年 12 月）
　杨　彬（2022 年 12 月起任）

## 政协京口区委员会

主　席
　刘吉顺
副主席
　朱裕根
　盛　杰
　张和松
　宋小燕（女）（任至2022年1月）
　王壮保
　宜建美（女）（2022 年 1 月起任）
党组书记
　刘吉顺
党组副书记
　陈　静（女）
　盛　杰（2022 年 2 月起任）

## 党委工作部门

### 区纪律检查委员会（区监察委员会、区纪委监委派驻纪检监察组）

纪委书记
　张旭彬
纪委副书记
　刘　松
　王　明
纪委常委
　丁方品（任至 2022 年 2 月）
　张　羿
　芮建芬（女）（2022 年 2 月起任）
监委主任
　张旭彬
监委副主任
　刘　松
　王　明
监委委员
　张　羿（2022 年 2 月起任）
　芮建芬（女）（任至 2022 年 2 月）
　张仁传（2022 年 2 月起任）
区纪委监委办公室主任
　罗　甜（女）（2022 年 6 月起任）
区纪委监委党风政风监督室主任
　罗　甜（女）（任至 2022 年 6 月）
　周月钦（2022 年 6 月起任）
区纪委监委纪检监察干部管理监督室主任
　王俊爽
区纪委监委信访室主任
　丁　丽（女）（任至 2022 年 12 月）
　方依尧（2022 年 12 月起任）
区纪委监委案件审理室主任
　谭成骏

区纪委监委案件监督管理室主任
张　寅（任至 2022 年 2 月）
陆　燕（女）（2022 年 2 月起任）
区纪委监委第一审查调查室主任
张仁传（任至 2022 年 12 月）
宁　坤（2022 年 12 月起任）
区纪委监委第二审查调查室主任
张　寅（2022 年 2 月起任）
区纪委监委第三审查调查室主任
陆　燕（女）（任至 2022 年 2 月）
姜　悦（女）（2022 年 2 月起任）
区纪委第四监督检查室主任
蔡淋雨（女）（2022 年 6 月起任）
区纪委第五监督检查室主任
盛　华
区纪委第六监督检查室主任
彭中南
区监委第一派出监察员办公室主任（兼）
盛　华（任至 2022 年 12 月）
区监委第二派出监察员办公室主任（兼）
彭中南
派驻纪检监察组
区委办纪检监察组组长
周成干
区委政法委纪检监察组组长
陈　涛
区政府办纪检监察组组长
熊劲松
区经济发展局纪检监察组组长
徐　劲（女）
区教育局纪检监察组组长
马伟民
区纪检监察综合保障中心主任
张　琦（女）

## 区委办公室
## （区委机要局、区国家保密局、区国家密码管理局、区档案局、区合作交流中心）

主　任
黄贤宇
副主任
王　炳（2022 年 2 月起任）
金晓秋
孙沛晖（女）（兼）
区委机要局副局长
包万清（2022 年 12 月起任）
区合作交流中心主任
孙沛晖（女）

## 区委组织部
## （区委非公有制企业和社会组织工作委员会、区委党建工作领导小组办公室、区公务员局、区党员干部现代远程教育中心、区高层次人才引进服务中心）

部　长
周永祥（任至 2022 年 9 月）
秦艳贞（女）（2022 年 11 月起任）
常务副部长
高翠兰（女）
副部长
成　华（女）
夏　鹏
陈国兴（兼）
丁永忠（兼）
王　勇（兼）
区委非公有制企业和社会组织工作委员会、区委“两新”工委
书　记
夏　鹏（兼）
副书记
杨　松（2022 年 12 月起任）
区公务员局局长
成　华（女）（兼）
区委党建办副主任
唐辛鑫
党员干部现代远程教育中心主任
杨　松（任至 2022 年 12 月）
倪正阳（2022 年 12 月起任）
区高层次人才引进服务中心主任
黄　玥（女）

## 区委宣传部
## ［区精神文明建设指导委员会办公室、区政府新闻办公室、区新闻出版局（区版权局）、区委网络安全和信息化委员办公室］

部　长
孙国林
常务副部长
李　军
副部长
包迎辉
巫长龙
文明办主任
包迎辉（兼）
文明办副主任
陶宝强（任至 2022 年 2 月）
区新闻出版局（版权局）局长
李　军（兼）
区委网信办主任
巫长龙（兼）
副主任
丁　剑

## 区委统战部
## （区民族宗教事务局、区政府侨务办公室）

部　长
陈　静（女）
常务副部长
吴伟良（任至 2022 年 12 月）
陈　峰（2022 年 12 月起任）
副部长
蒋伟文
马志良

## 区民族宗教事务局

局　长
吴伟良（兼）（任至 2022 年 12 月）
陈　峰（兼）（2022 年 12 月起任）

## 区委政法委

书　记
郑兆巍
常务副书记
郭　健
副书记
赵　鹏（兼）
张经阁（任至 2022 年 12 月）
杨团伟
吴艳媚（女）（2022 年 12 月起任）

## 区社会治安综合治理中心

主　任
高　瑛（任至 2022 年 12 月）

## 区区域社会治理现代化指挥中心

主　任
高瑛（2022 年 12 月起任）

## 区委研究室
## （区全面深化改革领导委员会办公室）

主　任
李海洪（任至 2022 年 2 月）
副主任
蔡　宸

卞贵健
葛天爽（2022 年 12 月起任）

### 区委机构编制委员会办公室（事业单位登记管理局）

主　任
王　勇
副主任
刘明军
戴佳容（女）

### 区委台湾工作办公室（区政府台湾事务办公室）

主　任
王　立
副主任
雷　鹏（2022 年 12 月起任）

### 区委区级机关工委

书　记
叶　晶（女）
副书记
李跃华

### 区委巡察工作办公室

区委巡察办主任
丁方品（任至 2022 年 2 月）
张　羿（2022 年 2 月起任）
副主任
冯忠洁（女）
丁自筱（女）
区委巡察组组长
刘　倩
王珺晨（女）
区委巡察组副组长
孙　昊（任至 2022 年 12 月）
张　弦
盛　华（2022 年 12 月起任）
丁　丽（女）（2022 年 12 月起任）
张金林（2022 年 12 月起任）

### 区委老干部局（区委离退休干部工作委员会）

局　长
丁永忠
副局长
王胜云

## 区委直属事业单位

### 区委党校

校　长
周永祥（任至 2022 年 12 月）
秦艳贞（女）（2022 年 12 月起任）
常务副校长
于咏梅（女）
副校长
刘昌平

### 区行政学校

校　长
周永祥（任至 2022 年 12 月）
秦艳贞（女）（2022 年 12 月起任）
副校长
于咏梅（女）（兼）

### 区史志办公室（区档案馆）

主　任
顾　胤
副主任
顾林艳（女）（任至 2022 年 12 月）
王子栩（2022 年 12 月起任）
区档案馆馆长
顾　胤（兼）
党组书记
顾　胤

## 群众团体

### 区总工会

主　席
谭雪峰
副主席
李燕敏（女）

### 共青团京口区委

书　记
王　雪（女）
副书记
孙斯蓓（女）（2022 年 8 月起任）

### 区妇女联合会（区妇女儿童工作委员会办公室）

主　席
马宇茜（女）
副主席
朱丽雯（女）
妇儿工委办公室主任
薛　妍（女）
党组书记
马宇茜（女）

### 区科学技术协会

主　席
吴惠平
副主席
殷云仙（女）

### 区归侨侨眷联合会

主　席
王晓方
副主席
吴新华

### 区工商业联合会（区商会）

会　长
朱裕根
副会长
徐振平
党组书记
蒋伟文

### 区文学艺术界联合会

主　席
陶宝强（2022 年 2 月起任）
副主席
张昌俊

### 区残疾人联合会

理事长
周　震
副理事长
贡银锁（任至 2022 年 2 月）
高桂蓉（女）（2022 年 2 月起任）
党组书记
周　震

### 区红十字会

会　长
顾洪涛（任至 2022 年 6 月）
宋小燕（女）（2022 年 6 月起任）
常务副会长
郭晓雯（女）
专职副会长
高桂蓉（女）（任至 2022 年 2 月）

米安乐（女）（2022年6月起任）

## 区人大、政协委办

### 人大常委会办公室

主　任
张晨阳
副主任
王凤花（女）（任至2022年6月）
刘　勉（女）（2022年6月起任）
机关党组书记
王大伟（任至2022年2月）
张晨阳（2022年2月起任）

### 监察和司法工作委员会

主　任
谢根龙（任至2022年12月）
吴伟良（2022年12月起任）
副主任
刘　勉（女）（任至2022年6月）
王凤花（女）（2022年6月起任）

### 财政经济工作委员会

主　任
张亚南（女）（任至2022年12月）
张　伟（2022年12月起任）
副主任
张　伟（任至2022年12月）

### 教育科学文化卫生工作委员会

主　任
张立明
副主任
王　华（任至2022年12月）
吴时斌（2022年12月起任）

### 人事代表联络工作委员会

主　任
王大伟（任至2022年2月）
陈　俊（2022年2月起任）
副主任
经　晶（女）（任至2022年12月）
史心怡（女）（2022年12月起任）

### 环境资源城乡建设工作委员会

主　任
王德标
副主任
李　尧

### 政协办公室

主　任
曹明军
副主任
王　帆（女）（2022年6月起任）
机关党组书记
曹明军

### 政协提案委员会

主　任
王　忠
副主任
殷　红

### 学习和法制委员会（文史资料委员会）

主　任
朱家巍（女）

### 经济和科技委员会

主　任
钟志敏
副主任
徐兰芳（女）（2022年2月起任）

### 社会管理和社会事业委员会

主　任
许琛雨（女）
副主任
丰　富（2022年2月起任）

## “法检”两院

### 区人民法院（执行局）

院　长
许宏亮
副院长
喻　石
邱　凯
吴　震
施正星
党组书记
许宏亮
党组副书记
喻　石
政治处主任
李　俊（任至2022年12月）
孙　文（2022年12月起任）
审判委员会专职委员
宦宇新（任至2022年12月）
吴培华（2022年6月起任）
李　俊（2022年12月起任）
执行局局长
徐立强
区司法综合服务中心主任
孙雪辉（2022年12月起任）

### 区人民检察院

检察长
黄　洁（女）
副检察长
贾永平（任至2022年8月）
陈　东
杨　宇
李　凌（2022年12月起任）
党组书记
黄　洁（女）
党组副书记
杨　宇
政治处主任
杨　钰（任至2022年12月）
仲　诚（2022年12月起任）
检察委员会专职委员
许　辉
李　凌（任至2022年12月）
杨　钰（2022年12月起任）

## 政府工作部门

### 区政府办公室（区外事办公室、区大数据管理局）

主　任
陆光金
副主任
孙沛晖（女）（兼）
邹辉明
潘　昶
吴　成
施　晶（任至2022年2月）
史哲峰
朱龚平
朱文军（兼）
徐强胜（2022年12月起任）
党组书记
陆光金
外事办主任
陆光金（兼）

## 区经济发展局
## （区国防动员办公室、区人民防空办公室）

局　长
　　刘远遥
副局长
　　殷　明（任至 2022 年 2 月）
　　董　巍
　　王幼林
　　王发龙（2022 年 6 月起任）
党组书记
　　刘远遥

## 区教育局
## （区委教育工作委员会、区政府教育督导室）

局　长
　　仲　伟
副局长
　　黄　涛（女）
　　蒋　剑
　　于德青
党委书记
　　仲　伟
党委副书记
　　黄　涛（女）
区委教育工作委员会书记
　　仲　伟（兼）
区政府教育督导室主任
　　仲　伟（兼）
市京口中学校长
　　钱　亮
党支部书记
　　钱　亮
市中山路小学校长
　　陶　静（女）
党支部书记
　　陶　静（女）
市实验小学校长
　　袁　萃（女）
党支部书记
　　袁　萃（女）
红旗小学校长
　　王　旌（女）（2022 年 6 月起任）

## 市级机关中心幼儿园

副园长
　　龚雯蕾（女）
　　耿　焱（女）

## 区科学技术局

局　长
　　严　波
副局长
　　许红兵
　　奚俊燕（女）
党组书记
　　严　波

## 区民政局

局　长
　　吕小康
副局长
　　吴时斌（任至 2022 年 12 月）
　　朱建军
　　陈祥富
　　顾林艳（女）（2022 年 12 月起任）
党组书记
　　吕小康

## 区司法局
## （区委全面依法治区委员会办公室）

局　长
　　王　芳（女）
副局长
　　吴玉才
　　许竹春（女）
党组书记
　　王　芳（女）
区委全面依法治区委员会办公室副主任
　　许竹春（女）（任至 2022 年 2 月）
　　李　吉（女）（2022 年 2 月起任）

## 区财政局
## （区国有资产监督管理办公室、政府金融工作办公室月）

局　长
　　钱小兵（任至 2022 年 2 月）
　　谢秀英（女）（2022 年 2 月起任）
副局长
　　徐兰芳（女）（任至 2022 年 2 月）
　　宋　扬（任至 2022 年 2 月）
　　曹　钢（2022 年 2 月起任）
　　谭志江
　　樊　潇（2022 年 2 月起任）
党组书记
　　钱小兵（任至 2022 年 2 月）
　　谢秀英（女）（2022 年 2 月起任）
国资办副主任
　　宋　扬（任至 2022 年 2 月）
金融办副主任
　　李晓静（女）（2022 年 6 月起任）
区机关财务结算中心（区国库集中支付中心）主任
　　沈　妍（女）
谏壁街道分局局长
　　李　姝（女）（2022 年 8 月起任）
象山街道分局局长
　　樊　潇（任至 2022 年 2 月）

## 区人力资源和社会保障局

局　长
　　陈国兴
副局长
　　王兴国
　　华舒仪（女）
　　顾金东
党组书记
　　陈国兴
社会保险管理中心主任
　　陈珑境
劳动就业管理中心主任
　　庄　严
人才服务中心（京口人才市场、区到村任职毕业生服务中心、区人力资源市场管理办公室）主任
　　胡　蓉（女）（任至 2022 年 2 月）
　　陈　震（2022 年 6 月起任）

## 区住房和城乡建设局

局　长
　　程　鹏
副局长
　　陶　群（任至 2022 年 12 月）
　　陈　阳
　　史宇清
　　巫宣东（2022 年 12 月起任）
党委书记
　　程　鹏
党委副书记
　　陶　群（任至 2022 年 12 月）
村镇建设管理服务中心主任
　　夏　热

## 区城市管理局
## （区综合行政执法局、区环境卫生管理所、城市管理行政执法大队月）

局　长
　　陆家新

副局长
汤　际
郭建成
纪静静（女）
党委书记
陆家新
党委副书记
汤　际
环卫所所长
张建玲（女）
区城市管理行政执法大队
大队长
潘海涌
区城市管理行政执法大队
副大队长
丁太平
方小平

## 区交通运输局

局　长
周祥华
副局长
刘宏利
陆昌明
贡银锁（2022 年 2 月起任）
党组书记
周祥华

## 区农业农村局（区委农村工作领导小组办公室、区水利局、区乡村振兴局）

主　任
夏　雷
副主任
陈晓君
秦前池
解　颖（女）（2022 年 12 月起任）
党组书记
夏　雷

## 区水利局

局　长
夏　雷

## 区商务局

局　长
杨　旻
副局长
丰　富（任至 2022 年 2 月）
赵　骥
董泽建（2022 年 2 月起任）
党组书记
杨　旻

## 区文化体育和旅游局（区文物局）

局　长
宜建美（女）（任至 2022 年 2 月）
李海洪（2022 年 2 月起任）
副局长
刘　蓉（女）
闵　俊
胡　蓉（女）（2022 年 2 月起任）
党组书记
李　瞰（任至 2022 年 2 月）
李海洪（2022 年 2 月起任）

## 京口文化艺术中心（区文化馆、区图书馆）

主　任
蒋　丽（女）

## 区卫生健康委员会

主　任
金凡舒（女）
副主任
朱　静（女）
钱俊华
陈　刚
党委书记
金凡舒（女）
党委副书记
朱　静（女）

## 健康路社区卫生服务中心

主　任
朱琛平
党支部书记
朱琛平

## 区退役军人事务局

局　长
朱伟广
副局长
胡德林
金传华
党组书记
朱伟广

## 区应急管理局（区安全生产委员会办公室）

局　长
王正辉
副局长
陈文华
周来东
区安全生产委员会办公室副主任
邵顺江
党组书记
王正辉
综合行政执法大队大队长
陈文华（2022 年 12 月起任）

## 区审计局（区委审计委员会办公室）

局　长
王荣兵
副局长
李镇生
杭军花（女）
党组书记
王荣兵

## 区行政审批局（区政务服务管理办公室）

局　长
满子琴（女）
副局长
吴志辉
顾红云（女）
封孝华
党组书记
满子琴（女）
e 办事服务中心主任
王　伟（任至 2022 年 12 月）
区政务服务中心主任
王　伟（2022 年 12 月起任）

## 区市场监督管理局（区知识产权局）

局　长
张　竞
副局长
简夕武
汤智慧
许海凌
柳如永（2022 年 2 月起任）
党委书记
张　竞

象山分局局长
　　许付余
谏壁分局局长
　　蒋正刚
健康路分局局长
　　陈　龙
大市口分局局长
　　史宝云
四牌楼分局局长
　　翟雅婕（女）
正东路分局局长
　　杨　昀
区市场监督管理稽查大队大队长
　　周卫东
知识产权局局长
　　张　竞（2022 年 7 月起任）

### 区统计局

局　长
　　王玉萍（女）
副局长
　　郭宇轩
党组书记
　　赵正军

### 区信访局

局　长
　　朱文军
副局长
　　柳如永（任至 2022 年 2 月）
　　徐黄育
　　王　飞（2022 年 2 月起任）
党组书记
　　朱文军

## 政府直属企事业单位

### 区机关事务服务中心

主　任
　　孙沛晖（女）
副主任
　　章　晨（任至 2022 年 2 月）
　　乐　观
　　赵　琴（女）
　　董冯云
　　施利平（2022 年 2 月起任）
党组书记
　　孙沛晖（女）
纪检组组长
　　梅康凯（任至 2022 年 12 月）
　　丁　锐（2022 年 12 月起任）

### 区招商服务中心

主　任
　　杨　帆（任至 2022 年 2 月）
　　耿　亮（2022 年 2 月起任）
副主任
　　严　涵（女）
　　张　珀
　　姚凤忠
党组书记
　　陈　峰（任至 2022 年 12 月）
　　耿　亮（2022 年 12 月起任）
党组副书记
　　耿　亮（2022 年 2 至 12 月）
纪检组组长
　　孙毅泓（女）

### 区新闻中心

主　任
　　凌　颖（女）

### 区企业改革管理服务中心

主　任
　　袁在森（任至 2022 年 2 月）
　　丁方品（2022 年 2 月起任）
副主任
　　徐　军
　　王凡业（任至 2022 年 12 月）
　　姚能武
党工委书记
　　袁在森（任至 2022 年 2 月）
　　丁方品（2022 年 2 月起任）
纪工委书记
　　瞿　峰
财务总监
　　周　玲（女）

### 区供销合作总社

理事会主任
　　许文兰（女）
理事会副主任
　　江　俊
党组书记
　　许文兰（女）

### 京露茶场

副场长
　　林　飞（任至 2022 年 6 月）

### 京露茶业有限公司

副经理
　　林　飞（2022 年 6 月起任）

### 江苏北固产业投资有限公司

董事长
　　谢秀英（女）（任至 2022 年 2 月）
　　施　晶（2022 年 2 月起任）
总经理
　　苏安平
副总经理
　　王　勖
　　张逸飞
　　朱赞弘（女）
　　张　兴
党组书记
　　谢秀英（女）（任至 2022 年 2 月）
　　施　晶（2022 年 2 月起任）
党组副书记
　　苏安平
纪检组组长
　　丁晓云（女）

## 街道（园区）

### 象山街道

党工委书记
　　陈　西
办事处主任
　　葛冬军（2022 年 6 月起任）
人大工委主任
　　殷　明（2022 年 2 月起任）
党工委副书记
　　胡　飞（任至 2022 年 6 月）
　　葛冬军（2022 年 6 月起任）
　　施宇飞（2022 年 6 月起任）
党工委委员、纪工委书记
　　曹　刚（任至 2022 年 2 月）
　　施光华（2022 年 2 月起任）
组织、统战委员
　　殷　粲（任至 2022 年 6 月）
　　徐圆圆（女）（2022 年 6 月起任）
宣传委员
　　梅　昆（女）
政法委员
　　胡　飞（任至 2022 年 6 月）
　　施宇飞（2022 年 6 月起任）
党工委委员、办事处副主任
　　张　骄

叶　林
黄旻奇
高　升
党工委委员
耿　亮（任至 2022 年 2 月）
顾　颖（女）（2022 年 2 月起任）

## 区大禹山创意新社区

党工委书记
陈　西
管委会主任
耿　亮（任至 2022 年 2 月）
顾　颖（女）（2022 年 2 月起任）
党工委副书记
耿　亮（任至 2022 年 2 月）
顾　颖（女）（2022 年 2 月起任）
殷　粲（2022 年 6 月起任）
党工委委员、管委会副主任
朱亚露（女）
徐　涛（2022 年 8 月起任）

## 谏壁街道

党工委书记
贺国强
办事处主任
姚　斌
人大工委主任
陈　俊（任至 2022 年 2 月）
李　瞰（2022 年 2 月起任）
党工委副书记
姚　斌
蒋　超（任至 2022 年 12 月）
金　鑫（2022 年 12 月起任）
党工委委员、纪工委书记
戚志栋（任至 2022 年 12 月）
孙　昊（2022 年 12 月起任）
组织、统战委员
王　琰（女）
宣传委员
顾爱芳（女）（任至 2022 年 2 月）
刘　丹（女）（2022 年 2 月起任）
政法委委员
蒋　超（任至 2022 年 12 月）
金　鑫 (2022 年 12 月起任）
党工委委员、办事处副主任
吕　伟
施宇飞
戚志栋（2022 年 12 月起任）
金　鑫（任至 2022 年 12 月）
华　君（2022 年 6 月起任）
范　俊（2022 年 12 月起任）
办事处副主任
解　颖（女）（任至 2022 年 12 月）

## 健康路街道

党工委书记
王志斌
办事处主任
夏正东
人大工委主任
郭　庆
党工委副书记
夏正东
荆　钟
党工委委员、纪工委书记
武希林
组织、统战、宣传委员
钱寿云（女）
政法委委员
荆　钟
党工委委员、办事处副主任
廖晓军
董泽建（任至 2022 年 2 月）
鲍玲智（女）
何江慧
顾爱芳（女）（2022 年 2 月起任）

## 大市口街道

党工委书记
崔　悦（女）
办事处主任
包文波
人大工委主任
刁华伟
党工委副书记
包文波
袁　珊（女）
党工委委员、纪工委书记
毛幼平
组织、统战、宣传委员
夏玉芳（女）
政法委委员
袁　珊（女）
党工委委员、办事处副主任
王　炳（任至 2022 年 2 月）
李　鲁（任至 2022 年 2 月）
张丽君
马一飞
章　晨（2022 年 2 月起任）
汤　伟（2022 年 6 月起任）

## 正东路街道

党工委书记
姚奇峰
办事处主任
丁　杨（女）
人大工委主任
唐卫忠
党工委副书记
丁　杨（女）
赵晓云（女）（任至 2022 年 2 月）
赵　骥（2022 年 2 月起任）
党工委委员、纪工委书记
施光华（任至 2022 年 2）
李　鲁（2022 年 2 月起任）
杨　帆（女）（2022 年 8 月起任）
组织、统战、宣传委员
朱亚苏
政法委委员
赵晓云（女）（任至 2022 年 2 月）
赵　骥（2022 年 2 月起任）
党工委委员、办事处副主任
王　军
褚　磊
张小蓓（女）
陈　浩

## 四牌楼街道

党工委书记
李德升
办事处主任
葛冬军（任至 2022 年 6 月）
胡　飞（2022 年 6 月起任）
人大工委主任
许华耕（任至 2022 年 12 月）
陶　群（2022 年 12 月起任）
党工委副书记
葛冬军（任至 2022 年 6 月）
胡　飞（2022 年 6 月起任）
张恒可
党工委委员、纪工委书记
王　峥（女）
组织、统战委员
王立玲（女）
宣传委员
蒋　威（女）
政法委委员
张恒可

党工委委员、办事处副主任
胡　珏（女）（任至2022年12月）
王发龙（任至2022年6月）
巫宣东（任至2022年12月）
施洁明
王建华（2022年12月起任）
崔偌宇（2022年8月起任）

### 江苏镇江京口经济开发区

党工委书记
许俊超
魏晓曦
管委会主任
房林虹（女）
党工委副书记
房林虹（女）
吴艳媚（女）（任至2022年12月）
蒋　超（2022年12月起任）
党工委委员、纪工委书记
杨　凯
党工委委员、管委会副主任
董荣骏
胡　涛
谭　捷
经济发展部部长
孙俊鹏
社会事业部部长
凌　昕（女）
规划建设部部长
王凡业（2022年12月起任）
党政综合办公室主任
王建华（任至2022年12月）

### 镇江新民洲临港产业园（省共青团农场）

党工委书记
张　伟
管委会主任
张玉金
党工委副书记
张玉金
徐　海
赵晓云（女）（2022年2月起任）
党工委委员、纪工委书记
吴建平
党工委委员、管委会副主任（副场长）
周云鸿
徐强胜（任至2022年12月）
刘爱兰（女）
黄文超
毛福顺（2022年12月起任）
管委会副主任
张骁劼

## 双重管理单位

### 镇江市京口生态环境局

局　长
李　远
副局长
孔晓颖（女）
党组书记
李　远

### 镇江市公安局京口分局

局　长
赵　鹏
政　委
吴晨牧
副局长
张许镇
马元元
李锦虎
胡　凯
倪　峰
陈晶玮（2022年9月起任）
党委书记
赵　鹏
党委副书记
吴晨牧（任至2022年6月）
郁旭东（2022年6月起任）
纪委书记
陈卫东（任至2022年8月）
赵庆业（2022年8月起任）
政治处主任
赵庆世

### 镇江市京口区税务局

局　长
袁　镇
副局长
沈纪新
徐永明
郑海庆（任至2022年6月）
姚红梅（女）
党委书记
袁　镇
纪检组组长
许馥梅（女）

### 镇江市自然资源和规划局京口分局

局　长
梅　亮（女）
副局长
葛耀武
祝再军
书　记
葛耀武

（区委组织部干部科）

# 文件题录

## 中共京口区委 2022 年重要文件选录表

表 20

| 序号 | 文件名 | 文件号（镇京发） |
| --- | --- | --- |
| 1 | 关于印发《中共镇江市京口区委常委会 2022 年工作要点》的通知 | 3 |
| 2 | 关于印发《关于大力建设“敢闯敢试敢担当、争先争雄争荣光”的干部队伍 点燃加速奔跑激情的意见》的通知 | 10 |
| 3 | 关于实施“红色云链 数字赋能，打造数字经济党建高地”的意见 | 15 |
| 4 | 关于实施“家门口”党建引领城市基层治理现代化的意见 | 16 |
| 5 | 关于表彰 2021 年高质量发展先进单位、先进个人的决定 | 17 |
| 6 | 关于印发镇江市京口区贯彻落实《法治政府建设实施纲要（2021–2025 年）》实施方案的通知 | 18 |
| 7 | 印发《关于深入打好污染防治攻坚战实施方案》的通知 | 19 |
| 8 | 中共京口区委关于推进新时代全区人大工作高质量发展的实施意见 | 21 |
| 9 | 中共京口区委关于印发《京口区共青团基层组织改革实施方案》的通知 | 25 |
| 10 | 中共镇江市京口区委关于深入学习贯彻党的二十大精神的通知 | 26 |

## 京口区人民政府 2022 年重要文件选录表

表 21

| 序号 | 文件名 | 文件号（镇京政发） |
| --- | --- | --- |
| 1 | 2021 年度京口区法治政府建设工作报告 | 8 |
| 2 | 关于印发《2022 年度区政府重点任务分解表方案》的通知 | 9 |

# 书刊题录

## 2022 年京口区作者著作书目一览表

表 22

| 书名 | 编著者 | 出版者 | 出版年月 | 字数（千字） |
| --- | --- | --- | --- | --- |
| 京口年鉴（2022） | 史志办公室 | 江苏大学出版社 | 2022 年 12 月 | 827 |
| 世界的样子 | 王蓓 | 江苏大学出版社 | 2022 年 9 月 | 240 |

## 2022 年京口区部分作者发表国家级报刊情况一览表

表 23

| 标题 | 作者 | 报刊名称 | 发表日期（期次） |
| --- | --- | --- | --- |
| 江苏镇江京口区：实地勘察核实污染情况 | 吴若曦<br>唐小兵 | 检察日报 | 2022 年 2 月 8 日 |
| 江苏镇江京口：积极打造检察党建为民服务阵地 | 陈舟远<br>唐小兵 | 检察日报 | 2022 年 2 月 18 日 |
| 看看老街保护得怎么样 | 陈莫杭<br>唐小兵 | 检察日报 | 2022 年 5 月 20 日 |
| 27 名家长化身公益诉讼观察员 | 陈舟远<br>倪亦孙 | 检察日报 | 2022 年 5 月 22 日 |
| 促进企业合规守法经营 | 李　浩 | 检察日报 | 2022 年 6 月 28 日 |
| 刑期一天也不能算错 | 沈家鸣<br>倪亦孙 | 检察日报 | 2022 年 7 月 9 日 |
| 守护群众“脚下安全”没有休止符 | 崔晓丽 | 检察日报 | 2022 年 8 月 22 日 |
| 基层一线宣讲二十大精神 | 李　楠<br>唐小兵 | 检察日报 | 2022 年 11 月 2 日 |
| 陶行知教育思想指导下学校综合实践活动课程开发的思考 | 王　芳 | 行知研究 | 2022 年 3 月 |
| 小学英语教学灵活运用生活教育理论的探索与实践 | 陈芳云 | 行知研究 | 2022 年 3 月 |
| 课程游戏化背景下小班幼儿科学活动开展路径探究 | 陆沈爱 | 中国教工 | 2022 年 11 月 |

## 2022 年京口区部分作者发表省级报刊情况一览表

表 24

| 标题 | 作者 | 报刊名称 | 发表日期（期次） |
| --- | --- | --- | --- |
| 精准普法送上贴心法治服务 | 倪亦孙 | 新华日报 | 2022 年 9 月 30 日 |
| 江苏省镇江市京口区检察院：打造未成年人保护阵地 | 倪亦孙 | 新华日报 | 2022 年 9 月 15 日 |
| “江河益 +”助力守护山水花园名城 | 倪亦孙 | 新华日报 | 2022 年 9 月 6 日 |
| 京口区检察院 助力合规建设 护航民企发展 | 倪亦孙 | 新华日报 | 2022 年 11 月 25 日 |
| 检察官的书单 | 杨　钰 | 清风苑 | 2022 年 3 月 1 日 |
| 将党建融入检察履职全过程 | 杨　钰 | 清风苑 | 2022 年 7 月 15 日 |
| 我骄傲，我是法治宣传的轻骑兵 | 倪亦孙 | 清风苑 | 2022 年 10 月 15 日 |
| 用虚拟“泰达币”，不到 1 个月骗了近亿元 镇江摧毁传销团伙，三人获刑并处罚金 | 李　浩<br>倪亦孙 | 现代快报 | 2022 年 11 月 3 日 |
| 金怡人大代表稿件 | 倪亦孙 | 清风苑 | 2022 年 12 月 15 日 |

续表 24

| 标题 | 作者 | 报刊名称 | 发表日期（期次） |
| --- | --- | --- | --- |
| 京口检察精准普法“解渴”又暖心 | 倪亦孙 | 江苏法治报 | 2022 年 1 月 12 日 |
| 京口推进涉未成年人强制报告制度 | 陈舟远<br>倪亦孙 | 江苏法治报 | 2022 年 1 月 27 日 |
| 京口“开学第一课”聚焦家庭教育 | 陈舟远<br>徐梅梅 | 江苏法治报 | 2022 年 2 月 17 日 |
| 京口检察化解社区矫正对象临时请假难 | 沈家鸣<br>倪亦孙 | 江苏法治报 | 2022 年 3 月 2 日 |
| 京口验收考察企业合规 | 彭　莉<br>倪亦孙 | 江苏法治报 | 2022 年 3 月 31 日 |
| 京口诉前机制　预防企业违法犯罪 | 彭　莉 | 江苏法治报 | 2022 年 4 月 14 日 |
| 京口织密家庭教育防护网 | 杨永兵 | 江苏法治报 | 2022 年 4 月 21 日 |
| 京口举行“云上”组织生活会 | 杨永兵 | 江苏法治报 | 2022 年 5 月 19 日 |
| 百亩垃圾填埋场“变身”城市绿地 | 倪亦孙 | 江苏法治报 | 2022 年 6 月 9 日 |
| 京口排查“差别水价”守护国有财产 | 陈莫杭<br>林　龙 | 江苏法治报 | 2022 年 7 月 28 日 |
| 京口社区矫正对象“打零工”也能出差 | 沈家鸣<br>倪亦孙 | 江苏法治报 | 2022 年 11 月 10 日 |
| 京口检察“航标灯”守护未成年人 | 李　凌<br>倪亦孙 | 江苏法治报 | 2022 年 11 月 30 日 |
| 自然拼读法在初中英语教学中的有效运用 | 王　琴 | 学习报教育科研 | 2022 年 5 月 |
| “双减”背景下的初中英语作业设计 | 怀　宇 | 学习周报 | 2022 年 9 月 14 日 |
| 多样化作业设计让英语高质高效 | 怀　宇 | 少年素质教育报 | 2022 年 4 月 23 日 |
| 主题意义引领的西藏初中英语单元整体教学活动实践 | 王　柱 | 拉萨教育 | 2022 年 5 月第 3 期 |
| 新课标视域下初中英语语音教学策略探究 | 王　柱 | 拉萨教育 | 2022 年 12 月第 4 期 |
| 初中历史课堂的史料教学存在的问题及对策 | 纪　君 | 学习报教育研究版 | 2022 年 1 月 |
| 试论初中道德与法治课生活化教学的路径 | 纪　君 | 中小幼教师新时期第二届“教育教学与创新研究”论坛论文集 | 2022 年 7 月 |
| 初中英语分层作业设计的有效方法研究 | 左　欣 | 学习周报教研综合版 | 2022 年 4 月 |
| 情景教学法在初中语文写作教学中的运用分析 | 仲　慧 | 学习报教育研究版 | 2022 年 1 月 |
| 试论培养初中英语阅读教学中词义猜测能力的措施研究 | 戴　莺 | 学习报教育研究版 | 2022 年 9 月 |
| 让先进科技照亮课堂——浅析微课渗透初中信息技术课堂的策略 | 黄　伟 | 文学天地 | 2022 年第 14 期 |
| 开展任务驱动，促进全面发展——探析任务驱动教学在初中信息技术课堂的应用 | 黄　伟 | 少年时代报　教学教研版 | 2022 年第 32 期 |

续表 24

| 标题 | 作者 | 报刊名称 | 发表日期（期次） |
|---|---|---|---|
| 试论如何充分发挥小学生心理健康教育的德育功能 | 陈　弘 | 中华活页文选 月刊 | 2022 年 1 月 |
| 如何写好考场作文 | 丁梅红 | 七彩语文习作 | 2022 年 1 月 |
| 依托已有经验　理解新的概念 | 姜　嵘 | 小学数学教育 | 2022 年 7 月 |
| 语文大单元教学的研究现状与未来展望 | 丁梅红 | 江苏教育研究 | 2022 年 7 月 |
| 做会讲故事的人 | 丁梅红 | 七彩语文习作 | 2022 年 9 月 |
| 基于积极心理学取向的小学心理健康教育模式研究 | 蒋　瑾 | 教育周刊 | 2022 年 9 月 |
| 生命教育视野下小学德育主题实践研究 | 陈　弘 | 新作文 | 2022 年 11 月 |
| 构建真正对话的道德与法治课堂 | 袁　萃<br>孙金平 | 中小学教育 | 2022 年 1 月 |
| 小学中年级语文阅读教学的优化路径 | 韦　丽 | 中小学教育 | 2022 年 7 月 |
| 情境激活思维合作解决问题 | 杨　星<br>陈静茹 | 小学教学设计 | 2022 年 8 月 |
| 统整与重构：任务赋能思维提升 | 徐琳琳 | 小学教学设计 | 2022 年 8 月 |
| 破“减”成蝶，提质“增”效——“双减”背景下，作业管理校本化实施 | 徐琳琳 | 基础教育论坛 | 2022 年 12 月 |
| “双减”背景下小学数学计算作业设计的探索 | 费爱华 | 启迪与智慧 | 2022 年 9 月 |
| 小语古文教学中挖掘想象指向学生“最近发展区”的思考 | 杨　星 | 新课程导学 | 2022 年 8 月 |
| 跨学科主题的建构与实施 | 唐　煜 | 教育视界 | 2022 年 11 月 |
| “初试身手”如何适时有效——部编版教材五下习作单元教学 | 高蓉蓉 | 学习报 | 2022 年 1 月 |
| 看见知识的模样——小学数学思维导图的初步尝试 | 侯晓蕾<br>陈　杨 | 教育界 | 2022 年 6 月 |
| 基于开放模式的小学道德与法治教学研究 | 蔡妙妙 | 智力 | 2022 年 4 月 |
| 道德与法治教学中学生核心素养培养途径分析 | 蔡妙妙 | 新课程 | 2022 年 4 月 |
| “60 分”的妈妈也挺好 | 蔡妙妙 | 教学与研究 | 2022 年 7 月 |
| 找准学生“最近发展区”促深学习——以角的初步认识教学实践为例 | 杨　璐 | 读与算 | 2022 年第 28 期 |
| 巧用阅读策略　传承红色基因 | 王长松 | 全国优秀作文选 | 2022 年 5 月 |
| 颁章新创意，助力“星”成长 | 臧　萍 | 辅导员 | 2022 年 6 月 |
| 多策并推，为阅读“添柴加火” | 蒋　凯 | 小学语文教学 | 2022 年 8 月 |
| 多角度思辨，为阅读“增花添彩” | 高碧玉 | 小学语文教学 | 2022 年 8 月 |

续表 24

| 标题 | 作者 | 报刊名称 | 发表日期（期次） |
| --- | --- | --- | --- |
| 用传统艺术为精彩生活赋能 | 史叶琛 | 关心下一代周报 | 2022 年 9 月 16 日 |
| 点亮明灯——照亮学生名著阅读之路 | 王宜佳 | 小学生 | 2022 年 2 月 |
| 按需评价赋能教师成长 | 曹　蕾 | 江苏教育 | 2022 年 11 月第 82 期 |
| 让互动分享成为孩子阅读的动力 | 冯　莉 | 中小学教育 | 2022 年 8 月 |
| “互联网 +”背景下集团化幼儿园教研模式的创新数据 | 陶　铵 | 好家长幼教新天地 | 2022 年 5 月 |
| 一所“小”“偏”“老”幼儿园的创新与优化 | 陶　铵 | 早期教育 | 2022 年 7 月 |
| “老偏小”幼儿园“变形”记 | 陶　铵 | 好家长幼教新天地 | 2022 年 12 月 |
| 一所“小”“偏”“老”幼儿园的创新与优化 | 陶　铵 | 幼儿教育导读 | 2022 年 12 月 |
| 夯实师德根基　推助新教师成长 | 高　蕾 | 好家长幼教新天地 | 2022 年 3 月 |
| 把握教育平衡，促进幼儿自主性发展 | 王予虹 | 好家长幼教新天地 | 2022 年 7 月 |
| “生活情境体验式”教学模式在幼儿数学教育中的策略探究 | 邹　艳 | 世纪之星——小学版 | 2022 年 1 月 |
| 自主管理有效促进幼儿自理能力发展 | 张凌云 | 新班主任 | 2022 年 7 月 |
| “二孩时代”专注大孩健康心理的实践与初探 | 刘　莉 | 教育教学研究 | 2022 年 1 月 |
| 有趣的报纸屋 | 金　微 | 东方娃娃 | 2022 年 11 月 |
| 探索“生活教育”建设园本课程 | 董　玮 | 好家长·幼教新天地 | 2022 年 11 月 |
| 一人一档分层施策，探索师德创设新路径 | 王　蓓 | 家教世界 | 2022 年 8 月 |
| 幼儿园“户外学习”课程建设的思与行 | 王　欢 | 家教世界 | 2022 年 7 月 |
| 语言活动中的关爱教育 | 薛　静 | 现代幼教 | 2022 年 9 月 |
| 小班数学认知目标的探究 | 董婷婷 | 山西教育（幼教）杂志 | 2022 年 7 月 |
| 数字化背景下“非遗文化进校园”的传承教育创新研究 | 李　莹 | 新课程研究 | 2022 年 6 月 |
| 课程游戏化背景下幼儿园户外混龄环境创设的实践研究 | 李　莹 | 教育学文摘 | 2022 年 5 月 |
| 创新教育活动　推进家园共育 | 万　菲 | 好家长幼教新天地 | 2022 年 2 月 |
| 信息化技术优化幼儿一日活动的实践与反思 | 钱　进 | 家庭生活指南 | 2022 年 6 月 |
| 促进幼儿自主性能力发展环境策略 | 孙俊梅<br>陈红艳 | 新课程研究 | 2022 年 9 月 |

续表 24

| 标题 | 作者 | 报刊名称 | 发表日期（期次） |
| --- | --- | --- | --- |
| 老城区幼儿园数据化管理促进可持续性发展的实践研究 | 李忠萍 | 启迪 | 2022 年 10 月 |
| 浅谈课程游戏视角下幼儿专注力的培养 | 吴　悦<br>章　茜 | 新课程研究 | 2022 年 10 月 |
| 幼儿园建构区环境的优化路径分析 | 刘晶晶<br>刘姗姗 | 新课程研究 | 2022 年 10 月 |
| 从悄悄话里实现的转变 | 顾　瑱<br>王建芳 | 启迪 | 2022 年 12 月 |
| 指南实施与幼儿一日生活之自主签到的实施与创新 | 邵雯君 | 启迪 | 2022 年 12 月 |
| 基于观察视角，提升教师的课程领导力——以小班生活课程（厕所里的小秘密）为例 | 耿　焱<br>王　伟 | 教育教学研究 | 2022 年 4 月 |
| 幼儿园全天候体育活动的开展研究 | 耿　焱 | 新课程教学 | 2022 年 11 月 |
| 学史悟思办实事 凝心聚力开新篇 | 耿　焱 | 江苏教育报 | 2022 年 5 月 |
| 小班生活活动，上上下下的风景 | 蒋　卉 | 好家长 | 2022 年 1 月 |

## 2022 年京口区部分作者发表市级报刊情况一览表

表 25

| 标题 | 作者 | 报刊名称 | 发表日期（期次） |
| --- | --- | --- | --- |
| 市场监管先锋进校园“三个聚焦”促安全 | 朱梦琦 | 镇江日报 | 2022 年 3 月 18 日 |
| 守护群众“养老钱”京口开展打击整治养老诈骗专项行动 | 赵　丹<br>张田禾 | 交汇点新闻 | 2022 年 7 月 21 日 |
| 反诈最强音　守护养老金 | 赵　丹<br>张田禾 | 今日镇江 | 2022 年 7 月 21 日 |
| 京口区获评“省级食品安全示范区” | 孙　雨 | 镇江日报 | 2022 年 5 月 4 日 |
| 京口区切实守护群众“舌尖安全” | 孙　雨 | 镇江日报 | 2022 年 7 月 9 日 |
| 党建赋能“四有”好教师团队培育 | 京口区实验小学党支部 | 党建之窗 | 2022 年 9 月 |
| 小学生独立自主习惯培养的所思所感 | 王荣慧 | 镇江教育 | 2022 年 2 月 |
| 师爱陪伴　春暖花开 | 孔淑芳 | 镇江教育 | 2022 年 2 月 |
| 吟诵，让古诗课堂灵动 | 刘爱华 | 镇江教育 | 2022 年 4 月 |
| 小学英语“生活化”的教学实践 | 陈芳云 | 镇江教育 | 2022 年 4 月 |
| 依旧爱您 | 张凌云 | 金山 | 2022 年 1 月 |
| 为梦想，一起向未来 | 朱晓云 | 镇江京江晚报 | 2022 年 2 月 19 日 |
| 擦亮足球品牌　做好绿茵示范 | 吴玉美 | 镇江教育 | 2022 年第 1 期 |
| 浅谈小班幼儿角色游戏的指导策略 | 景　佳 | 镇江教育 | 2022 年第 3 期 |

# 京口区 2022 年获国家、省、市表彰的先进集体、先进个人一览表

## 京口区 2022 年获国家表彰的先进集体一览表

表 26

| 单位名称 | 获得称号 | 授予单位 | 授予时间 |
|---|---|---|---|
| 京口区市场监督管理局 | 国家知识产权强县建设试点县 | 国家知识产权局 | 2022 年 8 月 |
| 京口区检察院 | 国家节约型机关 | 国家机关事务管理局 | 2022 年 11 月 |
| 江苏科技大学附属小学 | 授予江苏科技大学附属小学四 (4) 中队 2022 年度全国优秀少先队集体称号 | 共青团中央、教育部、全国少工委 | 2022 年 12 月 |
| 市红旗小学 | 2022 年全国中小学国防教育示范学校 | 教育部、中央军委政治工作部 | 2022 年 12 月 |

## 京口区 2022 年获省表彰的先进集体一览表

表 27

| 单位名称 | 获得称号 | 授予单位 | 授予时间 |
|---|---|---|---|
| 京口区市场监督管理局象山分局 | 省文明单位 | 省精神文明建设指导委员会 | 2022 年 1 月 |
| 京口区检察院 | 省文明行业 | 省精神文明建设指导委员会 | 2022 年 1 月 |
| 京口区正东路街道京口路社区 | 省文明社区 | 省精神文明建设指导委员会 | 2022 年 1 月 |
| 京口区正东路街道 | 省生态文明建设示范乡镇（街道） | 省生态环境厅 | 2022 年 1 月 |
| 镇江市中山路小学 | 省智慧校园示范校 | 省教育厅 | 2022 年 1 月 |
| 镇江市中山路小学 | 省文明校园 | 省精神文明建设指导委员会 | 2022 年 1 月 |
| 镇江市实验小学 | 省文明校园 | 省精神文明建设指导委员会 | 2022 年 1 月 |
| 京口区实验小学 | 省文明校园 | 省精神文明建设指导委员会 | 2022 年 1 月 |
| 镇江市江滨实验小学 | 省文明校园 | 省精神文明建设指导委员会 | 2022 年 1 月 |
| 京口区市场监督管理局 | 省食品安全示范区 | 省食品安全委员会 | 2022 年 3 月 |
| 镇江市江滨实验小学 | 少先队大队 2022 年度“红领巾奖章”四星章 | 省少工委 | 2022 年 6 月 |
| 镇江市解放路幼儿园 | 省课程游戏化项目园 | 省教育厅 | 2022 年 6 月 |

续表 27

| 单位名称 | 获得称号 | 授予单位 | 授予时间 |
|---|---|---|---|
| 京口区正东路街道宝塔山社区 | 2022 年全国科技活动周暨江苏省第 34 届科普传周优秀组织单位和活动项目 | 省科学技术协会 | 2022 年 7 月 |
| 镇江市桃花坞小学 | 省第十二届双拥模范单位 | 省双拥工作领导小组 | 2022 年 7 月 |
| 京口区贺家弄幼儿园 | 省巾帼建功先进集体 | 省妇女联合会 | 2022 年 7 月 |
| 京口区人武部 | 省军区政工干部比武获省团体第二 | 省军区 | 2022 年 9 月 |
| 镇江市中山路小学 | 省业余无线电通信竞赛优秀组织奖 | 省教育厅、省体育局 | 2022 年 9 月 |
| 镇江市实验小学 | 省品格提升工程立项证书为精品项目 | 省中小学教学研究室 | 2022 年 10 月 |
| 镇江市江滨实验小学 | 省教育系统先进家长学校 | 省教育系统关工委 | 2022 年 10 月 |
| 京口区残联 | “五项措施”让融合教育在普小开花结果、评为 2022 年度创新创优示范项目 | 省残联 | 2022 年 12 月 |
| 京口区市场监督管理局 | 省知识产权建设示范区 | 省知识产权局 | 2022 年 12 月 |
| 京口区市场监督管理局 | 省优秀“戎耀之家” | 省退役军、省总工会 | 2022 年 12 月 |
| 中国人寿股份有限公司镇江分公司 | 省优秀“戎耀之家” | 省退役军人事务厅、省总工会 | 2022 年 12 月 |
| 四牌楼街道退役军人服务站 | 省 100 个优秀退役军人服务中心（站） | 省退役军人事务厅 | 2022 年 12 月 |
| 镇江市敏成小学 | 省节水型学校 | 省水利厅、省教育厅 | 2022 年 12 月 |

## 京口区 2022 年获市表彰的先进集体一览表

表 28

| 单位名称 | 获得称号 | 授予单位 | 授予时间 |
|---|---|---|---|
| 京口区正东路街道酒海街社区 | 市文明社区 | 中共镇江市委、镇江市人民政府 | 2022 年 3 月 |
| 京口区正东路街道 | 市文明单位 | 中共镇江市委、镇江市人民政府 | 2022 年 3 月 |
| 镇江市中山路小学 | 市文明校园 | 中共镇江市委、镇江市人民政府 | 2022 年 4 月 |
| 江苏科技大学附属小学 | 市文明校园 | 中共镇江市委、镇江市人民政府 | 2022 年 4 月 |

## 京口区2022年获国家表彰的先进个人一览表

表29

| 姓名 | 性别 | 工作单位 | 获得称号/荣誉 | 授予单位 | 授予时间 |
|---|---|---|---|---|---|
| 彭　杰 | 男 | 市公安局京口分局禁毒大队 | 全国优秀人民警察 | 公安部 | 2022年5月 |
| 拜雨花 | 女 | 京口区检察院 | 通报表扬从事密码事业满20年 | 最高人民检察院 | 2022年7月 |
| 金　怡 | 女 | 市公安局京口分局刑警大队 | 全国人民满意的公务员 | 中共中央、国务院 | 2022年8月 |

## 京口区2022年获省表彰的先进个人一览表

表30

| 姓名 | 性别 | 工作单位 | 获得称号 | 授予单位 | 授予时间 |
|---|---|---|---|---|---|
| 臧　萍 | 女 | 镇江市八叉巷小学 | 省优秀辅导员 | 省教育厅 | 2022年1月 |
| 庄　严 | 男 | 京口区人社局 | 省人力资源社会保障系统2022年重点工作成效明显的个人 | 省人社厅 | 2022年2月 |
| 蔡玉凤 | 女 | 正东路街道 | 省第五届“书香家庭” | 省妇女联合会省全民阅读办 | 2022年4月 |
| 江　枫 | 男 | 江苏科技大学附属小学 | 在第十届江苏省少年科学院院士评聘展示暨夏令营活动中评为“优秀辅导教师” | 共青团江苏省委、省科协、省少工委 | 2022年6月 |
| 夏　忠 | 男 | 市公安局京口分局网安大队 | 全省优秀人民警察 | 省公安厅 | 2022年7月 |
| 倪新明 | 男 | 京口区人武部 | 省军区政工干部比武获个人综合成绩第一 | 省军区 | 2022年9月 |
| 王　柱 | 男 | 镇江市京口中学 | 2022年度教育援藏优秀人才 | 西藏自治区教育厅 | 2022年9月 |
| 王伟军 | 男 | 京口区人社局 | 获2022年省金牌劳动关系协调员称号 | 省协调劳动关系三方委员会 | 2022年12月 |
| 贾　玥 | 女 | 京口区退役军人服务中心 | 省100个优秀退役军人服务中心（站）主任 | 省退役军人事务厅 | 2022年12月 |

## 京口区2022年获市表彰的先进个人一览表

表31

| 姓名 | 性别 | 工作单位 | 获得称号 | 授予单位 | 授予时间 |
|---|---|---|---|---|---|
| 高碧玉 | 女 | 镇江市桃花坞小学 | 市“十佳教师” | 市人民政府 | 2022年9月 |
| 林　龙 | 男 | 京口区检察院 | 个人三等功 | 新疆生产建设兵团第四师分院 | 2022年5月 |
| 王　柱 | 男 | 镇江市京口中学 | 拉萨市首批基础教育专家 | 拉萨市教育局 | 2022年5月 |

# 2022年京口区获副高级以上专业技术资格人员情况表

表 32

| 姓名 | 性别 | 工作单位 | 从事专业 | 资格名称 |
|---|---|---|---|---|
| 田旭东 | 男 | 镇江市京口中学 | 初中信息 | 副高 |
| 刘培培 | 女 | 镇江市中山路小学 | 小学语文教学 | 高级教师 |
| 唐　明 | 男 | 镇江市中山路小学 | 小学美术教学 | 高级教师 |
| 孙金平 | 女 | 镇江市实验小学 | 小学道法 | 中小学高级教师 |
| 孙晓庆 | 男 | 镇江市江滨实验小学 | 小学体育 | 正高 |
| 吉　莉 | 女 | 镇江市江滨实验小学 | 小学英语 | 副高 |
| 朱亚飞 | 女 | 镇江市桃花坞小学 | 小学数学 | 中小学高级教师 |
| 华　蕾 | 女 | 镇江市敏成小学 | 小学音乐教育 | 高级教师 |
| 贺小燕 | 女 | 镇江市恒顺实验小学 | 小学语文 | 中小学高级教师 |
| 孙俊梅 | 女 | 镇江市京口区贺家弄幼儿园 | 幼儿教育 | 幼儿园高级教师 |

# 统 计 资 料

## 综合核算情况统计表

表 33

| 行业指标 | 2022年 | |
|---|---|---|
| | 实绩（亿元） | 比重（%） |
| 地区生产总值 | 553.32 | |
| 农林牧渔业 | 1.02 | 0.18 |
| #农、林、牧、渔服务业 | 0.15 | 0.03 |
| 工业 | 145.10 | 26.22 |
| 建筑业 | 46.30 | 8.37 |
| 批发和零售业 | 110.60 | 19.99 |
| 批发业 | 90.30 | 16.32 |
| 零售业 | 20.30 | 3.67 |
| 交通运输、仓储和邮政业 | 19.20 | 3.48 |
| 住宿和餐饮业 | 4.30 | 0.78 |

续表 33

| 行业指标 | 2022 年 | |
| --- | --- | --- |
| | 实绩（亿元） | 比重（%） |
| 住宿业 | 0.90 | 0.16 |
| 餐饮业 | 3.40 | 0.61 |
| 金融业 | 70.06 | 12.66 |
| 房地产业 | 21.05 | 3.80 |
| 房地产业 (K 门类) | | 0.00 |
| 自有房地产经营活动 | | 0.00 |
| 其他服务业 | 156.60 | 28.30 |
| 营利性服务业 | | 0.00 |
| 非营利性服务业 | | 0.00 |
| 第一产业 | 0.87 | 0.16 |
| 第二产业 | 164.45 | 29.72 |
| 第三产业 | 388.00 | 70.12 |

## 人口情况统计表

表 34

| 指标 | 计量单位 | 2022 年 |
| --- | --- | --- |
| 2022 年年末常住人口 | 万人 | 35.60 |
| 出生率 | ‰ | 4.13 |
| 死亡率 | ‰ | 7.19 |
| 自然增长率 | ‰ | –3.06 |
| 城镇人口 | 万人 | 35.09 |
| 城镇化率 | % | 98.57 |
| 年龄结构 | | |
| 0–14 岁 | 万人 | 3.78 |
| 15–64 岁 | 万人 | 25.14 |
| 65 岁以上 | 万人 | 6.68 |

## 主要农产品产量情况统计表

表 35

| 指标 | 2022 年（吨） | 增幅（%） |
| --- | --- | --- |
| 粮食 | 9822 | 0.9 |
| 油料 | 866 | 2.9 |
| 蔬菜 | 9320 | 15.8 |

## 规模以上工业情况统计表

表 36

| 指标 | 资产总计 | | 营业收入 | | 利润总额 | | 平均职工人数 | |
|---|---|---|---|---|---|---|---|---|
| | 实绩（万元） | 增速（%） | 实绩（万元） | 增速（%） | 实绩（万元） | 增速（%） | 实绩（人） | 增速（%） |
| 京口区 | 4529521 | 15.5 | 5443948 | 1.1 | 135117 | –61.6 | 13513 | –4.1 |
| 按控股情况分 | | | | | | | | |
| 国有 | 1240465 | 20.9 | 2000938 | 13.6 | 39547 | 146.9 | 3262 | –12.1 |
| “三资” | 389872 | 4.3 | 246243 | 41.9 | 11522 | –721.5 | 1789 | –7.9 |
| 其他 | 2899184 | 14.9 | 3196768 | –7.3 | 84048 | –75.1 | 8462 | 0.3 |
| 按行业分 | | | | | | | | |
| 农副食品加工业 | 425212 | 105.4 | 1112448 | 12.9 | 10505 | –16.7 | 344 | –6.3 |
| 食品制造业 | 4518 | 14.6 | 4369 | 3.0 | 152 | 67.0 | 50 | 8.7 |
| 纺织业 | 4630 | –17.8 | 3497 | –23.4 | –398 | 565.6 | 128 | –17.9 |
| 纺织服装、服饰业 | 24762 | –0.9 | 8224 | –11.8 | 1387 | –46.9 | 599 | –3.5 |
| 木材加工和木、竹、藤、棕、草制品业 | 35335 | 3.8 | 46592 | –12.1 | –5907 | 27.3 | 230 | 12.2 |
| 印刷和记录媒介复制业 | 4285 | –6.4 | 3810 | –25.6 | 75 | –50.0 | 122 | –2.4 |
| 化学原料和化学制品制造业 | 644930 | –10.6 | 673365 | –17.0 | 64302 | –77.7 | 1486 | –1.8 |
| 橡胶和塑料制品业 | 19071 | –10.3 | 26766 | –16.2 | 859 | 99.6 | 599 | 6.4 |
| 非金属矿物制品业 | 89728 | –1.5 | 57085 | –32.0 | –481 | –257.6 | 456 | –9.0 |
| 黑色金属冶炼和压延加工业 | 168524 | 0.9 | 523068 | –32.5 | –26197 | –314.9 | 943 | –0.8 |
| 有色金属冶炼和压延加工业 | 1633355 | 37.2 | 1705352 | 14.7 | 53044 | 61.3 | 2394 | 12.7 |
| 金属制品业 | 126714 | 17.1 | 32624 | –8.4 | 865 | 2.9 | 553 | 0.9 |
| 通用设备制造业 | 82720 | 0.1 | 41137 | –34.6 | –791 | –205.7 | 374 | –23.5 |
| 专用设备制造业 | 14858 | –10.8 | 11699 | –11.3 | 252 | –93.7 | 143 | –4.7 |
| 汽车制造业 | 98811 | –9.4 | 24182 | –40.6 | –7313 | 25.4 | 636 | –9.7 |
| 铁路、船舶、航空航天和其他运输设备制造业 | 325024 | 5.0 | 173150 | 92.7 | 10137 | –478.4 | 665 | 9.4 |
| 电气机械和器材制造业 | 11928 | 3.0 | 7782 | 3.9 | –41 | 62.1 | 142 | 0.7 |
| 计算机、通信和其他电子设备制造业 | 130688 | 7.3 | 147855 | –10.8 | 4159 | –13.6 | 1770 | –14.5 |
| 电力、热力生产和供应业 | 489386 | –0.5 | 810583 | 17.3 | 29505 | 636.4 | 1523 | –17.6 |
| 水的生产和供应业 | 195043 | –2.8 | 30362 | 20.4 | 1004 | 50.5 | 356 | –1.1 |

## 资质以上建筑业情况统计表

表 37

| 项目 | 单位数（个） | 建筑业总产值（万元） |
| --- | --- | --- |
| 京口区 | 82 | 463121 |
| 按企业控股情况分 | | |
| 国有控股 | 4 | 15880 |
| 集体控股 | 2 | 1872 |
| 私人控股 | 76 | 445370 |
| 港澳台商控股 | | |
| 其他 | | |
| 按建筑业资质等级分 | | |
| 施工总承包 | 43 | 358396 |
| 施工总承包一级 | 2 | 130358 |
| 施工总承包二级 | 11 | 96264 |
| 施工总承包三级 | 30 | 131774 |
| 专业承包序列 | 39 | 104725 |
| 专业承包一级 | 4 | 48309 |
| 专业承包二级 | 16 | 18451 |
| 专业承包三级 | 17 | 32982 |
| 其他 | 2 | 4983 |
| 按地区分 | | |
| 京口区 | 82 | 463121 |
| 正东路街道 | 10 | 120062 |
| 健康路街道 | 22 | 61373 |
| 大市口街道 | 14 | 24037 |
| 四牌楼街道 | 9 | 18656 |
| 象山街道 | 14 | 200329 |
| 谏壁街道 | 8 | 35659 |
| 经开区 | 5 | 3005 |
| 产业园 | 0 | |
| 其他 | 0 | |

## 房地产开发业情况统计表

表 38

| 项目 | 项目个数 | 计划总投资（万元） | 自开始累计完成投资（万元） | 本年投资（万元） | 房屋施工面积（平方米） | 房屋竣工面积（平方米） | 商品房销售面积（平方米） | 商品房销售额（万元） | 待售面积（平方米） |
|---|---|---|---|---|---|---|---|---|---|
| 京口区 | 28 | 3026685 | 2517228 | 302788 | 1895785 | 389055 | 312705 | 286113 | 249488 |
| 按登记类型分 | | | | | | | | | |
| 内资企业 | 25 | 2866996 | 2375624 | 293393 | 1739763 | 389055 | 302056 | 276981 | 246832 |
| 港、澳、台商投资企业 | 2 | 119689 | 111604 | 1045 | 38198 | 0 | 2687 | 2507 | 0 |
| 外商投资企业 | 1 | 40000 | 30000 | 8350 | 117824 | 0 | 7962 | 6625 | 2656 |
| 按控股情况分 | | | | | — | — | — | — | — |
| 国有控股 | 11 | 1190953 | 1014458 | 80172 | 612521 | 102277 | 104605 | 78123 | 97603 |
| 私人控股 | 1 | 85000 | 54613 | 8185 | 84008 | 0 | 10541 | 10381 | 0 |
| 港澳台商控股 | 13 | 1591043 | 1306553 | 205036 | 1043234 | 286778 | 186910 | 188477 | 149229 |
| 外商控股 | 2 | 119689 | 111604 | 1045 | 38198 | 0 | 2687 | 2507 | 0 |
| 其他 | 1 | 40000 | 30000 | 8350 | 117824 | 0 | 7962 | 6625 | 2656 |
| 按地区分 | | | | | | | | | |
| 正东路街道 | 2 | 214064 | 214064 | 17254 | 257583 | 147981 | 6864 | 7926 | 0 |
| 健康路街道 | 0 | | | | | | | | |
| 大市口街道 | 2 | 247501 | 201122 | 9718 | 114814 | 0 | 31941 | 14125 | 0 |
| 四牌楼街道 | 3 | 328943 | 252538 | 64998 | 153329 | 0 | 43131 | 92156 | 44561 |
| 象山街道 | 20 | 2146486 | 1759813 | 187044 | 1195534 | 241074 | 165430 | 133334 | 204927 |
| 谏壁街道 | 1 | 89691 | 89691 | 23774 | 174525 | 0 | 65339 | 38572 | 0 |
| 经开区 | | | | | | | | | |
| 产业园 | | | | | | | | | |
| 其他 | | | | | | | | | |

## 社会消费品销售批零住餐业情况统计表

表 39

| 指标 | 2022 年（万元） | 增幅（%） |
|---|---|---|
| 京口区 | 9370027 | 7.6 |
| 1. 批发业 | 6391616 | 10.3 |
| 限额以上 | 5034550 | 19.5 |
| 限额以下 | 1357066 | –14.2 |
| 2. 零售业 | 2620912 | 3.5 |
| 限额以上 | 1251738 | 13.7 |
| 限额以下 | 1369174 | –4.3 |
| 3. 住宿业 | 36780 | –0.8 |
| 限额以上 | 8943 | –27.0 |
| 限额以下 | 27837 | 0.4 |
| 4. 餐饮业 | 320719 | –6.7 |
| 限额以上 | 34287 | –41.7 |
| 限额以下 | 286432 | 0.5 |

## 规模以上服务业情况统计表

表 40

| 指标 | 单位数（个） | 营业收入 | | 营业利润 | |
|---|---|---|---|---|---|
| | | 2022 年（万元） | 增长（%） | 2022 年（万元） | 增长（%） |
| 京口区 | 103 | 1552196 | -0.4 | 41200 | -14.5 |
| 按地区分 | | | | | |
| 正东路街道 | 22 | 100767 | 5.6 | 4629 | -66.6 |
| 健康路街道 | 15 | 55027 | -10.5 | 1767 | 254.8 |
| 大市口街道 | 13 | 62807 | 11.2 | -879 | -128.1 |
| 四牌楼街道 | 15 | 367335 | 21.8 | 14448 | 23.2 |
| 象山街道 | 23 | 364340 | -2.3 | 11712 | 41.4 |
| 谏壁街道 | 9 | 55187 | 76.1 | 3896 | 86.2 |
| 经开区 | 2 | 20263 | 18.2 | 719 | 13.0 |
| 产业园 | 4 | 526470 | -15.4 | 4908 | -38.5 |
| 按行业分 | | | | | |
| 交通运输、仓储业 | 19 | 1067982 | -7.2 | 31310 | 9.4 |
| 信息传输、软件和信息技术服务业 | 13 | 72500 | 39.1 | 480 | -96.2 |
| 互联网和相关服务 | 3 | 17284 | 33.7 | 146 | -48.4 |
| 软件和信息技术服务业 | 10 | 55217 | 40.9 | 334 | -97.3 |
| 物业管理业 | 12 | 69428 | -13.0 | 6273 | 7.7 |
| 商务服务业 | 22 | 90251 | 25.9 | 617 | 13.3 |
| 旅行社及相关服务 | 1 | 1045 | -55.5 | -286 | 15.0 |
| 科学研究和技术服务业 | 21 | 154825 | 83.5 | 12328 | 104.5 |
| 水利、环境和公共设施管理业 | 2 | 29002 | -32.1 | -6773 | -16.7 |
| 居民服务业 | 2 | 2311 | -5.8 | -269 | -193.0 |
| 教育 | 5 | 7478 | -65.4 | 1032 | 20.2 |
| 卫生 | 3 | 7505 | 6.7 | -205 | -67.4 |
| 文化、体育和娱乐业 | 4 | 50916 | 10.4 | -3592 | -267.3 |

## 城乡居民收入情况统计表

表 41

| 指标 | 2022 年（元） | 增长（%） |
|---|---|---|
| 人均可支配收入 | 61891 | 4.0 |
| （一）工资性收入 | 35876 | 3.7 |
| （二）经营净收入 | 7039 | 2.5 |
| （三）财产净收入 | 7353 | 2.6 |
| （四）转移净收入 | 11623 | 6.8 |
| 人均消费支出 | 37742 | 4.1 |
| （一）食品烟酒 | 10983 | 9.4 |
| （二）衣着 | 2419 | –2.9 |
| （三）居住 | 7885 | 5.0 |
| （四）生活用品及服务 | 1957 | 0.6 |
| （五）交通通信 | 6406 | 6.8 |
| （六）教育文化娱乐 | 5326 | –7.3 |
| （七）医疗保健 | 1584 | 0.6 |
| （八）其他用品和服务 | 1182 | 24.7 |

## 2022 年京口区主要指标完成情况统计表

表 42

| 指标 | 单位 | 2022 年 | |
|---|---|---|---|
| | | 实绩 | 增速（%） |
| 一、常住人口 | 万人 | 35.60 | 0.0 |
| 户籍人口 | 万人 | 31.12 | –0.5 |
| 城镇化率 | % | 98.57 | 0.2 |
| 二、地区生产总值 | 亿元 | 553.32 | 3.6 |
| 一产 | 亿元 | 0.87 | 4.0 |
| 二产 | 亿元 | 164.45 | 3.5 |
| 工业 | 亿元 | 145.06 | 3.8 |
| 三产 | 亿元 | 388.00 | 3.6 |
| 人均 GDP | 元 | 155449.00 | 3.5 |
| 三产占比 | % | 70.10 | |
| 三、农业总产值 | 亿元 | 1.65 | 5.0 |
| 农业 | 亿元 | 1.27 | 4.1 |
| 林业 | 亿元 | 0.04 | 33.9 |
| 畜牧业 | 亿元 | 0.00 | 0.0 |

续表 42

| 指标 | 单位 | 2022 年 | |
| --- | --- | --- | --- |
| | | 实绩 | 增速（%） |
| 渔业 | 亿元 | 0.11 | 11.5 |
| 农林牧渔服务业 | 亿元 | 0.23 | 3.3 |
| 粮食产量 | 万吨 | 0.98 | 0.9 |
| 油料产量 | 万吨 | 0.09 | 2.9 |
| 四、定报工业产值 | 亿元 | 529.70 | 3.5 |
| 定报工业增加值 | 亿元 | 128.20 | 3.0 |
| 定报工业销售收入 | 亿元 | 544.40 | 1.1 |
| 定报工业利税 | 亿元 | 19.91 | –53.6 |
| 定报工业利润 | 亿元 | 13.51 | –61.6 |
| 工业用电量 | 亿千瓦时 | 29.60 | –3.9 |
| R&D 经费支出占 GDP 比重 | % | | |
| 五、固定资产投资 | 亿元 | 98.78 | –15.1 |
| 工业投资 | 亿元 | 34.04 | –13.7 |
| 工业技改投资 | 亿元 | 10.11 | 7.0 |
| 服务业投资 | 亿元 | 64.73 | –15.8 |
| 房地产投资 | 亿元 | 30.28 | –36.8 |
| 商品房施工面积 | 万平方米 | 189.58 | –15.4 |
| 商品房销售面积 | 万平方米 | 31.27 | –52.4 |
| 商品房销售额 | 亿元 | 28.61 | –52.4 |
| 商品房待售面积 | 万平方米 | 24.95 | 48.7 |
| 六、社会消费品零售总额 | 亿元 | 290.89 | 1.8 |
| 七、实际到位外资 | 万美元 | 2887.00 | 332.2 |
| 进出口总额 | 亿元 | 112.00 | 18.5 |
| 八、财政总收入 | | | |
| 一般公共预算收入 | 亿元 | 20.10 | –11.3 |
| 其中：税收收入 | 亿元 | 13.40 | –28.6 |
| 一般公共预算支出 | 亿元 | 30.50 | 3.0 |
| 九、规模以上服务业营业收入 | 亿元 | 155.22 | –0.4 |
| 十、资质以上建筑业产值 | 亿元 | 46.31 | 26.1 |
| 十一、城镇居民人均可支配收入 | 元 | 61891.00 | 4.0 |
| 城镇常住居民人均消费支出 | 元 | 37742.00 | 4.1 |
| 十二、空气优良天数比例 | % | 73.90 | –5.3 |
| $PM_{2.5}$ 平均浓度 | 微克 / 立方米 | 33.90 | –2.3 |

（以上为京口区统计局　供稿）

索引采用主题方法编制，按标引词第一字汉语拼音字母顺序排列，第一字相同，按第二字排列，以此类推；同音字按笔画顺序排列，相同的，按起笔笔形横、直、撇、点、折顺序排列。标引词后的阿拉伯数字表示内容所在页码，数字后的英文字母（a、b、c）表示左栏、中栏、右栏。彩色画页未编索引。

## A



## B



## C



## D

## E



## F



## G

## H



## J



## K

## L



## M



## N



## P



## Q

## W



## X



## Y

## Z

# 京口区市场监督管理局

2022年1月17日，区委主要领导到中储粮督导食品安全工作

2022年7月15日，市市场监管局领导到苏宁广场开展明码标价专项检查

2022年，区市场监督管理局认真贯彻区委、区政府和上级部门的工作部署，坚持以习近平新时代中国特色社会主义思想为指导，深入学习贯彻党的二十大精神，以“双稳双提”为引领，对标先进，讲政治、强监管、促发展、保安全，主动作为、靠前发力。立足市场监管职能，充分发挥牵头作用，京口区成功创成江苏省“食品安全示范区”，获评“国家知识产权强县建设试点区”和“江苏省知识产权建设示范区”。在全市率先搭建公平竞争审查平台，有效维护了公平有序的市场环境。

2022年9月4日，局领导带队检查江南中学食堂食品安全

2022年6月1日，市市场监督管理局领导调研镇江市跨境电商产业园

2022年3月15日，开展 “3 · 15 ”国际消费者权益日系列活动

2022年10月21日，象山分局人员在学习新思想·奋进新征程京口区“学习达人”挑战赛中获得第一名

# 京口区农业农村局

2022年12月22日，市人大常委会领导率队调研京口区“富民强村”帮促工作

2022年4月15日，区政府领导现场考察推进鼎盛重工环保督察问题整改落实情况

2022年，京口区农业农村局坚持把推动发展作为第一要务、把为民服务作为初心使命，主动担当、积极作为，全面贯彻“疫情要防住、经济要稳住、发展要安全”重大要求，推动农水工作稳步前行。

一是实施富民强村帮促行动。开展“产业链上志愿红　同筑富民强村梦”志愿活动，指导富民强村帮促行动专项资金科学合理安全使用。2个经济相对薄弱村集体收入提前1年达到120万元目标。

二是完成民生实事项目建设。完成一夜河水系和玉带河小流域水质提升及环境治理工程。实施新民洲水利基础设施建设及防汛物资仓库建设，完成总进度80%的工作量。

三是夯实粮食稳产基础。2022年，京口区粮食实际播种面积2.5299万亩，产量1.12万吨，粮食产量和种植面积实现“双提升”。

五是加快乡村产业建设。2022年，全区上报农业农村重大项目7个，总投资11.01亿元，年度计划完成投资3.96亿元，实际完成投资5.51亿元。

六是全面推进河湖长制。全年区—街道两级河长巡河1041次，村级河长巡河2437次，做到巡河常态化、护河制度化、治河标准化；完成孟家湾湖及一夜河河长主题公园建设。创成江苏省节水示范区。

2022年2月25日，区委领导巡查虹桥港河

2022年7月25日，到京口区经济开发区开展”听党话、感党恩、跟党走“主题宣讲活动

2022年12月8日，京口区农业农村局党支部和市水利局第三党支部合作共建

# 京口区退役军人事务局

2022年1月27日，京口区政府主要领导率队走访慰问驻区部队

2022年6月28日，召开退役军人事务工作领导小组会议

2022年，京口区退役军人事务局坚决落实区委、区政府工作要求，紧扣主业，积极作为，攻坚克难，不断完善基层服务保障体系建设，不断增强退役军人及其他优抚对象获得感、荣誉感。服务保障体系建设初见成效。全区有2个街道、10个社区退役军人服务站获评镇江市五星级街道、社区退役军人服务站；1个街道退役军人服务站被省厅评为全省100个优秀退役军人服务中心（站），1人被评为全省100名优秀退役军人服务中心（站）主任（站长）。优待抚恤更加尊崇。全年共发放优抚资金4000多万元。开展“镇爱优抚·尊戎圆梦”关爱行动5期，帮助多名老兵实现“微心愿”。全年常态化慰问900多人次。双拥褒扬氛围浓厚。军地双方共同开展走访慰问活动十余场，军地关系“亲如一家”，倾力帮助部队解决实际困难，提前高质量完成年度军地互办实事项目。开展退役军人集中服务月志愿服务活动，组织各类志愿服务近30场。

2022年7月28日，开展“最美军嫂”和“最美兵妈妈”评选活动

2022年6月20日，发放镇江市首张退役军人优待证

2022年3月24日，为立功受奖人员开展“送喜报”活动

2022年4月13日，开展“镇爱优抚·尊戎圆梦”关爱行动，为老兵实现“微心愿”

# 江苏北固产业投资有限公司

2022年10月19日，区委主要领导检查金阳色材厂区

2022年10月16日，组织集中观看党的二十大开幕式

2022年6月2日，银企共建划龙舟　携手共叙端午情

2022年1月30日，完成城东垃圾填埋场规范封场

江苏北固产业投资有限公司是镇江市京口区区属国有独资公司，注册资金20亿元，下属子公司9个，公司总资产145亿元，企业信用评级AA级。

2022年北固公司在京口区委、区政府的坚强领导下，深入学习贯彻党的二十大报告精神，围绕国有企业改革发展和全区经济发展高质量、城市生活高品质工作目标，砥砺前行、奋发向上。严格控制债务规模和融资成本，成功发行企业债2.8亿元；37.5万平方米老旧小区改造任务顺利完成，30万平方米的城东垃圾填埋场规范化封场得到中央环境督导组一致肯定，倾力打造的千棵柳地块成为京口长江岸线新风光；高质量完成象山花园四区、王家新苑回迁安置，近3000户拆迁户喜迁新房；将党的领导全面融入公司治理结构，贯彻落实“外部董事大于内部董事”要求，全面开展中层管理人员竞争上岗，全面提升了公司发展质效。

百舸争流，奋楫者先，北固公司将深入学习贯彻习近平新时代中国特色社会主义思想，坚定不移聚焦主责主业，不断强化国有企业的政治属性和政治担当，围绕全区重点产业，将传统业务和市场化运营有机结合，提升核心竞争力，为推进中国式现代化京口新实践贡献更大力量。

2022年8月15日，王家新苑完成回迁安置

2022年3月22日，象山花园四区完成回迁安置

# 京口经济开发区左湖村

2022年9月12日，市人大常委会主要领导率队视察多肉植物园项目

2022年7月6日，关爱困难党员 传递党的温暖

2022年，左湖村牢牢把握“学思想、强党性、重实践、建新功”的总要求，把习近平新时代中国特色社会主义思想转化为坚定理想、锤炼党性和指导实践、推动工作的强大力量。充分发挥党员干部在集体经济发展、农村人居环境整治、重点项目建设和解决民生实事等工作中的先锋模范作用，为加快推进乡村振兴提供坚强的组织保证。

开展产城融合发展示范村建设，在进一步壮大现有的葡萄、草莓、有机蔬菜、多肉植物等特色农业种植的同时，实施左湖村生态农业园建设，已形成年销售超500万元的种植规模，逐步培育打造城市近郊特色鲜明的生态农业示范基地。着力改善宜居的生态环境，开展农村人居环境整治，组建党员志愿者团队，开展各类垃圾清理和赵家村路沿线绿化美化，并对老旧房屋进行外墙出新。

做实做优“家门口”党建，全面深化“党建+”工作机制，不断探索党建引领社会治理新模式，把服务延伸到群众身边，架起党群“连心桥”，将暖心服务送到“家门口”、做到“心坎上”。突出问题导向，优化服务体系，在帮助村民就业创业、开展环境整治、关心关爱弱势群众等工作中，用实际行动解决群众“急难愁盼”的问题。

2022年7月14日，为民解忧暖人心 居民致谢送锦旗

2022年7月17日，玫瑰葡萄园里孕育的致富密码

2022年11月2日，新时代 新征程 新伟业——左湖村

2022年8月5日，人居环境整治 村貌焕发新颜

# 京口区健康路社区卫生服务中心

2022年4月18日，党员先锋队赴句容支援核酸检测工作

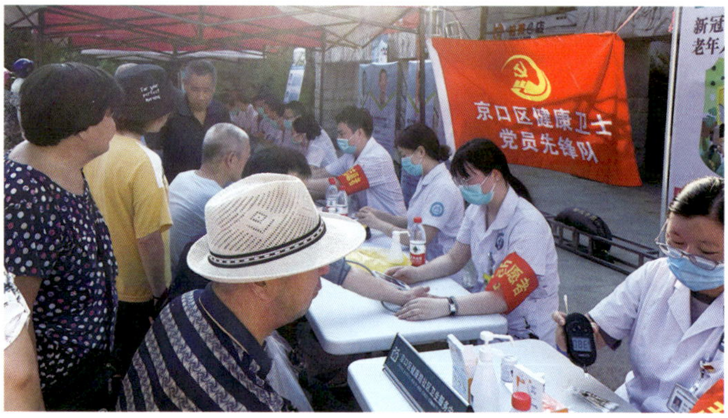


2022年8月14日，党员先锋队为群众义诊

镇江市京口区健康路社区卫生服务中心（镇江市京口区人民医院）位于中山东路239号，下设江滨新村、花山湾、贺家弄3个社区卫生服务站。2022年年底，职工总数为185人，其中卫技人员160人，具有中、高级职称99人。中心门诊科室设置齐全，设有康复病区和综合病区，开放床位50张。常规医疗设备齐全，为社区居民提供优质便捷的医疗服务和基本公共卫生服务。

2022年，中心一方面全力以赴抓好疫情防控工作，统一调度人手做好全员核酸检测以及重点人群、建筑工地、养老机构、学校的核酸检测工作；另一方面持续推进新冠疫苗接种工作。

中心以开展“优质服务基层行”为抓手，持续改进医疗质量，提升服务能力。慢病门诊建成全省“基层糖尿病规范化管理中心”。新开设骨质疏松症和康复医学门诊，更好地满足患者的健康需求。中心不断加快中医专科建设步伐，经过多年持续发展，已经形成完善的中医诊疗体系。中医馆被江苏省中医药管理局评为“2022年度基层医疗卫生机构五级中医馆”。中心积极筹措资金，引进德国西门子螺旋CT设备，让群众在家门口享受到优质的医疗检查服务，提升社区医院的诊疗服务能力。

全国先进工作者杨凌再获殊荣，被授予“全国三八红旗手”“江苏省巾帼医卫之星”“京口区最美劳动者”荣誉称号。

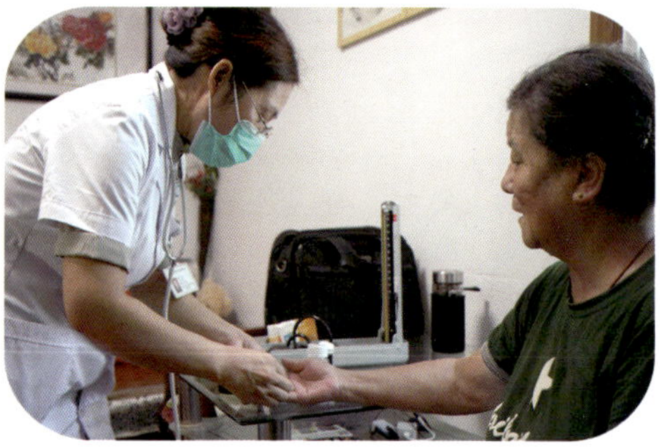

2022年7月10日，“全国三八红旗手”杨凌为群众上门服务

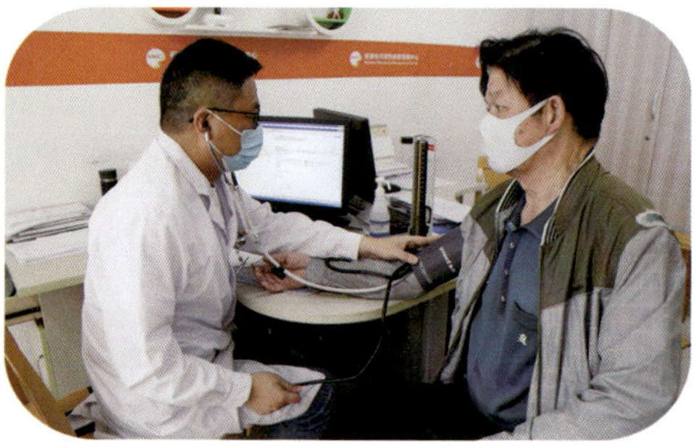

2022年4月28日，医务人员为患者精心诊疗

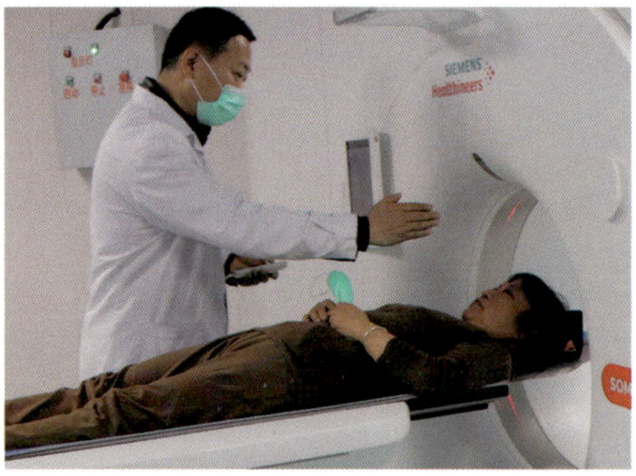

2022年3月1日，医务人员为患者做CT检查

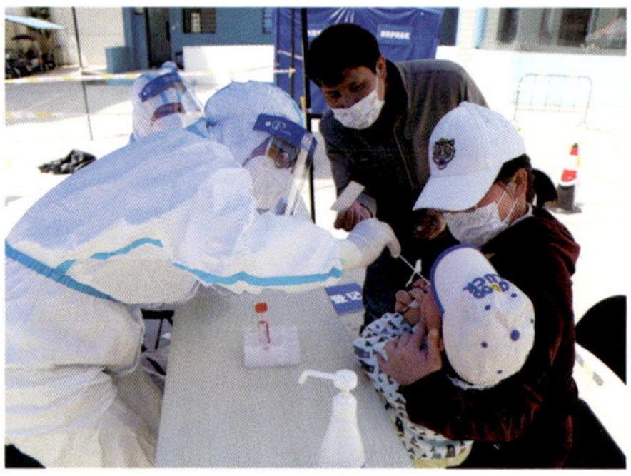

2022年4月6日，医务人员为群众测核酸

2022年10月31日，获评江苏省五级中医馆

# 京口区象山社区卫生服务中心

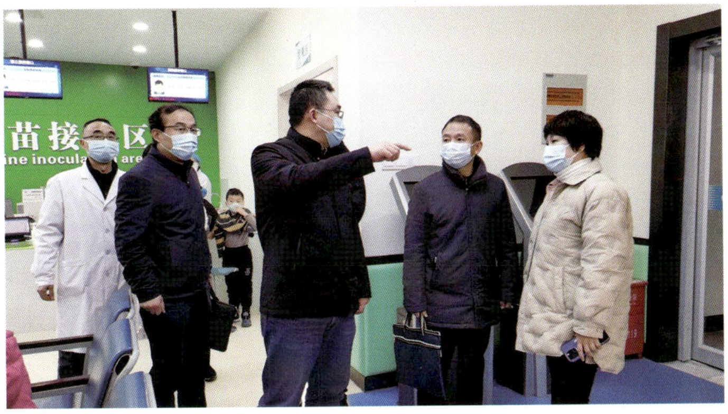

2022年2月8日，上级领导考察天使家园建设工作

2022年1月4日，基本公共卫生服务项目工作考核

京口区象山社区卫生服务中心为江苏省城市示范社区卫生服务中心，2022年度努力做好新冠疫情防控工作，贯彻有关新冠疫苗接种工作指示精神，落实疫苗接种方案，扎实稳妥推进疫苗接种工作。对各类应检尽检、愿检尽检人员开展核酸采样检测。

认真做好“天使家园”妇儿健康服务品牌的建设。该项目为京口区人民政府2022年度“十项民生实事”项目，以妇儿健康特色服务为主线，将个性化服务包融合孕产妇早孕建卡、产后康复，儿童计划免疫、生长发育健康管理全过程，实现对辖区妇女儿童生育保健全过程健康管理。

2022年度，和市妇幼保健院（市第四人民医院）合作，开展女性盆底康复。中心已建成市妇幼保健院盆底障碍康复象山筛查点，市妇幼保健院专家定期坐诊，开展盆底肌筛查、盆底康复、盆底障碍治疗等项目，重塑女性身心健康。

2022年3月8日，盆底治疗中心象山社区工作站成立

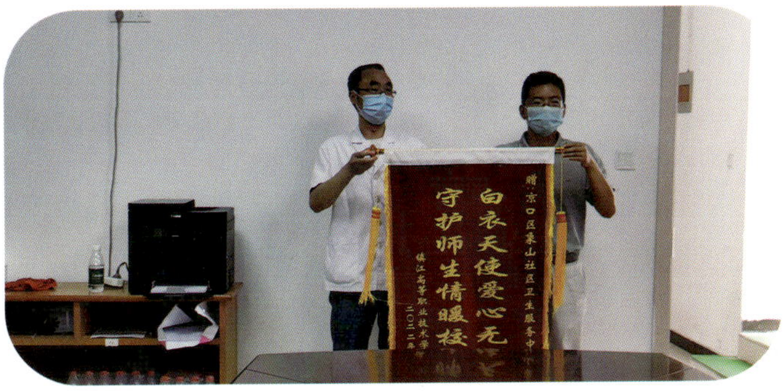

2022年5月26日，镇江市高等职业技术学校赠送锦旗

2022年1月26日，为镇江海纳川船务有限公司开展新冠防控知识培训

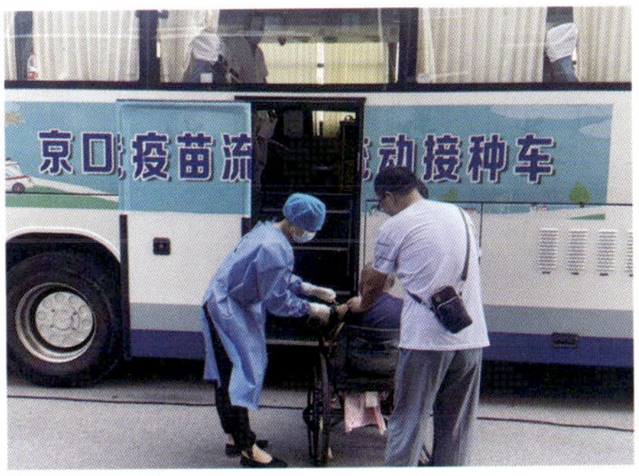

2022年度新冠疫苗接种流动车进社区

2022年度获评四级中医馆

# 中国农业银行
# AGRICULTURAL BANK OF CHINA

2022年6月6日，举办京口区首届“农行杯”政务服务技能竞赛活动

2022年3月2日，金融赋能 助力发展——中国农业银行镇江京口支行、镇江安徽商会开展银企交流活动

2022年，中国农业银行镇江京口支行（简称农行镇江京口支行）拥有营业网点9个，始终坚守“诚信立业，稳健行远”的核心价值观，自觉履行国有大型银行的社会责任，全力支持地方经济建设，以实际行动，助推京口区域经济高质的发展。**一是树立组织引导**。将放心消费创建工作纳入党建工作考核，以“学史力行、实干为民”为导向，推动“我为群众办实事”落地见效，树立良好农行形象。**二是完善制度建设**。结合实际制定《客户投诉管理办法》《规范化服务工作考核办法》等制度办法；签定消费者权益保护责任书、客户信息保护承诺书；分析投诉数据、提升数据应用水平，及时发现产品、流程、服务中存在的问题，解决产品“疵点”、流程“堵点”、服务“断点”，改善客户体验，从源头上减少投诉的发生。**三是依法合规经营**。认真学习并贯彻落实银监会“七不准、四公开”监管要求，进一步增强依法合规经营意识，严格按操作流程规范办理业务。全辖网点醒目位置公示服务价目表，明确收费项目和收费标准，主动接受金融消费者的监督，保障消费者的知情权、选择权。**提升客户体验**。营业大厅统一摆放业务高峰时段提示，配备老花镜、点钞机、雨伞、便民箱、饮水机、手写板、盲文卡等便民物品，有条件的网点还购置了轮椅、设置残疾人通道。

京口农行始终以客户满意为宗旨，扎实、规范、有效开展消费者权益保护工作，切实抓好消费者金融知识普及宣传、客户信息保护、规范服务与营销、特殊群体服务等工作，确保消保工作、业务经营全面提升。

2022年4月15日，开展党风廉政建设共建活动

2022年6月23日，“党建引领 银企共建”迎“七一”主题党日活动

2022年2月16日，京口支行青年突击队开展企业大走访行动，不断提升金融服务与企业需求的匹配度

# 镇江京口支行

2022年4月15日，普及金融知识，提高市民防范意识

2022年3月2日，走进江滨新村社区开展“宣扬民俗文化　传递金融知识”主题宣教活

2022年3月15日，走进金山湖小学开展以“消费教育进校园，金融安全护学子”为主题的金融知识宣教进校园活动

2022年5月22日，中国农业银行镇江京口支行外景

# 江苏银行镇江京口支行

2022年7月23日，参观镇江市廉洁文化地标，感受家风家规传承

2022年5月20日，与市公交总公司开展“爱在车厢　涌动全城”——“520公交驾驶员关爱日”宣传活动

2022年，江苏银行镇江京口支行围绕广大金融消费者关心的重点领域和亟待解决的难点问题，向消费者传递金融知识，提升消费者金融素养，保障金融消费安全，推进行业诚信文化建设，积极构建和谐健康的金融消费环境。热心为市民全面解读防范电信诈骗、防范非法集资、征信管理、反诈拒赌、安全支付、存款保险等方面的金融知识，进一步守护群众的“钱袋子”，让群众感受到江苏银行的社会责任，进一步提升江苏银行的品牌形象。

江苏银行镇江京口支行始终将支持实体经济发展、为企业纾困解难作为自身目标和使命去积极践行。当好“店小二”，解决企业急难愁盼问题。以创新优质的金融产品、金融方案、金融服务，不断帮助企业解决痛点、堵点。以打通企业发展的“最后一米”作为目标，更加深入挖掘企业需求，精准对接、精准支持。进一步加强基层党组织的建设，努力构建“资源共享、优势互补、互相促进、共同提高”的党建工作新格局。

2022年6月20日，参加社区辖内单位党建联盟启动仪式

2022年12月22日，警银携手，联合开展反诈宣传活动

2022年11月20日，与共建社区开展“学习贯彻党的二十大精神”专题党课

# 镇江市江南学校

镇江市江南学校创办于1998年4月，是镇江市教育局直属的全日制初级中学。学校占地面积为5.2万余平方米，建筑面积约为3.8万平方米。有42个教学班级，在籍学生2000多人，教职员工150余人。学校先后荣获全国师德建设先进集体、首批全国中小学青少年校园足球特色学校、江苏省文明校园、江苏省心理健康教育特色学校、江苏省平安校园、江苏省优秀家长学校等荣誉。

近年来，学校大力弘扬“路虽远，行必至；事虽难，做则成”的精神，秉持“从自主教育出发，为生命成长奠基”的办学理念，注重内涵发展和特色建设,倾力打造以“四有”为特质的优秀教师群体，积极开展教育教学改革，坚持五育并举，促进“双减”落地，推进全员导师制，强化课程改革，努力培养德智体美劳全面发展的现代中学生。

学校改扩建工程基本结束，人防工程、教学实验楼、阶梯教室、报告厅、图书馆、风雨球场、田径场等一应俱全，校园布局合理，建筑、道路、绿化、文化景点等有整体规划，有个性特色，形成和谐、健康、积极向上的教育氛围。

江南学校以办“和润教育”为目标，以管理高效、质量领先、特色鲜明为标志，致力于把学校办成省内知名、全市一流的的高品质初级中学。

2022年4月13日，江苏省政府领导到校考察

2022年3月16日，省教育厅领导到校调研全员导师制工作

2022年2月6日，市领导到校考察校园安全

2022年9月1日，以“青春礼赞二十大 携手筑梦向未来”为主题的镇江市“开学第一课”暨十四岁“青春仪式”示范观摩活动在学校隆重举行

2022年3月29日，江南学校男篮队员们

2022年3月22日，学校学生参加机器人比赛

2022年7月20日，走进图书馆活动

# 镇江市京口区实验小学

2022年10月12日，区人大领导到学校专题调研“双减”工作

2022年4月14日，镇江市小学语文“研学课堂”系列研讨活动在京口区实验小学举行

镇江市京口区实验小学位于花山之麓、长江之滨，始建于1965年，占地约9200平方米。学校有38个班级，1881名学生，104名教师。学校秉承“和美人生从这里起步”的办学理念，坚持以京剧和艺术体操为突破口的特色教育，打造学校“和美”育人体系。

2022年，学校坚持“党”的引领。启动师德师风建设特色项目，实施“点一盏‘京’灯，照亮前行路”特色主题教育。坚持走特色创新之路。寻找传统文化中的优秀精神内核与学校“和美”特色相结合，在传承中创新，构建学校育人课程体系。坚持育人以德育为先。以京口区中小学文明礼仪养成教育单项实施活动为德育切入点，开展“每月养成一个好习惯”的德育养成活动。

学校先后获评“江苏省文明校园”“市智慧校园”“镇江市优秀少先队工作先进集体”等荣誉。获市“新时代好少年　红心向党”主题教育读书活动先进集体奖，“江苏省首届夏季云端运动会”优秀组织奖，第三届镇江市书香少年校园课本剧大赛优秀组织奖。

2022年9月9日，“点一盏‘京’灯，照亮前行路”庆祝第38个教师节主题活动

2022年5月16日，京韵社团参加“老少心向党　喜迎二十大”文艺节目并展演京剧少年志

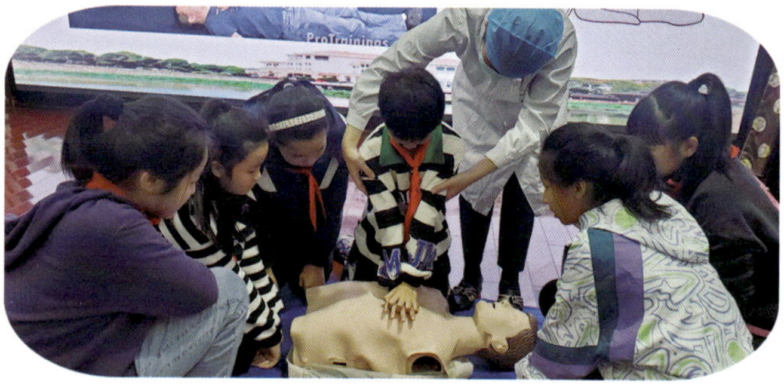

2022年10月20日，守护安全“救”在身边——学校开展急救知识技能培训

2022年3月15日，和青海省海南藏族自治州共和县第一小学共同开展“千书牵手，一起向未来”主题活动

# 镇江市红旗小学

2022年8月31日，区委主要领导视察学校开学准备工作

2022年5月9日，区领导到校调研校园安全工作

镇江市红旗小学位于繁华的中山东路，始建于1964年，现有梦溪、永安两个校区，68个教学班级，在校学生3000多人。学校秉承“惜时·向真”校训，坚持“文化立校、内涵提升、特色发展”的办学思想，从科学教育、人文教育和个性教育入手，构建了三大教育体系：书香校园建设，丰厚人文积淀；棋艺教育，彰显学生个性；无线电课程，培育科学素养，形成区域内知名的教育品牌。近年来，学校积极统筹社会各方资源，击剑、网球、铜管乐队等项目的开展，为学生全面发展提供了更多的可能，这些项目“小荷已露尖尖角”，在区域内取得较好成绩。

学校先后获评全国国防教育示范学校、全国素质教育先进学校、首批江苏省书香校园建设示范点、全国青少年五好小公民主题教育活动先进集体、全国棋类教学实践基地、全国青少年无线电通信锦标赛体育道德风尚奖以及江苏省先进集体、江苏省防震减灾科普示范学校、江苏省体育传统项目学校、江苏省青少年无线电竞赛先进单位等。

2022年3月10日，荣获全国国防教育示范校称号

2022年3月15日，“大中小学思政课一体化建设共同体”启动仪式暨“讲好雷锋事迹，传承雷锋精神”主题报告会授牌仪式

2022年4月24日，与德国汉华中文学校签署友好合作协议，携手“寻根” 相约成长

2022年4月26日，到陶行知纪念馆开展 “承行知精神 铸高尚师魂”主题党日活动

2022年10月13日，承办省珠心算教学研讨活动

# 镇江市实验小学

ZHENJIANG EXPERIMENTAL ELE. SCHOOL

2022年4月21日，市领导到学校调研

2022年9月22日，品格提升工程迎接省专家组结项调研

2022年5月27日，“镇江市未成年人成长指导中心——镇江市实验小学工作站”揭牌

2022年10月26日，京口区中小学校双减工作专项督导

镇江市实验小学坐落于胜利路160号，学校占地20998平方米，拥有16432平方米校舍建筑，绿化面积2234平方米。2022年，全校有70个教学班，3335名学生，179名教职工。学校以“高质量发展”为主旋律，聚焦“双减”，多措并举，走内涵发展道路。

内涵发展再提速。进行“全员育人”的顶层设计。江苏省品格提升工程项目《至善明节：涵育大美儿童的新美育在场行动》顺利结项并获评精品项目称号，打开学校内涵发展新格局；阳光成长思政学院成立，推动实现“传承中华民族传统，培育时代新人”的教育愿景；紧抓心理健康教育，引导学生播种好习惯，收获好性格，享受好人生。学校获“江苏省文明校园”称号。

队伍建设激活力。围绕“四有好教师”建设目标，学校对教师进行分层、分级培养。把不同学科、不同发展阶段、不同特长的教师组成名师工作室、学科精英团队、青年教师成长营等“人才工作站”，制订人才培养计划表，为人才接续生长赋能。

研学课堂助成长。以研学课堂为抓手，通过开放展示深度研、融学作业专题研、延时课程特色研、薄弱学科跟踪研等多种方式构建实小“乐学”课堂教学范式，推动质量提升。

2022年9月1日，镇江市首个“阳光成长思政学院”成立仪式暨2022年秋学期开学第一课

2022年5月21日，“我们正少年”——镇江市实验小学2019级学生集体十岁成长礼

# 镇江市谏壁中心小学

镇江市谏壁中心小学迄今已有百余年，在学校“躬勤”校训的指引下，学校确立“以学生发展为中心”的核心办学理念，形成“文明诚实、勤奋团结”的校风、“躬勤勉志、乐育善教、厚德笃学、谦和净雅”的教风和“自主自觉、注重实践、勤奋踏实、勇于思考”的学风。

党建引领铸师魂，凝心聚力争先锋。学校重视党组织在思想引领方面的重要作用，贯彻落实立德树人任务，立足乡村办教育，坚持走“躬勤育人”之路。无止境，学亦有益。全体教师齐心协力，扎实开展务实、高效的教学研训活动：加强学校备课管理，强化重点环节的设计及个性化作业的设计；引领教师精研，同组教师精磨，推进学校研学课堂建设；借助集团化办学和市区域协同教研平台，组织教师进行教材、学科研究等方面的学习与交流，为广大教师更新教育观念、转变角色提供更好的机制与平台。结合校内外资源，谏小学子通过一系列主题实践活动的开展，弘扬爱党爱国精神，树立良好品德，促使学生全面发展。

学校先后获评全国青少年校园足球特色学校、江苏省绿色学校、江苏省平安校园、江苏省流动人口健康促进示范学校、江苏省陶研实验学校、镇江市特色学校、镇江市现代化先进学校、镇江市行为规范示范校、镇江市双美双优示范校园等荣誉，学校在改革、坚守、创新中，不断朝着“建设高品质学校”目标而砥砺前行。

2022年10月9日，区教育局领导到校调研校园安全工作

2022年11月18日，谏壁中心小学第九届“躬勤”教学节

2022年9月10日，教师节师陶宣誓

2022年5月26日，传承好家风 校社齐联动

2022年10月16日，谏壁中心小学党支部与月湖社区党总支联合举行党的二十大开幕会观看活动

2022年9月2日，“喜迎二十大 筑梦向未来”镇江市老少同台节目展演斩获佳绩

# 镇江市解放路幼儿园

2022年9月8日，京口区政府主要领导到幼儿园开展教师节走访慰问活动

2022年9月25日，萌娃迎国庆，民族大联欢

2022年9月10日，中秋月·小团圆

2022年6月15日，幼儿园艺术节——梦想音乐会

2022年10月9日，艺术活动形色世界

2022年2月18日，充满挑战的户外运动

镇江市解放路幼儿园为京口区教育局直属园，一园两址，实行一体化管理。镇江市解放路幼儿园道署街园位于镇江城中道署街，创建于1921年，现为江苏省示范性实验幼儿园。镇江市解放路幼儿园优山美地园位于宗泽路，于2014年9月开园，现为江苏省优质幼儿园。

近年来，幼儿园先后获评全国足球特色幼儿园、全国幼儿美术教育联盟园、江苏省基础教育前瞻性教学改革实验项目“物型课程”基地学校、江苏省课程游戏化项目园、镇江市第三批“指南”实验园、镇江市少儿体适能幼儿园、镇江市五星平安校园、镇江市融合教育资源中心、京口区文明单位、京口区“内涵项目建设”优胜单位、京口区教师发展基地园、京口区家校融合示范园等荣誉。

全体教职员工秉持“和儿童一起生活”的教育理念和“让儿童在天地中与万物相遇，智慧生长”的课程理念，探索实施园本“行走·涉阅”课程，课程案例集《世界的样子》于2022年11月正式出版。在课程中支持儿童在真实的自然、社会环境和文化视野中进行自主探究和深度学习，成长为具有“积极的行动，探索的精神，合作的态度，开阔的心灵，自由的思想”的完整儿童。

# 镇江市实验幼儿园

2022年5月20日，市实验幼儿园与镇江市红旗小学签定“幼小衔接结对共育协议”

2022年2月15日，虎虎生威闹元宵

镇江市实验幼儿园诞生于1934年，是一所有着90年文化积淀的巷陌幼儿园，是镇江市第一批省级示范性幼儿园，是全国足球特色学校、江苏省先进单位、江苏省课程游戏化共建园、江苏省课改试点园、镇江市融合教育基地校，也是一所老百姓家门口的幼儿园。

幼儿园以“居巷陌、行天下”为愿景，遵循“以爱为本、和谐成长”的教育理念，以“绘多彩童年、育和谐儿童”为办园目标，尊重幼儿的需要、解放教师的思想，提倡顺应自然人性的教育，不断丰富真趣文化内涵，彰显办园特色。该园一园两区，笪家山园区在老城区的古巷内，充分开发和利用笪家山自然山体资源，与幼儿共同创设集生活、运动、探索、创造于一体的自然户外环境，满足幼儿学习与发展的需要。东吴路园区在香江花城小区的街巷中，有着丰富的社区人文资源，多年来致力于探究美术与其他领域整合的实践研究。两园区以整合课程为主体，初步形成“达学园”课程。

2022年11月12日，跟着警察叔叔学交通安全

2022年9月29日，真趣阅读节——闻书香.品秋色.诵经典

2022年6月9日，小小美食鉴赏家

2022年4月20日，自然创意节活动——春天有秘密、自然生创意

2022年5月7日，神奇的加油枪洗手池

2022年4月19日，飞向蓝天

# 镇江市桃花坞幼儿园

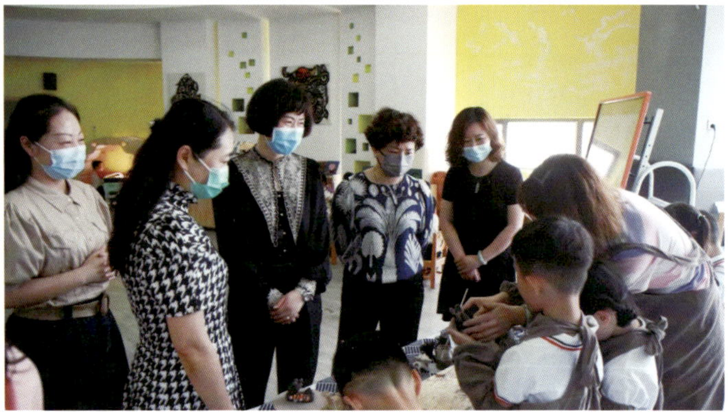

2022年6月1日，区领导到园开展 “六一”儿童节走访慰问活动

2022年10月13日，区人大、区纪委领导调研“非遗进校园”开展情况

镇江市桃花坞幼儿园创建于1986年，有桃花坞总园和米山雅居园分园两个园区。是江苏省优质幼儿园、江苏省近视防控示范校、镇江市绿色幼儿园、镇江市足球特色幼儿园、镇江市图书馆绘本故事园、镇江市五星平安学校、镇江市语言文字规范化学校、京口区文明单位。

幼儿园专任教师33人，其中市区级拔尖人才7人，数名教师获“市优秀教育工作者”“市十佳教师”“市师德标兵”“市教坛新秀”“市文化优青”“市169人才”“区优秀教育工作者”“优秀教学能手”“师德标兵”“优秀班主任”“优秀德育工作者”等称号。幼儿园坚持“快乐童年，幸福一生”的办园理念，以幼儿园艺术教育为突破口，开展幼儿陶艺和非遗特色园本课程。在区教育局的支持下，成立京口区“太平泥叫叫”非遗艺术工作室，初步形成一支具有引领和辐射的幼儿园非遗教师团队。现为江苏省非物质文化遗产（泥塑）太平泥叫叫校内传承点，旨在游戏化、艺术化的宽松教育环境中，让孩子回归本真，快乐生活、快乐运动、快乐游戏、快乐学习，打造孩子快乐成长的幸福桃花源（园）。

2022年9月28日，省非物质文化遗产太平泥叫叫传承点授牌仪式

2022年10月28日，寻找秋日印记

2022年9月30日，为祖国妈妈庆生

2022年8月1日，桃花坞总园

2022年8月1日，米山雅居分园

# 京口区特殊教育中心

2022年9月8日，京口区委主要领导到校走访慰问

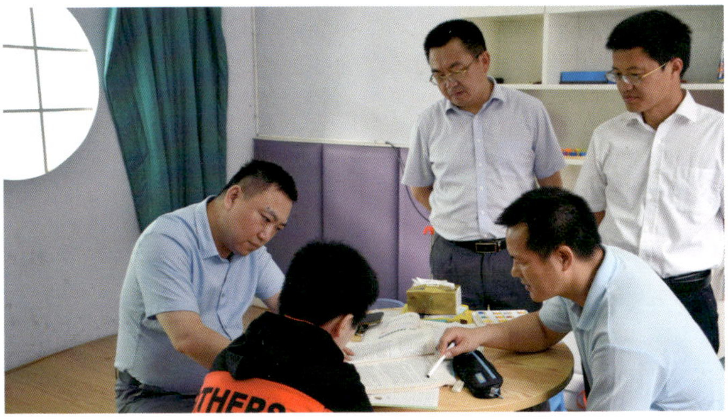

2022年5月30日，区教育局领导慰问特需学生

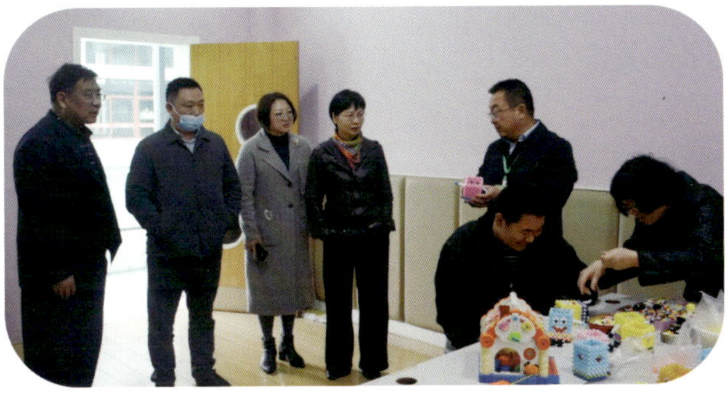

2022年11月17日，省督政领导到校调研

2022年10月12日，参观“镇江很有前途　迎接党的二十大胜利召开”大型图片展

2022年，京口区特殊教育中心全面贯彻党的教育方针，紧紧围绕“立德树人”根本任务，以“学会做人，学会生活，融入社会，回归主流”为办学目标，抓实抓细教育教学、送教康和融合教育等中心工作，全体师生凝心聚力，团结奋斗，为每一个特殊儿童提供适合的教育，促进每一个孩子的发展。

在区慈善总会、区教育局的指导支持下，通过“99公益项目”投资70余万元建成“特需儿童训练基地”，在区内江滨实小、京口实小、江科大附小等4所资源点投资40余万元打造特色资源教室，进一步改善全区特需学生康复训练设施。对区域内重残儿童开展送教康上门服务，由专业教师担任骨干，医疗专家参与，科学制定实施有针对性的保健康复和文化教育。坚持开展“融合社团”活动，研制《普特双向融合社团课程建设纲要》，促进融合教育的新型合作探究。学校党支部成功创建“四星”党支部。市基础教育内涵建设前瞻性项目《全面康复理念下孤独症儿童社会支持体系构建的研究》立项，并成功申报江苏省教育学会“十四五”教育科研规划课题。充分发挥区特殊教育指导中心职能，加快影子教师培养，为江苏大学附属小学一名三年级特需学生提供影子教师；为特需学生开设资源教室课程，不断提升融合教育资源支持与服务的能力，为全区融合教育发展引领航向。

2022年9月19日，学校学生在江苏省第十一届残疾人运动会中取得喜人成绩

2022年5月13日，“同在蓝天下，携手共成长”庆祝第32次全国助残日音乐会活动

中国电信 CHINA TELECOM
云堤
安全大脑
“最后一公里”安全接入
云边协同
场景防护
专家服务
按需订阅
中国电信天翼安全大脑服务面向有各类安全防护需求，但缺少安全管控手段的政企客户，基于网络安全统一运营管理平台，提供下一代防火墙、入侵防御、病毒查杀、行为审计、流量管理等标准化安全服务，助力政企客户构建云边端联动的网络安全立体防护体系。
天翼安全大脑
防护能力监测
安全日志分析
情报关联分析
安全能力中心
威胁阻断指令下发
日志、信息采集上送
天翼安全网关:阻断/采集
•按需订阅•
•安全运维•
•集中管理•

中国移动
China Mobile
好5G选移动
5G好网 · 千兆宽带
移动全千兆
领跑智慧家
千兆宽带
千兆WiFi
全屋智能
智慧家庭